Rei Pirata

Coxinga e a Queda da Dinastia Ming

Jonathan Clements

Rei Pirata

Coxinga e a Queda da Dinastia Ming

Tradução:
Vera Lucia Leitão Magyar

Publicado originalmente em inglês sob o título *Pirate King — Coxinga and The Fall of the Ming Dynasty*, por Sutton Publishing Limited.
© 2004, Muramasa Industries Limited.
Direitos de edição e tradução para todos os países de língua portuguesa
Tradução autorizada do inglês.
© 2005, Madras Editora Ltda.

Editor:
Wagner Veneziani Costa

Produção e Capa:
Equipe Técnica Madras

Tradução:
Vera Lucia Leitão Magyar

Revisão:
Augusto Nascimento
Ana Paula Enes

CIP-BRASIL. CATALOGAÇÃO-NA-FONTE
SINDICATO NACIONAL DOS EDITORES DE LIVROS, RJ.

C563r
Clements, Jonathan, 1971—
O Rei Pirata: Coxinga e a queda da Dinastia Ming/Jonathan Clements; tradução de Vera Lucia Leitão Magyar. — São Paulo: Madras, 2005
il.
Tradução de: Pirate King: Coxinga and the fall of the Ming Dynasty
Apêndices
Inclui bibliografia

ISBN 85-7374-959-8

1. Zheng, Chenggong, 1624-1662. 2. China — História — Dinastia Ming, 1368-1644.
3.Generais — China — Biografia. I. Título.
05-1679. CDD 951.026
CDU 94 (510) "1368/1644"
27.05.05 31.05.05 010357

Proibida a reprodução total ou parcial desta obra, de qualquer forma ou por qualquer meio eletrônico, mecânico, inclusive por meio de processos xerográficos, incluindo ainda o uso da internet, sem a permissão expressa da Madras Editora, na pessoa de seu editor (Lei nº 9.610, de 19.2.98).

Todos os direitos desta edição, em língua portuguesa, reservados pela

MADRAS EDITORA LTDA.
Rua Paulo Gonçalves, 88 — Santana
02403-020 — São Paulo — SP
Caixa Postal 12299 — CEP 02013-970 — SP
Tel.: (0_ _11) 6959.1127 — Fax: (0_ _11) 6959.3090
www.madras.com.br

Agradecimentos

Este livro começou a ser esboçado em 1991, quando encontrei a história de Coxinga na obra *Southern Ming*, de Lynn Struve. Meu interesse foi encorajado por George Hlawatsch, na Universidade Kansai de Estudos Estrangeiros e depois reforçado pelo interesse de Ellis Tinios, cuja aposentadoria pela Universidade de Leeds privou aquela instituição de uma grande autoridade tanto na história chinesa quanto na história erótica japonesa. Transformar minha obsessão em livro custou vários anos de pesquisas, feitas principalmente na biblioteca da Escola de Estudos Orientais e Africanos de Londres (EEOA), cuja equipe sempre foi muito solícita. A livraria Hanshan Tang, por sua vez, conseguiu abastecer-me com material quando o acervo da EEOA falhava.

A idéia foi abraçada e vendida pela minha agente, Chelsey Fox, da Fox and Howard. Embora ela não sentisse nem pena nem remorso, ainda assim me preparava alguns lanches, porque receava que eu não estivesse alimentando-me como deveria. Quando eu estava terminando o livro, ela também tratou de derrubar uma panela pesada no pé e quebrou dois dedos, só para que pudesse ter bastante tempo para ler o manuscrito na cama. Jaqueline Mitchell, da Sutton Publishing, demonstrou ter um comportamento totalmente inescrupuloso e pirata, na London Book Fair, seqüestrando minha obra e mantendo-a como sua refém para prevenir que minha agente a mostrasse para outras editoras. Tal comportamento demonstrou sua fé no potencial do meu livro, a qual ela manteve durante todo o seu longo processo de gestação.

Outros, pacientemente, fizeram-me muitas ligações animadas sobre algumas descobertas e ofereceram muitos conselhos, encorajamento e ajuda, incluindo nesta lista Donna Anstey, Polly Armstrong, Lee Brimmicombe-Wood, Rebecca Cape, Hugh David, Sue Dickinson, Erika Dowell, Jane Entrican, Rhonda Eudaly, Ian Everard, Kimberly Guerre, David Hughes, Clare Jackson, Simon Jowett, Macabe Keliher, Kathryn Kerns, Ruby Lee, Lee Shu-hui, Tom Mes, Paul Overmaat, Kate Pankhurst, Louis Savy, Wei

Te-wen, e todos os que trabalham na Sutton. Andrew Deacon não apenas teceu comentários valiosos sobre o manuscrito como também supervisionou a tão necessária assistência às traduções chinesas. Motoko Tamamuro traduziu ele mesmo vários textos japoneses que usei como fontes sobre a campanha Nanjing, quando o prazo apertou. John Freeman indicou-me o *site* de Stefan Landsberger e o próprio Landsberger divulgou o material promocional deste livro. Devo meus agradecimentos a todos os citados e também à minha princesa guerreira, Kati Mäki-Kuutti, que não estava por perto quando o livro começou, mas foi a primeira a ouvir a leitura do seu final.

Minha gratidão também à Editora Brill Academic pela permissão de usar citações dos artigos de Leonardo Blussé na obra de Vermeer, *Decline and Development of Fukien Province in the 17th and 18th Centuries, e Leyden Studies in Sinology*; à Editora da Universidade de Cambridge pela permissão de citar passagens da obra de Donald Keene, *Battles of Coxinga;* e aos diretores da Editora da Universidade da Califórnia pela permissão de citar a obra de Frederic Wakeman *The Great Entreprise: The manchu Reconstruction of Imperial Order in Seventeenth-Century China.*

Para os meus pais

"As vidas de poucos homens na história são mais ricas em possibilidades dramáticas que a de Coxinga. É intrigante, portanto, que mesmo aqueles que se dispuseram a escrever biografias tenham sido levados por histórias fantasiosas que podem ter muitos méritos, menos o da verdade."
Donald Keene

"Por milhares de outonos os homens falarão sobre isso."
Zhang Huang-yan

Índice

Prólogo
1644: O Brilho Declina 11
Capítulo 1 - Os Piratas de Fujian 17
Capítulo 2 - O Pacto com os Demônios 39
Capítulo 3 - O Senhor dos Mares 59
Capítulo 4 - O Herdeiro de Anhai 79
Capítulo 5 - A Traição de Wu Sangui 99
Capítulo 6 - O Herdeiro do Nome Imperial 117
Capítulo 7 - O Fascínio da Traição 135
Capítulo 8 - O Rio Fervente do Dragão 153
Capítulo 9 - Uma Muralha em Torno do Mar 177
Capítulo 10 - Bandeira Cor de Sangue 195
Capítulo 11 - A Cidade de Tijolos 221
Capítulo 12 - A Morte aos Pedaços 237
Capítulo 13 - Mil Outonos 253
Apêndice I : Sobre os Nomes 271
Apêndice II – Cargos e Designações 277
Apêndice III – A Ascensão dos Manchus 279
Árvore Genealógica 285
Índice Remissivo 289
Bibliografia 295

PRÓLOGO

1644: O Brilho Declina

Em 8 de fevereiro de 1644, o primeiro dia do Ano-Novo chinês, os ministros do Imperador dos Elevados Preságios acordaram antes que o sol nascesse e iniciaram sua caminhada pelas ruas de Beijing. Quando o dia raiasse, de acordo com a tradição secular, eles deveriam dar as boas-vindas ao legislador de 33 anos de idade, que fora escolhido pelos deuses para reinar sobre o mundo todo. Em seguida, uniriam-se à população para festejar a entrada do novo ano, o de 4341, desde o primeiro dos lendários reis da China, e pedir boa sorte aos deuses e ancestrais.

A cidade, entretanto, estava silenciosa. Muitos dos seus habitantes haviam sucumbido a uma série de epidemias no ano anterior e, de acordo com o registro de um historiador, "nenhum bebê havia nascido na cidade nos últimos seis meses".[1] Nem todos os ministros chegaram ao palácio em tempo. Os que foram encontraram os portões fechados e só conseguiram abri-los com muita dificuldade. Viram o Imperador dos Elevados Preságios no Salão Central. Ele chorava.[2]

A China estava condenada. A Dinastia do Brilho, a Ming, que havia dirigido durante séculos a maior nação do mundo, perdera seu poder. Um discípulo de Confúcio teria ficado escandalizado com a pequena comitiva daquela manhã; sem o ministério completo, como realizariam as tradicionais cerimônias? Nem mesmo o imperador reclamou dos ausentes, ou dos que se atrasaram, desculpando-se esbaforidos. Nenhuma prece ou cerimônia haveria de mudar o inevitável, e nenhum sacrifício, por mais elaborado que fosse, atrairia a atenção dos ancestrais lá do além.

---

1. Struve, *Voices from the Ming-Qing Cataclysm*, Yale University Press, 1993, pp. 7-8.
2. Wakeman, *The Shun Interregnum of 1644*, em Wills and Spence, *From Ming to Ch'ing: Conquest Region & Continuity in Seventeenth-Century China,* Yale University Press, 1979, p.44.

Além disso, o imperador não tinha mais condições de sustentar tudo aquilo. Desde o desastroso reinado de seu pai que os cofres do país estavam zerados. As tentativas de cortar alguns luxos imperiais não foram suficientes e os pilares fundamentais da civilização tinham sido ruídos. O Grande Canal que ia até o sul estava em péssimo estado, e o sistema de correios tinha sido suspenso. A varíola dizimara as comunidades campesinas que se esforçavam, em vão, para cultivar a terra — embora poucos soubessem, naquela época, que o planeta, em meados do século XVII, passou por uma miniera glacial. As mesmas condições climáticas que estavam congelando o Tâmisa em Londres eram responsáveis pelo frio terrível que caíra sobre as terras ao norte da Grande Muralha.

A unidade monetária do século XVII na China era o *tael*, uma onça de prata. Custava 400 mil *taels*, cada mês, a manutenção das tropas que defendiam a fronteira norte. O Ministro das Finanças já sabia que o dinheiro só daria até março. A partir dali, haveria muito pouco incentivo para manter em seus postos os soldados que guardavam a Grande Muralha. Os ministros esperavam pelo pior.

A região ao norte da Grande Muralha era o pior pesadelo da China — os guerreiros bárbaros da Manchúria ficavam cada vez mais ousados nos últimos anos. Chegaram a roubar trechos do território Ming dos habitantes chineses e proclamavam-se agora mandatários da China, por direito. Embora fossem nominalmente liderados por uma criança, o verdadeiro poder atrás do trono era o do Príncipe Dorgon, um guerreiro de 32 anos que acreditava ser capaz de conquistar o Império Celestial em questão de meses. A Grande Muralha seguraria os manchus por algum tempo, mas com falta de dinheiro não havia muita esperança. O maior general chinês, Wu Sangui, defendeu a crucial passagem de Shanhai, onde a Grande Muralha encontra o mar. Se ele conseguisse manter os seus homens motivados em defender a Muralha, então a China poderia esperar por um milagre.

O Imperador estava destinado a cair, mas não nas mãos dos manchus. Enquanto a Grande Muralha resistia, um novo inimigo surgiu de dentro do país. Morrendo de fome e dizimada pelas doenças, uma distante província do interior se rebelou. Um exército de soldados deserdados e de camponeses começou a marchar na direção da capital, liderado pelo rebelde Li Zicheng.

Li Zicheng, um ex-mensageiro postal que entregava correspondência ao longo das então grandes rodovias chinesas, era obcecado, desde a juventude, pela idéia de controlar o Império. Nem mesmo o fato de ter perdido um olho em uma batalha diminuiu seu ardor, porque uma antiga profecia previa que o Império cairia nas mãos de um homem de um olho só. Seus contatos anteriores com outros membros da família imperial foram muito pouco favoráveis. Durante suas campanhas bélicas, não só matou o tio do Imperador, o Príncipe de Fu, como bebeu seu sangue e com ele fez uma sopa rala.³ Li Zicheng era o líder de uma horda de cem mil soldados que cruzavam o país na direção de Beijing, agregando no caminho os camponeses atraídos pelas suas promessas de um futuro sem taxas.

No dia do Ano-Novo, enquanto o imperador Ming sentava, soluçando, no salão de seu palácio, Li Zicheng anunciava sua intenção de fundar uma nova dinastia. A Dinastia do Brilho, dizia ele, havia caído. Vida longa à Da Shun, a Dinastia da Grande Obediência.

Com o usurpador Li Zicheng avançando cada vez mais para perto de Beijing, o Imperador dos Elevados Presságios sentiu que era hora de tomar medidas drásticas. Bêbado e desorientado, ordenou que toda a riqueza da herança Ming fosse tirada da cidade. Juntou o resto de sua família em torno de si e informou a todos que era o momento de morrerem. Algumas de suas esposas e concubinas já haviam se suicidado e foram encontradas enforcadas ou envenenadas em seus aposentos. Outras fugiram. Não havia tal opção para a família próxima do Imperador, que atacou seus próprios filhos com sua espada. A Princesa Imperial, de 15 anos, levantou seu braço direito para se defender do golpe e o Imperador apenas a feriu. Ela então correu dele, pelos corredores, deixando atrás de si um rastro de sangue. Suas duas irmãs mais novas não tiveram tanta sorte e sucumbiram sob os golpes da espada do próprio pai. O imperador então se dirigiu a uma colina nas redondezas onde escreveu uma mensagem com o próprio sangue antes de se enforcar, quando o exército de Li Zicheng se aproximava. Mais tarde, escritores afirmaram que as últimas palavras do Imperador foram proferidas contra seus ministros e sua própria "pequena virtude" aos quais ele culpava pelo colapso da Dinastia Ming e exortou os rebeldes a pouparem seu povo do sofrimento. Na verdade, o dedo sangrando do Imperador simplesmente desenhou tênuamente os caracteres da frase "Filho dos Céus".⁴ Seu corpo permaneceu ao relento por três dias.

Nas muralhas que circundavam a capital, os canhões atiravam contra os defensores da cidade que não tinham armas de fogo e apenas se defendiam do invasor com gestos de desafio. Desenhos astrológicos, rabiscados nas paredes do palácio, anunciavam que a estrela Ming havia tombado e era hora de seguir uma outra. Li Zicheng entrou na capital triunfante, pelo Portão da Glória Celestial. Parou embaixo de um brasão e armou seu arco, apontando na direção da palavra "Céu", talhada na viga do portal. Soltou a flecha anunciando que se ela atingisse a palavra seria um sinal de que os céus aprovavam seus atos. Era um alvo fácil.

---

3. Parsons, *Peasant Rebellions of the Late Ming Dinasty*, p.81; Wakeman, *The Great Enterprise*, p.339; Backhouse and Bland, *Annals and Memoirs* (Taiwan edn), pp.89-90. Li era, em todos os aspectos, único. Seu chefe era um tenente muçulmano chinês, que matou e comeu sua própria esposa por ela tê-lo desagradado, dizendo: 'A ex- favorita é o pedido do dia'.
4. Wakeman, *The Great Enterprise*, p.226.

Mas ele errou.⁵ Seus homens riram do episódio e o carregaram para dentro da cidade. Beijing pertencia agora a Li Zicheng e ele queria logo ser entronizado pelos ministros que tinham falhado com seu predecessor e, de acordo com os costumes, falhado consigo mesmos por não terem se matado.

Ao norte da Grande Muralha, o General Wu Sangui enfrentava uma difícil escolha — deveria continuar a segurar os manchus, marchar para o sul para retomar a capital ou proclamar-se aliado dos usurpadores? Quando a notícia de que sua concubina favorita tinha sido estuprada por Li Zicheng, ele escolheu a última opção. Wu Sangui enviou uma mensagem ao exército Manchu e o convidou a entrar.

Os milhares de quilômetros da Grande Muralha, construída para proteger as fronteiras ao norte da China, de repente não valiam mais nada. Um exército conjunto de manchus e seus mais recentes aliados marcharam por seus portões escancarados em direção a Beijing. Wu Sangui tinha traído seu povo, e o norte da China se transformara agora em um campo de batalha entre dois rebeldes rivais. O Imperador Ming morrera, o autoproclamado Imperador Shun estava à frente do seu exército, e o agora invasor Príncipe Dorgon ordenou o entronamento de seu sobrinho como um terceiro competidor — o novo dirigente da dinastia Manchu Qing, a Dinastia da Claridade. A capital estava perdida.

Melhor dizendo, Beijing, a capital do norte, estava perdida. Nanjing, a capital do sul, que ficava a centenas de quilômetros de distância do confronto civil, serviu de sede de um governo nebuloso que estava se preparando para o desastre que viria em algum momento. Mesmo quando Li Zicheng fugiu de Beijing e Dorgon proclamou seu sobrinho o novo imperador-criança da China, os servos civis de Nanjing planejaram montar uma resistência Ming. A morte violenta de um imperador não significava que a dinastia tinha subitamente terminado e o povo de Nanjing não estava disposto a se submeter aos invasores estrangeiros. Ele esperava poder contê-los e servir de exemplo para outros que pudessem se agregar à sua causa.

Um homem foi crucial para o estabelecimento dessa resistência Ming sulista. Seu nome era Zheng Zhilong, mais conhecido pela maioria dos observadores estrangeiros pelo seu nome cristão, Nicholas Iquan. Com 41 anos, o comerciante e soldado era um homem bem-sucedido, contrabandista em outros tempos, que tinha se tornado almirante da armada chinesa. Foi o líder de uma aliança informal entre piratas e comerciantes, um líder guerreiro que era, de fato, quem mandava no sudeste da China, e um homem de tamanha riqueza e importância que alguns observadores se referiam erroneamente a ele como o Rei do Sul da China. Ele preferia o título de Senhor dos Estreitos, que fazia referência ao estreito canal que separava seus domínios de Amoy e Taiwan.

---

5. Backhouse and Bland, *Annals and Memoirs* (Taiwan edn), p.88.

Iquan foi mesmo uma espécie de rei autoproclamado dos Ming do sul. Sua fortuna pessoal era maior do que muitas nações contemporâneas e somente ele poderia financiar os esforços da resistência que estava se formando. O recém-empossado Imperador do Sul prometeu a Iquan sua gratidão eterna e Iquan, percebendo que era a oportunidade para conquistar ainda mais poder, ofereceu seus serviços por toda a eternidade.

Em dois anos, Iquan o trairia e o imperador seria assassinado. Os manchus teriam um novo aliado, mas a conturbada dinastia ganharia um último herói — o filho de Iquan, Coxinga. A família Zheng, que começou com piratas e comerciantes, transformar-se-ia em reis de seus próprios domínios. Seu mais famoso filho se tornaria um deus — duas vezes.

Foram os manchus e os holandeses que chamaram Coxinga de pirata. Os ingleses e os espanhóis se referiam a ele como rei. Os seus conterrâneos chineses o chamavam pelos dois termos, dependendo de seu humor. Mas ele não se via nem como pirata nem como rei; queria ser conhecido como um grande especialista e um patriota, subitamente catapultado de uma descendência privilegiada e respeitada para o front de uma terrível guerra. Criança prodígio de uma família riquíssima de comerciantes do século XVII na China, Coxinga transformou-se em um nobre aos 21 anos, em líder da resistência aos 22 e em príncipe aos 30. Último defensor leal da derrotada dinastia Ming, ele era o invencível senhor dos mares que fez incursões-relâmpago pela costa durante dez anos, antes de liderar um massivo exército para atingir o coração da China. Ainda que conspirando para restaurar um pretendente ao trono que nunca tinha visto, morreu aos 39 anos somente para ser canonizado pelos seus antigos inimigos como um parâmetro de lealdade.

Em uma China que se absteve de manter contato com o mundo de fora, Coxinga foi um indivíduo surpreendentemente cosmopolita. Sua mãe era japonesa, seus guarda-costas africanos e indianos, seu principal enviado, um missionário italiano. Entre suas leais tropas chinesas havia alemães e franceses. Seus inimigos eram igualmente internacionais, incluindo parentes chineses e rivais, os holandeses, contra os quais cultivou um ódio mortal durante toda a sua vida, e os manchus, que invadiram seu país. Traído e deserdado por muitos de seus amigos e familiares, o caráter teimoso de Coxinga era muito parecido com o do seu mais famoso contendor — o comandante sueco que ele derrotou em sua última batalha.

Famoso por sua obsessão pela justiça e retidão, Coxinga foi sempre perturbado pelas suas origens nebulosas. Seu pai era um almirante e o homem mais rico da China, mas igualmente um embusteiro que trapaceou, matou e subornou para abrir caminho e chegar ao topo da maior organização criminal da China. Embora Coxinga tenha crescido em um palácio, sua família se dilacerou para fazer fortuna e fez muitos inimigos durante esse processo.

Esse, enfim é o homem que ficou conhecido pelos escritores europeus como um pagão idólatra e um servo do demônio, mutilador de seus inimigos e um bruto sem coração que podia executar um padre holandês e violar a filha desolada de um homem assassinado no mesmo dia. Mas Coxinga é também o legalista elogiado pelos chineses como o último filho de uma dinastia decadente que, teimosamente, se recusou a se render aos invasores estrangeiros enquanto milhões de conterrâneos se submetiam a eles mansamente. Ele foi demonizado na Europa, endeusado na China e permanece como uma figura polêmica até hoje.

Esta é sua história. É também a história de seu pai, Nicholas Iquan, e de seus acordos e desacordos com os europeus que ele desprezava. Para os supersticiosos, é também a história da deusa dos mares e de como ela entregou a riqueza de suas águas a uma só família por quarenta longos anos. Embora a história termine com santos e deuses, começa com saqueadores e piratas.

CAPÍTULO 1

Os Piratas de Fujian

Isolada do resto da China por um semicírculo de altas montanhas, a província sudeste de Fujian era quase um país à parte. Os taludes que se projetavam na direção do mar, como se fossem terraços, eram usados pelos nativos para o cultivo de produtos locais, como lichias e outras frutas (olhos-de-dragão, por exemplo), chá e cana-de-açúcar. Produtos agrícolas em geral estavam em alta no mercado, não apenas aqueles considerados iguarias exóticas. Os fujianeses cultivavam linho para a confecção de roupas e pés de amora para alimentar os bichos-da-seda. Eram famosos por suas sedas tingidas e as plantas de índigo nativas conseguiam dar o tom do azul-fujiano a elas, enquanto os corantes de açafrão resultavam na imensa gama de tons vermelhos. Com a fabricação de tecidos e a florescente indústria de porcelanas, os fujianeses se interessaram por procurar novas oportunidades de negócios, e a barreira montanhosa que dificultava o caminho para o interior do país forçou-os a fundar movimentadas vilas em volta de baías e estuários, onde o melhor meio de transporte era o navio. Os fujianeses tornaram-se exímios pescadores, o que os levou, com o tempo, a descobrir outros usos para suas embarcações.

Sob o comando do imperador, a China não sentia necessidade de fazer negócios comerciais com países estrangeiros. Era o centro do mundo, e seria heresia sugerir que alguma das nações bárbaras tivesse alguma coisa de valor a oferecer ao Império Celestial. Parcerias ocasionais eram acertadas com estrangeiros na base de pagamento de tributos, quando chegavam com seus navios carregados de produtos que eram então trocados pelos agentes governamentais por tesouros de valor equivalente. Mas era um modo incômodo de fazer negócios e, pela sua própria natureza, excluía deles a iniciativa privada.

Duzentos anos mais tarde, no apogeu da dinastia Ming, o marinheiro Zheng He chegou à China vindo do Oceano Índico, em uma frota de sólidos barcos. Tinha navegado por terras distantes e carregava bichos e histórias estranhas. Pagou seu tributo e garantiu ao imperador que os bárbaros de

Leste asiático no século XVII

terras tão distantes quanto a África o consideravam governante do mundo. Coincidentemente, após as visitas de Zheng, a dinastia Ming retraiu-se e encolheu-se em si mesma, certa de que havia muito pouca coisa que valesse a pena ser vista no mundo lá de fora.

Iquan, o futuro Senhor dos Estreitos, nasceu em 1603 na pequena vila fujianesa de Nan-na, perto de Amoy. O local tinha apenas duas coisas que podiam ser consideradas interessantes. A primeira era uma estranha formação rochosa nas imediações de uma nascente de rio que, segundo os nativos, representava cinco cavalos — quatro galopando para dentro do mar e um quinto, assustado, voltado para a terra. Alguns autores, anos mais tarde, interpretaram essas imagens como sendo de Iquan, seu filho Coxinga, seu neto Jin e dois de seus bisnetos, Kecang e Keshuang.

O segundo local famoso em Nan-na era uma rocha com o ato de uma ave com inscrições cuja autoria foi atribuída a um filósofo qualquer do passado, que havia chegado à região como escravo. Ele anunciava, nesses escritos, para grande surpresa dos nativos, que ali seria, um dia, o berço do Senhor dos Mares. Esse local chegou a ser visitado, séculos depois, pelo fundador da dinastia Ming, que temia profundamente os mandamentos do feng shui. Receoso de que o lugar pudesse vir a ser a terra natal de um imperador, ordenou que se alterasse a inscrição gravada na rocha. Esse ato, comentou-se depois, impediu que a família de Iquan acabasse sendo a dos verdadeiros mandatários da China.[6]

Iquan tinha o mesmo sobrenome, Zheng (que significa "sério"), de um famoso marinheiro de outros tempos, mas isso era apenas uma coincidência. O histórico almirante Zheng era um eunuco muçulmano do interior da China enquanto Iquan era descendente de um clã que vivia no litoral de Fujian havia várias gerações. Seu pai, Zheng Shaozu, era um destacado funcionário do governo local e sua mãe, uma dama da família Huang, composta por comerciantes.[7] Shaozu parecia determinado a trazer respeitabilidade para sua família e direcionou a educação dos filhos para o que havia de melhor e mais moderno. Era rico o suficiente para oferecer a eles uma esmerada formação e esperava, com isso, que eles fossem bem-sucedidos nos exames para o serviço civil: a única forma de conseguir um posto no governo chinês. As expectativas de Shaozu em relação ao futuro dos filhos não era incomum na província de Fujian, já que a cidade possuía boa infra-estrutura educacional e se orgulhava de conseguir o maior índice de aprovação para o serviço civil dentre todas as províncias da China. Os filhos de Shaozu, entretanto, desapontaram-no nessa questão e ele não viveu o suficiente para ver as incríveis conquistas do fim de suas vidas. No

---

6. TW, pp. 2-3; Croizier, *Koxinga and Chinese Nationalism*, p.39.
7. Os holandeses a chamava de Theyma, pensando ser uma corruptela de *Zheng Ma*, ou Mãe Zheng. Veja Blussé, 'The VOC as Sorcerer´s Apprentice, p.101.

caso do mais velho, Iquan,[8] por exemplo, era inquestionável que os afáveis e conservadores genes dos Zheng tinham perdido terreno para a herança intempestiva da senhora Huang, cuja família, descobriu-se mais tarde, era de um bando de réprobos envolvidos em negociatas marítimas escusas.

Iquan teve muitos nomes ao longo da vida, mas era conhecido em casa apenas como o Filho Mais Velho. Como é comum em muitas famílias chinesas ainda nos dias de hoje, ele e seus irmãos também forjaram uma série de apelidos não-oficiais. Os garotos Zheng chamavam-se uns aos outros por nomes que faziam referências aos animais que admiravam. Como o mais velho, Iquan escolheu para si o Dragão — a mais nobre das feras chinesas e o símbolo da autoridade imperial. O irmão que vinha depois dele escolheu Bao, a Pantera; Feng, a Fênix; e Hu, o Tigre. Aos mais novos sobrou apenas o direito à inspiração nas aves para escolher seus apelidos. Peng ficou como o Roc (ave gigante dos contos orientais), Hu, o Cisne e Guan, a Cegonha.

As principais fontes de informação sobre o jovem Iquan são o *Taiwan Waizhi* e o *Historical Novel of Taiwan*, antigos registros sobre os piratas do século XVII, que misturam fatos históricos verídicos com contos fantásticos a respeito de suas proezas e conquistas. Como tradicionalmente acontece nos livros chineses que discorrem sobre personagens famosos, eles retratam Iquan no estilo que agradaria a um investigador confuciano, ou seja, cheio de talentos. De acordo com o *Historical Novel*, ele era capaz de ler e escrever com 7 anos, um feito considerável na época, e demonstrava ter enorme aptidão para a dança e para outras formas de expressão artística. Mais à frente, entretanto, o *Historical Novel* escapa dos lugares comuns das proezas da criança prodígio, para o relato de eventos mais de acordo com o final da vida de Iquan.

Sua característica mais importante, evidente até mesmo na infância, era o charme, que quase sempre o ajudava a escapar das confusões em que se envolvia.

A primeira história da formidável vida de Iquan acontece em algum lugar por volta de 1610, quando o garoto brincava com seu irmão mais novo, Bao-a Pantera, na rua, perto da casa do prefeito Cai Shanzhi. Ao lado do muro dos jardins dos Cai, os garotos encontraram um pé de lichia — a fruta nativa de Fujian, muito valorizada. Tentaram derrubar um cacho cutucando-o com varas, mas, como não conseguiram, apelaram para as

---

8. Na verdade, Iquan é simplesmente um modo de grafar, em português, Yi-Guan, que significa "Filho Primogênito". Como outros líderes piratas, Iquan usou muitos nomes nas diferentes disputas das quais participou. A questão ficou ainda mais confusa pelas várias maneiras com que os pesquisadores católicos indicavam seu nome, que podia ser Zheng Zhilong pelo sistema Pinyn, o qual usei em todo o livro, e Cheng Chih-lung, de um modo obsoleto e dúbio pelo sistema Wade-Giles, que ainda continua em uso em alguns lugares. Para a definição detalhada de todos os nomes usados neste livro, veja o Apêndice I.

pedras. Infelizmente para Iquan, uma delas passou reto pela penca de lichias e caiu dentro do jardim da casa, onde o prefeito tomava sol. Atingido na cabeça, ele se vingou de Iquan e de seu pai com medidas disciplinares.

Entretanto, uma história diz que a raiva de Cai imediatamente se amainou quando ele olhou para o adorável menino. Em vez de puni-lo, deixou que ele se fosse, anunciando que o futuro lhe reservava grandes façanhas.[9]

É improvável que o pai de Iquan concordasse com isso, já que considerava o garoto uma peste. A mãe de Iquan não era a principal esposa de Shaozu, mas simplesmente uma concubina, o que fazia dele apenas mais uma boca para ser alimentada em casa. Com pelo menos seis irmãos e meios-irmãos, é provável que Iquan tivesse também várias irmãs do sexo feminino, mas isso não foi registrado nas crônicas sobre sua vida. Filho e pai romperam quando a mãe de Iquan começou a perder os encantos da juventude e Shaozu cansou-se dela; porém, suas brigas mais importantes eram motivadas pelo comportamento de Iquan. Na posição familiar precária que tinha, teria sido esperto da parte dele evitar criar problemas, mas o adolescente parecia cobiçar o perigo. À medida que o bom humor da infância cedeu lugar a uma mal-humorada adolescência, Iquan desafiou os conselhos do pai e negligenciou os estudos. Foi também surpreendido na cama com sua madrasta, episódio que determinou sua expulsão de casa. Iquan estava consciente de haver cometido uma ofensa capital e fugiu para Macau, onde, imaginava seu pai, estava destinado a ter um triste fim.[10]

Para a maioria dos chineses, Macau era considerado um mundo à parte, a centenas de milhas da costa chinesa, à margem da civilização. Ao sul de Macau não existia nada, a não ser a assolada terra do que seria hoje o Vietnã, região desvalorizada aos olhos dos esnobes chineses. Mais à frente ficavam a Malásia e as ilhas da Indonésia, terras de oportunidades mas também de selvageria e perigo. Bem posicionada para o comércio, à margem do estuário do rio da Pérola, Macau foi fundada como zona comercial por mercadores de Fujian, a terra natal de Iquan, e batizada depois como A-Ma-Gong, ou Matsu, a deusa do mar que zelava por todos os navegantes locais. Matsu, dizia a lenda, era uma virgem fujianesa capaz de deslocar seu espírito do corpo adormecido para salvar navegantes em perigo.[11] Depois de morrer, diziam, seu espírito ficou vagando pelas aldeias à beira-mar e as pessoas adotaram o hábito de oferecer sacrifícios em seu nome em troca de proteção para suas viagens. Dizem que alguns desses sacrifícios eram humanos.

---

9. *TW*, p.3; Foccardi, *Last Warrior*, p. 3; Iwao, "Li Tan", 72.
10. Blussé '*Minnan-Jen or Cosmopolitan? The Rise of Cheng Chih-Lung Alias Nicholas Iquan*', p.253; Foccardi, *Last Warrior*, p. 4.
11. Keliher, *Out of China*, p. 50.

Os novos ocupantes de Macau, os portugueses católicos, encaravam com desconfiança e suspeita esses cultos e decidiram batizar a cidade com o nome de uma virgem mais aceitável: Cidade da Mãe de Deus. Macau era ponto estratégico das rotas não-oficiais de comércio interno e externo da China, a pouca distância do delta do rio da Pérola e da grande cidade de Cantão. Sua localização fazia dela ponto de vital importância estratégica, e assim permaneceria por mais dois séculos, até que o vilarejo mais próximo, Hong Kong, caiu nas mãos dos ingleses e a substituiu nesse papel.

Os portugueses se estabeleceram em Macau depois de limparem o estuário do rio da Pérola dos piratas, mas sua presença na vizinhança do Império Celestial era parcamente tolerada. Ainda não tinham permissão para entrar em território chinês, mas mesmo assim Macau atraía comerciantes e missionários que alimentavam a esperança de, um dia, se verem livres desse impedimento. Enquanto esperavam, faziam o possível para despertar o interesse dos chineses locais pelos seus produtos e pelas suas religiões.

Acompanhado de seus irmãos Bao-a Pantera, e Hu-o Tigre, provavelmente tão ousados quanto ele, o jovem Iquan chegou a Macau e se instalou na casa do avô, Huang Cheng, comerciante da cidade. O *Historical Novel* o descreve como um jovem de 18 anos, preguiçoso, sem inclinação para os estudos; de natureza violenta, fanático por boxe e por artes marciais. Foi secretamente até Macau, em Cantão, para visitar Huang Cheng, o pai de sua mãe.[12] Mas considerando os acontecimentos anteriores em Fujian, é possível que os três irmãos tenham ido para lá em companhia da senhora Huang, a mãe, que estaria voltando para sua família após ter perdido os favores do marido.

Macau deve ter sido fascinante para Iquan, principalmente depois de viver no ambiente pesado da casa paterna. Os Huang, poderosos e bem-sucedidos, valorizavam mais o sucesso material do que os títulos acadêmicos — eram comerciantes e mercadores, atividades mais de acordo com os talentos naturais de Iquan, que demonstrava ter mais habilidade para os negócios do que para os estudos. E os negócios eram bons para os Huangs, o que não significava serem sempre negócios honestos.

Iquan estava destinado a descobrir a comunicação não tão secreta entre o sul da China e o mundo. Os últimos imperadores preferiram esconder-se atrás de barreiras naturais ou construídas pelo homem, que mantinham os bárbaros a distância, mas não conseguiam escapar do cerco de sua influência mesmo dentro de suas fronteiras. Um relatório governamental da época descreve Fujian como um lugar onde "desordeiros astutos desenvolviam suas habilidades". Graças aos muitos ancoradouros clandestinos

---

12- Tw, p.3.

construídos ao longo da costa, comerciantes podiam trabalhar à vontade, longe das vistas dos inspetores de impostos.[13]

Os navegadores chineses tinham permissão para usar esses ancoradouros para pescar ou embarcar mercadorias para o próximo porto, mas suas incursões ao mar deveriam supostamente parar por aí. Não era à toa que os barcos chineses carregavam água potável suficiente para abastecer a tripulação[14] por apenas dois dias — estratégia para mantê-los sempre perto da costa. Mas os pescadores de Fujian sabiam o que existia além da linha do horizonte. Eram, afinal, descendentes dos viajantes que haviam percorrido oceanos distantes na companhia de Zheng He, o navegador eunuco. Fora isso, a cidade de Quanzhou era, ainda, o porto que recebia embaixadores dos povos das ilhas Ryukyu. Ao contrário dos interioranos, os fujianeses encaravam o mar com absoluta naturalidade e não o temiam.

Os navios chineses eram bons para navegar perto da costa, mas não adequados a viagens oceânicas. Mas por viverem em um dos pontos da costa da China que tradicionalmente negociava com os estrangeiros, os habitantes de Fujian sabiam como construir embarcações capazes de chegar a terras mais longínquas. Só que esses navios custavam caro, mais de dez vezes o valor das embarcações comuns, e eram poucos os comerciantes suficientemente ricos para bancar o custo de construção de tais embarcações. Os barcos fujianeses eram baixos, ideais para navegar sempre com a terra à vista e só mesmo um louco se arriscaria a levar um deles para mar aberto. Mas assim que os navegantes saíam da área de fiscalização local, adaptavam suas embarcações, agregando a elas uma espécie de cerca de bambu em volta das amuradas para impedir que as ondas varressem o convés e baixavam uma cunha de madeira que funcionava como quilha auxiliar, o que mantinha o barco estável em águas mais profundas.[15]

Zarpando de um vilarejo fujiano, um barco como esse podia escapar para o leste, assim que a terra se perdesse de vista. À medida que se afastavam dela, muitos navegantes chineses ficavam aterrorizados ao ver as águas escuras debaixo de suas embarcações, e voltavam contando histórias terríveis sobre o "Fosso Negro" que existia logo além da costa. Perigosas correntes oceânicas e monstros marinhos, diziam eles, estavam à espreita nas profundezas e isso era suficiente para manter marinheiros assustados bem perto da praia.[16] Mas para os marinheiros de Fujian, havia algo além do Fosso Negro.

---

13. Lin Renchuan, *Fukien's Private Sea Trade in the 16th and 17th Centuries*, p.172.
14. Sung, *Chinese Technology in the Seventeenth Century*, p. 177.
15. *Idem*.
16. Keliher, *Out of China*, p. 39.

Partindo dos portos da cidade, demorava-se menos de dois dias para se chegar à ilha de Taiwan. O suprimento de água potável previsto por lei, era, portanto, suficiente para abastecer uma tripulação nessa viagem de ida dentro das águas chinesas, até o novo mundo. Após reabastecer em Taiwan, era possível chegar às ilhas Ryukyu, a meio caminho dos portos japoneses de Hirado e Nagasaki. Alguns mercadores preferiam seguir a rota marítima na direção das Filipinas, ocupadas pelos espanhóis, ou percorrer pequenos trechos ao longo da costa de Annam (hoje, Vietnã) para chegar a Jawa, onde estava sediada a Companhia das Índias Ocidentais dos holandeses.

A população de Fujian fazia regularmente essas viagens. Mercadores chineses e suas famílias (ou, em muitos casos, suas esposas locais e filhos) terminaram por fundar comunidades em Manila e Nagasaki. Poucos deles queriam ser imigrantes permanentes, mas, como era mais econômico manter representantes em portos estrangeiros, a prática de assumir um posto temporário no exterior ficou conhecida como *yadong*, ou "hibernação". Claro que nenhum chinês gostava de passar muito tempo longe do Império Celestial, mas não faria mal uma curta temporada no exterior, principalmente se o assunto era lucro.

Oficialmente, a China não mantinha comércio com estrangeiros, mas décadas de atividade ilegal trouxeram muitos novos artigos para dentro do país, onde acabaram exercendo grande influência cultural. O pimentão, por exemplo, ingrediente básico da cozinha chinesa, particularmente na culinária Sichuan e a sopa amarga de Beijing não são de origem chinesa. Essa planta exótica foi trazida das Filipinas para a América do Sul pelos espanhóis e ali comercializada com mercadores chineses — não havia pimentões na China antes do século XVI e hoje é impossível imaginar a comida chinesa sem eles.

Outro produto importante que veio do Novo Mundo, por intermédio dos espanhóis, foi o tabaco. Durante os anos 1600, rumores se espalharam pela China a respeito de um certo fumo milagroso que os fujianeses haviam inventado e que deixava o seu usuário bêbado. Depois de ficar popular entre os marinheiros, a planta do "Álcool Seco" foi logo cultivada nas terras de Fujian e depois processada e vendida como produto local. Centenas de fábricas se espalharam por Fujian e pela vizinha Cantão, e o vício tomou conta do país — era particularmente popular entre os soldados, a ponto de uma autoridade relatar que em 1650 "todo o Exército tinha começado a fumar".[17]

Mas esses eram detalhes insignificantes se comparados com o imenso impacto causado por outro produto importado. Em uma época de grandes alterações climáticas, que resultou em inundações e penúria, o comerciante

---

17. Ye Mengzhu, citado na obra de Lin Renchuan, *Funkien's Private Sea Trade in the 16th and 17th Centuries*, p. 206.

fujianense Chen Zhenlong lembrou-se das batatas-doces que cresciam rapidamente nas plantações das Filipinas. Trouxe algumas mudas e as plantou experimentalmente em um pedaço de suas terras. Quando Fujian foi atacada por uma crise de falta de comida em 1594, o sabido Chen apresentou ao governo sua nova descoberta e o persuadiu a introduzi-la no plantio da época. A ousadia foi recompensada com uma colheita que salvou milhares de vidas. O governador ganhou o apelido de "Batata Dourada" e o fato acabou por inspirar a composição da "Ode à Batata-doce", de Qiaoyuan, da qual faz parte este trecho:

> *Doce batata, encontrada em Luzon*
> *Cresce em todo lugar, sem nenhum problema*
> *Demônios estrangeiros adoram comê-la*
> *E ela se propaga tão facilmente.*
>
> *Nós colhemos uma muda*
> *Cultivamo-a em casa*
> *Dez anos depois, se a salvação de Fujian*
> *Morrer, faça tudo de novo.*
>
> *Tire uma muda, replante-a*
> *Espere uma semana para vê-la crescer*
> *É assim que nós a cultivamos*
> *Em nossa terra natal, colhemos e semeamos.*
> *Em uma época de fome*
> *Quando enfrentamos escassez e dificuldades em Fujian*
> *Ganhamos uma farta colheita*
> *Que nos deu de comer durante um ano inteiro.*[18]

O comércio não era, de modo nenhum, uma via de mão única, e ricas recompensas esperavam por aqueles dispostos a enfrentar riscos. Uma peça de seda chinesa, por exemplo, podia ser vendida no Japão por preços dez vezes mais altos. Jarros de ferro e panelas davam ótimo retorno para negociantes que se dispunham a atracar nos portos japoneses. Em razão de um conveniente incidente diplomático internacional, as ilhas Ryukyu acabaram transformando-se em território sujeito a tributação por ambos os imperadores, do Japão e da China. Embora os dois países teoricamente resmungassem contra o comércio internacional, era muito difícil provar que navegantes chineses chegando a Nagasaki não eram, na verdade, nativos das ilhas Ryukyu, e, portanto, habitantes locais. Da mesma forma, os mesmos navegantes ao voltarem para casa, eram considerados nativos de Ryukyu até que chegassem ao litoral chinês, onde, miraculosamente, transformavam-se

---

18. Ver Lin Rechuan, p. 207.

de novo em pescadores fujianeses, não obstante, com freqüência, trouxessem grandes quantidades suspeitas de prata japonesa em seus barcos.

As inspeções, entretanto, eram raras. Ao proibir o comércio com estrangeiros, o governo chinês efetivamente criminalizou todos os comerciantes fujianeses interessados em fazer dinheiro, o que serviu apenas para empurrar homens inocentes para a companhia de velhacos e fazer vistas grossas aos que enriqueciam com atividades criminosas. Suborno e corrupção viraram práticas comuns nos portos de Fujian, e os fiscais dos portos eram encorajados a olhar para outro lado quando "frotas pesqueiras" se lançavam ao mar não com redes nos seus depósitos, mas sim lotes de seda. As implicações mais danosas dessa prática, a longo prazo, aconteceram quando criminosos violentos perceberam ter pouco a perder. Já que o comércio era ilegal, alguns acharam mais econômico montar uma frota de navios não para negociar, mas para roubar. Ficavam à espreita ao longo da costa de Fujian, observando a aproximação de embarcações mercantes, para saqueá-las.

Essa situação forçou os mercadores a montar um esquema de autoproteção, armando suas embarcações com espadas e canhões. Pouco tempo depois, os comerciantes de Fujian já possuíam várias frotas de navios de guerra. O fato, por sua vez, levou-se a dar mais atenção e respeitar os navios europeus que chegavam à região.

Percebendo que as embarcações procedentes de Fujian seriam mais fáceis de controlar do que as provenientes da África e das ilhas do mar do Sul, holandeses, ingleses e portugueses se dispuseram a negociar com os chineses com mais civilidade e, como prova de gratidão, colocando sua força militar à disposição delas.

Foi nessa época de grande movimentação no comércio do mercado negro que os garotos Zheng foram trabalhar na empresa dos Huang. Relatos truncados de fontes holandesas e chinesas descrevem Iquan como um "alfaiate", pois seus primeiros lucros vieram da venda de seda. Ele ficou bem conhecido também nos bairros que abrigavam estrangeiros, onde se associou aos portugueses e seus aliados e de alguma forma ganhou um "padrinho" português que lhe deixou grande quantia de dinheiro.[19] Fez amizade com os missionários que o consideravam português e o batizaram por isso como católico, com o nome cristão de Nicholas Gaspard Iquan — Nicholas era o nome de seu rico patrono.

É pouco provável que tudo isso tenha feito de Iquan um devoto. Ele adotou a fé católica em parte porque queria aprender mais sobre os costumes estrangeiros e em parte por gratidão a um médico missionário que havia conseguido curar sua mãe de uma enfermidade. Relatos posteriores sobre sua fé o descreviam como aquele que lidava com ela como se fosse

---

19. Boxer, *Rise and Fall of Nicholas Iquan*, p. 411n.

uma superstição qualquer e não como norma de vida. Como registrou um de seus historiadores:

> *Os Portugueses... descobriram que Iquan tinha um curioso oratório, no qual colocara, entre outras coisas, uma imagem de nosso Salvador e da Virgem Maria e várias outras, de santos representativos da piedade cristã... É aceitável acreditar que, embora Iquan tenha sido batizado, ficou ignorante sobre os princípios da fé cristã, pois os portugueses nunca conseguiram perceber que ele honrava mais a Jesus do que a seus ídolos, e nem mesmo que tivesse comportamento digno de um cristão... não falava do Evangelho, nem dos mandamentos, nem de Deus e sua Igreja; e também pelo modo que vivia, nada cristão, esse homem desinformado era tão ímpio ou tão ignorante que queimava incenso tanto para Jesus quanto para seus ídolos.*[20]

Os estrangeiros com os quais Iquan passou a conviver depois de sua "conversão" eram também fontes de informações sobre o mundo externo — valioso legado para quem haveria de se tornar um viajante. A aparência física dos portugueses e sua cor de cabelo não pareciam ameaçadoras aos bronzeados chineses de cabelos pretos do sul do país, mas a colônia portuguesa causava estranheza à população local. Muitos chineses ficavam petrificados ao verem os escravos negros que os portugueses traziam da África — homens altos, com a pele escura da cor dos demônios, que rendiam assunto para as superstições. A colônia também tinha alguns poucos residentes do norte da Europa, descritos pelos chineses como tendo "nariz de águia e olhos de gatos".

Um dos mais estranhos residentes era Adam Schall, missionário alemão de pouco mais de 20 anos, muito alto, e de cabelos encaracolados. Da ordem dos jesuítas, Schall tinha se oferecido como voluntário para ocupar um posto na China, anos antes. Agüentara uma viagem de dezoito meses por mar até Macau, onde passara pelas doenças e privações da vida a bordo, e onde aprendeu, compulsoriamente, as lições da vida chinesa. Ao contrário de outras ordens religiosas, os jesuítas reconheciam a importância de adaptar-se e aprender com a cultura do local onde se encontravam — uma política que causaria problemas à ordem nos anos seguintes. Os jesuítas também eram cientistas e insistiam para que seus missionários desenvolvessem outras habilidades além daquelas necessárias à fé em Deus. Os primeiros médicos e engenheiros que chegaram à China eram jesuítas, mas Adam Schall era especialista em outros assuntos: astronomia e matemática. Possuía também muitos conhecimentos de artilharia — o que o tornaria

---

20. Palafox, *History of the Conquest of China*, pp. 81-2.

muito popular entre os chineses. Embora o caminho de Schall tenha cruzado com o de Iquan em Macau, os dois homens pertenciam a mundos bem diferentes. Seus destinos se cruzariam de novo duas décadas depois, a milhares de milhas de distância, em Beijin, capital do Império Celestial.

O charme de Iquan e sua habilidade lingüística (a qual, dizem, não era exatamente um dom para aprender idiomas, mas uma conseqüência da necessidade de se comunicar com os estrangeiros) logo o afastaram do avô e o colocaram a serviço das empresas associadas às de sua família. O *Historical Novel* registra que houve uma ruptura decisiva entre os dois quando o avô resolveu mandar um carregamento de açúcar branco, madeira e almíscar[21] para o Japão. Contratou um comerciante para fazer esse serviço pela rota ilegal das ilhas Ryukyu e colocou Iquan a bordo para tomar conta da encomenda. Iquan zarpou como empregado do avô, mas ficaria longe dele e dos seus negócios por um longo tempo. A viagem o convenceu de haver encontrado sua real vocação, e passou a trabalhar na empresa do proprietário do navio.

O novo patrão de Iquan era Li Dan, mercador fujianês de cerca de 70 anos e que há muito morava fora de sua terra natal. Já havia sido o chefe da comunidade chinesa que "hibernava" nas Filipinas e era considerado uma lenda viva por ter sido feito escravo pelos espanhóis nas galés durante nove anos, antes de escapar e se firmar mais uma vez como o senhor dos contrabandistas do sul da China. Nos últimos anos, passava cada vez mais tempo no Japão, onde possuía várias esposas e uma mansão. Ali, era tido como um dos pilares da comunidade chinesa, amigo das autoridades japonesas e dos mercadores ingleses, que a ele se referiam como o Capitão China. Seus associados (também chamados de irmãos, conforme registram as fontes históricas mais modernas) faziam a maior parte do trabalho por ele, a partir das sedes plantadas em Manila e Macau. Os navios do Capitão China seguiam por uma rota que se abria a partir do Japão, das ilhas Ryukyu para Taiwan e depois mais ao sul até as Filipinas ou a oeste para Fujian; dali então para a costa sul da China até Annam e o Golfo de Tonkin. Iquan participou da viagem até Macau e acompanhou depois o Capitão às Filipinas e a Annam, e ao norte do Japão. Quando o Capitão decidiu permanecer por mais tempo em suas propriedades no porto japonês de Hirado, Iquan ficou com ele.

Mesmo as muitas viagens de Iquan pela Ásia não o haviam preparado para o Japão. O país ficava a leste da China, de onde derivou o seu nome, Terra do Sol Nascente. Muitos acreditavam que a mítica ilha havia sido fundada por nobres chineses em um passado distante, mas era também considerada por alguns imperadores como um perigo à sua porta. Os japoneses tinham fama amedrontadora em toda a Ásia — era o país que havia

---

21. *TW*, p. 3.

segurado a conquista mongol vários séculos antes, desafiado Khublai Khan e apelado para os elementos da natureza como proteção contra o invasor. Após conquistarem toda a China, os mongóis tentaram entrar no Japão, enviando uma enorme esquadra pelo estreito que separa o Japão da Coréia. Um pouco antes de chegar à costa japonesa, a armada inteira naufragou por causa de uma terrível tempestade, que os sacerdotes japoneses acreditavam ter sido mandada pelas divindades guardiãs do país. Foram elas que enviaram o Vento Divino ou Kamikaze.

Depois que a invasão mongol falhou, os japoneses não conseguiram mais montar uma defesa unida. O país foi dilacerado por um século de guerra civil que só terminou em 1603 com a nomeação do general (Shogun) Tokugawa Ieyasu que conteve a invasão bárbara. Um Japão pacífico, entretanto, era sempre má notícia para o resto da Ásia, porque os camponeses itinerantes que normalmente ganhavam a vida como soldados, de repente se viam sem trabalho e passavam a procurar nova ocupação. Quando não havia guerra no Japão, o litoral do mar da China era regularmente atormentado por incursões de pirataria e muitos chineses diziam que os ataques eram feitos pelos bárbaros anões do Japão.[22] Agora que o *shogun* era o novo dirigente do país, este estava destinado a se acomodar a um período de reclusão auto-imposta — os anos que se seguiram à chegada de Iquan ao Japão viram a nação tomar sucessivas medidas para fechar suas portas, na tentativa de se isolar do resto do mundo.[23] A última proeza externa do país tinha sido a malfadada invasão da Coréia no final do século XVI, a qual, ao menos, manteve os militares ocupados por alguns anos. Uma das famílias que mais se beneficiou com a operação contra a Coréia foi a dos Matsuura, da região de Nagasaki — antes conhecida por abrigar mal-afamados marinheiros, mas alçada à condição de pequena nobreza latifundiária

---

22. Para esclarecer, os piratas "japoneses" que supostamente ameaçaram os chineses não eram somente japoneses. Muitos eram de Ryukyu ou Taiwan, e outros da Coréia e da própria China. Na verdade, as autoridades chinesas pagavam uma recompensa por cada cabeça de japonês capturado, pois quase sempre eram culpados por atacar. Um incidente famoso envolvendo um suposto ataque de "piratas japoneses", que pertenciam a um esquadrão de cavalaria pesada e saquearam uma cidade chinesa a 30 milhas, território adentro, dificilmente poderia ser atribuído aos saqueadores da lenda popular. (N. R.)

23. Em 1616, os europeus só podiam usar os portos de Hirado e Nagasaki e era impossível conseguir uma autorização que permitisse a eles viajar pelo interior. Em 1624, o Japão cortou todas as ligações com as nações católicas como Espanha, México e Filipinas, cujos cidadãos eram proibidos de entrar no Japão. Em 1633, até os navios que já possuíam permissão para o comércio tinham que renegociar suas licenças; e também foi imposto que qualquer cidadão japonês que morasse fora não poderia voltar, sob a ameaça de pena de morte. Em 1636, uma ordem oficial de Sakoku fechou as fronteiras e restringiu as relações comerciais com a China. Depois da expulsão dos portugueses, em 1639, as exportações ficaram limitadas à pequena comunidade holandesa amontoada na ilha Deshim, que fazia parte do porto de Nagasaki, e que durou os dois séculos seguintes. Ver Boxer, *The Christian Century in Japan*, p. 439. (N. R)

no espaço de apenas uma geração. A presença contínua de comerciantes estrangeiros na área de Nagasaki acontecia em razão de contatos e interesses anteriores dos Matsuura, quando ainda viviam no mar.[24]

Para impedir que interferissem na política local, os estrangeiros foram gradualmente confinados em áreas específicas. Hirado e Nagasaki, os portos abertos a mercadores chineses como Iquan, eram também os dois últimos lugares no Japão onde os exóticos estrangeiros da Europa distante eram ainda tolerados. Os portugueses, cuja prática religiosa católica já havia causado problemas locais aos japoneses, não eram mais bem-vindos, mas os holandeses protestantes tinham conseguido convencer o *shogun* que eram mais confiáveis. Os ingleses, pela influência de seu representante Will Adams,[25] também tinham sabido capitalizar a sua condição de não-católicos. Holandeses, ingleses e chineses viviam juntos nos enclaves de Hirado e Nagasaki, favorecendo o contato de Iquan com estrangeiros que acabariam por moldar seu destino.

O Capitão China era uma pessoa rica e influente, descrito pelos ingleses, seus rivais nos negócios, como "o agora eleito capitão chefe comandante de todos os chineses no Japão, tanto em Nagasaki e Hirado como em outros lugares".[26] Ele aparece nos relatos dos mercadores ingleses em várias ocasiões, quase sempre participando de cerimônias organizadas pelo dirigente local, Matsuura Takanobu, ou encontrando-se com o governador de Nagasaki. Também se diz que ele ofereceu considerável apoio e encorajamento para os ingleses em Nagasaki.

Tal bom-mocismo encobre muito da real natureza do capitão. Suas relações amistosas com os recém-chegados britânicos não eram surpresa para os holandeses, que, sabia-se, comentavam que ele era um homem astucioso e pouco digno de confiança. Os holandeses estavam em Hirado havia tempo e já tinham sido prejudicados em muitos negócios pelo capitão. Ingleses e holandeses deram-se uma trégua durante alguns anos, mas ambos os países estavam conscientes de que sua mútua rivalidade poderia

---

24. Para saber mais sobre as realizações de Matsuura na guerra coreana, ver Turnball, *Samurai Invasion*.
25. Will Adams (1564-1620) era um velejador inglês que comandou a embarcação holandesa chamada Charity. A embarcação afundou no Japão em 1600, e ele não obteve permissão para deixar o país, porém acabou ficando e casando com uma japonesa. Tornou-se confidente do *shogun* e foi usado como instrumento para conseguir a permissão de comércio para os ingleses no país. Ajudou a fundar a Companhia Japonesa das Índias Ocidentais, e sem sombra de dúvida conheceu o Capitão China, embora tenha morrido na época em que Iquan chegou ao Japão. Adams continua famoso até os dias atuais como o *anjin* (piloto), e foi por causa dele que um distrito de Tóquio recebeu o nome de Anjin-cho; foi também inspiração histórica para o personagem de John Blachthorne, o herói do livro de James Clavell chamado *Shogun*.
26. Clocks, *Diary*, vol. 3, p. 34. A escolha do capitão aconteceu só após a morte inesperada de seu irmão Hau em Nagasaki.

facilmente ser reavivada e se transformar de novo em hostilidade aberta. O capitão papericou os ingleses, mandou-lhes presentes, convidou-os às suas festas e até chamou seu representante para ser o padrinho de sua filha mais nova, Elizabeth.[27]

Na época em que Iquan se associou ao capitão, o comércio da seda estava em alta. O capitão e seus associados tinham conseguido do *Shogun* uma licença para negociar em Tonkin, mas raramente iam além da Ilha dos Pescadores, na costa de Taiwan. Ali eram recebidos como se fossem da terra. Era-lhes permitido atracar e fazer negócios com seus conterrâneos (como o avô de Iquan, Huang) que rebocavam para Fujian mais seda do que podiam estocar em seus barcos. De volta para Hirado, armados de umas poucas lendas sobre as condições climáticas em Tonkin, os irmãos descarregavam sua carga que tinha custado muito menos do que os produtos similares obtidos em Annam e na Malásia.

Iquan era ideal para esse tipo de trabalho. As condições voláteis e as conexões escusas em tais negociatas requeriam menos gerenciamento que o controle de rebeliões. Os parceiros de negócios do capitão eram contrabandistas, criminosos e, no caso de alguns associados taiwaneses, canibais. Alguém com o carisma de Iquan representava um grande diferencial, particularmente por possuir a habilidade de falar tanto o chinês quanto o português, este último, idioma internacional do comércio. Iquan tinha outro atributo que encantou o velho capitão — era muito parecido com ele.

Como seria de se esperar de alguém que tinha negociado e viajado a vida inteira, o capitão era um homem esperto, exímio trapaceiro. O filho, Augustin, para seu desgosto, tinha caído na pregação dos missionários portugueses e se convertido à desacreditada fé católica (contra a qual se insurgiram depois os japoneses, fazendo vários mártires quinze anos mais tarde, entre eles o neto do capitão). Iquan, entretanto, era o tipo de salafrário do capitão. O garoto que se mostrara capaz de acertar um dignatário local com uma pedra e escapar ileso da punição, ou então seduzir a própria madastra e também escapar ileso, tinha condições de se dar muito bem com o velho homem do mar.

Iquan e o Capitão China certamente compartilhavam do mesmo senso de humor. Quando Iquan entrou para a empresa dele, o capitão já estava, há vários anos, aplicando sucessivos calotes no infeliz representante inglês da Companhia das Índias Ocidentais no Japão, Richard Cocks.

A tentativa inglesa de montar um posto avançado de comércio no Japão foi tumultuada desde o início, quando os primeiros cidadãos do império britânico a chegar ali foram forçados a residir em Hirado, ao lado de seus rivais holandeses. Os ingleses poderiam ter pressionado para ficarem

---

27. Cocks relata o incidente no *Diary*, vol. 2, p. 414. Ele parece ter sido verdadeiramente apaixonado por Elizabeth, que quando cresceu também se apaixonou por ele.

em outra cidade, até mesmo porque Will Adams preferia uma mais próxima à sede do governo japonês e do *shogun*, e mais longe dos seus detestados inimigos holandeses. Mas por algum motivo, os homens da companhia ignoraram o Conselho enfático de Adams e aceitaram basear seus representantes em Hirado.

A missão comercial inglesa na época era dirigida por Cocks, um educado senhor de idade cujos principais interesses eram jardinagem e pesca. Descrito eufemisticamente como o honesto Sr. Cocks pelo seu antigo patrão, ele virou motivo de chacota na cidade, onde freqüentemente era visto arrastando seu instável lacaio para fora dos bordéis, na maioria das vezes com a concordância dos alcoviteiros locais. Os negócios de Cocks foram também prejudicados por inúmeros incêndios e acidentes nos seus depósitos de mercadorias, os quais ele creditava aos holandeses, provavelmente com razão. Pior ainda para o futuro do comércio inglês, os representantes da Companhia das Índias Ocidentais tinham chegado ao Japão prontos para descarregar vasta quantidade de roupas de fustão barato, apenas para descobrir que os japoneses preferiam suas sedas e algodões típicos. Muito depressa, os próprios ingleses aderiram à indumentária japonesa, o que os deixava com muito pouco produto para comercializar. Como resultado, Cocks e seus homens apostaram todas as suas esperanças na abertura de um canal de comércio com a China, e sua desesperada expectativa de uma virada em suas fortunas os deixou atônitos com as escaramuças que tiveram de enfrentar em Hirado.

O Capitão China foi um dos primeiros amigos dos ingleses *made in Japan* — prêmio que ele conquistou ao tornar-se seu senhorio. Os registros dos pagamentos dos aluguéis sugerem que os imóveis que ele oferecia aos ingleses estavam em mau estado, mas de alguma forma o capitão conseguia convencer seus agradecidos inquilinos que estaria por perto para resolver todos os problemas apontados por eles. Também se oferecia, graciosamente, para mobiliar as casas "no estilo inglês",[28] o que significava, descobririam mais tarde os britânicos, forrar o chão com tapetes.

Apesar desses primeiros contatos não muito confiáveis, os ingleses não desistiam de louvar o Capitão China, talvez por força dos relatos de seu sucesso como comerciante no continente. Cocks, por exemplo, ficou impressionado com os lucros conseguidos pelo capitão na nova rota para Taiwan e escandalizado ao ouvir que, em uma das viagens mais recentes, o capitão havia encontrado tanta oferta de seda que só pôde comprar a metade. Tais histórias, verdadeiras ou não, serviram de aval para que Cocks investisse 600 *taels* de prata na viagem seguinte do Capitão China até o sul. Estranhamente, entretanto, o capitão e Iquan nunca conseguiam fazer bons

---

28. E.M. Satow, *The Voyage of Captain John Saris to Japan*, 1613, p. 88, in Iwao, *Li Tan*, p. 28.

negócios quando usavam dinheiro alheio. Porém, os negócios do Capitão China continuaram prósperos e ele começou a mandar cada vez mais os seus navios mercantes para Taiwan, a leste dos Pescadores.

Com pouco conhecimento sobre a real situação na China ou em Taiwan, Cocks era forçado a acreditar naquilo que o capitão lhe contava. O comércio de Taiwan parecia ser rentável na maior parte das vezes, mas nem sempre, principalmente quando o dinheiro de Cocks estava envolvido. Os negócios dentro da China eram ainda melhores, mas infelizmente Cocks era etnicamente inadequado para passar por um comerciante local. Continuou a tomar vinho e a jantar com o capitão e, embora recebesse a reciprocidade da hospitalidade chinesa, suas chances de alguma vez fechar negócios melhores e mais seguros para a Companhia das Índias Ocidentais eram remotas. Conseguiu, entretanto, grande número de peixinhos dourados para enfeitar o lago de sua casa por força da amizade com o capitão — seu diário menciona as várias ocasiões em que sua afilhada Elizabeth chegou trazendo novas contribuições para seu viveiro de peixes. O capitão percebeu logo o interesse de Cocks pela garota e incentivou suas visitas para distrair o comerciante inglês e evitar que ele fizesse muitas perguntas sobre o progresso das negociações com a China.

Cocks acreditou que o capitão era suficientemente poderoso para influenciar o governo chinês. Todos os outros comerciantes estrangeiros tinham inveja da rota comercial que o capitão montara até o coração do maior mercado do mundo, ainda fechado para os não-chineses. Cocks escreveu cheio de esperança a seus superiores na Inglaterra, afirmando que seus amigos assegurariam aos ingleses sua presença dentro da China, ao contrário dos holandeses, que já haviam tentado sem sucesso marcar presença em Cantão e como haviam feito os portugueses em Macau. Fosse o que fosse que o capitão lhe tivesse contado, era o mesmo que acreditar que ele garantiria acordos comerciais ingleses com os marcianos. As cartas de Cocks evidenciam sua fé cega nos "amigos":

> *Se for a vontade de Deus que negociemos com a China, como espero que seja... três ou quatro de meus amigos chineses estão empenhando-se em garantir que façamos negócios em seu país e não tenho dúvidas de que conseguirão. O lugar que eles consideram mais adequado para tal é uma ilha perto da cidade [Nanjing], para a qual poderemos ir a partir de agora, se os ventos permitirem, em três ou quatro dias. Preciso de três ou quatro navios para ir e vir... Se o conseguirmos, não tenho dúvida de que em pouco tempo estaremos dentro da China.*[29]

---

29. Willian Foster, *Letters Received by the East India Company from its Servants in the East*, vol.2, p.99.

Como se os ingleses já não tivessem problemas suficientes, o capitão os enrolou o tempo todo com reivindicações ainda mais ultrajantes. Depois de aliviar Cocks de vários milhares de *taels*, o capitão lhe disse que o suborno era necessário para induzir os fiscais fujianeses a aceitarem suas "exigências" e que uma quantia igual no futuro, quando o atual imperador morresse, provavelmenmte asseguraria a assinatura do tão esperado acordo comercial entre China e Inglaterra. Mas como o imperador permaneceu inconvenientemente vivo por muitos anos, o capitão mudou o discurso e disse que o Filho dos Céus estava planejando abdicar do trono e que subornos estrategicamente distribuídos assegurariam boa receptividade por parte de seu sucessor. Quando nada disso aconteceu, o capitão convenceu Cocks de que uma carta do rei da Inglaterra, acompanhada de valiosos "presentes", seria suficiente para influenciar a mente do imperador. E como, claro, os britânicos não poderiam entregar pessoalmente seus presentes, ele se oferecia graciosamente para transportá-los pela China. Porém, surpreendentemente, nenhum dos esforços em prol dos ingleses conseguiu alguma resposta do governo chinês.

Embora Cocks se deixasse enrolar, nem todos os seus conterrâneos eram assim tão ingênuos. Vários capitães de navios ingleses comentavam que Cocks parecia esperançoso demais, embora nenhum deles fosse capaz de fazer a observação mais óbvia — a de que dificilmente o capitão ajudaria estrangeiros a fazer comércio com a China, quando era justamente a exclusão deles que lhe garantia ganhar a vida.

Quando Iquan chegou a Hirado, o capitão tinha espoliado Cocks em 6,250 *taels* para conseguir firmar um acordo com um porto chinês. Cocks ainda investira uma grande soma adicional de dinheiro na própria missão comercial do capitão, sem mencionar a grande quantia gasta com presentes e diversões.

Apesar do mau tratamento dispensado a Cocks pelo capitão e da velada inimizade com que os holandeses receberam os ingleses, os residentes de Hirado eram forçados a conviver entre si, e freqüentemente obsequiados, coletivamente, pelo governador. Cocks e os holandeses ficavam sempre com as sobras, mas o novo assistente do Capitão China era um sucesso concreto. Nicholas Iquan era especialmente popular junto ao representante da Companhia Holandesa das Índias Ocidentais, Jacques Specx, um empregado de carreira da empresa, que estava prestes a encerrar seu período de trabalho no Japão. Apesar de sua ligação com o Capitão China, Iquan fez muitas amizades entre os holandeses. Parte dessa capacidade de se relacionar pode ser creditada ao seu legendário charme, mas parte da popularidade de Iquan nessa colônia de estrangeiros pode ser indício das ambições do astuto Specx.

Depois de encerrado seu trabalho em Hirado, Specx estava apto a retornar para sua terra natal, mas ele não demorou mais do que doze meses trabalhando em seu país. Logo voltou ao quartel-general da Companhia Holandesa das Índias Ocidentais, em Java. Specx seria, mais tarde, governador-geral de toda a Índia Ocidental Holandesa e terminaria seus dias como um dos 17 supremos mandatários da Companhia Ocidental das Índias Holandesas. Mas a ascensão de Specx ao poder era ainda um longo caminho a ser trilhado. Na época em que conheceu Iquan, era ainda um humilde comerciante na faixa dos 30 anos, pai de uma garotinha de 3 anos, mestiça de japoneses, que se chamava Sara.

Specx, como seus patrões holandeses, também disputava uma rota comercial que os levasse para dentro da China, e acreditava que o Capitão China e seus associados eram os mais credenciados a ajudá-los nessa empreitada. Ele via duas possibilidades de negociar com os chineses — roubando Macau dos portugueses que a controlavam, ou plantando uma base comercial holandesa perto de Fujian, na Ilha Pescadores ou até mesmo em Taiwan. Specx sabia que os holandeses precisavam movimentar-se com esse objetivo e suspeitava precisar da ajuda do Capitão China. Mas o capitão não era mais jovem e, um dia, teria de se aposentar e passar o comando de seus negócios para um de seus subordinados. A indicação natural seria Augustin, mas ele preferia não sair do Japão — ao contrário do pai, que gostava de perambular pelos mares, Augustin era demasiamente apegado a um lugar. Já Iquan ganhara, durante suas muitas viagens, o respeito dos homens que estavam a serviço do Capitão China — e Specx sabia que cultivava amizade com alguém que seria o herdeiro mais provável do capitão. Se Iquan se tornasse muito poderoso, causaria problemas para os chineses, e aí, claro, os holandeses poderiam oferecer-se para "conter a pirataria" em troca de um tratado que lhes permitiria negociar em algum porto da costa chinesa. Isso era, como acreditavam os ingleses, o que haviam feito os portugueses em Macau, e eles estavam dispostos a adotar uma tática similar.[30]

Contatos visando a firmar futuros acordos comerciais não foi a única medida que Iquan tomou no Japão. Ao que consta, lá ele se apaixonou. Em uma das reuniões sociais promovidas por Matsuura, os convidados foram atendidos por um grupo de garotas samurais, uma das quais chamou a atenção de Iquan. Ela pode ter sido parte de um plano — como tinha o sobrenome de uma importante família da região, seus pais bem que poderiam estar "brincando" de cupidos.

A senhorita Tagawa [31] é uma figura polêmica entre os historiadores da família Zheng. Suas origens são obscuras, e os pesquisadores manipularam

---

30. Blussé, *The VOC as Sorcere's Apprentice: Stereotypes and Social Engineering on the South China Coast*, em *Leyden Studies in Sinology*, pp. 87-105.
31. Existem algumas controvérsias quanto ao primeiro nome dela e jamais nenhuma autoridade confiável forneceu evidência de qual seria ele. Foi chamada de Weng ou Wen pelas fontes chinesas, nomes que eram repetidos no japonês e podiam ser lidos nesse idioma como Fuku, talvez senhora Aya ou senhora Fumi. Nem mesmo as autoridades japonesas sabiam. Um romântico poderia sugerir que há um mistério no nome que ela deu ao seu primeiro filho enquanto o pai, Iquan, estava no mar. Fukumatsu é um homônimo de 'Fuku Espera'. Ver Posonby-Fane, p. 14, mas cf. Lin, *Zheng Chenggong*, p. 14. Por razões que somente ele conhecia, Terao está convencido de que seu nome é Asa, *Tei Seiko*, p. 14.

as informações disponíveis de acordo com seus interesses. Inimigos dos Zheng a descrevem como uma cortesã, uma prostituta da beira do cais, ou uma garçonete que Iquan encontrou em uma de suas viagens. Isso seria duvidoso, porque Matsuura provavelmente não teria uma jovem desse tipo ao seu lado. Outras autoridades, particularmente os aliados e admiradores dos Zheng, afirmavam que Tagawa era mesmo uma princesa, o que também é muito improvável. Ela seria a filha de Yazayemon Tagawa, um samurai a serviço de Matsuura — muito embora a palavra "samurai" tenha assumido um conceito quase mítico fora do Japão. Na época, era um termo que designava a classe de militares, do mais nobre dos cavaleiros até o soldado de patente mais rasa. A linhagem da senhorita Tagawa ficava entre essas duas categorias, mas o fato de ela ser japonesa e o de ser uma jovem samurai eram dois indicativos importantes. Seus descendentes, que vivem atualmente no Japão, têm uma genealogia que remete suas origens a 17 gerações antes de Yazayemon até Taira no Shigemori, famoso guerreiro medieval, cujo pai, por curto período, governou o Japão em nome do imperador. Na hipótese improvável de que a genealogia de Tagawa seja verdadeira, isso significaria que o ancestral de 19 gerações antes da senhorita Tagawa foi Kammu Tenno, o quinto imperador do Japão. Isso poderia ao menos explicar as contraditórias histórias sobre suas origens — descendente de um deus vivo, mas posta à parte da sua origem divina por oitocentos anos de casamentos entre simples humanos.

Enquanto isso, fontes chinesas, particularmente aquelas em Taiwan, interessadas em atenuar os vínculos da ilha com o Japão, têm outra explicação. Alegam que, embora ela houvesse sido criada no Japão, seus ancestrais eram chineses. Confusões sobre seus nomes levaram uma das fontes de pesquisa a alardear que ela tinha sangue chinês e japonês, e encontrou Iquan por intermédio de seu pai ou padrasto, um espadachim chamado Weng Yihuang.

O escritor do século XVII, Liu Xianting, ofereceu um relato apócrifo sobre o namoro do casal, no qual enfatiza a, relativamente baixa, situação de Iquan na época:

> *Quando [Iquan] era mais jovem, fugiu para o Japão. Lá ele trabalhou como alfaiate para ganhar a vida. Costurou três moedas de cobre na gola de suas roupas, mas elas caíram. Ficou andando pela rua à procura delas. Não achou o dinheiro e começou a chorar. Uma mulher japonesa, viúva recente, de dentro de sua casa, viu o procurando alguma coisa no chão e perguntou o que era. Iquan lhe contou. A mulher disse: "Com os seus talentos, é fácil para você ganhar três milhões de moedas de cobre, com a mesma facilidade com que pega um caco de vidro. Por que então lamentar-se por causa de três moedas?" Ela se entregou a Iquan*

e passou a noite com ele. Quando [Iquan] conseguiu sucesso, casou-se com ela. [32]

Liu não foi o único autor contemporâneo a sugerir que Iquan se empregou como alfaiate no Japão, mas isso ainda é duvidoso. É pouco provável que Iquan se preocupasse com moedas de cobre trabalhando para o Capitão China, e "quando ele conseguiu sucesso" vários acontecimentos conspiraram para mantê-lo afastado de Tagawa na maior parte do tempo. Outros pormenores dos relatos de Liu, entretanto, soam como verdadeiros. A senhorita Tagawa era um ano mais velha do que Iquan, o que significava estar entrando nos 20 anos — idade tida como avançada para uma mulher solteira, na época. Talvez fosse mesmo uma viúva que Matsuura tinha esperança de ver casada com o charmoso comerciante estrangeiro.

Fosse qual fosse a verdade sobre o passado de Tagawa e seu primeiro encontro com Iquan, o casal logo se envolveu em um relacionamento que seria considerado quase um casamento aos olhos da sociedade da época. O comportamento deles, no futuro, sugere que existia um amor verdadeiro, embora o relacionamento fosse tumultuado no começo, não apenas pelo trabalho de Iquan no exterior, mas pelas idas e vindas da política. Embora a senhorita Tagawa fosse o primeiro grande amor de Iquan, seus sócios tinham em mente um casamento mais adequado para ele.

As idéias do Capitão China a respeito do assunto não oferecem registro. Se era ele ou Iquan que estava mais interessado nisso, não se sabe, mas havia alguém na empresa do capitão que desejava ver Iquan casado com outra pessoa. Ofereceram a ele a mão da senhora Yan, uma garota fujianesa possivelmente filha de Yan Sixi,[33] outro dos assessores do Capitão China. Se levarmos em conta os laços mesclados de adoções e casamentos, a senhora Yan pode ter sido também a neta do capitão ou sua sobrinha.

Era a oportunidade perfeita para Iquan cimentar suas alianças. Estava sendo-lhe oferecida a oportunidade de, pela via do casamento, entrar no clã do Capitão China e se tornar um membro da família. Isso não deve ter agradado Augustin, mas daria a Iquan maior chance se quisesse tomar o controle dos negócios após a morte do capitão. Do ponto de vista do capitão, tal casamento também encorajaria Augustin, Yan Sixi e Iquan a trabalharem em conjunto para benefício mútuo — reduzindo as chances de uma briga pelo poder dentro das embarcações do capitão. Uma aliança baseada

---

32. A obra de Liu Xiating, *Guangyang Zazhi,* assim como citado em *Fujian Wenhua,* de Yang Shufang, também citado em Keene, *Battles of Coxinga,* p.168.
33. Existem especulações de que Yan Sixi e Capitão China eram a mesma pessoa, mas Li Dan é descrito como um homem na faixa dos 70 anos de acordo com os relatos contemporâneos dos holandeses, enquanto Yan Sixi era claramente descrito como um homem de 36 anos no *TW* (p. 4), que afirma que Iquan começou a trabalhar para ele ainda adolescente.

na dinastia fazia sentido, mas havia interesses pessoais envolvidos. Se Iquan aceitasse o casamento com a senhora Yan, destruiria para sempre as chances de Tagawa transformar-se em sua esposa principal.

Entretanto, antes que Iquan desse sua resposta ao capitão, ambos se viram envolvidos em uma guerra alheia, para seu próprio benefício financeiro. Os holandeses se preparavam para atacar Macau.

CAPÍTULO 2

O Pacto com os Demônios

Os navios da Holanda navegavam do mundo todo para a Companhia Holandesa das Índias Ocidentais, que tinha sede em Batávia, onde é hoje a moderna Jacarta. A partir dali havia ainda um longo trecho a percorrer até Hirado, no Japão — um posto comercial que os holandeses só estabeleceram em 1611. O que eles realmente queriam era montar uma base em um porto bem próximo à China, como os portugueses possuíam em Macau. Por duas décadas, consideraram a possibilidade de tomar Macau à força dos seus proprietários católicos. Dois navios fizeram a primeira tentativa, em 1601, que não deu certo. No mesmo ano, uma frota de navios-sucata foi humilhantemente repelida pelos portugueses. Os tripulantes foram capturados, dezessete deles enforcados e apenas dois jovens marinheiros poupados.

Mas os holandeses não desistiram. Longe de aceitarem como fato consumado a presença portuguesa em Macau, esperaram outra chance para desalojá-los. Uma vez por ano os portugueses mandavam um galeão carregado de tesouros e artigos de luxo para Nagasaki, o qual voltava carregado de produtos japoneses ainda mais valiosos, prontos para serem distribuídos na Europa. Em 6 de junho de 1604, os holandeses bombardearam o galeão, em vez de atacar seus proprietários, e mandaram seu almirante, Wybrand van Warwick, em dois navios, o *Erasmus* e o *Nassau,* direto ao porto de Macau. Os portugueses, despreparados, foram forçados a recuar e a ver ainda os holandeses roubar grandes quantidades de seda do galeão, quando ele se preparava para deixar o porto.

Em 1607, os holandeses tentaram uma tática diferente. O *Erasmus* voltou acompanhado do *Orange,* do *Mauritius* e de um iate sem nome, sob o comando do almirante Maatelief. Em vez de atacar os portugueses, exigiram uma audiência com os chineses e começaram, eles mesmos, as negociações para o estabelecimento de relações comerciais. De sua parte, os chineses não se impressionaram com a ingenuidade dos recém-chegados, concluindo que eram os mesmos bárbaros ignorantes cujos ancestrais tinham

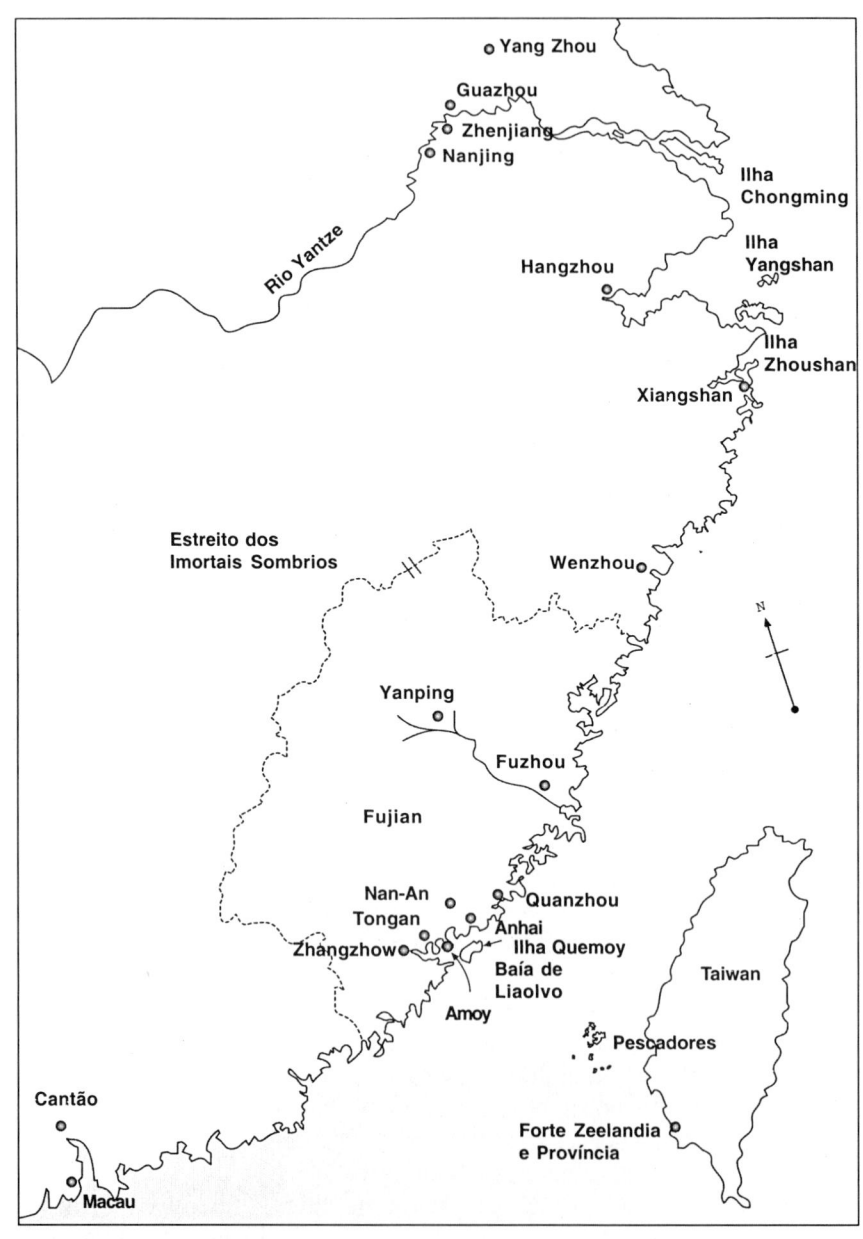

Costa marítima do Sul da China

sido visitados pelo grande navegador Cheng He. Deduziram que seu famoso almirante tinha conseguido, de alguma forma, chegar à Europa e que os holandeses haviam gasto os últimos dois séculos tentando copiar as técnicas de construção de embarcações chinesas por um processo de tentativa e erro. Mas os portugueses estavam assustados com a chegada do inimigo, e enviaram uma frota de seis navios para espantar os holandeses do porto.

Em 1609, as duas forças contendoras assinaram uma trégua de doze anos, mas os ressentimentos não foram eliminados. Os holandeses ganharam uma posição em Hirado, mas, mesmo assim, os portugueses ainda estavam em vantagem no que diz respeito ao comércio com os japoneses. Em 1619, dois anos antes de o armistício expirar, holandeses e ingleses assinaram um rápido pacto no qual prometiam se unir contra os espanhóis e os portugueses. Com os ingleses não sendo mais considerados uma ameaça, o novo governador-geral holandês, general Jan Pieterszoon Coen, decidiu que a captura de Macau resolveria todos os problemas comerciais da Holanda. Garantiria acesso direto à seda chinesa a partir de Cantão e reduziria as dificuldades em obter produtos para negociar, tanto com os japoneses quanto com seus clientes na Europa. Também tiraria os portugueses do leste da Ásia e os forçaria a retroceder para suas bases distantes na Índia. Como bônus adicional, daria aos holandeses um porto do qual poderiam zarpar para interceptar os navios que transportavam seda chinesa, a caminho das Filipinas tomadas pelos espanhóis.

O tratado holandês-português caducou oficialmente em 1621, mas muitos achavam que uma renegociação seria possível. Só que levaria vários meses para ser discutida e mais um ano antes que as notícias da assinatura de um novo tratado chegassem ao leste. Isso abriu uma brecha para que os holandeses seguissem hostilizando os portugueses, ao mesmo tempo em que podiam alegar ignorância caso seus superiores chegassem mais tarde e lhes dissessem que deveriam cessar com a briga.

Coen achava que aquele era o momento certo para agir. As ilhas Spice tinham sido finalmente subjugadas, Batavia estava incontestavelmente em mãos holandesas sem resistência local, e ele havia interceptado uma carta, no início de 1622, que lhe avisava sobre a deplorável inadequação das defesas de Macau. Ele então rapidamente escreveu aos diretores da companhia dizendo que uma força de aproximadamente mil homens poderia facilmente tomar Macau e protegê-la contra o mundo. Também alertou para o fato de que, a menos que os holandeses agissem rápido, os portugueses poderiam subornar as autoridades chinesas e conseguir permissão para colocar mais canhões para defender a cidade.[34]

---

34. Carta de Jan Pieterszoon Coen para os diretores da Companhia Holandesa do Leste da Índia, 21 de janeiro de 1622, citada no Charles Boxer, ' *The 24th of June 1622- A Portuguese Feat of Arms*', p.46.

Coen pretendia deixar claro para seus superiores que aquela poderia ser a última chance de os holandeses do leste oriental tomarem a cidade. Segundo ele, em pouco tempo os portugueses construiriam fortificações contra as quais o limitado poder local dos holandeses nada poderia fazer. Antes de dar tempo aos portugueses, Macau teria de ser tirada deles.

Os portugueses estavam bem conscientes das falhas que existiam em suas linhas de defesa, mas os chineses se faziam de surdos aos seus pedidos — isso porque achavam que se os portugueses não estivessem suficientemente preparados em Macau para resistir a um ataque holandês, estariam, da mesma forma, impossibilitados de atacar os próprios chineses. Os lusitanos tinham optado manterem-se em Macau pela via do suborno, oferecendo dinheiro aos oficiais chineses corruptos, para que fingissem não ver suas tentativas de complementar, aos poucos, as suas limitadas defesas. Os chineses tinham problemas a resolver na sua fronteira norte, sobre a qual os europeus pouco sabiam. Percebiam, apenas, que se comportavam cada vez mais desordenadamente nos contatos que mantinham com eles, e que sua antiga fanfarronice estava sendo substituída por um claro desejo de aceitar qualquer tipo de ajuda. Como registrou Coen:

> *Em outubro de 1621, atendendo ao rei da China, uma ordem foi enviada pelos mandarins de Beijin à população de Macau pedindo uma ajuda de cem homens e alguns canhões contra os tártaros (a saber, os manchus). Os jesuítas, que esses mandarins tinham anteriormente escorraçado [de Beijin], agora eram recepcionados para ensinar os chineses, com seus livros, a usar os canhões.* [35]

Em outras palavras, fosse qual fosse a capacidade defensiva de Macau, a maioria das guarnições portuguesas estava quase sempre fora da cidade, no norte da China, em expedições fracassadas na tentativa de trazer tecnologia militar européia para ajudar os chineses nas suas progressivas escaramuças contra os manchus. Os espiões de Coen avaliavam que Macau tinha agora apenas cinqüenta mosqueteiros e outros cem moradores — veteranos de guerra à espera de pegar em armas caso fosse necessário.

O general percebeu que não devia esperar mais e despachou uma armada para atacar Macau. Ao capitão Cornelis Reijersen foi dado o comando de oito barcos: o *Zierikzee*; o *Groeningen*; o *Oudt Delft*; o *Enchuyzen*; o *De Gallias*; o *The Bear*, capturado dos ingleses e os iates *St. Nicholas* e *Palicatta,* com tripulação holandesa, uns poucos ingleses, e nativos das Ilhas Spice — holandesas —, marinheiros indianos de Gujarat e alguns escravos africanos. Enquanto navegava pelas costas da Indochina, Reijersen agregou à sua frota vários outros navios — seis semanas depois

---

35. *Idem.*

de zarpar da Batavia, juntou forças com o *Haan (Cockerel)*, com o *Tiger, Victoria e Santa Cruz* e com iates ligados aos japoneses e sob o comando do capitão Van Nijenroode. Quando se aproximava de Macau, ganhou mais dois reforços — os navios holandeses *Tronew* e *Hoop (Hope)*, que ficaram na retaguarda. Duas embarcações inglesas abriram caminho a contragosto no meio da esquadra principal, apenas para oferecer um suporte leve, já que os holandeses, extremamente confiantes, tinham dito aos seus aliados casuístas que não compartilhariam com eles nenhuma pilhagem futura. A esquadra, marcadamente multirracial, ganhou um contingente do leste asiático quando encontrou uma armada do rei do Sião, cuja tripulação era composta por vinte marinheiros japoneses que tinham desertado do serviço português e queriam se juntar aos holandeses. Receberam permissão para fazê-lo — considerando a suposta proibição a respeito dos marinheiros japoneses no exterior, que vigorava nesse período, é bem provável que eles tivessem ligação com os piratas de Fujian, se não com o próprio Capitão China, na época um de seus principais rivais.

Com 600 europeus e outros 200 homens de várias outras raças, os navios chegaram a Macau em 22 de junho de 1622. Reijersen mandou imediatamente três homens em um bote até o bairro chinês, na esperança de conseguir que a população local oferecesse suporte aos holandeses "libertadores". Os chineses, no entanto, colocaram-se sabiamente à parte da disputa e o bote retornou sem nenhuma resposta do representante local.

Cientes da presença dos holandeses, os portugueses acreditavam que eles tomariam a fortificação costeira de São Francisco. Reijersen deixou-os pensar assim e enviou o *Groeningen,* o *De Gallias* e o *The Bear* até um ponto adequadamente perto dali, com a orientação de bombardear a fortificação na tarde do dia 23. Os portugueses diligentemente responderam com fogo e os navios recuaram na escuridão, mas sua missão foi bem-sucedida — os portugueses agora acreditavam que o Forte de São Francisco era o principal alvo dos holandeses.

O *Groeningen* e o *De Gallias* voltaram de madrugada, bombardeando a fortaleza com rápidas salvas de tiro. Os portugueses apontaram seus canhões e revidaram, e logo a baía estava tomada de fumaça. Para os artilheiros da fortaleza parecia que a sorte estava do seu lado, já que os dois navios não tinham causado danos consideráveis ao forte. Então os portugueses miraram diretamente no *De Gallias*. O navio foi severamente atingido, o que só fez aumentar o bombardeio holandês.

Os danos ao *De Gallias*, embora desagradáveis, eram parte dos planos de Reijersen, já que ele não tinha a intenção de tomar o forte. Nos dois dias anteriores, ao contrário, planejara desembarcar o grosso de suas forças mais à frente, na praia de Cacilhas. Nas ruínas que existiam na baía ele montou uma barreira de pólvora úmida, com um detonador curto. Essa barreira seria detonada para criar uma grossa nuvem de fumaça que, no meio da confusão causada pelo combate entre os navios e a fortaleza, serviria como manto para encobrir os outros ataques que partiriam do mar logo cedo. Protegida pela barreira de fumaça viria o resto das tropas de Reijersen, se possível até a beira da praia, em 32 barcos pequenos.

Só que nem todos os portugueses estavam guarnecendo os canhões no forte. Um deles, Antonio Rodrigues Cavalinho, permaneceu na praia de Cacilhas, acompanhado de sessenta mosqueteiros e outros noventa moradores. Pressentindo as intenções de Reijersen, suas tropas começaram a fazer fogo cerrado de artilharia contra os barcos que se aproximavam. Os homens de Reijersen foram dispersados mas tiveram tempo suficiente para recarregar suas armas, o que resultou em uma segunda rodada de tiros de pequeno calibre entre as forças terrestres e os defensores da praia, associando-se ao fogo pesado entre os navios e o forte.

Mais uma vez, os portugueses levaram a melhor. Estando em terra firme e parcialmente protegidos pelas dunas de areia, podiam mirar com cuidado seus alvos enquanto os atacantes holandeses eram obrigados a atirar de barcos oscilantes. Nenhum soldado português foi alvejado na praia, mas os defensores de Macau conseguiram ferir alguns dos seus mais importantes atacantes — o capitão Cook foi atingido no braço e Reijersen levou um tiro no estômago, o que o forçou a se retirar da batalha.

Com os navios holandeses agora bem próximos da praia, Hans Ruffijn assumiu o comando. Ele não era um marinheiro como Reijersen, mas sim um soldado de carreira que ganhara algumas distinções por ter sobrevivido a várias batalhas. Ruffijn era um veterano das guerras nos Flandres e na Índia e líder das tropas que zarparam com a frota holandesa. Sabendo que os portugueses não eram tão imprudentes para tentar resistir a uma tropa de ataque que os sobrepujava numericamente em mais de seis vezes, Ruffijn estava decidido a tirar seus homens dos barcos e levá-los até a praia. Ele os incitou a avançar até onde a água ficasse rasa o suficiente para que pudessem saltar dos botes e lutar nas areias de Cacilhas. Os portugueses logo fugiram, deixando a praia para os orgulhosos holandeses. O relato de uma testemunha holandesa que participou da batalha ridicularizou a covardia dos defensores da praia, mas qualquer soldado podia ver que eles estavam apenas fazendo o melhor que podiam em uma situação tão adversa. Os relatos portugueses sobre o mesmo incidente afirmam que a retirada da praia fora planejada por Cavalinho e que eles tinham a intenção de retornar assim que fosse possível.

Essas diferentes avaliações da batalha acabariam contribuindo para a derrota holandesa. Ruffijn compreendeu muito bem os motivos do seu adversário, e pediu permissão a seus superiores para pressioná-los o mais que pudesse antes que esboçassem uma reação. Entretanto, as informações podem ser passadas de maneira truncada em uma tripulação de diferentes origens, de modo que a descrição da tomada da praia já havia atingido proporções lendárias entre os outros capitães holandeses. O relatório holandês que ridicularizava os portugueses fora escrito por um certo Bontekoe, capitão do *Groeningen*, que tinha estado longe, na baía, canhoneando o forte no momento do assalto. Sua atitude reflete a de muitos de seus conterrâneos, que comemoravam a debandada dos portugueses, concluindo que sua aparente covardia era sinal da vitória fácil que estava por vir. Com Reijersen fora de ação, e o sensível Ruffijn vencido por seus superiores, o último sucesso das forças holandesas foi malbaratado por um atraso de duas horas. Seus navios, talvez ansiosos por se envolverem no que agora aparentava ser uma coisa tão fácil, insistiram em reter as forças na praia enquanto desembarcavam o restante de seus homens e as três peças de artilharia dos navios. Deixando uma guarnição de 200 homens nas areias de Cacilhas, a força de ataque começou uma despreocupada aproximação pela praia, na direção da cidade de Macau.

O atraso lhes custaria muito caro. Não apenas deu tempo suficiente aos portugueses para se reagruparem e organizarem a resistência, mas também permitiu que o povo de Macau entrasse em pânico. Um sino que tocou no Colégio da Igreja de São Paulo foi o sinal de alarme — e aí começou a corrida da população para se abrigar na igreja e nas obras ainda inacabadas do Forte Monte.

Entre eles estavam os jesuítas com os quais Nicholas Iquan tinha feito amizade no bairro estrangeiro, todos bem conscientes dos perigos implícitos na vitória holandesa. Se os atacantes fossem vitoriosos, os portugueses perderiam sua base plantada na China, e o mesmo aconteceria com os missionários. Com o Catolicismo condenado no Japão, o avanço da ordem jesuíta teria de retroceder até a Índia, para Goa, controlada pelos portugueses. Não havia chance de levar a palavra de Deus até a China e o Japão, e o Leste Asiático ficaria então nas mãos dos protestantes irresponsáveis como os ingleses e os holandeses. Tempos de crise pedem medidas urgentes e enquanto seu rebanho se confinava nos portões de sua cidadela, os jesuítas se lembraram de que nas obras do Forte Monte, ainda não terminadas, havia quatro canhões já instalados.

Enquanto isso, os homens de Ruffijn enfrentavam problemas. Seu avanço fora estancado mais uma vez por Cavalinho, que se instalara com suas tropas um pouco mais para dentro da costa. Em meio a várias escaramuças, os holandeses tentaram se aproximar mais dos portugueses, que encenaram uma retirada até o pé de uma colina rochosa conhecida como Guia. Quando chegaram mais perto do seu objetivo e se preparavam para cercar seus inimigos, correndo e se abrigando no solo, pela direita, a terra foi sacudida por explosões. Os jesuítas, nas muralhas do Forte Monte, tinham acabado de descobrir um uso prático para seus avançados conhecimentos matemáticos e os aplicaram aos canhões da cidadela, contra o avanço holandês. Os padres encontraram no forte pólvora e uma pequena quantidade de balas de canhão que não durariam muito tempo, mas, com a fria precisão com que sua ordem já ficara famosa, asseguraram que cada tiro contava.

Não houve tempo para os homens de Ruffijn perceberem que agora estavam sendo escorraçados por um grupo de padres. Achavam que Macau possuía um sistema extra de defesa, totalmente inesperado, e na mão de artilheiros que ficaram discretamente à espreita e agora pretendiam bombardeá-los até o esquecimento. Iludidos pelo número de soldados que acreditavam ter encontrado, os holandeses estavam agora sob o fogo de frente e à direita e não tinham outra opção a não ser correr para a esquerda, na direção do claustro de Nossa Senhora da Guia, construído nas rochas. Ali, entretanto, foram recebidos à bala por outro grupo de mosqueteiros que já haviam ocupado o alto da colina. Na confusão, era improvável que Ruffijn percebesse o quão insignificante eram as forças que lhe faziam oposição. No alto da colina havia apenas oito europeus, acompanhados de 20 nativos e um grupo de escravos africanos que tinham sido armados pelos seus donos.

Acuados, agachados buscando cobertura, os holandeses tentavam o próximo movimento. Ruffijn tomou a liderança, determinado a levar seus homens para as terras altas da praia de Cacilhas onde esperaria por reforço e pelo suporte de artilharia de seus aliados. A essas alturas, mais e mais defensores em duas outras posições perceberam como a situação dos holandeses se havia tornado desesperadora e enviaram reforços para a área.

Ruffijn levantou-se, pronto para tirar seus homens do perigo, apenas para dar de cara com a investida de um grupo de portugueses, chineses, africanos e jesuítas brandindo suas espadas — dentre eles o gigante louro Adam Schall. Pegos de surpresa, imobilizados pelo espanto, os holandeses tiveram sua sorte selada por duas balas de canhão. A primeira feriu mortalmente Ruffijn, que tombou à vista de seus homens. A segunda golpeou-os com um barril de pólvora que explodiu fazendo cair sobre os confusos holandeses fragmentos de madeira e ferro, destruindo a munição que traziam. Se Ruffijn estivesse vivo, haveria chance de os holandeses reagirem, mas sem pólvora e sem liderança, os soldados livraram-se de seus mosquetes, bandeiras e tambores e saíram correndo, aterrorizados, em direção à praia.

Lá embaixo, em Cacilhas, os 200 soldados que haviam sido colocados na retaguarda não estavam preparados para o que viram. Menos de uma hora antes, tinham olhado, com inveja, seus companheiros marcharem para uma vitória considerada certa, enquanto a eles coube ficar para trás, tomando conta dos barcos, ameaçados apenas por caranguejos e gaivotas. Saíram de seu torpor quando deram com os companheiros correndo em sua direção a toda velocidade, e perseguidos por uma turba multirracial. Atônitos, eles se levantaram para combater os atacantes, confiantes de que os companheiros da frota estavam apenas fazendo um recuo estratégico e que os dos botes planejavam lhes dar cobertura na praia. Mas o que estes fizeram foi remar desesperadamente para bem longe da praia. Como a retaguarda falhou e os atacantes se aproximavam cada vez mais, também eles desistiram e correram na direção dos botes.

Muitos holandeses foram alvejados quando corriam para a água ou escorraçados pelos companheiros na sua arremetida até os navios. Os que conseguiram subir nos botes tornaram-nos pesados demais fazendo com que virassem. Quando a assolada tropa holandesa conseguiu contabilizar suas perdas, a extensão da derrota ficou aparente. O capitão Reijersen escreveu em seu relatório que a batalha de Macau resultara em 136 mortes, 126 feridos graves, contando apenas os europeus de sua frota — evitou mencionar as dezenas de japoneses e talvez outros cem indianos que também tombaram sob suas ordens. Foi o maior desastre enfrentado pela Companhia Holandesa das Índias Ocidentais no Oriente, e a frota de Reijersen zarpou de Macau envergonhada.

Na praia, o povo da cidade estava enlevado. Os espiões de Coen não estavam errados — só havia mesmo uns poucos soldados e veteranos ali. Os demais defensores de Macau eram chineses, mercadores e viajantes vindos de outras partes da Ásia, e o grupo de escravos africanos que foi libertado naquele mesmo dia em reconhecimento à sua bravura. Adam Schall, cujo treino matemático provara ser útil no bombardeio, foi celebrado como herói — na confusão da praia, o jovem jesuíta tinha até capturado um capitão holandês.

As dificuldades dos holandeses continuaram pelos dias seguintes, ao mandarem mensageiros de volta a Macau na tentativa de resgatar sete prisioneiros. Os portugueses não consentiram. A essas alturas, os estragos causados ao *De Gallia* fizeram o navio afundar. Reijersen transferiu o restante de seus homens para os outros navios e a frota derrotada se lançou ao mar.

Mas a Companhia Holandesa das Índias Ocidentais estava decidida a estabelecer uma base próxima à China, de modo que Reijersen tinha um plano alternativo. Na hipótese de falhar na conquista de Macau, recebera ordens para ir até as Ilhas Pescadores, onde deveria construir uma base. No que concerne aos portugueses, isso não era problema deles. Para os habitantes da ilha e de Taiwan, o assunto devia ser tratado pelo Capitão China.

Reijersen enviou os navios de sua armada para cumprir as novas tarefas. Tinha perdido contato com as duas embarcações inglesas — aquelas com as quais discutira sobre a divisão dos espólios de guerra. Achando que já haviam feito o suficiente, eles mudaram de rota na direção do Japão e deixaram os holandeses entregues à sua própria sorte. Enquanto isso, o *The Bear* e o *Santa Cruz* navegavam pela costa da China ao passo que o *St. Nicholas*, o *Hope* e o *Palicatta* saíram no encalço dos navios portugueses para atacá-los. O remanescente das forças de Reijersen chegou à "deserta" Pescadores onde foi surpreendido por 20 embarcações de guerra armadas, atracadas ao lado do grande porto natural. Mas os chineses associados do Capitão China deixaram os holandeses à vontade e os homens de Reijersen deram então uma breve volta em redor das ilhas.

Descobriram que as Ilhas Pescadores tinham um lindo atracadouro natural, ideal para navios oceânicos, mas por outro lado elas eram inadequadas para uma base permanente. Havia poucas árvores no descorado solo basáltico das ilhas vulcânicas e ínfimo suprimento de água doce — a ilha tinha alguns poços, mas a água deles era de má qualidade durante o verão. Os holandeses começaram a entender então por que tinham sido batizadas com o nome de Pescadores. Eram apenas um ponto de parada para pesqueiros que navegavam entre a China e Taiwan e que se abasteciam em outros locais.

Os holandeses enviaram uma expedição para leste, navegando 30 milhas na direção de Taiwan. Ali, no sul da ilha, encontraram uma baía protegida por um longo banco de areia e também por chineses. Enquanto tentavam examinar as enseadas da costa oeste de Taiwan, foram seguidos por um grupo de chineses que lhes ofereceram presentes e tentaram negociar. Os relatórios holandeses sobre a expedição dizem que "nossos homens suspeitavam que fossem piratas".[36] Os holandeses seguiram agindo como heróis conquistadores europeus, mas não eram levados a sério pelos chineses. "Os piratas também nos seguiram e nos ofereceram algumas provisões de pouca utilidade. Nossos homens, mais tarde, acharam necessário livrar-se dessas pessoas de caráter questionável ao perceberem que elas estavam transportando os produtos de sua pirataria sob a proteção de nossa própria bandeira."

Essa enigmática declaração demonstra que o relacionamento entre holandeses e chineses já estava amargando. Naquele momento, os holandeses acharam melhor desistir da idéia de Taiwan e voltaram para Pescadores onde começaram a construir um forte. Já havia se passado dois meses desde o desastre de Macau, mas eles ainda lambiam suas feridas. Incapazes de infligir qualquer dano aos portugueses, foram procurar confusão na costa chinesa, envolvendo-se em várias escaramuças com os marinheiros locais. Essas "vitórias" não eram conseguidas contra as embarcações de guerra pesadamente armadas da organização do Capitão China, mas contra uma sucessão de vulneráveis barcos de pesca.

O único grupo forte com os quais os holandeses não se confrontavam era a tripulação dos navios refugos de guerra, envolvidos com o Capitão China, que se apresentava — falsamente — como autorizado a agir em nome do governo chinês. À medida que os meses passaram, os holandeses mantiveram vários contatos contraditórios com os chineses. Alguns navios pilhavam embarcações locais de maneira um pouco diferente do que faziam os piratas que eles próprios tanto condenavam. Outros se aproximavam dos chineses locais para em seguida arruinar essas novas alianças. Quando

---

36. Campbell, *FUD*, p. 28.

um dos navios de Reijersen naufragou durante uma batalha perto da costa da China, os sobreviventes pediram abrigo a uma família chinesa, que os acolheu, alimentou e os tratou com indulgente hospitalidade durante a noite. No dia seguinte, entretanto, os holandeses encontraram os corpos dilacerados de vários chineses na praia próxima e fugiram com medo de que seus novos amigos descobrissem o que seus conterrâneos haviam feito.

As atitudes de Reijersen não eram mais sadias que a de seus subordinados. Em uma terra sem lei, que apenas nominalmente pertencia à China, mas era na verdade controlada por uma nebulosa organização de comerciantes nascidos no mar e piratas, Reijersen não tinha ninguém com quem pudesse negociar. Os homens do Capitão China não consideravam os minguados holandeses uma ameaça e estavam até dispostos a aceitar o projeto de um entreposto europeu com o qual pudessem comerciar tão perto da costa. Mas o governo chinês estava muito preocupado com a proximidade dos holandeses e convicto de que deveria expulsá-los de Pescadores.

Reijersen estava preparado para, literalmente, tentar qualquer coisa. Bloqueou Amoy por um tempo exigindo uma resposta dos chineses às suas "solicitações" de privilégios comerciais. Quando isso falhou, passou a se considerar um anacoreta visionário, convencido de que os holandeses derrotariam os chineses, e enviou seus homens para uma reunião com mandatários locais, na qual eles discorreram sobre suas mais amigáveis profecias européias.

Uma das razões para toda essa confusão foi a relutância do Capitão China em admitir a verdade — a de que o inferno congelaria antes que o governo, que ele falsamente alardeava representar, conferisse aos holandeses qualquer privilégio comercial. Na verdade, dizendo aos holandeses que isso seria contraproducente, lançou Reijersen a nutrir falsas esperanças e a entrar em fúteis negociações. Como é comum em tais pactos, Reijersen não culpava o capitão, mas o intérprete do capitão, Nicholas Iquan, que ele trouxera de Hirado, presumivelmente por conta de sua recente amizade com Jacques Specx. Reijersen não ficou nem um pouco impressionado com Iquan e escreveu em seu relatório: "Recebemos um intérprete chinês do Japão que até o momento não nos serviu de nada".[37]

Suas suspeitas iniciais provaram ser verdadeiras; os homens que encontrara na costa de Taiwan eram realmente piratas da empresa comercial do capitão. Mas eram também piratas os ocupantes dos grandes navios de guerra que patrulhavam a área em volta de Pescadores. Reijersen iniciou o que achava que fossem negociações com os representantes do governo chinês, para perceber depois que ele estava negociando mesmo era com o Capitão China, que não estava revestido de nenhum poder oficial. Nessa ocasião, Reijersen tinha caído presa do mesmo truque de confiança que

---

37. Goddard, *Makers of Taiwan*, p. 4.

Iquan e o capitão tinham aplicado nos ingleses no Japão. Os holandeses foram encorajados pelo capitão a desfazer-se de presentes e dinheiro "por ter sido tão atencioso conosco em tudo, e também para assegurar sua parcialidade". [38] Resultados concretos, entretanto, demoraram a aparecer; o capitão tinha sempre negócios a resolver em outro lugar, e vivia zarpando para Manila, Taiwan ou Hirado e a decepção de Reijsersen, cuidadosamente balanceada, vacilaria até desaparecer.

O beco sem saída entre os holandeses e a organização do Capitão China durou mais de um ano, até que notícias chegaram ao capitão indicando que o jogo estava para terminar. Embora ele e Iquan vivessem repetindo aos holandeses que estavam levando a sério suas reivindicações, o governo, em terra firme, empenhava-se em um tipo diferente de ação. Longe de preparar um comitê de boas-vindas, os chineses estavam reunindo uma força marítima de dez mil homens em Fujian, dispostos a varrer os holandeses da face da Terra. Isso também era uma má notícia para o capitão, porque a última coisa que ele precisava era o governo provincial criar um batalhão destinado a policiar as águas do sul — depois que os holandeses fossem expulsos da jurisdição chinesa, seria uma tentação muito forte voltar-se contra os contrabandistas que burlavam a lei havia tanto tempo.

Os holandeses experimentaram pela primeira vez a nova política de linha dura no dia 18 de novembro de 1623, quando o comandante Franszoon defrontou-se com resistência armada na costa de Amoy. Na sua versão, ele esteve "em negociações pacíficas" com um representante do governo chinês, que tinha sido induzido a tanto depois de os holandeses bloquearem Amoy. Os relatos dos comerciantes registram a educada mas petulante atitude de Franszoon:

> *Respondemos que nossas intenções foram sempre boas e elevadas; e embora ele achasse que tínhamos vindo para roubar os chineses e não trouxéssemos nem dinheiro nem mercadorias conosco, isso era inteiramente falso, já que nossa intenção, agora e sempre, era simplesmente nos envolver em um comércio pacífico — pedido que fizemos pela primeira vez vinte e três anos atrás.* [39]

Os chineses aparentemente concordaram com as exigências de Franszoon, e lhe ofereceram cerveja local para celebrar. Mas assim que os holandeses cuspiram fora os primeiros goles da bebida que suspeitaram corretamente estar envenenada, uma flotilha chinesa moveu-se sorrateiramente em direção aos navios de Franszoon. O *Erasmus* fugiu para Taiwan

---

38. *Idem*
39. Campbell, *FUD*, p. 33.

após atingir três navios, mas um terceiro, o *Muyden*, teve menos sorte. Foi destroçado e nenhum tripulante escapou — disseram que "explodiu com homens e ratos."[40]

Os holandeses perceberam então que os chineses falavam sério. O novo governador militar de Fujian, Nan Juyi, estava decidido a livrar-se deles de uma vez por todas e informou ao governo civil que montaria uma tropa e compraria navios de guerra. Chegou a Pescadores no dia 28 de maio com um exército considerável e logo confinou os holandeses dentro de seus fortes, cercados pelo mar em três frentes. Eles tentaram armar uma defesa cavando um fosso em direção à terra, confiantes que seus navios conseguiriam defender o canal e assegurar o suprimento de água potável.

O pânico se instalou. Dentro do forte havia alguns convidados chineses e reféns que começaram a temer um levante interno. Os holandeses então mandaram embora os chineses, mas ao que tudo indica Iquan permaneceu com eles e, possivelmente, foi o intérprete que os acompanhou nas negociações de rendição, em 2 de julho.[41] Os chineses, entretanto, não estavam abertos a qualquer discussão e intensificaram os ataques ao forte.

Após malograr no diálogo com os chineses e ainda envergonhado pelo embaraço da derrota sofrida em Macau, Reijersen foi socorrido por Martin Sonk, que chegou da Batavia no *Zeelandia* em 1º de agosto de 1624, em meio a um ataque chinês ao forte. Os holandeses tinham apenas 873 homens na luta e outros 18 garotos não-combatentes, enquanto as forças chinesas contavam com dez mil homens e 200 navios.

Sonk ficou horrorizado, mas culpou seus conterrâneos, e não o Capitão China, pela periclitante situação. Sonk tinha chegado da Batavia, onde as cartas e as recomendações pessoais do recém-retornado Jacques Specx tinham avalizado o Capitão China. Mesmo com os holandeses iniciando uma administração com um novo líder na região, o Capitão China já tinha pronto um novo plano de "ajuda" para intermediar o relacionamento deles com o governo chinês. Sonk enviou uma mensagem aos chineses, sugerindo uma trégua até a volta do capitão de Taiwan.[42] As negociações só pareciam andar bem quando ele estava por perto, principalmente porque, matreiramente, dizia a ambos os lados o que eles queriam ouvir.

Dois anos depois de sediados em Pescadores, os holandeses já haviam descoberto que o solo era muito pobre, as ilhas eram áridas e sem água na maior parte do ano e até os meses do verão, quando 35 polegadas de chuva caíam do céu durante algumas poucas semanas.

Chegando, conforme o prometido, em 17 de agosto, o Capitão China reiterou sua sugestão de os holandeses se estabelecerem em Taiwan. Para

---

40. *Idem*
41. Iwao, '*Li Tan*', pp. 54-5.
42. *Idem*., p. 57.

muitos dos temerosos oficiais chineses, 30 milhas faziam toda a diferença. Taiwan estava além do horizonte, tecnicamente fora do alcance das embarcações pequenas e algo que está fora do alcance da vista está também fora do alcance da mente. Os holandeses partiram na companhia de Iquan, enquanto o capitão voltou para a China com o comandante das tropas chinesas, para anunciar uma estrondosa vitória contra os invasores bárbaros. A história chinesa está lotada de oficiais comandantes que apresentam uma retirada tática como uma grande vitória, somente para prorrogar a solução do problema e dar uma pausa. Nesse caso em questão, o centro das comemorações da "vitória" chinesa foi o templo da deusa do Mar, Matsu, construído nas ilhas. [43]

Apesar da evidente insatisfação de Reijersen com Nicholas Iquan como intérprete, este, de alguma forma, conseguiu manter-se no meio dos holandeses, usando seu charme para se integrar ao círculo de relacionamentos próximos de Sonk que o transformou no seu principal conselheiro para a migração holandesa. Ele conhecia Taiwan muito bem por força de numerosas passagens pela cidade a serviço das empresas do Capitão China, que tinha recentemente expandido suas missões comerciais para aventuras de outra natureza.

Sem os holandeses saberem, o continente chinês mergulhava na anarquia. O apego do imperador ao poder estava sendo minado pelas crises financeiras, por rebeliões internas e pela incômoda presença dos manchus ao norte. O imperador da Sabedoria Terrena, que tinha ascendido ao trono em 1621 com apenas 15 anos de idade, era um perdulário inculto que tinha como único interesse a carpintaria. Deixara o país nas mãos de um eunuco de confiança de sua mãe, que instituiu no país um tal regime de terror que fazia o povo acreditar que a dinastia Ming já havia perdido seu mandato celestial. Quando as condições começaram a piorar, muitos chineses do sul do país pensaram em fugir da tempestade que se aproximava. Em Fujian e em outras regiões costeiras, a alternativa mais óbvia para escapar da China era pelo mar. A frota de navios do Capitão China serviu por algum tempo de transporte para esses refugiados em potencial levando-os até onde desejassem ir, em número tão grande que surpreendeu os holandeses.

Foi aí que a pequena frota holandesa voltou à baía que anteriormente havia explorado, ao sul de Taiwan. Os holandeses descobriram então que a população local tinha aumentado maciçamente. Em vez de umas poucas choupanas ocupadas por nativos, a região agora fervilhava com uma população de 25 mil homens, acompanhados de um número bem menor de mulheres e crianças. Além do comércio e de pequenas fábricas de manufaturados, o impulso colonizador do Capitão China tinha dominado a terra, e agora ele

---

43. Considerando os últimos acontecimentos, é provável que os soldados e os velejadores que libertaram Pescadores voltaram depois como participantes de alguma organização pirata. Iquan lutaria nos anos de 1630.

estava plantando enormes quantidades de arroz e produzindo açúcar, criando, assim, uma nova indústria de exportação. Os holandeses não acreditaram na sua sorte. Após anos e anos de ríspidos e improdutivos contatos com os chineses, foram recebidos com entusiásticas boas-vindas por milhares de comerciantes e consumidores ansiosos. A China podia estar a cem milhas a oeste, mas em Taiwan havia seda e negócios à vontade. E havia mais boas-novas — pouco depois que Reijersen partiu para a Batavia, Martin Sonk recebeu o comunicado de um oficial de Amoy, anunciando que o Capitão China tinha sido bem-sucedido em suas negociações:

> *O capitão, na China, tem repetidamente afirmado que o forte (em Pescadores) foi abandonado e o local reformado, o que nos leva a admitir que você agiu honestamente; Portanto, asseguramo-nos de sua amizade. O vice-rei entende que o povo holandês, vindo de terras distantes, deseja negociar conosco... Decidimos, conseqüentemente... nos colocar em uma relação de amizade com você.*[44]

Considerando a hostilidade e a desconfiança de ambos os lados, e as muitas histórias de dupla negociação, as novidades pareciam ser boas demais para serem verdade. Os holandeses relataram, em Batavia, ter firmado alguns contratos de negócios com a China. Mas isso não era bem verdade. O Capitão China tinha acenado com uma vaga proclamação de intenções, partindo de um oficial em Amoy, a qual, provavelmente, não seria ratificada pelas autoridades de Fujian pelo simples fato de que não sabiam de nada. Longe de obterem a tão almejada autorização para negociar com o governo chinês, os holandeses começaram a fazer contrabando, mas de modo um pouco diferente do que fazia o capitão. Embora ele tivesse zarpado de Pescadores com militares chineses, isso era apenas encenação para convencer os holandeses de que ele era mesmo o porta-voz do governo. Mas as autoridades do continente nem pensavam em aceitar as exigências holandesas, e continuaram profundamente desconfiadas deles e de seus aliados. Um oficial escreveu ao capitão:

> *Agora ele se encontra em Amoy com o pretexto de resolver problemas pessoais e realizar rituais religiosos para seus ancestrais. Mas os motivos reais de sua vinda não são esses. Acredito que pretende comprar seda pura e produtos proibidos, comercializar e vender aos holandeses pelo nosso governo e além disso reverter a situação em benefício dos holandeses. Sou de opinião que o governo deveria capturá-lo, considerá-lo refém e obrigá-lo a despachar uma*

---

44. Campbell, *FUD*, p. 35.

carta para os holandeses pedindo para não causarem distúrbios em nossa costa. ⁴⁵

Nan Juyi, o governador militar não apenas enxergou além das maquinações do capitão, como também não acreditou nos holandeses, e até mesmo suspeitou que os estrangeiros planejavam aliar-se com os japoneses em uma invasão à China:

*Na minha opinião, movimentos inimigos são sempre uma ameaça... Não há necessidade de trocas de mensagens oficiais... As intenções deles de invadirem a China, convencendo os japoneses, podem levá-los a trair a si próprios nos seus constantes preparativos para zarpar sob o pretexto de viajarem para o Japão. Alem disso, o chefe dos piratas, Li Dan (como o capitão), com alguns japoneses secretamente colocados em seu navio, está trabalhando como um agente nos preparativos deles para a invasão à China continental. Isso vem acontecendo já há algum tempo, desde que esses estrangeiros se estabeleceram no litoral. Seus movimentos ameaçadores são freqüentemente repetidos bem como seus rudes atos. Se deixarmos que prossigam, seu comportamento se tornará mais e mais cruel. Por essa razão, é recomendado que os oficiais de cada distrito investiguem todos os contrabandistas que até agora não sofreram punições e controlem melhor os malfeitores... para multiplicar nossas forças de defesa até que melhoremos e aumentemos nossas tropas, e então, quando a oportunidade se oferecer, atacamos e aniquilamos os holandeses.*⁴⁶

As palavras de Nan Juyi demonstram ter sido ele uma das pessoas mais sensíveis de seu tempo e um sábio estrategista que podia avaliar um problema de todos os ângulos possíveis. Seu receio de uma aliança holandesa-japonesa era mera especulação, mas não impossível, considerando a época e o comportamento anterior dos inimigos. Basicamente ele estava certo — os holandeses realmente voltariam a atacar a China, o problema não desapareceria a menos que alguém se dispusesse a lidar com ele, e a organização do Capitão China era um problema local que os chineses precisavam resolver. Nan Juyi tinha todas as razões para temer um ataque japonês como a invasão da Coréia ocorrida uma geração antes, mas não tinha meios de saber que o Japão não apresentaria problemas para a China por décadas. Entretanto, sábias palavras suas perderam-se na perturbação chinesa.

---

45. Carta do oficial da zona rural, Chen Tié para Nan Juyi, de *Chao-an Xianzhi* (*Prefectural History of Chao-an*), citada em Iwao, '*Li Tan*', p. 62.
46. *Liangchao Cong Xinlu*, citado em Iwao, '*Li Tan*', pp. 60-1.

Foi um triunfo da diplomacia do Capitão China e de Nicholas Iquan, principalmente porque eles eram os verdadeiros beneficiários. Suas empresas tinham agora aliados estrangeiros fortes e agradecidos — os holandeses — e uma viva gratidão do governo continental, pronto a levar o crédito pela partida dos holandeses. Enquanto isso, o capitão da colônia de Taiwan recebia mais e mais comerciantes estrangeiros, felizes por poderem comprar toda a seda que os chineses tinham para oferecer. O Capitão China aumentou o número de viagens marítimas entre Fujian e Taiwan e deixou para os holandeses as viagens mais longas, difíceis e perigosas, entre Taiwan e Batavia. Mas, até mesmo o Capitão China tinha motivos para se sentir ligeiramente desconfortável com a situação; afinal de contas, os holandeses eram comerciantes e não ignorantes de lucros e balancetes. Depois que o entusiasmo inicial arrefecesse, eles tinham de considerar o capitão ainda o guardião das chaves para a China. Embora os europeus achassem que estavam pagando barato por suas mercadorias em Taiwan, o capitão colhia mais e mais lucro nas suas curtas viagens a partir do continente. Os esquemas cuidadosamente construídos pelo capitão poderiam facilmente desmontar se aparecesse um rival à altura ou se os holandeses reavivassem sua intenção de negociar diretamente com o continente.

Com renovado vigor e a aprovação de Iquan, os holandeses começaram a construir um forte bem em frente à costa de Taiwan, dando-lhe o nome de *Zeelandia*. O local foi escolhido por eles com a certeza de que estariam seguros, totalmente livres de ameaças.

Um pequeno arquipélago de ilhotas e bancos de areia separava a baía de Tai do mar, e era acessível por um único canal que os holandeses chamaram Lakjemuyse, ou a Orelha do Veado. O ancoradouro não era tão bom quanto o que tinham deixado para trás em Pescadores, e embarcações de casco profundo ou os navios de guerra teriam de esperar pela maré alta antes de entrar ou sair da área abrigada.

A ilhota mais ao sul era um longo banco de areia chamado Tayouan, tão perto da praia na sua ponta sul que era possível chegar até ela a pé, quando a maré baixava. Na sua ponta norte, onde estava separada do continente taiwanês por um fosso de quase meia milha, os holandeses construíram sua fortaleza. Parecia uma boa idéia naquela ocasião.

Embora freqüentemente se deixassem orientar pelas artimanhas de Iquan e do Capitão China, a decisão de construir o Forte Zeelandia foi apenas deles. Estavam menos preocupados com a eventualidade de um ataque, e mais com um bom lugar para carregar e descarregar produtos. Acreditando-se a salvo de qualquer ataque do continente, a principal preocupação dos holandeses foi construir um forte que os protegesse de um levante nativo — já que pretendiam começar a cobrar impostos. Conseqüentemente, Zeelandia foi projetado para resistir à ameaça de umas poucas pessoas atirando pedras. Não agüentaria um cerco prolongado, pois a água de seus poços era tão salobra e escassa que os holandeses tinham de buscar outra em Taiwan. Faltou também uma muralha externa, para o caso de um ataque que viesse da Ilha Tayouan. E os canhões das muralhas foram instalados tão no alto que seriam incapazes de alvejar alguém abaixo deles. Posteriormente, os holandeses levantaram uma muralha ao longo da ilha como garantia extra, mas o fizeram muito distante do alcance efetivo dos canhões de dentro do forte. Para garantir cobertura adicional, construíram uma pequena torre redonda na parte mais alta do terreno e a batizaram de Utrecht, em homenagem à cidade holandesa cujo forte, certa vez, fora tomado por um grupo de mulheres. Os canhões de Utrecht garantiriam as redondezas e o interior do Forte Zeelandia. Se alguém tentasse tomar a fortaleza, a melhor opção seria tomar Utrecht e virar seus canhões na direção do forte principal, porque, embora Utrecht pudesse fazer fogo em Zeelandia, esta não conseguiria alvejar Utrecht. Era uma situação absurda e óbvia apenas para aqueles que se abrigavam dentro das muralhas de Zeelandia. Os holandeses esperavam que ninguém mais percebesse.

Nada disso era problema para Iquan, que continuava suas negociações com eles. Os negócios do Capitão China floresciam sob a proteção dos holandeses, e o comércio de Taiwan tinha efeito notável sobre os outros portos da Ásia. Os relatos japoneses mostram que metade dos navios do capitão em Hirado estavam ou indo para ou voltando de Taiwan, a ponto de eles próprios se denominarem "os maiores contrabandistas de Formosa" [47], e seus tripulantes ainda entregavam cartas em comunidades chinesas tão distantes quanto Batavia.

Era uma época de grande expansão para o império do contrabando do Capitão China e a posição de Iquan dentro da organização se fortaleceu. O capitão confiava muito em Iquan e em Yan Sixi, seu homem em Fujian. Alguns relatos afirmam que Yan e o capitão eram uma só pessoa, mas se apóiam apenas no nome "Capitão China" — termo freqüentemente aplicado a qualquer líder de uma comunidade chinesa no estrangeiro, de Manila a Nagasaki e sacramentado pelos estudiosos europeus. Eles não levam em conta a estrutura familiar que caracterizava as empresas do capitão, onde pessoas eram chamadas de irmãos ou tios por questões meramente cerimoniais. Como muitas outras organizações de outros tempos — de religiosas a sindicatos do crime — as empresas do capitão eram tocadas por empregados que agiam como se fizessem parte de uma família, e muitos dos parentes citados nos registros contemporâneos eram apenas figurativos ou mesmo adotivos. À medida que fazia mais e mais sucesso, Iquan juntou em torno de si um grupo de assessores, incluindo, nesse caso, os membros de sua família verdadeira. Os jovens Zheng eram adultos agora, ansiosos por deixarem sua cidade natal para participar do sucesso internacional de seu irmão mais velho. Bao-a Pantera e Hu-o Tigre e outras pessoas da família de Iquan passaram assim a gravitar em torno das empresas do Capitão China.

---

47. Iwao, '*Li Tan*', p.45.

Iquan também ganhou alguns parentes protocolares. Era prática comum entre os comerciantes bem-sucedidos adotar as crianças de camponeses pobres e criá-las como futuros membros de sua tripulação. Muitos deles mandavam os filhos adotivos nas viagens mais perigosas, para não arriscar os que tinham seu sangue. Esses homens eram tratados como uma casta de escravos privilegiados até que fossem aprovados depois de longo tempo de trabalho, quando então recebiam os benefícios destinados aos membros adotivos da família. Um desses foi Zheng Tai, um intratável e presunçoso apadrinhado de Iquan que nunca conseguiu ter o respeito de seus parentes verdadeiros e foi certa vez lembrado, nos registros familiares, como "aquele bastardo mal-agradecido". Tai, entretanto, atingiu uma posição importante na família Zheng e durou nela mais do que muitos de seus caluniadores.[48]

Nessa fase, a tensão entre os holandeses e os chineses havia amainado e o comércio de Taiwan, florescido. Mas as "empresas" do capitão ainda funcionavam como uma liga de marinheiros sem lei. Havia alguns arranjos a serem feitos na sua estrutura, principalmente entre Iquan e o principal assessor Yan Sixi. Este era o braço direito do capitão em Fujian, forçado a aceitar a súbita chegada de uma nova situação em Taiwan, perto de sua base natal. Alguma coisa tinha de ser feita para garantir que os contrabandistas rivais se reconhecessem uns aos outros como aliados, e a discussão, mais uma vez, passou pelo assunto senhora Yan, a parente casadoira do capitão, que ainda estava em busca de um bom marido.

A senhora Yan foi formalmente apresentada a Iquan como uma possível noiva e, dessa vez, ele aceitou. Os dois se casaram em uma pomposa cerimônia no continente e Iquan passou de festejado convidado a membro do círculo íntimo do capitão.

Mas ele tinha um segredo. Quando saiu do Japão para ir a Pescadores em 1623 para ser intérprete, negociador e representante do Capitão China junto aos europeus, deixou para trás, em Hirado, sua amante Tagawa. Ela estava esperando um filho seu, de modo que na época do casamento, Iquan já era pai.

---

48. '*Li Tan*', p.45.. Lin, '*Fukien's Private Sea Trade*', p. 187.

CAPÍTULO 3

O Senhor dos Mares

Registros sobre Iquan o apresentam como um canalha astuto, pirata ou contrabandista ocasional, lingüista de habilidade duvidosa e comerciante preparado para assumir riscos. Há muitas histórias sobre ele e a maioria delas plausível. Pintam-no como um homem charmoso e com sorte, de origem relativamente humilde, que subiu rapidamente em uma sociedade turbulenta até conquistar grande poder.

Já as histórias sobre o filho de Iquan são bem diferentes. Como reflexo da fama posterior e das conquistas de Coxinga, elas vêm acompanhadas de lendas, profecias e agouros. O *Historical Novel* afirma que uma terrível tempestade caiu dias antes de seu nascimento, em agosto de 1624. "O céu da madrugada estava preto, a chuva descia cortante como espada, o vento fustigava as areias e as pedras. As ondas quebravam na praia com o som de tambores e com tanta violência que homens corajosos se assustavam ao sentir o solo tremer."[49]

Quem estava na praia diz ter visto uma criatura gigantesca sair do mar e dançar sobre as ondas, seus olhos brilhando na escuridão — pelo resto da vida, Coxinga consideraria a baleia seu espírito guardião e falava sobre a visão do gigantesco mamífero como sendo sinal de bons preságios.[50] Em uma noite de sono difícil, a então grávida senhorita Tagawa sonhou que tal criatura saltou dos mares direto para seu seio. Ela acordou, diz a história, e foi andar na praia de Senrigahama. Olhou fixamente o mar até que, finalmente a tempestade amainou. Mas, de repente, começou a sentir as dores do parto e, como não conseguiu voltar para procurar abrigo, teve o filho sozinha, na praia, no local onde hoje foi construído um memorial de pedra.[51]

---

49. *TW*, p. 8.
50. Croizier, *Koxinga and Chinese Nationalism*, p.38.
51. O lugar exato, claro, fica em aberto à conjuntura do resto da história. Durante o século XIX, havia quatro lugares diferentes apontados como o do nascimento de Coxinga. O monumento moderno encerra as discussões.

Quando a criança deu seu primeiro vagido, marinheiros das empresas do Capitão China contam ter visto luzes douradas brilhando no céu de Hirado e ouvido o som de tambores no ar. Animados, mandaram uma mensagem a Iquan, informando-o do nascimento do filho. O orgulhoso pai foi tomado de uma felicidade indescritível, não apenas por causa do nascimento, mas também pelos prognósticos futuros de grandeza que envolviam sua criança.

Na infância, Coxinga era conhecido como Fukumatsu, o que literalmente significa Pinheiro de Sorte, embora o nome venha carregado de outros simbolismos. Para um leitor chinês, os dois ideogramas do nome combinam o Fu de Fujian com o Matsu de Matsuura, a família feudal que mandava na área de Hirado. Matsu podia até ser um jogo de palavras em cima do nome da deusa dos mares tão reverenciada por Iquan e seus companheiros de navio, a padroreira de Fujian e Macau. Séculos mais tarde, a lenda estabelece relação direta entre Coxinga e ela, dizendo que embora fosse a senhorita Tagawa a lhe dar à luz, sua verdadeira mãe era a própria deusa, que apareceu no espírito da tempestade e a grande baleia da manhã de seu nascimento, que protegeu seus navios durante toda a sua vida.

O pinheiro era ainda um símbolo de longevidade e de solidão, pois um tipo diferente de *matsu* era também o verbo japonês para "esperar". Se esse jogo de palavras foi intencional, abre então muitos outros significados também para o primeiro nome da senhorita Tagawa — Fukumatsu significa "Fuku à Espera", e esperar foi o que ela fez.

A senhorita Tagawa e seu filho ficaram em Hirado e não se sabe como eram mantidos — talvez por ocasionais remessas de dinheiro de Iquan, ou pela misericórdia de seu padrasto. Embora algumas fontes modernas afirmem que Iquan visitava sua amante de vez em quando, ele estava muito ocupado com a operação taiwanesa e tinha agora uma esposa importante em Fujian que exigia sua atenção. Em termos mais atuais, era um pai ausente.

A família de Iquan foi atingida por grande consternação em 1624, quando chegou a notícia da morte do patriarca Shaozu. Embora tenha saído de casa em desgraça anos antes, as obrigações filiais de Iquan faziam dele o novo chefe do clã. Como era agora um homem bem de vida e poderoso dentro das organizações do Capitão China, recepcionou parentes e irmãos em seus domínios de Amoy e empregou muitos deles. Bao - a Pantera; Hu, o Tigre; e talvez Peng - a Cegonha, ficaram servindo ao capitão junto com Iquan. Documentos comprovam que a muitos outros parentes foram dados cargos de comando ou postos de capitão nos navios. Com o tempo, Iquan acabou juntando 17 "irmãos" na sua frota comercial. Uma lista dos capitães de seus navios menciona 15 apelidos de animais entre 22 comandantes:

> *Hu - o Tigre e Yan - a Andorinha nos navios mais importantes; E - a Águia-pescadora e Zhi - o Leopardo no segundo escalão; Biao - o Filhote de Tigre e Zhang Hong*

dando cobertura no terceiro; Xie - a Quimera e Li Ming no quarto; com Jiao - o Dragonete e a Águia-Pescadora (nome repetido) no quinto; Tian Sheng e Gao Qing liderando o sexto escalão, alternando com Bao - a Pantera e Mao - o Urso; Peng - a Cegonha e Mang a Serpente como acompanhantes no sétimo; He - a Garça e Chen Zhongji como acompanhantes no oitavo; Lin - o Unicórnio e Chen Xun como auxiliares móveis no nono; Qi - a Girafa e Wu Huapeng supervisores, no décimo. [52]

Também apresentados como chefes dos marinheiros estavam Feng - a Fênix, e Luan - a Ave Mítica. Como o pai de Iquan tinha pelo menos três esposas, não é impossível que ele tivesse tantos irmãos, mas é mais provável que a maioria fosse primos ou adotados, em lugar de irmãos de sangue. Com o seu casamento com a senhorita Yan, Iquan pode ter-se lançado a um frenesi de adoções para manter a tripulação de sua crescente frota na mão de parentes leais. Como Iquan era o filho mais velho de Shaozu e não tinha mais do que 23 anos em 1626 quando essa frota de guerra se formou, seus verdadeiros irmãos deviam estar no final da adolescência ou no início dos 20 anos. Isso talvez explique por que tiveram de dividir o comando com irmãos ou marinheiros mais experientes e mais velhos. Nomes no diminutivo como Filhote de Tigre e Dragonete podem ser indicativos de que seus donos eram mesmo bem jovens.

Embora não haja nenhum registro de irmãs de Iquan, é provável que elas existissem em número similar ao dos irmãos e que ele se tenha empenhado em encontrar bons maridos para elas entre seus capitães. Desse modo, Iquan mantinha sob controle os muitos lugares-tenentes de seus capitães e plantava novos aliados dentro da organização que os manteria em tempos difíceis.

Como peça-chave de ligação entre os holandeses e o Capitão China, Iquan era parceiro nas decisões tomadas pelos dois lados. É bem provável que tenha sido ele um dos primeiros a plantar a semente do que seria depois uma crescente divergência entre os holandeses. Embora as coisas tenham começado bem com o capitão, os holandeses logo se cansaram da ligação autoproclamada e deliberadamente improdutiva que mantinham com ele. Como estavam com uma base mais assegurada, alguns holandeses começaram a questionar os motivos da confiança depositada no capitão China. Como empregados da Companhia Holandesa das Índias Ocidentais estavam também sendo pressionados para apresentar lucros. O governador

---

52. Provavelmente, muitos deles morreram no massacre de Tongshan. *TW*, p. 17. O duplo E de Águia-Pescadora deve ter sido causado pelo uso simplificado dos caracteres chineses por sua principal editora do século XX e referia-se a um outro irmão com ave no nome.

Coen lhes mandou severas recomendações da Batavia, lembrando-os do alto custo de suas especulações comerciais. O ataque a Macau, as escaramuças nos mares chineses e (mais aborrecida para Coen) a construção, demolição e eventual abandono de vários fortes em Pescadores, tudo isso tinha corroído fundos. Sonk, ao ser transferido para Taiwan, tinha construído não apenas um, mas mais dois fortes, e Coen queria ter algum retorno financeiro de todo esse investimento.[53]

O segundo homem de Sonk, Gerrit de Witt, tomou a iniciativa e se ligou por conta própria a um novo fornecedor. Firmou um acordo com Xu Xinsu, antigo associado do capitão, nada confiável, que ofereceu preços mais baixos nos carregamentos de seda e de outros produtos do continente.

Pelos relatos contidos nos documentos mais modernos, não se consegue entender claramente a relação de Xinsu com o capitão, mas parece que eles foram bem próximos, a ponto de o capitão tê-lo ajudado a se safar de confusões no passado. Essa é a impressão que se tem a partir de uma carta escrita por Iquan para seu velho amigo Jacques Specx, que faz alusões aos crescentes débitos das empresas do capitão China.[54] Seria Xinsu um filho obstinado do capitão, por nascimento ou por adoção do clã? Qualquer que fosse seu relacionamento, suas negociações com os holandeses não poderiam ter acontecido em pior hora.

Os ingleses tinham finalmente desistido do comércio com os japoneses e fecharam sua fábrica no Japão. No início, os holandeses se entusiasmaram com a saída dos rivais da região, mas tentaram equivocadamente apressar sua saída dispondo-se a pagar quaisquer débitos deixados pendentes por eles. Cocks e seus homens aceitaram prontamente, só para os holandeses descobrirem, mais tarde, que eles tinham deixado débitos pendentes na casa dos 70 mil *taels*. Além das muitas dívidas com credores japoneses como Matsuura, havia ainda contratos com o Capitão China para serem saldados. Mas, além disso, um certo tipo de transação comercial estava vigorando entre os contrabandistas dos mares da China, de forma que as promessas de pagamento dos ingleses tinham sido usadas como moeda corrente pelos chineses que, por sua vez, concordaram em passá-las para os holandeses.

Estes, assim, viram-se obrigados a desembolsar, não apenas o dinheiro que deviam ao capitão, mas também o dos contratos que haviam sido assinados com ele por seus rivais. Em tese, o capitão estava garantido de todos os lados. Só que, na prática, muitos dos seus devedores não pagaram suas dívidas.

Os muitos anos de falcatruas estavam finalmente pegando desprevenido o poderoso capitão. Ele tinha investido todos os seus recursos na rota

---

53. Mulder, *Hollanders in Hirado*, p. 210.
54. Iwao, *Li Tan*, pp. 65-6.

comercial Taiwan-Fujian e lá foi atravessado pelo seu antigo associado Xu Xinsu o qual, junto com os holandeses, estava arruinando suas finanças. Por outro lado, o capitão não podia sair de lá até que os holandeses lhe pagassem o que deviam. E no que diz respeito aos europeus, havia ainda outro dado: o capitão não era mais aquele antigo aliado festejado, mas sim uma presença incômoda.

Muitos dos homens que formavam as tripulações do capitão passaram a fazer contrabando apenas porque não tinham outra maneira de sobreviver. O capitão era responsável por, literalmente, centenas de embarcações e precisava mantê-las todas abastecidas. Mas agora se via forçado a emprestar ou roubar dinheiro onde pudesse fazê-lo.

O capitão sentiu que os holandeses estavam ficando inquietos, e evadiu-se de Taiwan com toda a seda que conseguiu roubar, levando ainda o dinheiro de vários subornos que deveria, em tese, entregar no continente, e "presentes" monetários de oficiais do continente, que ele se recusou a dar aos holandeses.

Em 12 de agosto de 1625, o capitão morreu em Hirado. Relatos holandeses não mencionam nenhuma participação dele em um possível jogo sujo para acabar com seu ex-aliado — é possível que a vida longa e aventureira do capitão tenha chegado a um fim natural. Mas sua organização já vinha dando os primeiros sinais de falta de fôlego. Xinsu operava independentemente fora de Fujian, Iquan estava complicado com a crescente insatisfação dos holandeses e o filho do capitão, Augustin, tentava montar um negócio próprio fora de Hirado. O mais forte candidato a controlar todo aquele império comercial e mantê-lo operante era Yan Sixi, o assessor baseado em Fujian que pode ter sido o sogro de Iquan. Mas Yan morreu pouco mais de um mês depois do capitão.[55] Não se encontram registros diretos do acontecido, apenas relatos de terceiros sobre o que aconteceu à organização depois disso. Um deles diz que Iquan teve sorte de ficar com dois navios carregados de mercadorias na época da morte do capitão. Enquanto outros membros da organização tinham dívidas volumosas e tripulações nervosas, Iquan podia converter produtos em dinheiro, e foi exatamente isso o que ele fez:

> *Enquanto estava ocupado descarregando e expondo suas mercadorias, chegou-lhe a notícia de que seu patrão e... a maior parte daqueles que tinha empregado estavam mortos por causa da epidemia que naquele ano assolou terrivelmente o Japão, seguida de uma grave escassez de alimentos que afligiu e desolou todo o país... Iquan passa uma ordem*

---

55. A proximidade do relato de suas mortes levou alguns estudiosos (ex. Terao, *Tei Seiko*, p. 16) a sugerirem que Yan Sixi e o Capitão China eram a mesma pessoa, mas relatos contemporâneos chineses diferenciam os dois.

para sua tripulação e para outros mercadores... declarando-se o único herdeiro de tudo o que continham aqueles dois navios. [56]

Após anos de operações ilegais relativamente pacíficas, a organização do capitão chegava ao fim. Dezenas de seus antigos colaboradores estavam se tornando independentes, trabalhando por conta própria. Os riscos do comércio marítimo local aumentaram, com frotas competidoras de piratas famintos e desafiadores pilhando uns aos outros. Iquan decidiu tirar o melhor proveito de seus contatos e experiências recentes e usou o dinheiro roubado para comprar mais navios e formar sua própria tripulação. Ofereceu depois seus serviços aos holandeses, não mais como intérprete ou representante comercial, mas como um corsário. Sob a bandeira holandesa, saiu à caça dos navios chineses que partiam da colônia espanhola de Manilha, aliviando-os de suas cargas e tesouros e dividindo os espólios com os holandeses em Taiwan. Iquan não apenas contava com o suporte dos holandeses, como também com o imensurável benefício de tripulação e tecnologia européias. Seu período como corsário a serviço da Holanda lhe deu valiosa experiência na operação de modernos navios de guerra "e agora ele se autoproclamou comandante-em-chefe de tal esquadra, o que deve ter deixado os mandarins da China sem saberem o que fazer".[57] Em meados de outubro de 1625, Iquan tinha crescido ainda mais na consideração dos holandeses. Gerrit de Witt, o agora governador de Taiwan após a morte de Sonk, escreveu: "E aqui estamos nós, dia após dia, esperando que o homem chamado Iquan, que certa vez serviu ao comandante Reijersen como intérprete, chegue liderando 20 ou 30 embarcações as quais, segundo se diz, pilharam os navios de tributo ou transporte que os chineses enviaram para o norte".[58]

A pirataria provou ser bom negócio para Iquan. Em 1626, ele presenteou os holandeses com nove navios que carregavam porcelana e produtos avaliados em 28 mil *taels*, e em 1627 não perdeu a chance de se apossar da rota Fujian-Taiwan. Por vários anos ela havia estado nas mãos de seu antigo sócio Xinsu, com o qual Iquan tinha alinhavado um precário acordo. Os capitães rivais concordaram em ficar fora do caminho um do outro, muito embora o governo chinês tivesse preferido que eles se aniquilassem mutuamente em uma disputa por território. Para suas tripulações, eles eram comerciantes honestos e corsários tentando ganhar a vida no litoral de um país turbulento. Para o governo chinês, eles não eram nada mais do que piratas e contrabandistas, um estigma do qual tanto Iquan quanto Xinsu

---

56. Palafox, *History of the Conquest of China*, pp. 68-9.
57. *Idem*, p.68.
58. Carta de Gerrit de Witt para Pieter de Carpentier, 29 de outubro de 1625, em Iwao, 'Li Tan', p.78.

gostariam de se livrar. A grande oportunidade para Iquan veio em 1627, quando foi abordado por um representante do governo chinês portando uma carta secreta cujo selo era do próprio imperador do Grandioso Presságio. Esse representante era Cai Shanzhi, o mesmo oficial que Iquan tinha atingido com uma pedra na infância. A carta oferecia a ele uma proposta, explicando:

> *Tendo sido informado do seu valor, o imperador está desejoso de fazer uso de seus serviços em um caso da mais alta importância para o bem e a prosperidade deste estado, e, portanto, oferece a Iquan um perdão amplo por tudo o que passou, além de imunidade... E não apenas o receberá em estado de graça, como fará dele seu Alto Almirante ou Capitão-Geral de toda a costa litorânea, concedendo-lhe o título de Grande Mandarim e o cobrirá de favores e recompensas.* [59]

Os serviços requisitados a Iquan eram muito simples: foi ordenado a ele que "com toda pressa, ataque o outro pirata que disputou sua soberania sobre os mares". Claro, Xinsu recebeu uma carta quase idêntica, com os nomes trocados, e o governo chinês ficou na expectativa para assistir aos desdobramentos da guerra que estava por vir, na esperança de que as duas armadas destruiriam uma à outra, ou ao menos causariam tanto estrago mútuo que as minguadas forças governamentais chinesas poderiam então fazer uma operação limpeza eficiente. É até provável que os dois piratas tenham recebido a carta endereçada ao outro por engano, como registra uma fonte japonesa: "As autoridades Ming, em tom grave, despacharam ordens para Tei Shiryu [*i.e.* Iquan] capturar o famoso pirata Tei Ikkwan [*i.e.* Iquan], às quais ele respondeu também no mesmo tom que se esforçaria para obedecer!"[60] Iquan não tinha a intenção de capturar a si próprio e se entregar às autoridades, mas apreciou a idéia de fazer isso com o rival.

Mas não zarpou imediatamente para lutar contra Xinsu em razão de uma disputa com seu irmão, Hu - o Tigre.[61] Hu e Iquan representavam facções rivais dentro da família. Iquan estava interessado em angariar reconhecimento e respeito junto aos chineses, enquanto Hu preferia permanecer amigo dos holandeses, talvez já percebendo que a indicação oficial de Iquan como chefe naval inevitavelmente levaria ao dia em que ele receberia ordens de deflagrar a guerra contra os indesejáveis estrangeiros. Os irmãos discutiram incessantemente, mas Iquan conseguiu uma ressentida concordância de Hu após vários meses.

---

59. Palafox, *History of the Conquest of China*, pp. 69-70.
60. Ponsonby-Fane, *Sovereign and Subject*, p. 282.
61. TW, p. 20, relata uma discussão entre Iquan e Hu, com Bao - a Pantera, tentando interceder.

Naquele momento, zarpou com sua frota do porto de Anoy com números tão imponentes a ponto de o comandante da guarnição, Yu Zigao, antigo libertador de Pescadores, intimidar-se e fugir da cidade. Mas Iquan ficou longe de Amoy, apenas atacou Xinsu, enquanto navios holandeses se postavam como espectadores à espera de se congratular com o vitorioso, fosse quem fosse.

A batalha que se seguiu resultou na morte de Xinsu. O cronista Pai Palafox, que nunca conseguia resistir a uma boa história, escreveu que Iquan, sozinho, salvou o dia: "A coragem e a conduta de Iquan rapidamente lhe garantiram a vitória, da qual ele se assegurou tomando de assalto o navio inimigo e cortando a cabeça de Xinsu com as próprias mãos".[62]

A morte de Xinsu fez os sobreviventes de sua frota se aliarem a Iquan, aumentando ainda mais a abrangência de seu comando e colocando os chineses na embaraçosa posição de ter de honrar seu antigo desafeto. Enquanto oficiais locais mentiam e tentavam agregar apêndices ao tratado original, os homens de Iquan foram ficando inquietos. Ele tinha cumprido sua parte no trato e agora esperava ser perdoado e receber um título oficial. As autoridades, entretanto, começaram a suspeitar que haviam criado um monstro — não existia, agora, literalmente ninguém na região para se opor a Iquan. Como observou Palafox, ignorante do folclore local: "Assim ele se tornou o Senhor dos Mares de toda a costa da China".[63]

Um oficial local (na verdade, o compositor do infame "Ode à Batata") escreveu a Iquan em uma tentativa de persuadi-lo a dispersar parte de suas forças:

> *Todos os seus sentimentos são bem conhecidos...Você se arrepende de seu comportamento; você não quer matar e saquear o povo do campo. Todos sabem disso. Mas como os seus mais de dez mil seguidores não entendem seus sentimentos? Alguns deles querem apenas encher suas bocas e aquecer seus corpos, outros buscam fazer fortuna... Agora que você tem tantos seguidores assim, todos sendo pobres ou maus elementos, soldados ou criminosos fugitivos, eles se comportam obsequiosamente com você e se fazem seguidores e fazem de você "O Grande Rei dos Mares". Você também aprecia ter essa reputação e gosta de viver de acordo com ela.* [64]

Após semanas de saques, outros intervieram, incluindo o oficial local Huang Menglong — ele usufruía da confortável posição de ter uma patente

---

62. Palafox, *History of the Conquest of China*, p. 72.
63. *Idem*, p. 72.
64. He Qiaoyuan para Nicholas Iquan, traduzido de uma versão japonesa para Blussé, 'Minnan-Jen or Cosmopolitan? The Rise of Cheng Chih-Lung Alias Nicolas Iquan', p. 257.

graduada e ser tio de Iquan pelo lado da mãe. Iquan cerimonialmente entregou-se às autoridades de Amoy e "prometeu que seus homens não mais causariam transtornos e aos poucos se dispersariam".[65] Em seguida, o governador de Fujian indicou Iquan como oficial probatório, por ter resolvido o problema de pirataria na região. Em outras palavras, ele tinha conseguido o aval do governo para decretar guerra aos renegados sobreviventes que, por sua vez, foram forçados a reconhecê-lo como o sucessor do Capitão China. No início de 1628, foi alçado à posição imperial de almirante de patrulha.[66]

A nomeação de Iquan, além de ter o seu valor, funcionou como sinal do crescente desespero do governo Ming. O novo imperador dos Elevados Presságios, irmão mais novo do incompetente imperador das Luzes Celestiais, tinha herdado uma terra mergulhada no caos, semeada de camponeses sublevados e tropas rebeldes. Muitos eram comprados com perdões e comissões governamentais como forma de passar a situação a limpo para o novo imperador. Outros foram reprimidos com a nomeação de líderes anti-rebeldes. Ao que tudo indica, a nomeação de Iquan foi um pouco dessas duas coisas.

Mas as dificuldades do novo imperador estavam apenas começando. Logo depois que Iquan aceitou seu novo título, toda a China foi golpeada por uma terrível estiagem que destruiu plantações e criou uma escassez de alimentos tão grande que alguns relatos afirmam que pessoas das vilas dos campos tiveram de apelar para o canibalismo.[67] Embora fosse homem rico em posição de poder, Iquan entrou na máquina governamental chinesa em uma época em que muitos se estavam voltando para o crime por absoluto desespero. Ele trabalhou embarcando milhares de fugitivos das terras devastadas para levá-los, através dos canais, a uma nova vida em Taiwan, deixando para trás os menos afortunados brigando por alimento. Logo haveria mais criminosos e mais piratas.

Enquanto isso, outra troca de governadores ocorrera em Taiwan. O antigo lugar-tenente de Sonk, De Witt, que tinha firmado o acordo original com Xinsu, foi chamado de volta à Holanda e substituído por Pieter Nuijts, jovem arrogante cuja administração acabou sendo um desastre total. Uma fonte holandesa o chamou de *present-kaasje*[68] ou "indesejável presente do queijo", um eufemismo para definir aquela casta de jovens de boa família, cuja rápida partida de sua terra natal era considerada recomendável para assumir um posto no exterior conseguido por meio de contatos feitos pelos seus bem colocados parentes. Sem experiência e pouco tato diplomático, a Nuijts foi erroneamente dado o duplo papel de governador de Taiwan

---

65. *Idem.*
66. Foccardi, *The Last Warrior*, p.16.
67. Parsons, *Peasant Rebellions of the Late Ming Dynasty*, p.11.
68. Mulder, *Hollanders in Hirado*, p. 211. Durante anos, os ingleses usaram um mesmo termo para definir suas propriedades no leste asiático: o acrônimo *FILTH* (Failed In London, Try Hong-Kong), que significa "Perdeu em Londres, Tente Hong Kong".

e embaixador no Japão. Casado, ele viajou levando o filho pequeno e ficou escandalizado ao encontrar grande número de mercadores holandeses vivendo em pecado com as mulheres nativas. Frustrado em suas negociações com os japoneses e chineses, ele escreveu cartas amargas para a Batavia, reclamando da falta de intérpretes decentes e prefaciando alguns relatórios com ressalvas, dizendo apenas poder imaginar o que era dito nas reuniões de negócios.

Nuijts chegou em meio a problemas crescentes entre holandeses e japoneses em Taiwan. Quando a esquadra holandesa aportou pela primeira vez na ilha, Cornelis Reijersen prometeu aos japoneses que eles não seriam taxados por comercializar ou estocar produtos, promessa que Sonk revogou pressionado por Batavia em busca de mais lucros. Como descreveu um observador:

> *Os japoneses, entretanto, cometeram a imprudência de ignorar nosso governador como mandatário da terra, declarando que não estavam de nenhum modo subordinados a ele e nada tinham a ver com sua autoridade. De modo que, quando o sr. Sonk contou isso a Batavia, foi-lhe ordenado por Suas Excelências que reclamasse e exercesse sua autoridade... sem temer ninguém e sem se desculpar; informando aos japoneses que, se pretendiam fazer negócios ali, deveriam pagar as mesmas taxas e impostos que os outros.* [69]

Os japoneses ficaram irritados porque não tinham outra alternativa, a não ser ir para Taiwan. Em virtude dos atos de pirataria e roubo no continente, estavam proibidos de ir à China, da mesma forma que os europeus. Se quisessem a seda chinesa, teriam de buscá-la em Taiwan ou em Pescadores, ou confiar nos holandeses ou nos chineses para transportá-la.

Nuijts sentiu pela primeira vez a extensão do problema quando chegou ao Japão em 1627, na expectativa de conseguir uma audiência com o *shogun*, na qual pretendia exigir o aval oficial dos japoneses para os direitos holandeses na ilha de Taiwan. Em vez disso, foi posto à espera por cinco semanas e então orientado a ir embora sem nem ao menos conseguir a reunião. Enquanto isso, o novo representante comercial oficial de Nagasaki, um cristão renegado que se chamava Suetsugu Heizo,[70] também estava aborrecido com o comportamento dos holandeses em Taiwan, e mandou

---

69. Valentyn, *Oud en Nieuw Oost-Indien*, em *FUD*, pp. 36-7.
70. Existe uma curta biografia de Suetsugu, no livro de Miyamoto, *Vikings of the Far East*, pp. 149-51. Sua família teve, por muitas gerações, projeção na região comercial, mas seu filho, bizarramente, tornou-se grande amigo dos holandeses, a ponto de sua credibilidade junto aos seus conterrâneos ficar comprometida. Seus descendentes foram aniquilados durante a era Sakoku no Japão, quando, por acaso, foi descoberto que sua família negociava com os chineses.

que Hamada Yahei, um de seus capitães, tomasse providências. Hamada zarpou para Taiwan e reuniu 17 chefes tribais locais, trazendo-os para Nagasaki, de onde foram levados até a corte do *shogun* em Edo. Ali, embora não falassem japonês e aparentassem não entender nada do que estava sendo dito em seu nome, foram apresentados ao *shogun* como integrantes de uma delegação oficial de Taiwan que pedia a proteção dos japoneses contra os holandeses predadores. Nesse meio tempo, Suetsugu começou a dizer aos comerciantes locais que os holandeses em breve seriam expulsos do Japão, o que fez vários credores congelarem empréstimos muito necessários. Nuijts ficou apoplético de raiva e chamou os japoneses de "incultos, insolentes e arrogantes".[71] Compreensivelmente, essa reação explosiva teve pouco efeito, e embora o *shogun* aparentemente não se tenha deixado levar pela decepção de Suetsugu, Nuijts assim mesmo foi forçado a assinar um acordo no qual prometia nunca interferir com os japoneses em Taiwan outra vez.

Nuijts também fez um meticuloso e bom trabalho para afastar de si Van Nijenroode, o mais importante comerciante holandês em Hirado, tecendo comentários pejorativos sobre seus arranjos familiares (ele tinha duas amantes japonesas) e dando uma série de sugestões infelizes sobre como ele deveria tocar seus negócios. Nuijts estava no Oriente havia apenas dois meses, enquanto que o comerciante vivia ali havia oito anos.

Tendo sido bem-sucedido em não fazer nada, apenas inimigos no Japão, Nuijts zarpou para Taiwan, onde chegou em meio ao pânico dos chineses a respeito do recém-descoberto poder de Nicholas Iquan. Talvez esperando que as coisas só pudessem melhorar, anônimos oficiais chineses tentaram aplicar nos holandeses o mesmo calote que aplicaram em Iquan; sugerindo que "iriam acabar com o pirata Iquan; em troca do que... os holandeses certamente conseguiriam permissão para fazer negócios".[72]

O governador que estava de partida, Gerrit de Witt, antigo aliado de Xinsu e presumível inimigo de Iquan, contou a Nuijts que pretendia negociar com Iquan quando estivesse a caminho da Batavia, para onde estava indo com uma pequena frota de cinco navios. Isso era, no mínimo, uma imprudente afirmação para Witt fazer, principalmente porque seu chefe imediato em Batavia avaliou a esquadra de Iquan em "quase 400 embarcações e 60 a 70 mil homens". É difícil entender o que fez Witt pensar que cinco navios seriam suficientes para fazer frente a tal inimigo. Talvez pensasse em acertar Iquan e fugir em busca de cobertura, deixando Nuijts para lidar com as conseqüências.[73]

---

71. Mulder, *Hollanders in Hirado*, p. 169.
72. Valentyn, *Oud en Nieuw Oost-Indien*, em *FUD*, p. 38.
73. Carta de Jan Pieterzoon Coen para os Diretores da Companhia das Índias Ocidentais, em 6 de janeiro de 1628, citada em Iwao, '*Li Tan*', p. 78.

Qualquer que fosse seu plano principal, ele navegou a salvo até chegar à costa da China, quando atacou um dos navios de Iquan. Para enfrentar a hostilidade declarada de seus antigos aliados, a retaliação de Iquan veio de maneira rápida e esmagadora. As forças de De Witts fugiram em pânico, e Iquan ordenou que seus navios fossem à desforra contra os holandeses. As embarcações atingidas, que conseguiram voltar à base holandesa em Taiwan, transmitiram relatos da matança para um amargurado Nuijts, que agora se encontrava com uma pequena guarnição e pesadas perdas. Por uns poucos dias, ele se viu comandando um forte sem nenhum suporte naval e foi forçado a olhar nervoso pelas amuradas, rezando para que Iquan não pensasse em levar a luta através dos estreitos, até Taiwan. Como Nuijts explicou em carta a Van Nijenroode, em Hirado: "Graças a Deus, o inimigo não apareceu, porque, se o fizesse, teria capturado esse lugar sem resistência nenhuma".[74] Parece que os holandeses tinham subestimado o tamanho das forças de Iquan. A frota de cinco embarcações de De Witt tinha pouca chance contra a do Senhor dos Mares — "com quase mil embarcações a favor dele, atacou-nos de todos os modos".[75]

Quando Nuijts achava que as coisas não podiam ficar piores, vários navios indesejados chegaram ao Forte Zeelandia — era a frota japonesa voltando com a "delegação" de nativos de Taiwan, de sua viagem ao Japão. Os recém-chegados incluíam 470 homens japoneses, superando em quantidade de gente os holandeses do forte. Pior ainda, eram comandados por Hamada Yahei, o homem que tinha complicado a vida de Nuijts no Japão.

Os holandeses decidiram não revidar, mas desde que atracou no porto, o comportamento de Hamada foi claramente hostil. Nuijts registrou que ele os "desafiou com insultos de todo tipo e também agia de modo suspeito".[76] Esperando que os japoneses não percebessem a reduzida força da guarnição de Zeelandia, Nuijts ordenou a seus homens que vistoriassem os navios japoneses. Foram recebidos a bordo com muita má vontade, e descobriram que os mercadores estavam armados com seis grandes canhões, e mais outros camuflados embaixo dos conveses, como lastros. Vários passageiros chineses que chegaram com a frota de Hamada deram a entender aos holandeses que os japoneses estavam preparando alguma coisa, e os holandeses continuaram sua inspeção, descobrindo "espadas, armas, lanças, facas de sopa, flechas, arcos e outros artigos".[77]

Como resultado, o irado Hamada desembarcou para reclamar sobre o tratamento que estava recebendo, mas encontrou Nuijts pronto para lhe dar o troco pelo que tinha passado no Japão:

---

74. Carta de Pieter Nuijts para Cornelius van Nijenroode, 16 de junho de 1628, *FUD*, p. 38.
75. *Idem.*
76. *Idem.* p. 39.
77. Carta de Pieter Nuijts para Cornelius van Nijenrood, 16 de junho de 1628, *FUD*, p. 40. O termo holandês "faca de sopa" é usado para definir armas do tipo alabarda ou a japonesa *naginata*.

Depois de ouvir sua arenga sobre a inspeção nos navios, respondi que embora tal coisa nunca tivesse acontecido antes, nem sido praticada sob a orientação de Witt — que governou de acordo com suas próprias idéias — a administração daquele honrado cavalheiro tinha terminado e agora era eu quem estava ali, e minhas ordens tinham de ser obedecidas... e que ele não deveria ficar surpreso, já que suas ultrajantes propostas tinham dado mais do que motivo para tal atitude. [78]

Nuijts apresentou a Hamada um inventário de todas as armas que seus homens tinham encontrado nos barcos japoneses, e depois de um certo embaraço, Hamada alegou que o canhão camuflado e outros artigos eram usados para autodefesa durante as viagens.

Não havia nada que Nuijts gostasse mais do que marcar pontos: "Respondi que o perigo agora tinha passado e que quando ele partisse tudo lhe seria devolvido".[79] Hamada perdeu a paciência e escarneceu dele com as lembranças da famigerada apresentação ao *shogun*, enfatizando que foi graças a ele que os holandeses foram enganados. Hamada seguiu com os insultos por algum tempo, mas Nuijts não os repetiu todos em suas cartas, preferindo lançar um véu sobre os encaminhamentos: "Ele fez muitas outras blasfêmias e propostas contraditórias, todas muito infames para que eu me atreva a reproduzi-las para Sua Excelência". [80]

Os navios de Hamada ficaram em Zeelandia por duas ou três semanas, tempo em que Nuijts se recusou a lhes dar permissão para desembarcar, abastecer ou seguir para o continente em busca de seda. A atitude de Hamada instigou o já considerável orgulho de Nuijts, e a situação nos mares da China com Iquan apenas o tornou ainda mais irascível. Os japoneses não eram amigos de Iquan, já tinham perdido várias cargas para os seus saques, mas parece que tanto eles quanto os holandeses não tiveram tempo suficiente para formar uma aliança a partir de seu ódio mútuo contra o Senhor dos Mares. Estavam muito ocupados insultando um ao outro.

Hamada e Nuijts eram bons antagonistas e cada um insistia em provocar seu rival. Hamada gastou vários dias pensando no que poderia fazer para tornar difícil a vida dos europeus no Japão, enquanto Nuijts montou um espetáculo sobre a licença de navegação de Hamada, apontando todas as contravenções que ele havia feito. Mas em certo momento Hamada abrandou e pediu permissão para zarpar para Pescadores. Quando Nuijts zombou do pedido, Hamada simplesmente implorou para que ele o deixasse voltar ao Japão. Também esse foi recusado; montar esse retorno implicaria requisitar uma escolta, e Nuijts não podia admitir não possuir navios sobressalentes depois de sua altercação com Iquan.

---

78. *Idem*, p. 39.
79. *Idem*, p. 40.
80. *Idem*.

O impasse, os equívocos e os óbvios sobressaltos de Nuijts resultaram em uma reação inesperada. Os homens de Hamada começaram a temer por suas vidas — se um hóspede japonês agisse dessa forma, seus convidados suspeitariam do pior. "Essas pessoas têm a firme crença de que nunca conseguirão licença para partir, e que estão destinadas a perecer aqui de fome e miséria."81

Em 29 de junho de 1628, Hamada resolveu tomar uma atitude. Acompanhado de uns poucos homens, foi até a casa de Nuijts e anunciou que pretendia partir e tinha ido se despedir. Nuijts, novamente, recusou-se a lhe dar permissão para zarpar, e um relato anônimo do incidente destaca que ele o fez de maneira "educada".82 O japonês "audaciosamente" repetiu o que tinha dito. Quando Nuijts reiterou sua recusa, "eles pularam em cima dele como leões, agarraram-no pela cabeça, amarraram suas mãos e pés na cintura, com uma longa tira de pano, e ameaçaram cortar sua cabeça se reclamasse".

Os guardas, dentro de casa, ouviram os sons da discussão, mas foram também imobilizados por um outro grupo de marinheiros de Hamada, que estavam escondidos nas proximidades. No tumulto que se seguiu, vários homens, de ambos os lados, morreram e foram feridos, e um oficial de Nuijts orientou seus homens a atirarem nos captores de Nuijts se aparecessem na janela de seu quarto. Nuijts, entretanto, ordenou que os homens cessassem fogo, dizendo que estava refém dos japoneses e que eles tinham ameaçado matá-lo caso o fogo não fosse suspenso.

Um silêncio repentino se abateu sobre o Forte Zeelandia, com o comandante preso dentro de seus próprios aposentos, e seus homens cercando o local, mas sem condições de agir. Enquanto isso, mais homens de Hamada se juntaram em redor do forte, levando os europeus a suspeitar que estavam planejando um levante entre os chineses e os nativos de Formosa.

Durante as negociações que se sucederam, os holandeses ameaçaram explodir a casa de Nuijts e ele publicamente pediu que esperassem, para prevenir qualquer dano a si próprio ou ao filho Lourents, que era outro refém. Entretanto, Nuijts também conseguiu passar uma segunda mensagem cifrada, instruindo seus homens a atacarem no dia seguinte se ele conseguisse fugir pulando pela janela. Não se sabe como pretendia carregar o filho.

À medida que o tempo passava, Nuijts percebeu que tal fuga ousada nunca funcionaria e foi forçado a ouvir as exigências de seus captores. Cercado de homens armados com revólveres no meio de um forte inimigo, os japoneses perceberam que se matassem ou não seus reféns, teriam muita dificuldade para sair dali. Pediram então livre passagem, levando cinco reféns

---

81. Carta de Pieter Nuijts para o Conselho do Forte Zeelandia, 4 de julho de 1628, *FUD*, p.47. Tarde demais, Nuijts percebeu ter pressionado os japoneses.
82. Relato anônimo do seqüestro, por Hamada Yahei, de Pieter Nuijts, *FUD*, pp. 41-8.

com eles até o Japão. Como segurança, ofereciam cinco reféns japoneses, incluindo o filho do próprio Hamada, que acompanharia a partida dos navios japoneses para Nagasaki, quando então os dois grupos de reféns seriam libertados.[83] Como ainda estavam por cima, e Nuijts estava sendo claramente cooperativo, também exigiram que os holandeses desmontassem os lemes de seus navios, trazendo-os até a praia, de modo a dar uma vantagem para a partida dos japoneses.

Enquanto se ocupavam disso, exigiram uma grande quantidade (15 *piculs*) de seda, alegando que o antigo governador Sonk havia confiscado a mesma quantidade dos navios japoneses algum tempo antes. E já que os holandeses estavam se mostrando tão generosos, levariam mais 200 *piculs*, alegando que tinham mandado dinheiro para a China para comprar mercadoria, mas que o carregamento tinha desaparecido misteriosamente. Ambos os lados, holandês e japonês, concordaram que o dinheiro tinha sido apropriado pelo seu mútuo rival, Iquan, mas os japoneses estavam em posição favorável para fazer exigências e determinados a tirar o máximo de proveito da situação.

Por sorte, ou premeditadamente, os japoneses esvaziaram, com suas exigências, os depósitos holandeses de seda, e os sócios de Nuijt foram forçados a completar o resto da quantia com dinheiro e cheques. A contabilidade holandesa estima que a perda total foi de 13.540 *taels*; o Capitão China tinha levado anos para furtar tal quantia, enquanto os japoneses a conseguiram em apenas cinco dias. Na saída, ainda roubaram todos os instrumentos cortantes que encontraram. Em seu relatório para a Batavia, Nuijts reclamou que os japoneses saquearam seu escritório. E lhe levaram uma corrente de ouro, uma lamparina de prata, um saleiro, três pratos e dois conjuntos de facas e garfos.

Os navios japoneses deixaram Taiwan triunfantes, acompanhados do velho *Erasmus*, veterano holandês de inúmeras batalhas dos mares da China. Quando a bizarra frota chegou a Nagasaki, a tripulação do *Erasmus* imediatamente soltou os reféns japoneses, como combinado, mas os holandeses não tiveram a mesma sorte. Não apenas foram jogados em celas, como o navio que os trazia foi aprisionado, bem como sua tripulação. O *Erasmus* foi saqueado de tudo o que fosse possível tirar dele, seu mastro desmantelado e jogado em um estaleiro seco que era pouco mais do que um fosso. Ali foi deixado para apodrecer ou para ser vendido como sucata.[84] Nos meses seguintes, outros navios holandeses que chegavam ao Japão vindos do Sião e de Taiwan também foram aprisionados, e os efeitos decorrentes do incidente foram sentidos ainda por vários anos.

---

83. Os outros reféns eram Pieter Muyert, Joannes van der Hagen, Jan Hartman e Abraham de Mourcourt.
84. Mulder, *Hollanders in Hirado*, p. 170.

A experiência pode ter sido por demais constrangedora para Nuijts, mas também uma inspiração. Ele fez o melhor que pôde para amenizar o desastre nas cartas endereçadas aos seus conhecidos no Japão, Batavia e Holanda, e esperava, em vão, que não houvesse repercussão ou sindicâncias. Tendo testemunhado quanta pressão uma situação de seqüestro pode gerar na esfera diplomática, decidiu tentar por si próprio um outro método, e encontrou ajuda em uma fonte inteiramente inesperada.

Passando por cima de seu desafeto com Nicholas Iquan, Nuijts elogiou o antigo contrabandista em uma série de cartas e lhe prometeu que seu governo teria um caráter mais amigável do que aquele, hostil, de Witt. Depois que os navios da frota de Iquan e da de Nuijts receberam autorização para compartilhar um porto em Amoy, Iquan foi convidado a ir à casa de Nuijts, que então o prendeu. Iquan não foi liberado até concordar em assinar um tratado de três anos, pelo qual se incumbia de duplicar o acordo que o finado Xinsu tinha firmado com os holandeses. Isso, na prática, restaurava a situação do comércio nos estreitos às condições da época da morte do Capitão China — com os navios holandeses tendo permissão para navegar sem temer ataques de Iquan e com o consentimento dele em ser o ponto de contato dos europeus com o continente. Posteriormente, Iquan escreveu ao seu velho amigo Jacques Specx na Batavia, reclamando sobre o comportamento dos subordinados de Specx, ressaltando que "O governador, além disso... fez meu irmão refém". [85]

Entretanto, há mais nesse acontecimento do que os olhos podem ver. Como havia sido demonstrado anteriormente, Iquan não era um homem burro. O que poderia ter acontecido com ele, após as hostilidades declaradas nos mares da China, para fazê-lo entrar em um navio holandês e aceitar tal trato? A legitimidade arduamente conquistada aos olhos do continente estava agora ameaçada, pois ele se havia tornado efetivamente um agente duplo, negociando com os europeus aos quais deveria estar hostilizando. Além disso, seu próprio irmão tinha sido feito refém em Taiwan por Nuijts, no Forte Zeelandia, como medida de segurança para que o acordo fosse cumprido. Pelo menos esse era o ponto de vista de Iquan. Só que Nuijts demonstrou ser um carcereiro generoso, mantendo uma atitude marcantemente hospitaleira em relação a Hu - o Tigre. Hu era na verdade um prisioneiro só *proforma*, já que a breve captura de Iquan parecia ser, na idéia de Hu, um plano para o qual ele estava cooperando.

Uma carta enviada por Nuijts a seus chefes na Holanda revela um inesperado complô por trás de toda aquela cena: "Uma certa senhora que eu nunca encontrei (foi casada com o pai de Iquan) me pediu em várias cartas que eu adotasse seu filho mais novo... o que é bastante comum entre

---

85. Carta de Nicholas Iquan para Jacques Specx, citada em Blussé, '*Minnan-Jen or Cosmopolitan?*', p. 258 n.

os chineses".⁸⁶ Se dá para acreditar em Nuijts (e não haveria razão para ele mentir em uma carta que os chineses nunca leriam), a própria mãe de Iquan, leal às raízes comerciais de sua família Huang, tomara a iniciativa de trapacear para manter o rentável fluxo comercial dos holandeses dentro dos depósitos da família em Amoy. Agora seu filho estava coberto e a salvo com os holandeses em Taiwan, como filho adotivo do governador, enquanto o instável Iquan era forçado, por obrigações familiares, a manter relações amigáveis com os holandeses, pelo menos até 1631. As motivações da tal senhora podem não ter sido apenas financeiras — Iquan tinha-lhe causado muito desgosto na juventude e ela não seria a última esposa da família Zheng a guardar rancor dele. Hu - o Tigre era uma figura carismática e popular entre a tripulação de seus navios e ela poderia estar preparando o terreno para fazer dele o chefe dos negócios familiares.

Entretanto, em poucas semanas, a família de Iquan foi forçada a se juntar para lidar com uma nova ameaça. Iquan estava em terra, desempenhando suas funções como oficial do governo, em uma reunião com o governador de Fujian para discutir suas últimas realizações no trato com o problema da pirataria na região. Vários antigos lugares - tenentes do Capitão China foram trazidos para navegar, mas a reputação do próprio Iquan perante sua frota tinha sido abalada após o incidente de sua prisão. Um capitão chamado Li Kuiqi, um dos mais altos comandantes de Iquan, suspeitou que ele planejava entregá-lo às autoridades e desertou, fugindo com vários navios da frota de Iquan. Iquan foi abandonado na sua região natal de Anhai só com uma exígua frota de 50 navios de pesca e pouco mais de 100 pescadores com armas na mão para agirem como soldados.⁸⁷ Com eles, Iquan se lançou ao mar para enfrentar uma armada inimiga muito mais bem equipada e três vezes o seu tamanho.

Para surpresa dos observadores, Li Kuiqi fugiu dos barcos de pesca que se aproximavam. Iquan conseguiu ser tão ousado porque confiava em seus muitos parentes; Li Kuiqi pode ter assumido o comando, mas Iquan tinha dezenas de irmãos, cunhados e aliados dentro da sua frota. Ele sabia que poderia contar com todos no momento crucial e Li Kuiqi sabia disso também.

Para Li Kuiqi só havia uma alternativa. Juntou todos os parentes de Iquan e seus associados e os executou em um massacre na costa de Tongshan. Foi uma atitude desesperada mas, para muitos, um claro sinal de que o poder da família de Iquan tinha se esgotado.

Os chefes imperiais de Iquan no continente oficialmente não o reprovaram, mas esperaram para ver o que aconteceria em seguida. É muito provável que tivessem planejado oferecer a Li Kuiqi o mesmo posto de

---

86. Carta de Pieter Nuijts para Gentlemen XVII, 30 de setembro de 1631, citada em Blussé, *Minnan-Jen or Cosmopolian?*, p. 258 n.
87. Blussé, *Minnan-Jen or Cosmopolitan?*, pp. 258-9.

almirante que haviam dado a Iquan. Alguns registros holandeses do período afirmam que isso chegou a ser feito. Mas as forças governamentais foram sábias em esconder suas intenções, porque Iquan poderia revidar. No início, ele foi forçado a se retirar de Amoy, mas manteve sua força de pescadores e reforçou sua frota cobrando taxas altas para os transportes marítimos. A dissidência começou a crescer entre os oficiais de Li Kuiqi nos meses seguintes até que um deles se afastou de suas fileiras.

Iquan percebeu que havia encontrado um novo e secreto aliado dentro da frota de Li Kuiqi, um desagradável capitão cantonês que estava disposto a mudar rapidamente de lado no momento certo. Ele também pediu um favor a um velho amigo. Jacques Specx, que Iquan encontrara pela primeira vez uma década atrás no Japão, tinha-se dado bem. Em setembro de 1629, Specx já era o governador-geral de Batavia e o responsável por toda a atividade holandesa no Oriente. E ele era o velho companheiro de bebida de Iquan, um homem que teria grande prazer em reverter as decisões tomadas pelos seus antecessores.[88]

A breve administração de Specx em Batavia já havia mudado algumas coisas. As ordens de Coen foram canceladas, e o incompetente Pieter Nuijts foi mandado de volta para casa e substituído por um líder mais confiável em Taiwan. O reinado de Specx também pretendia reverter a política holandesa em relação a Iquan. O declarado antagonismo dos anos anteriores logo foi substituído pela amizade e alguns navios holandeses foram enviados para dar apoio a Iquan nos seus confrontos com Li Kuiqi.[89]

---

88. O ex-governador-geral, Jan Pieterzoon Coen, tinha um temperamento colérico e sucumbiu a um ataque cardíaco no dia em que a frota de Specx surgiu no horizonte. Para Coen, isso foi um ato de misericórdia, porque não havia como prever o que Specx lhe teria feito, se estivesse vivo quando ele chegasse. Enquanto Specx estava fora, sua filha Sara permaneceu na Batavia, pois, como era meio japonesa, não podia entrar na Europa. Morando com Coen e trabalhando como uma criada para sua esposa, Sara, que tinha então 12 anos, supostamente levou seu amante de 15 anos para o seu quarto na casa do governador, o que o deixou irritado a ponto de mandar matar o garoto de 15 anos e chicotear Sara em frente à prefeitura. A condução do incidente fez com que o vingativo Specx desse ordem para excluir três conselheiros de receberem o sacramento. Embora relatos afirmem que o amante de Sara, Pieter, subornou os escravos para deixarem-no ir até o quarto dela, Sara foi acusada e menosprezada pela sociedade da Batavia. Deixada para trás como todas as crianças euro-asiáticas, quando seu pai voltou para a Holanda definitivamente, ela acabou dando um jeito de fugir. Ver capítulo IV. Também Taylor, *The Social World of Batavia*, p. 21; Dash, *Batavia's Graveyard*, p. 174; Blussé, em *Strange Company*, p.161, descreve o garoto com a idade de 17 anos.
89. Specx não era totalmente a favor de Iquan, mas preferia ficar com o demônio que conhecia. Se tivesse ficado em Batavia, teriam provavelmente continuado como velhos amigos, por causa da posição incerta de Iquan e da continuidade e manutenção de sua mentalidade de ladrão, que acabaria pondo tudo a perder. Carta de Jacques Specx para Hans Putmans, citada em Blussé *The VOC as Sorcerer's Apprentice*, p. 101. Ver também Blussé, *Strange Company*, pp. 60-1.

Um longo ano de acordos, espionagem e desespero passou, até que finalmente Iquan ficou pronto, em fevereiro de 1630. O almirante direcionou sua frota de barcos pesqueiros apoiada pelos navios de guerra holandeses armados de canhões para enfrentar uma longa formação de navios da frota de Li Kuiqi liderada por seus aliados cantoneses. Foi mais do que suficiente para destruir Li Kuiqi e Iquan voltar a ser mais uma vez o Senhor dos Mares.

Os chineses, em terra, apressaram-se em agradecer a seu almirante, assegurando que nunca duvidaram dele nem por um momento. Parabenizaram-no por finalmente lidar com os piratas e orgulhosamente anunciaram que ele seria promovido. O entusiasmo inicial logo arrefeceu quando a família de Iquan percebeu o que havia acontecido. O almirante de patrulha estava sendo mandado para o interior, longe de sua base de poder, para lidar com uma revolta nas montanhas. [90]

Iquan esperava que essa sua incursão ao interior fosse breve. Relutou em deixar suas operações marítimas sob o controle de sua mãe e de seus irmãos mais novos e mandou um parente à Batavia para entregar uma carta a Jacques Specx. Nela, Iquan pedia ao velho amigo para não se indispor com sua família e expressava suas sinceras esperanças de que ela não agiria de forma a colocar em risco a recém-formada aliança com os holandeses e chineses.[91] Entretanto, a administração de Specx durou apenas o tempo necessário para ajudar Iquan a lidar com Kuiqi. Quando a carta de Iquan chegou a Batavia, Specx já estava fazendo as malas para voltar para casa, e seu sucessor não seria tão complacente.

---

90. Cartas remanescentes de um proeminente governador relatam sua concordância com a idéia de que somente a família de Iquan seria capaz de conduzir as operações militares. Ver Blussé, *Minnan-Jan or Cosmopolitan?*, p. 261.
91. *Idem*, p. 260.

CAPÍTULO 4

O Herdeiro de Anhai

Embora poucos chineses soubessem ou se importassem, havia problemas em ebulição no Japão. O *shogun* Iemitsu, que apenas formalmente assumira o poder em 1623, estava finalmente começando a exercê-lo porque seu pai, Hidetada, envelheceu e "aposentou-se". O Cristianismo continuava sob pressão, e relatos de martírios e golpes contra a religião eram cada vez mais numerosos. Também eram freqüentes as rebeliões e os protestos de camponeses com a presença de cristãos entre os queixosos, o que contribuía para alimentar os debates sobre os riscos advindos do mundo exterior. O Japão estava aos poucos se isolando; as licenças de navegação eram cada vez mais difíceis de obter, e os estrangeiros, encarados com crescente suspeita. Para os holandeses em Hirado, os tempos eram difíceis já que seus navios e propriedades estavam ainda comprometidos, como conseqüência do problema ocorrido com Pieter Nuijts em 1628. O velho e bom *Erasmus* era agora uma carcaça abandonada ao lado de outros refugos de guerra ancorados na baía, sem mastros nem tripulação. Os reféns feitos por Hamada Yahei estavam ainda presos. Alguns deles, incluindo Lourent, o filho de Nuijts, já haviam morrido de disenteria e abandono. O chefe do comércio holandês, Cornelis van Nijenroode, era um homem despedaçado. Na juventude fora um capitão elegante, cheio de si, e tinha acompanhado Reijersen em sua frustrada tentativa de tomar Macau — "ele preferia seguir suas próprias idéias e não era muito dado a rezar".[92] Tinha virado um alcoólatra inveterado, apostando, como muitos outros holandeses em Hirado, que em um golpe de sorte receberiam os pagamentos atrasados quando as restrições japonesas fossem finalmente suspensas — estratagema diplomático teoricamente conseguido pelos representantes de Jacques Specx.

Uma das decisões mais críticas da curta administração de Specx foi dar aos japoneses o que eles queriam: Pieter Nuijts. O infeliz ex-governador

---

92. Mulder, *Hollanders in Hirado*, p. 214 n.

foi despachado para o Japão para aguardar julgamento do *shogun*. Os japoneses, talvez conhecendo bem o ponto fraco de Nuijts, deixaram-no esperando por muitos anos e o enviaram de volta sem nem ao menos lhe conceder a oportunidade de ir a julgamento. A volta dele propiciou um degelo no relacionamento entre os dois povos, e os holandeses conseguiram, mais uma vez, tocar seus negócios no Japão, embora sob crescentes e obstinadas restrições que os tolheram durante todo o ano de 1630.

As secas e a miséria que tinham penalizado a China estavam refletindo no Japão. A vida em Hirado ficava cada vez mais difícil, principalmente para uma mãe solteira como a senhorita Tagawa. A antiga amante de Iquan parece ter finalmente desistido de esperar; em 1629, deu à luz um segundo filho, Shichizaemon.[93] Embora muitas fontes digam que Iquan era o pai, isso é improvável. Todas as evidências sugerem que a senhorita Tagawa encontrou um novo homem mais perto de casa.

Foi nessa época conturbada que o irmão de Iquan, Yan - a Andorinha, chegou ao Japão em um navio comercial de Zheng, trazendo uma carta.[94] A senhorita Tagawa, que ainda amamentava seu novo filho, recebeu-o educadamente. Na carta, Iquan lhe contava sobre os seus muitos sucessos, sua nomeação imperial e sobre a grande riqueza amealhada pela sua família. Era de conhecimento geral, e não sem justificativa, que Iquan era o homem mais rico da China. Sua riqueza excedia a de muitos reinos e comentava-se que ele se auto-identificava como o rei da região de Fujian. Os chineses continuavam a chamá-lo de Senhor dos Estreitos e, lógico, de Senhor dos Mares. Como prova de seu sucesso, Iquan mandou, junto à carta, um retrato de sua nova casa, um grande palácio em Anhai, perto de Amoy. A espera tinha finalmente terminado; Iquan queria que a senhorita Tagawa deixasse o Japão e fosse para a China.[95]

Mas ela possuía, agora, um novo filho sob sua responsabilidade e possivelmente seu pai; então, educadamente, recusou o convite. Pode não ter aceito também porque isso implicaria viajar para uma terra distante apenas para ocupar um papel secundário em relação à senhora Yan, a principal esposa de Iquan.

Uma segunda carta chegou logo depois, trazida por outro irmão de Iquan, E - a Águia-Pescadora. Esta parece tê-la persuadido com o argumento de que, embora não houvesse lugar para si em Anhai, a oportunidade

---

93. Algumas fontes japonesas afirmam que Shichizaemon era filho de Iquan, incluindo uma obra que parece ter sido escrita com a cooperação de seus descendentes atuais. Ver Terao, *Tei Seiko*, p. 269. Comparada com a facilidade com que fontes chinesas afirmam que a senhora Tagawa era descendente de chineses, ambos os países parecem dispostos a afirmar que Coxinga era seu cidadão.
94. *TW*, pp. 38-9.
95. Ver Ming e Zheng, *Zheng Chenggong Gushi Chuanshuo* [Stories Told About *Zheng Chenggung*], pp. 16-19; Foccardi, *Last Warrior*, p. 16.

era boa demais para ignorar, no que dizia respeito ao seu filho mais velho. Quando o primeiro navio de Iquan zarpou de Hirado, a senhorita Tagawa embarcou nele o filho de 7 anos, Coxinga, e o enviou para viver com o pai.

Os dez dias de viagem foram traumáticos para Coxinga, que realmente amava o meio-irmão a ponto de lhe escrever cartas amorosas pelo resto de sua vida. A separação da mãe também foi um grande trauma para o menino. Como registra o *Historical Novel* "todas as noites ele olhava para o leste, onde vivia a mãe, escondendo as lágrimas".[96]

Quando se despediu da mãe, foi a última vez que foi chamado pelo nome japonês de Pinheiro da Sorte. Ao desembarcar na China, foi abraçado pelo pai e chamado por um nome que ele nunca soubera ter: *Sen*, ou *Floresta*. Seu pai comentou que o filho estava tão crescido como uma Grande Árvore, e o apelido pegou.[97] Coxinga foi apresentado a um grande número de meios-irmãos mais jovens, cuja existência ele também ignorava; Iquan já tinha, a essa altura, vários filhos com a esposa chinesa. Mais impressionante ainda para o garoto que sentia saudades de casa foi a visão de Anhai, um luxuoso castelo atrás de uma muralha com quase três milhas de circunferência. Do lado de dentro havia um lindo jardim, cheio de fontes e lagos de peixes, alguns pavilhões e casas de chá decorados com artefatos de caligrafia, jade e ouro. Os jardins também tinham um pequeno zoológico, onde Iquan e sua família podiam admirar criaturas exóticas; uma razão óbvia para explicar os apelidos encontrados entre os jovens irmãos de Iquan. Coxinga deixou uma casa modesta no Japão, para chegar a um palácio.

Tinha um novo lar, novos irmãos, e também uma nova mãe — foi entregue aos cuidados de uma parente da esposa chinesa de Iquan. Permaneceria em Anhai até completar 15 anos, período de sua formação durante o qual ele viu a família participar de várias batalhas. Pouco depois de Coxinga chegar, Iquan recebeu a incumbência de viajar para o interior do país, até as montanhas, para sufocar, em nome do imperador, uma revolta de camponeses. O pai de Coxinga podia estar ausente, mas o garoto ficou cercado por tios que lhe contavam histórias de grandes lutas no mar, e asseguravam ao recém-chegado que o pai estava fora por conta de importantes negócios imperiais.

Coxinga nunca encarou o pai como pirata ou contrabandista. Ele o via como um almirante leal à dinastia Ming, dono de um extenso domínio e um diligente general disposto a lutar contra os inimigos do Trono do Dragão. Era também um astuto homem de negócios. Iquan cobrava uma taxa de 40 por cento sobre as cargas que carregava em sua frota e extorquia dinheiro

---

96. *TW*, p. 39.
97. *Idem*. Hummel, *Eminent Chinese of the Ch'ing Period (1644 — 1912)*, p. 108, afirma que Árvore Grande era um apelido concedido a Coxinga por seu tutor Qian Qianyi em Nanjing (Ver capítulo V), mas não vejo razão para que não possam ser ambos.

em troca de proteção para todos os navios da região. A única maneira de evitar o ataque dos piratas era navegar sob a bandeira da família Zheng, um artigo disponível para venda, pelos representantes de Iquan, pelo preço de três mil peças de ouro. Os cofres de Iquan não paravam de engordar. Em certa época, todo e qualquer navio que navegava no sul da China aparentemente fazia parte da esquadra de Iquan, já que tinha a bandeira Zheng ("Séria") tremulando no topo dos mastros.[98] Os negócios estavam ótimos, levando um observador europeu a comentar: "A diferença entre a fase anterior nos mares e a de agora é uma só: atualmente ele rouba com a bandeira do rei".[99]

A família de Coxinga também podia apontar para os navios holandeses, permanentemente parados ao largo da baía de Anhai, e lhe contar sobre o relacionamento problemático mas produtivo de seu pai com os bárbaros de cabelos vermelhos que vieram de terras distantes. Quando o menino chegou pela primeira vez a Anhai, foi-lhe dito que os holandeses eram grandes aliados de sua família. Haviam prometido dar suporte a Iquan, e promessas eram muito importantes para um garoto de 7 anos.

Coxinga cresceu ouvindo histórias da lealdade de seu pai ao imperador dos Elevados Presságios e sobre o valor de uma boa educação e criação. Como filho primogênito do homem mais rico da China, estava fadado à grandeza. Iquan ainda não tinha completado 30 anos, mas já vivera muito. Por fim tinha dado valor ao longo sofrimento do pai, Shaozu, na tentativa de melhorar a situação dos filhos e tentou compensar sua obstinada recusa em seguir os conselhos paternos, comprando qualificações acadêmicas e altos postos para seus irmãos — Hu - o Tigre, em particular, conseguiu notável e meteórica ascensão. Mas o dinheiro não pode comprar classe e era isso o que Iquan esperava dar a seu filho mais velho.

Enquanto isso, os holandeses criavam um novo plano para tentar controlar a região. O recém-nomeado governador de Taiwan, Hans Putmans, tinha herdado uma ilha de rudes e rabugentos nativos e uma tênue aliança com a família de Iquan. Ficou surpreso ao ter de negociar não com Iquan, que estava no interior do país, reprimindo os rebeldes, mas com sua mãe e seus irmãos mais velhos.

Ao contrário de Pieter Nuijts, Putmans tentou aprender um pouco sobre a situação da região antes de aportar por lá. Em função disso, a ele ficou evidente que não devia confiar na amizade de Iquan; até porque Iquan representava a última linhagem dos oportunistas que remetiam ao legendário Capitão China. Mesmo assim, Putmans ficou impressionado com a carreira

---

98. Kessler, *The Maritime Laws and Their Effect on Sino-Western Relations During the Early Ch'ing Period: 1656 — 1684*, p. 14.
99. Palafox, *History of the Conquest of China*, p. 73.

de Iquan — de criado a pirata, depois a corsário e almirante. Pesquisando nos livros e nos relatórios dos últimos anos, Putmans criou um novo plano de atuação.

Já era do conhecimento geral que os holandeses vinham, há tempos, ambicionando um porto próprio no litoral da China. Os veteranos ainda se lembravam do desastroso ataque de 1622 contra a Macau portuguesa que indiretamente resultou na presença holandesa em Taiwan. Mas já há muito tempo ninguém na Companhia Holandesa das Índias Ocidentais se perguntava como os portugueses tinham conseguido instalar-se na China e os holandeses não. Os portugueses ganharam a terra dos chineses, acreditava Putmans *por terem limpado o delta do rio das Pérolas dos piratas*. A resposta ao problema holandês, no entender de Putmans, não estava em brigar com os chineses, mas em esperar até que o problema da pirataria em Fujian chegasse a um ponto tal que seria impossível os chineses lidarem sozinhos com a situação. Aí, então, os holandeses se ofereceriam para ajudar, na condição de que pudessem ter a seu dispor um pequeno porto em Macau.

Jacques Specx, antes havia pensado em tudo isso, diplomaticamente tentou dissuadir Putmans dessa idéia por conter muitos aspectos críticos. Um deles, o qual Putmans nunca quis admitir, é que havia considerável diferença entre uma área relativamente pequena de um delta de rio e as milhares de milhas da costa de Fujian que Putmans estava propondo patrulhar. Mais importante ainda, Putmans estaria oferecendo-se para limpar uma infestação de piratas que na verdade não mais existia: Iquan já havia pacificado a região.

Mas Putmans já havia pensado em uma alternativa para isso. Se não havia um problema de pirataria nas costas de Fujian, então os holandeses podiam criar um. Ele até havia calculado o quanto seria o ganho médio de um pirata de Fujian durante um ano de pilhagens, e propôs que a Companhia das Índias Ocidentais contratasse um grupo deles, tanto para encenar um ataque quanto para fazer o resgate sob bandeira holandesa. Embora soasse como uma arrematada bobagem no papel, não fora isso, em última análise, que Iquan fizera antes? Não tinham os chineses terminado com os problemas da pirataria pegando o melhor dos piratas e fazendo dele um almirante?

Se Specx tivesse ficado no Oriente, as coisas poderiam ser diferentes, mas Putmans urdiu seus planos durante a transição de governadores na Batavia. Quando o sucessor de Specx, Hendrick Brouwer assumiu, Putmans já havia bloqueado Amoy. A delicada paz tinha sido quebrada e o alimento tão necessário não chegou à cidade, forçando seus habitantes mais uma vez a passarem fome ou debandarem para a pirataria. Enquanto isso, Putmans zarpou para a Batavia a fim de apresentar sua sugestão a Brouwer, que era mais persuasível do que Specx.

Pode parecer que os holandeses demonstrassem uma espetacular falta de habilidade para aprender com seus erros durante esse período, mas, para cada veterano como Specx, havia muitos outros oficiais novatos nos navios da Holanda ou trabalhando como aprendizes nas Ilhas Spice. A política holandesa de forçar acordos comerciais funcionara bem em numerosos reinos pequenos do sudeste asiático, de modo que a cada mudança administrativa surgia um novo chefe que se recusava a admitir que a China não poderia ser tratada da mesma forma.

Com o litoral de Fujian mais uma vez imerso no caos, Putmans encontrou um aliado ideal. Seu nome era Liu Xiang, antigo sócio de Iquan, que ficou muito satisfeito em usar a ajuda holandesa nos seus achaques ao longo da costa. Putmans ficou então à espera da carta do governo chinês pedindo-lhe para interceder e salvar a situação.

Mas seu esquema falhou quando, em vez de implorar pelo auxílio dos europeus, os chineses chamaram de volta seu almirante. Com todos os problemas a enfrentar na China e uma base poderosa ameaçada no litoral, Iquan poderia nunca mais ter visto o mar de novo se não fosse pelas trapalhadas dos holandeses e de seus piratas aliados. Em vez de subir de posto como oficial de terra, Iquan foi mandado de volta à sua armada.

Chegou e encontrou os holandeses lutando abertamente com os chineses. No dia 13 de julho de 1633, uma frota pesadamente armada de 12 navios holandeses entrou na baía de Armoy e atacou um esquadrão de naus chinesas, algumas das quais tinham atracado para limpar seus cascos das cracas. O próprio Putmans estava no comando e jubilosamente relatou haver aniquilado os navios de Iquan. Iquan respondeu com uma carta zombando da covardia dos holandeses e sugerindo que não havia nenhum mérito ou honra em tomar uma frota inimiga despreparada.

Putmans ignorou as observações de Iquan e enviou uma série de cartas às autoridades e oficiais militares chineses, apresentando sua generosa oferta. Dizia que lidaria com o resto dos piratas da mesma forma como lidara com o assim-chamado Senhor dos Mares, se os chineses concordassem em atender aos seus pedidos.[100] Como bônus extra oferecia canhões, armas e soldados para ajudar a dinastia Ming a se defender dos manchus que pressionavam as fronteiras do norte. Para alegria de Putmans, várias cartas chegaram enaltecendo a impressionante capacidade naval dos holandeses e anunciando disposição de negociar. Vendo nisso a chance que precisava, Putmans apresentou seus planos para resolver o problema da pirataria na região de uma vez por todas e incluiu o restante das desacreditadas forças de Iquan na sua lista de inimigos. Tudo o que pedia em troca era um porto na costa onde os holandeses pudessem começar um comércio pacífico com seus amigos chineses.

Agosto passou, entrou setembro e o plano de Putmans pareceu estar funcionando bem. As costas da China foram assoladas por poderosos tufões,

---

100. Blussé, *The VOC as Sorcerer's Apprentice*, p. 102. Também Goddard, *Makers of Taiwan*, p. 13.

o que enfraqueceu sua armada, e relatórios indicam que também os navios de Iquan foram afetados. Mais cartas chegaram de importantes oficiais governamentais chineses, reconhecendo a contragosto que Putmans era a melhor escolha para limpar a região e pedindo a ele que detalhasse mais os seus planos.

Com a chegada do outono, Putmans percebeu o que realmente acontecera. Passara todo o verão em uma troca frenética de correspondência com o próprio Iquan, que havia ditado todas as cartas e assinado cada uma delas com o nome de falsos oficiais e utilizado selos de mentira. Foi assim que o Senhor dos Mares pôde ler, com grande interesse, todos os detalhes dos planos, idéias e estratégias de Putmans. Nem uma única carta de Putmans havia chegado a alguma autoridade chinesa; se isso aconteceu, foi simplesmente passada para as mãos de Iquan por seus assessores, que prefeririam seu almirante a um grupo de estrangeiros chantagistas.

Para o jovem Coxinga, testemunhar essas artimanhas que eram comentadas nos palácios e jardins de Anhai deve ter sido uma experiência interessante. Traído pelos bárbaros estrangeiros, seu pai tinha evitado qualquer retaliação por quase dois meses, preferindo, em vez disso, permanecer com a família em Anhai e humilhar seus inimigos pelo correio, até que a natureza fizesse sua parte. Os navios holandeses que bloqueavam o porto de Amoy e permaneceram ancorados durante o alto verão tiveram suas tripulações dizimadas por doenças. Em 6 de outubro, lançados temporariamente ao mar para evitar a ação de um tufão, nem bem passaram a arrebentação e lançaram âncoras para em seguida colidir com os rochedos próximos. Dos 12 navios, sobraram apenas oito.

Depois que o verão passou e os mares do outono ficando tempestuosos, Iquan escreveu outra carta a Putmans e, dessa vez, a assinou com o próprio nome. Pronto a chutar um homem quando ele está nas alturas, Iquan espezinhou as presunções de Putmans perguntando: "Como um cão pode ser penalizado por deitar a cabeça no travesseiro do imperador?" Por fim, lançou um desafio direto a Putmans chamando-o para um confronto entre suas frotas em Amoy. Iquan pretendia manter a luta perto da praia, não apenas para que sua família pudesse assistir aos embates de sua fortaleza em Anhai, mas também para demonstrar aos oficiais de terra quem era o verdadeiro Senhor dos Mares. Como Iquan colocou, Putmans deveria chegar bem perto da praia "de modo que a luta acontecesse à vista dos altos oficiais porque, se a batalha fosse levada para alto-mar, os oficiais não estariam presentes, de modo que o resultado dela (a vitória) não seria testemunhado por ninguém.[101] Em outras palavras, se Putmans achava que tinha o que alegava, então que mostrasse.

---

101. Carta de Nicholas Iquan para Hans Putmans, de 19 de outubro de 1633, citada no Blussé, *The VOC as Sorcere's Apprentice*, p. 102.

Naquela noite, em seu diário, Putmans insultou os chineses como sendo de "uma nação pérfida e sodomita" e implorou a Deus que lhe desse a vitória sobre eles de uma vez por todas. Considerava que seus homens tinham um poder de fogo superior e sabiam usar melhor os canhões. Se Iquan fosse encontrá-lo no mar, acreditava poder dar-lhe uma lição. Putmans precisava de toda a ajuda possível, mas havia, sem saber, desprezado um aliado em potencial. Ironicamente, uma das cartas que lhe tinham chegado em setembro era verdadeira. Veio do Japão, e fora escrita por Augustin, o filho desertado do Capitão China. Por causa dos freqüentes embates entre cristãos e estrangeiros no Japão, o temente a Deus Augustin estava preparando-se para deixar seu lar adotivo e voltar para a China. Considerava aquele o momento ideal para reencontrar sua terra natal e escreveu a Putmans contando, com um certo amargor, mas com atraso, como Iquan tinha tomado o controle das organizações do Capitão China:

> *Quando Sua Excelência, Martin Sonk, era governador, meu pai ajudou os holandeses a mudarem seu forte de Pescadores para Taiwan e convidou os chineses para virem fazer negócios ali... Iquan, que serviu de intérprete para a Companhia, sabia disso e, ladinamente, contra a vontade de meu pai, tomou dinheiro de todos os comerciantes que chegaram... e se degradou à condição de ladrão... Toda vez que penso nisso, sinto uma grande melancolia e em vez de desafiar Iquan, queimar seus navios e matá-lo, juntei vários navios e contratei homens para fazê-lo.*[102]

As reclamações de Augustin eram verdadeiras, bem como seu desejo de matar Iquan. Ele implorou pela ajuda de Putmans mas este lhe respondeu com uma carta neutra, descompromissada. Pode ser que, àquela altura, Putmans tenha achado que a carta de Augustin era outra das armações de Iquan. Se Putmans tivesse aproveitado a oportunidade de juntar forças com ele, teria se transformado em uma perigosa ameaça a Iquan, mas, como estava, Putmans foi enfrentar o Senhor dos Mares em condições desfavoráveis.

Quase três meses depois de deflagrar sua hostilidade abertamente a Iquan, Putmans o enfrentou em uma batalha na baía de Liao-luo, ao sul da ilha de Quemoy. A entediada tripulação dos oito navios holandeses viu, assustada, 150 embarcações chinesas se aproximando, muitas delas sem tripulação, e em chamas. A baía ardia em fogo, enquanto os navios de guerra de Iquan se aproximavam dos holandeses. Em águas rasas e com navios volumosos demais para manobrar, os holandeses tentaram freneticamente

---

102. Carta de Augustin Li Da-she para Hans Putmans, 14 de setembro de 1633. Citada em Iwao, '*Li Tan*', p. 81.

escapar do perigo, mas tinham muitos contra eles. Primeiro um, depois um segundo navio holandês pegou fogo. Quando a frota tentou fugir na direção de Taiwan, um terceiro navio foi perdido. Provavelmente fez água por força de algum estrago. Os holandeses chegaram esgotados ao Estreito de Taiwan onde, ainda por cima, foram surpreendidos por um terrível furacão. Iquan retornou a Anhai e disse ao adorado filho que a deusa dos mares lutara pessoalmente ao lado de sua família.

Após a excitação da batalha com os holandeses, a vida voltou ao seu ritmo normal em Anhai. Iquan, entretanto, não foi para o interior do país, ficou para supervisionar a expulsão dos inimigos restantes: Liu Xiang ainda estava à solta, e Augustin, o filho do Capitão China tinha finalmente chegado, sem o suporte holandês que pedira. No início, Iquan tentou negociar com Liu Xiang, enviando vários de seus irmãos para firmarem um tratado com ele. Liu Xiang, inicialmente, demonstrou interesse em conversar, mas ordenou a seus homens que abrissem fogo quando seus navios se aproximassem. Na batalha que se seguiu, tanto Hu - o Tigre quanto Hu - o Cisne foram mortos.[103] Bao - a Pantera e Biao - o Filhote de Tigre perderam seus navios mas escaparam com vida.

Para o filho de Iquan, o jovem Coxinga, essa foi a primeira vez que ele testemunhou um trágico revés familiar. Na fortaleza em Anhai, um irado Iquan jurou vingança e ordenou que toda a sua frota atacasse. As centenas de navios cercaram Liu Xiang perto de Cantão. Os guerreiros da família de Iquan mataram todos os seguidores de Liu Xiang e todos os membros de suas famílias.

O próprio Liu Xiang suicidou-se dentro de seu navio, para não ter de enfrentar a ira de Iquan. Algum tempo depois, o filho do Capitão China, Augustin, foi também derrotado. A região fora pacificada mais uma vez, e Coxinga conheceu um lado de seu pai que desconhecia.

Nos jardins de Anhai, o garoto terminava seus estudos, o que incluía estudo dos clássicos de Confúcio, leitura de histórias antigas como *Anais da Primavera e Outono* e lições práticas para um filho de almirante. O tio favorito de Coxinga parece ter sido Feng - a Fênix, designado como seu tutor para as artes marciais. Não apenas Feng, mas outros companheiros de lutas registram que o menino era um excelente espadachim e excepcionalmente corajoso. Era o que qualquer pai militar orgulhoso desejaria ouvir, claro, mas tudo isso deve ter tido uma ponta de verdade. Coxinga possuía alguma experiência nisso, porque sua mãe o levara para praticar artes marciais no Japão. É difícil imaginar que experiência um garoto de 5 ou 6 anos de idade pode ter adquirido, mas não era raro que crianças japonesas praticassem artes marciais desde bem pequenas. O instrutor japonês de Coxinga

---

103. *TW*, p. 42. Terao, *Tei Seiko*, p. 200 discorda, afirmando que Hu - o Tigre, e Zheng Tai são a mesma pessoa.

talvez tenha qualificado o menino como um esperto aprendiz e um "pequeno guerreiro" regular.[104]

As artes da esgrima eram um componente vital na educação do jovem, não apenas por serem prática na qual um garoto de alta linhagem deveria exercitar, mas também por ser um método de autodefesa. Iquan tinha muitos inimigos entre os holandeses, chineses e japoneses, e a China estava recém-saída de um período de secas e fome. Como filho e herdeiro do homem mais rico do país, Coxinga era uma presa valiosa para seqüestradores e por isso era protegido pela guarda pessoal de Iquan, a Guarda Negra. Quando o garoto perguntou ao pai onde tinha encontrado guerreiros tão valentes, Iquan respondeu que tinham vindo do "além-mar".[105]

A experiência ensinara Iquan a não confiar em ninguém; embora nunca tenha sabido, sua própria mãe conspirou contra ele junto a Pieter Nuijts, de modo que sua paranóia era plenamente justificada. Seus sócios chineses eram antigos piratas cuja lealdade era duvidosa, sua família estava sempre disposta a tirar proveito do que pudesse e ele há muito tempo já sabia que não podia confiar nos bárbaros da Europa. Conseqüentemente, recrutou a Guarda Negra em um lugar que não tinha contato com nenhum outro país ou associados: África.

A Guarda Negra, composta por aproximadamente 500 africanos fortes,[106] era formada por antigos escravos a serviço dos portugueses, agora homens livres. Iquan os comprara em Macau e os transformara em uma espécie de exército pessoal. Talvez alguns deles estivessem entre os escravos que lutaram tão bravamente para defender Macau contra os holandeses em 1622, libertados depois da luta só para se descobrirem a milhares de milhas de casa, sem esperança de voltar. Outros podem ter escapado de prestar serviços aos holandeses, embora fontes chinesas afirmem que Iquan os comprou em Macau e então os libertou. Como muitos desses negros não sabiam falar outro idioma além do português, a Guarda Negra era a unidade mais confiável de Iquan, "e ele confiava mais neles do que nos chineses e sempre os mantinha por perto".[107] Sua mera aparição impunha medo aos seus inimigos e correram rumores de que até

---

104. Lin, Zheng Chenggong, pp. 21-5. Tearo, o autor de *Tei Seikoô*, provavelmente usando fontes japonesas, conta uma história parecida e do mesmo modo diz que o tutor era um tal de Hanafusa, acrescentando que ele era professor de Nito-ryu (Duas Espadas), uma técnica popularizada por Miyamoto Musashi, um residente local, e que Coxinga, então com 6 anos, foi um de seus pupilos mais novos, pp. 15-16.
105. Foccardi, *Last Warrior*, p. 23.
106. Ming e Zheng, *Zheng Chenggong Gushi Chuanshuo*, pp. 214-15. Palafox, *History of the Conquest of China*, p.148, afirma que mais de 200 deles se juntaram aos manchus após a deserção de Iquan.
107. Palafox, *History of the Conquest of China*, p. 148.

demônios faziam parte das forças de Iquan em Anhai: gigantes negros com estranhos cabelos encaracolados, cujas figuras imponentes eram ainda mais enaltecidas por grossas armaduras usadas sob as pomposas vestes de seda. Felizmente, a Guarda Negra não podia ouvir essas histórias porque seus membros eram todos católicos devotos, cujo grito de guerra era *Santiago,* em homenagem a seu padrinho São Tiago.[108]

Coxinga estudava e treinava nos jardins de Anhai sob as vistas da Guarda Negra, enquanto seu pai desempenhava seu papel de Senhor dos Mares. Iquan escreveu ao humilhado Putmans em Taiwan e o informou que os negócios com o continente poderiam ser feitos nos termos que ele próprio, Iquan, definiria. Punido, mas aliviado, Putmans ordenou que o remanescente de suas forças retrocedesse e foi forçado a ver os navios comerciais de Iquan encherem o porto em frente a Zeelandia. Nos meses seguintes, Zeelandia virou uma colméia de atividade, abarrotada de navios chineses que partiam para Fujian e para o Japão, restaurando um desconfortável comércio com o qual os holandeses sem dúvida lucraram, mas não tanto quanto desejariam.

Por um tempo, eles desistiram da China e concentraram-se em fazer negócios em outros lugares. Como parte das condições que Iquan os obrigara a aceitar estava o embarque dos muitos migrantes chineses que queriam sair de Fujian. Ele sempre tinha voluntários desejosos de escapar das secas, da miséria e das revoltas no continente. Muitos já sabiam que piorara a situação na fronteira norte, onde o imperador dos Altos Presságios enfrentava crises financeiras e exércitos rebeldes sempre em maior número. E, lógico, havia ainda os manchus no outro lado da Grande Muralha, ameaça constante às colônias chinesas do norte desprotegidas pela longa construção. Em 1636, um exército manchu invadiu a Coréia e subjugou a dinastia Yi, que antes resistira aos japoneses. Muitos suspeitaram que a China dos Ming seria o próximo alvo e pagavam o que podiam para Iquan embarcá-los em um navio que fosse para Taiwan, como carga humana, para recomeçar a vida por lá.

Acreditando agora que Iquan era capaz de qualquer coisa, Putmans suspeitou que um novo plano estava em desdobramento — embora Iquan possa jamais ter ouvido uma declaração oficial, os holandeses deflagraram contra ele uma guerra de ideologia e crença. A comunidade holandesa de Forte Zeelandia considerava seus domínios imediatos relativamente a salvo de confusão, habitado por nativos seminus empunhando suas lanças e usando vestimentas de penas, os quais, segundo acreditavam, podiam ser comprados com umas poucas contas de colar. Os nativos, entretanto, estavam ficando inquietos. Testemunhas da riqueza de muitos comerciantes chineses, alguns taiwaneses não resistiam à tentação de atacar os sobreviventes

---

108. Michener e Day, *Rascals in Paradise*, p. 74.

dos navios naufragados na costa e furtar suas cargas. Outros lamentavam a vinda de estrangeiros, já que epidemias de varíola grassaram pelas aldeias.[109] Assim, de visitantes benevolentes que traziam Cristo e roupas, os holandeses passaram a ser uma força a temer na ilha. Um líder nativo local chegou a ameaçar esse povo: "Vocês, malfeitores, cessem com suas maldades; caso contrário teremos de aprisioná-los, amarrá-los e mandá-los de volta para a Holanda".[110] Os chineses também eram vistos como estrangeiros indesejados e os holandeses eram obrigados a pedir ajuda a eles nas disputas com as aldeias hostis, particularmente no interior de Taiwan, onde os chineses estavam convencidos de que havia ouro.

À medida que a harmonia entre os chineses e os nativos começou a periclitar, Putmans passou a desenvolver novo interesse em promover o Cristianismo e a lealdade aos holandeses entre a população local. As forças enviadas para apaziguar os distúrbios foram acompanhadas do reverendo Robertus Junius, que fez o possível para apresentar os europeus como homens bondosos, trazendo uma religião benéfica. Esboçou um acordo com os nativos, embora poucos deles conhecessem seu conteúdo completo. Seu primeiro artigo garantia aos holandeses a soberania por toda a ilha, mas isso era freqüentemente omitido nas leituras públicas, por medo de que "pudesse mais tarde ser interpretado por algum chinês maldoso e disseminar irritação generalizada contra nós".[111]

Da parte dos chineses, ele recebeu a concordância de não se indisporem com os nativos, nem lhes dar ajuda em qualquer projeto contra o Forte Zeelandia ou seus ocupantes. Dos nativos obteve a promessa de não cortarem mais as cabeças dos marinheiros de nenhum navio encalhado que encontrassem e também devolver todo o ouro roubado. Era um começo, ao menos, e os missionários se lançaram então ao trabalho de converter os ilhéus, convencendo-os dos benefícios do Cristianismo.

O mais fervoroso soldado de Cristo de Putmans era George Candidius, ministro cujo zelo religioso era tão grande que resultara em uma punição a ele na Batavia. Candidius tinha um caráter complexo, que tinha sido impelido para o Oriente após deixar um posto anterior em condições nebulosas. Sua oposição aos homens da companhia holandesa, que viviam com concubinas nativas nas Moluccas, tinha sido impopular, mas sua irrestrita adesão às leis religiosas lhe garantia um contrafeito respeito por onde passasse.

---

109. Carta do rev. Robertus Junius para Hans Putmans, 24 de janeiro de 1636, em Blussé e Everts, *The Formosan Encounter — Notes on Formosa's Aboriginal Society: A Selection of Documents from Dutch Archival Sources*, vol. II: 1636 — 1645, p. 29.
110. Carta do rev. Robertus Junius para a Câmara de Comércio da Companhia das Índias Ocidentais, 5 de setembro 1636. *FUD*, p. 116.
111. Do jornal diário do Conselho de Taiyouan, 29-31 de março de 1636. *FUD*, p. 113.

Na verdade, Candidius acreditava piamente nas leis e nos contratos em nível quase obssessivo. Sendo calvinista, sentia-se insultado pelo termo "jesuítico", mas relatórios holandeses mostram inúmeros exemplos de argumentos que Candidius apresentava nas negociações das quais participava. Ele ficou muito aborrecido com um incidente ocorrido durante o governo de Pieter Nuijts, quando este o persuadiu a emprestar grande soma de dinheiro para os ilhéus, em seu nome e depois se negou a reembolsá-lo. Nuijts parecia ter um prazer especial em irritar Candidius e até mesmo sugeriu, em uma carta, que esperava em breve ser investido no cargo de governador de Taiwan, o que levou o irado Candidius a ameaçar renunciar caso isso acontecesse.[112]

O próprio Jacques Specx não pôde resistir à tentação de tecer um maldoso comentário sobre as intensas negociações envolvendo a renovação do contrato de Candidius como missionário em Taiwan. Informado de que Candidius estava para ser promovido, Specx escreveu: "Sua Reverência não deveria esquecer que seu chamado como clérigo tem grande lucro e ganho espirituais, e demonstra, pelo seu caloroso zelo cristão, que ele não é sujeito a interesses meramente mundanos e temporais".[113] Quando governador, Specx vetou um pedido de Candidius para se casar com uma nativa taiwanesa, com a alegação de que isso encorajaria melhores relações entre as duas culturas; Specx recusou baseado no argumento de que seria ruim "para sua própria pessoa e para o bem-estar geral".

Tivesse ou não interesse em promover melhores relacionamentos, Candidius continuou firme no propósito de encontrar uma esposa; sozinho em uma ilha rodeada de garotas nativas com os seios à mostra, ele era claramente um sacerdote atormentado. Em uma viagem para a Batavia, finalmente encontrou uma garota com a qual se casou: a instável filha de Jacques Specx, Sara, que tinha sido deixada pelo pai quando ele zarpou da Batavia pela última vez.

Sem dúvida orgulhoso de ter ao mesmo tempo resgatado uma mulher e casado com a filha do chefe, Candidius fixou residência com a nova esposa em Taiwan, quando, animado, descobriu que Pieter Nuijts nunca mais voltaria. O desgraçado Nuijts recebeu permissão para sair do Japão só em 1636, e embarcou para a Batavia onde foi prontamente demitido do seu cargo e mandado de volta para a Holanda.

Enquanto isso, no Japão, os holandeses em Hirado continuavam a negociar sob condições cada vez mais restritas. Isso não era, na verdade, culpa de Nuijts, mas o produto de oito anos da presença dos missionários cristãos, suspeitos de disseminarem a discórdia entre a população nativa e encorajar a submissão a um poder maior do que o do *shogun* ou do imperador.

---

112. Carta de Hans Putmans para Jacques Specx, 5 de outubro de 1630, *FUD,* p. 102.
113. Carta de Jacques Specx para Hans Putmans, 31 de julho de 1631, *FUD,* p. 104.

O governo japonês havia rompido relações com países católicos como Espanha, México e Filipinas em 1624, e os portugueses estavam com seus dias contados. Os ingleses desistiram e voltaram para casa, mas os holandeses insistiam com os japoneses que não eram católicos sediciosos, mas verdadeiros protestantes. Alegavam que seu país era novo, varrido dos opressores católicos por gente ousada e de bom coração que, como os japoneses, se opunha às estranhas bruxarias de Roma. Por um tempo, isso pareceu aplacar os japoneses, mas a paranóia sobre as influências dos indesejáveis estrangeiros persistiu.

Em 1636, não apenas os holandeses, mas também os chineses tiveram de enfrentar grandes dificuldades para obter licenças de viagem no Japão. O "shogunato" baixou um decreto oficial de isolacionismo: *Sakoku*, ou o Fechamento da Nação.[114] Como conseqüência, os japoneses estavam proibidos de sair para países estrangeiros e os que viviam no exterior proibidos de voltar, sob pena de serem condenados à morte. O Edital de Sakoku era igualmente brutal na sua definição de "japonês". Crianças nascidas de uniões entre europeus e japoneses teriam de ser deportadas, e os casais que haviam adotado mestiços deveriam entregar suas crianças aos holandeses para deportação, sob pena de serem condenados à morte.[115]

Por todo o leste asiático, os japoneses expatriados enfrentaram uma decisão difícil. Muitos podiam perceber que estava para estourar uma guerra entre os manchus e os chineses Ming e que o deslocamento para um reino em alguma ilha garantiria alguma proteção contra a invasão. Aqueles que preferiam viver no Japão em vez de tentar uma vida mais perigosa no exterior voltaram à sua terra natal em levas, esperando entrar antes de o edital ser imposto. Os últimos a voltarem chegaram em 1635, no último navio a receber autorização dos japoneses para sair do Sião. Seu capitão era Joseph Adams, filho do famoso piloto inglês Will Adams. Ele trouxe quatro cidadãos japoneses que tinham implorado para embarcar no momento em que souberam da promulgação do edital. Sobre seu destino final, ou o do meio-inglês Joseph, não se tem mais notícia.[116]

A situação cada vez mais desesperadora que se instalou entre estrangeiros, cristãos e japoneses produziu um estranho efeito paralelo na vida de Coxinga. Embora não mencionado nas crônicas chinesas, as restrições japonesas deram origem a uma história sobre a família Zheng registrada nos

---

114. Ver Boxer, *The Christian Century in Japan*, p. 439.
115. Esses documentos podem responder a um outro mistério histórico: por que a senhorita Tagawa estava tão preparada não somente para deixar o Japão, mas também para deixar seu filho, Shichizaemon para trás. Se ela era genuinamente uma mistura de ancestrais chineses, como foi declarado por algumas fontes, sua vida corria risco no Japão. Shichizaemon, entretanto, foi considerado um japonês legítimo pelo simples fato de ter tido três avós.
116. Mulder, *Hollanders in Hirado*, p. 185.

escritos japoneses e europeus, mas cuja origem permanece um mistério histórico.

As perseguições aos cristãos persistiram no Japão, até chegar ao auge em 1637. A região em torno de Nagasaki e Hirado, onde Coxinga tinha passado a infância, tinha-se tornado um foco cristão, graças à proximidade com tantos estrangeiros. Uns se converteram à religião forasteira, mas juraram ter rejeitado Cristo quando o clima político mudou. Outros se recusaram a fazê-lo e entraram para a lista dos mártires cristãos do Japão, enquanto outros continuaram a praticar sua religião em segredo. O mesmo período presenciou drásticos aumentos de impostos, levando o filho do líder local, Shigeharu, a combinar sua perseguição aos cristãos com a extorsão de arroz e dinheiro de seus vassalos. Também inventou um tipo de tortura da qual se orgulhava muito. Os seus inimigos eram envoltos em uma manta de palha, com as mãos atadas atrás do corpo e queimados vivos. Shigeharu costumava chamar esses espetáculos de A Dança de Mino.

A opressão na região era séria e havia aqueles que contavam os dias para ver os senhores feudais derrotados. Em uma época de estiagem e estranhas variações climáticas em todo o mundo, o final do ano de 1637 foi particularmente seco. A alvorada e o crepúsculo encontravam o céu fulgurando de vermelho e dourado, e as condições excepcionais fizeram as cerejeiras florescerem fora de época, no outono. Samurais descontentes, alguns ex-cristãos, espalharam rumores de que em 1614 um jesuíta que partia do Japão deixara um livro de profecias intitulado *O Espelho do Futuro*. Ele começava com as arrepiantes palavras:

> *Após passarem cinco e mais cinco anos*
> *O Japão presenciará uma notável renovação*
> *E tudo acontecerá sem que se possa prever*
> *Os céus ficarão avermelhados no Leste e no Oeste*
> *Árvores mortas darão flores à vista*
> *Os homens usarão a Cruz em suas cabeças*
> *E bandeiras brancas tremularão no mar*
> *Nos rios, nas montanhas e planícies*
> *Para anunciar o retorno do Cristo.*[117]

O clero secular viu nisso um esperançoso indício de que os missionários estrangeiros voltariam. Os mais literais interpretaram a profecia como indicação de que estavam vivendo o Final dos Tempos e que o Messias já estava caminhando entre eles. Com impressionante coincidência, um provável candidato se apresentou na forma de um garoto da região. Tokisada

---

117. Traduções variadas podem ser encontradas em Parke-Smith, *Japanese Traditions of Christianity*, p. 57 e também no Boxer, *Japan's Christian Century*, p. 378.

Shiro, mais tarde conhecido como Amakusa Shiro, era um menino prodígio, um ano apenas mais velho do que Coxinga. Era o quarto filho de um samurai empobrecido, cujos irmãos mais velhos morreram antes de ficarem adultos. Considerado o tesouro da casa, mimado pelos pais e pelas duas irmãs mais velhas, era protegido por ser o único herdeiro homem da família. Aos 9 anos, impressionou seus professores ao mostrar-se capaz de recitar de cor os dogmas do confucionismo e foi enviado para trabalhar como assistente de um samurai. Aos 12 anos voltou a Nagasaki, onde se empregou com um farmacêutico chinês entre os comerciantes estrangeiros. A fama do garoto, sua memória privilegiada e seu carisma impressionaram o novo patrão.

As pessoas da região estavam à espera de alguém que os salvasse das privações, e as histórias contadas a respeito de Shiro relatavam milagres e potentosos sinais. Disseram que ele se aproximou certa vez dos moradores de Amakusa, perto de Nagasaki, carregando um ramo de árvore, no qual estava pousado um pardal. O pássaro parecia não conseguir voar — Shiro o havia imobilizado nesse estado hipnótico. Quando dois oficiais o acusaram de bruxaria, diz-se que com seus poderes ele fez um ficar surdo e o outro sentado, imóvel.

Outra história diz que Shiro se aproximou de um grupo de cristãos e rezou diante deles até que uma pomba pousou e pôs um ovo na sua mão. O ovo foi aberto e dentro dele havia um retrato de Jesus e um minúsculo rolo das escrituras. Foi quando o pássaro piou com o som de *Zuiso!* (Bom Presságio) três vezes e depois voou.

Truques ou não, ou invenções de camponeses impressionáveis, esses milagres transformaram Shiro no líder que a população local procurava. Quando a paciência deles se esgotou, rebelaram-se contra os seus senhores e convidaram o adolescente para usar sua sabedoria divina em seu auxílio. Com pouco mais de 15 anos, Shiro se transformou no líder de um exército rebelde que foi crescendo até chegar a reunir mais de dez mil pessoas.

Os senhores feudais lutaram contra os rebeldes que se haviam confinado no Castelo Hara, uma formidável fortaleza construída na ponta da península de Shimabara. Ela era cercada em três lados pelo mar que batia contra um despenhadeiro íngreme sem nenhuma nesga de praia ou outro trecho de terra. Os samurais enviados para enfrentar os revoltosos cristãos se viram frente a frente com um exército de fanáticos liderado pelo suposto santo, cujas bandeiras brancas tremulavam nas muralhas de um castelo inexpugnável. Precisavam de algo muito especial para quebrar a resistência dos rebeldes e logo perceberam que tinham de engolir o orgulho e pedir ajuda aos holandeses.

Alguns navios holandeses estavam preparando-se para zarpar para Taiwan, pesadamente armados para o caso de cruzarem com os piratas de Iquan durante a longa viagem. Começaram, então, as negociações entre os holandeses e chineses, incluindo muitos banquetes tensos, onde os holandeses nutriam a esperança de não serem chamados a intervir. Os japoneses informaram a seus convidados que os maus tempos de Pieter Nuijts estavam distantes e que eles e os holandeses eram agora verdadeiros aliados. Após vários dias, chegou o momento que os holandeses temiam. Perguntaram-lhes se mandariam seus navios bombardear a fortaleza de Shimabara. Eles tentaram fazer-se de desentendidos, mas foram severamente advertidos pelo Senhor de Hirado, que lhes disse, em tom acusador: "Sua primeira preocupação são os negócios e somente após isso, como consideração secundária, vêm os assuntos de cortesia".[118]

Os rebeldes de Shimabara eram cristãos, supostamente irmãos espirituais dos holandeses, embora com denominação e nacionalidade diversas. Eram, por outro lado, a última esperança de uma presença cristã forte no Japão — líderes estrangeiros menos diplomáticos podem ter até sido tentados a intervir em seu interesse para estabelecer um enclave cristão no litoral japonês. Os holandeses protestaram com timidez, mas respeitosamente mandaram seus navios para Shimabara e apontaram seus canhões para os rebeldes cristãos.

Devem ter ficado aliviados quando perceberam que não era possível bombardear o Castelo Hara com os canhões dos navios. A única chance de atingir as forças rebeldes era atirar por meio do promontório, por sobre as cabeças dos samurais que as sitiavam. Quando uma bala de canhão holandesa acidentalmente aterrissou em um acampamento samurai, um educado pedido lhes foi enviado sugerindo que apontassem para o castelo e não para seus aliados. Por vários dias os holandeses bombardearam os penhascos com sua artilharia; o castelo continuou intocado e é bem provável que o maior dano tenha sido causado no desprotegido acampamento montado atrás da fortificação, onde mulheres e crianças dos rebeldes tinham montado suas tendas.

Depois de muitos dias de bombardeios os japoneses finalmente entenderam as alegações dos holandeses, de que, pela sua localização, o ataque ao Castelo Hara exigia morteiros e não canhões, agradeceram a eles pela assistência e deixaram que partissem, mas sem os canhões. Ao que os holandeses protestaram, já que estavam sendo mandados para águas hostis sem as únicas armas que poderiam manter afastados os piratas do Senhor dos Mares. Os japoneses permitiram então que levassem quatro canhões na viagem que, felizmente, e para grande alívio deles, não viu sinal dos navios de Iquan.

Os japoneses estavam convencidos de que podiam fazer melhor que os holandeses, embora tendo de enfrentar dois problemas. Primeiro porque os holandeses não tinham mentido e não importa quem estivesse comandando os canhões, eles não eram adequados para aquele tipo de situação.

---

118. Mulder, *Hollanders in Hirado*, pp. 189—96.

Também estavam limitados pela sua própria inabilidade em lidar com essas armas de guerra, já que muitos dos seus conhecimentos sobre vetores e alvos lhes tinham sido passados por um tal de Pieter Nuijts, durante sua involuntária estada entre eles, anos atrás. Embora fosse coerente com o caráter de Nuijts declarar-se especialista em um assunto do qual nada sabia, o holandês pode ter percebido o perigo de falar demais e ter, deliberadamente, induzido em erro nas lições de artilharia para as quais foi convocado durante sua prisão.[119]

Em uma mudança de planos, os samurais decidiram então subjugar os rebeldes pela fome, e o castelo finalmente foi, assim, conquistado na primavera de 1638. Seus defensores, enfraquecidos e pálidos, foram derrotados diante de uma chuva de flechas dos arqueiros e de uma tropa de espadachins. Na chacina que se seguiu, a fortaleza ficou cheia de pilhas de mortos e agonizantes. Depois disso, o Cristianismo foi lançado à clandestinidade no Japão por mais de dois séculos.

Uma revolta camponesa de cristãos era de pouco interesse para os escritores chineses do período, preocupados com os outros problemas a enfrentar em seu próprio país. O destino do Cristianismo, religião também encarada com suspeita pela maioria dos chineses, não era assunto que pudesse incomodar os habitantes do Império Celestial, nem atrair a atenção de Nicholas Iquan. Entretanto, lá de seu palácio em Anhai, Iquan supostamente se interessou profundamente pela repressão aos cristãos no Japão — sua "irmã" estava entre eles.

Iquan não tinha passado muito tempo no Japão quando jovem, mas algumas fontes acreditam que foi o suficiente para gerar uma segunda criança, e não com uma mulher cujo nome era senhorita Tagawa. Essa criança chegou ao início da adolescência sem nunca ter atraído o interesse de qualquer cronista chinês ou japonês, mas o fez junto aos cristãos do Japão. A *História da Conquista da China*, de autoria de Palafox, contém uma página inteira sobre ela, dizendo que fugiu do Japão em meio às perseguições finais aos cristãos e foi para Macau, possivelmente na companhia dos jesuítas portugueses.

Ao descobrir que ela estava a salvo em Macau, Iquan escreveu aos seus guardiões pedindo que a mandassem de volta, mas, embora os portugueses o reconhecessem como seu pai, "não se sentiam à vontade para lhes devolver a filha, porque ela era cristã e ele, embora batizado e conhecedor da fé cristã, ainda vivia como um infiel".[120]

Foi, talvez, uma maneira errada de se reportar a um homem que tinha sua própria armada. Iquan agia de uma maneira muito especial, e revidou fazendo lúgubres ameaças aos habitantes de Macau, lembrando-lhes do poder que tinha:

---

119. Boxer, *Notes on Early European Military Influence in Japan 1543-1853*, p. 76.
120. Palafox, *History of the Conquest of China*, p. 80.

> *Iquan os intimidou terrivelmente, dizendo que chegaria e cercaria Macau com uma armada de quinhentos a mil navios, que iria buscar a filha e a tiraria dali à força; que arruinaria e saquearia todos os que ousassem tentar tirá-la dele; e que a partir daquele instante ele os jogaria à mais profunda indigência e necessidade, ao impedir que recebessem provisões ou mercadorias da China.*[121]

Mas Iquan não atacou Macau. Pouca coisa a mais foi dita sobre o impasse por algum tempo, até que um navio português que viajava para Nagasaki foi forçado a atracar na costa chinesa perto de Anhai. Os passageiros relatam que Iquan foi um anfitrião especialmente atencioso, suprindo-os de tudo o que precisavam e lhes dando passe livre para seguir mais para o norte através dos bloqueios, sem nem tocar na hipótese de fazer reféns ou cobrar por isso, e nem no assunto da filha ausente.

O incidente, ou melhor, a ausência de incidente, resultou no degelo das relações entre Iquan e os portugueses e seus navios passaram a ser vistos regularmente em Macau. Quanto à filha, parece que ela se casou com um certo Antonio Rodrigues, e o casal veio viver com o resto da família em Anhai.[122]

O dramaturgo Chikamatsu, na sua obra *Batalhas de Coxinga*, também está convencido de que Iquan tinha uma filha japonesa, cujo nome era Kinshojo. Mas outros aspectos de sua peça são fantasiosos, de modo que não podem ser oferecidos como prova. Palafox, ao escrever apenas uns poucos anos depois dos acontecimentos, também embaralha nomes e lugares e seu registro é confuso. Embora não seja improvável que Coxinga tivesse uma meia-irmã japonesa, é bem mais certo supor que a garota, se é que existiu, tivesse qualquer outro tipo de conexão com a família de Iquan. Uma candidata mais provável, no caso, seria Elizabeth, a filha do Capitão China que fora batizada em Hirado na presença de negociantes ingleses. Ela teria a idade mais adequada à época dos acontecimentos e mais ligação com a cristandade. Talvez Iquan estivesse prestando suas últimas homenagens ao Capitão China ao assegurar o sustento de uma garota que melhor seria descrever como sobrinha ou cunhada.

Seja qual for a verdade nesse assunto, algo aconteceu no fim de 1630 que deixou os habitantes de Anhai mais à vontade com os cristãos. A mulher e a mãe de Iquan foram afetadas por uma doença desconhecida, que

---

121. *Idem*, pp. 80-1.
122. Goddard, *Makers of Taiwan*, pp. 7-8. Goodard acredita fielmente no duvidoso Palafox, mas sugere com a frase "por todas as narrativas" que outras fontes mencionam o mistério da filha de Iquan. Se o fazem, nunca encontrei nada. Goddard afirma também que a filha e seu marido português ficaram juntos com a família Zheng em Taiwan por um tempo considerável, durante todo o reinado de Jing, filho de Coxinga.

perturbou tanto o Senhor dos Mares a ponto de ele convocar um cirurgião holandês de Taiwan.[123] O médico ficou em Anhai por três meses até que ambas as pacientes estivessem totalmente recuperadas, e voltou a Taiwan atônito com o que tinha visto. Contou que uma missa católica era celebrada diariamente em Anhai, embora não encontrasse explicação para isso. Podia ser por causa da devoção da Guarda Negra, ou uma política religiosa adotada por Iquan no caso de o Deus católico conseguir curar sua mãe e esposa, ou uma indulgência com a filha pródiga. Nunca saberemos.

---

123. Iwao, *Li Tan*, p. 76.

CAPÍTULO 5

A Traição de Wu Sangui

Em 1639, com 15 anos, Coxinga deixou Anhai e foi para Nanjing, a capital do sul, para começar uma nova etapa de sua educação, sob a orientação do poeta e erudito Qian Qianyi. Sua partida movimentou a família, a qual cuidou de organizar uma cerimônia de despedida. Alguém considerou adequado chamar um adivinho para ler a sorte dele antes que se fosse. O vidente disse: "Este é um menino maravilhoso; suas características não são comuns; ele será um grande nome de sua geração, não um mero oficial ou um homem como os outros".[124] O adivinho provavelmente dizia a mesma coisa para todo estudante rico a caminho da universidade mas, neste caso, estava mais certo do que poderia imaginar. Coxinga também recebeu um estranho aviso: sua vida terminaria em uma "cidade de tijolos". Como acontece nos casos de leituras da sorte, a família Zheng prestou atenção nas partes positivas e descartou tudo o que soou mal.[125]

Iquan estava determinado a oferecer ao filho brilhante a educação que ele próprio desdenhara, já que essa era a única maneira de a sua família adquirir verdadeira legitimidade. A carreira de governante na China pedia uma graduação, e os clássicos confucianos eram a única matéria aprovada pelo governo para um exame de seleção. Repletos de sábias orientações práticas a respeito de política e diplomacia, os ensinamentos de Confúcio também enfatizavam a importância da conduta cavalheiresca no trato com as pessoas. Confúcio destacava a necessidade de haver lealdade nos relacionamentos: filhos devem ser leais aos pais e amigos aos amigos. Como Confúcio só obteve reconhecimento após sua morte, pode haver mensagens subliminares em seus cânones e comentários a respeito da necessidade da pureza de pensamento e ação, e para resistir às tentações da corrupção.

O professor de Coxinga, Qian Qianyi, era um homem muito culto, que chefiara o Conselho Cerimonial do Império, em Beijing, mas teve uma vida

---

124. Posonby-Fane, *Sovereign and Subject*, p. 286.
125. Croizier, *Koxinga and Chinese Nationalism*, p. 39.

assombrada pelos escândalos. No início de 1620, foi exonerado de um alto cargo governamental por causa de sua filiação a um grupo que se opunha às autoridades que estavam no poder. Alguns anos mais tarde, quando Qian já era examinador provincial, as mesmas autoridades corruptas tentaram tirar seu cargo para dá-lo a um de seus asseclas — caso típico de nepotismo político ao qual o justo Qian se opôs com veemência. A adesão declarada à lei ocasionou a sua demissão e ele então retirou-se para os estudos privados. Mas ainda não estava a salvo, já que inimigos invejosos em Beijing persuadiram uma autoridade local a fazer uma série de acusações contra ele, o que resultou em sua prisão. Qian foi depois inocentado de todas elas e seu acusador executado; saiu da prisão para descobrir que o famoso Nicholas Iquan estava em busca de uma pessoa de caráter e conhecimentos impecáveis para ensinar seu filho a ser um cavalheiro.[126] Quando Iquan perguntou se queria ser o mentor de Coxinga, Qian prontamente aceitou.

A postura de Qian perante os oficiais corruptos e venais demonstrava o quanto ele levava a sério os valores de Confúcio. Como havia demonstrado publicamente em várias ocasiões, preferia viver na obscuridade do que fazer parte de um governo que não honrava sua palavra. Ao contrário de muitos outros oficiais da última dinastia Ming, havia interiorizado toda a sabedoria da *Antologia* confuciana. Quando ele e seu novo pupilo discutiam passagens como a que segue, encaravam as palavras do mestre como sendo bem mais do que simples teoria:

> *Nunca deixe sua fé vacilar. Ame o aprendizado. Se atacado, esteja pronto para morrer pela verdade. Não entre em lugar perigoso, nem em um estado de revolta. Quando a justiça prevalecer sobre os Céus, então se mostre. Quando isso não acontecer, esconda o seu rosto. Quando o governo é bom, envergonhe-se da pobreza e da privação. Quando o governo é mau, envergonhe-se dos ricos e importantes.*[127]

Qian logo percebeu que Coxinga era um aluno devotado e diligente. Confúcio pregava que um cavalheiro deveria estudar muita história e poesia, mas, enquanto outros se satisfaziam com a teoria, Coxinga seguiu as recomendações ao pé da letra. Estudou as antigas canções do passado e as crônicas de batalhas e heróis. No seu tempo livre, praticava equitação e artes marciais. Como Iquan, também Qian Qianyi o chamava de "Grande Árvore"; só o pai se referia ao crescimento rápido do filho, enquanto Qian lhe dava um outro significado. Achava que Coxinga era um líder, uma figura merecedora de respeito e atenção, como um lindo e imponente pinheiro alto.[128]

---

126. Hummel, *Eminent Chinese*, pp. 148-50.
127. Confucius, *Analects*, VIII, v.13.
128. Posonby-Fane, *Sovereign and Subject*, p. 286.

O adolescente vestiu o uniforme de estudante de Confúcio e impressionou seus colegas com sua compreensão dos clássicos. Em 1640, Qian mudou sua escola para um lugar mais distante do centro, onde pretendia fundar uma academia com seus melhores alunos. Coxinga estudou lá, mas não pôde aceitar o convite de seu professor para fazer carreira permanente na academia. Seu pai tinha outros planos para ele e pode até ter chegado a se lamentar por ter escolhido um mentor de tamanha integridade.

Iquan queria que seu filho tivesse um *toque* de classe e conhecesse o suficiente de Confúcio para se formar e conseguir boa posição no governo. Para ele, escritórios públicos, qualificações e compromissos eram apenas máscaras e adornos. Não tinha pago uma educação cara para o filho para ele desperdiçá-la em aprender por conta própria. Coxinga tinha de memorizar o que fosse necessário naquele estágio de formação, então entrar para a Universidade de Nanjing e passar pelos difíceis exames para a carreira pública. Tal sucesso, combinado com a alta posição e riqueza do pai, sem dúvida nenhuma lhe asseguraria uma posição bem próxima ao imperador, o que abriria caminho para qualquer futuro empreendimento familiar. Coxinga seguiu seus estudos e pretendia formar-se em 1640.

Em 1641, com 17 anos e ainda estudando, foi apresentado à sua primeira esposa. Talvez esperando que a experiência do casamento focasse a mente do filho na realidade, Iquan arranjou para que ele fosse apresentado a Cuiying, uma jovem da rica família Deng.

Iquan estava muito empenhado nesse casamento, mas seu filho não queria se comprometer, concordando apenas para agradar o pai. O casal não se deu muito bem; como Cuiying era um ano mais velha que o marido, é possível que a família dela tenha encontrado dificuldade em lhe arrumar um companheiro mais adequado. Ou talvez outras famílias se intimidassem pela riqueza e posição. Mais provável ainda era que ninguém quisesse se ligar a uma mulher voluntariosa, acostumada a fazer as coisas a seu modo. Cuiying era uma garota rica e mimada, com um temperamento difícil, obcecada por roupas e adornos, o extremo oposto de Coxinga.[129]

O leal estudante de Confúcio tentou fazer o melhor que pôde e, segundo dizem, falou à sua esposa: "Para nós dois, o amor deve vir mais tarde".[130] É pouco provável que ela se tivesse importado com isso, mas apesar do frio relacionamento inicial, o casal obedientemente gerou um herdeiro. Iquan ainda não tinha chegado aos 40 anos e já era um avô orgulhoso; o bebê recebeu o nome de Jing, mas o avô o chamava de Jin-She: "Luminosa Esperança para a Casa".

Nessa ocasião, Iquan e sua família conseguiram uma meteórica ascensão, em parte porque o poder da dinastia Ming já estava esmaecendo. Em 1640, não dava mais para ignorar o seu declínio. Ao ser nomeado almirante,

---

129. Ming and Zheng, *Zheng Chenggong Gushi Chuanshuo*, p. 32.
130. Lin, *Zheng Chenggong*, p. 47.

Iquan foi trabalhar para uma administração que tinha outras coisas em mente. Seu cargo imperial lhe fora outorgado pelo novo imperador dos Elevados Presságios, herdeiro de 17 anos de um trono cujo poder tinha sido minado após anos de desgoverno. Quando Coxinga chegou à idade adulta e começou sua educação em Nanjing, a China enfrentava secas contínuas que causaram miséria e resultaram na explosão de epidemias, particularmente a varíola, que varreu o Império. Os céus estavam claramente furiosos com algo, e a corte tentava protelar as crises financeiras eminentes. Onde fosse possível as revoltas eram enfrentadas, e Iquan não era o único comandante local a ganhar um posto imperial para defender os poderes falidos do imperador.

O imperador dos Elevados Presságios estava disposto a tentar qualquer coisa para arrancar o seu país do caos e acreditava que sua incapacidade de fazê-lo era culpa dos astrônomos de sua corte. Era de vital importância que o governante soubesse com muita antecedência quais os presságios indicados no céu, mas seu pessoal estava continuamente errando nos cálculos o momento dos eclipses. Também corriam rumores por toda a nação de que os céus tinham revogado seu mandato e que a dinastia Ming tinha acabado; era imperativo que os rituais corretos fossem realizados no tempo certo, para impedir futuras secas, pragas e fome.

O calendário chinês era extremamente confuso, contando ciclos de sessenta anos para cada um dos doze signos anuais representados por animais, e era combinado com os reinos imperiais de tamanhos variáveis. Tinha uma longa genealogia (1630, pelo cálculo chinês era na verdade o ano de 4327), e chegou ao ponto de o imperador pedir aos astrônomos que fizessem cálculos em horas ou dias. Enquanto a corte debatia as falhas e a falta de exatidão de seus astrônomos, alguém fez circular a cópia de um ensaio sobre eclipses lunares e solares elaborado por um europeu. Seu autor era Adam Schall, o inesperado herói jesuíta da batalha de Macau, de anos atrás, agora um missionário trabalhando nas margens do rio Amarelo. Como jesuíta, Schall tinha muitos conhecimentos sobre as últimas conquistas da ciência e da tecnologia; longe de Roma e da intromissão dos olhos do Papa, tinha até feito um sério estudo sobre os escritos proibidos de Galileu.

O imperador ficou impressionado com a exatidão dos cálculos e as conclusões de Schall e ordenou ao Conselho de Rituais que pedisse a ajuda dos europeus: "Sabemos o quanto o fundador de nossa dinastia tinha o desejo de corrigir o calendário... A guerra impediu sua execução, ou pelo menos a realização de seu propósito. Que o Conselho faça tudo o que lhe é pedido, e nos mantenha informados do que acontecerá".[131]

Adam Schall e outros jesuítas foram então para Beijing onde receberam a permissão de montar um observatório. Apresentaram aos chineses o

---

131. Attwater, *Adam Schall: A Jesuit at the Court of China 1592 — 1666*, p. 54. Embora seus escritos tenham sido equilibrados, Schall não foi a primeira opção de Beijing. Ele foi apenas o substituto de um jesuíta mais velho, que morreu em 1630.

telescópio, foram admitidos na Cidade Proibida, onde morava o imperador, e receberam de presente pratos de sua mesa — o que era uma grande honraria, principalmente no caso de representantes da religião cristã. Embora nunca se tenha encontrado com o imperador dos Elevados Presságios, Schall esteve na Cidade Proibida em várias ocasiões. Fez amizade com algumas das mulheres, concubinas e eunucos que tinham acesso ao imperador e convenceu muitos deles das virtudes da cristandade. Rumores correram em Beijing que a cristandade tinha ganhado aceitação junto à família palaciana e que as concubinas que aceitaram o deus estrangeiro de Schall conseguiram mais sucesso nos aposentos imperiais. Não era isso exatamente o que o papa tinha em mente quando mandou missionários para o Oriente, mas os jesuítas eram uma ordem pragmática e tentariam tudo para passar sua mensagem adiante, mesmo que ela perdesse um pouco na sua tradução. Schall contabilizou milhares de conversões, cada qual escolhendo um exótico nome cristão para marcar sua nova afiliação. Entre os chineses, Marias e Madalenas, Ágatas e Isabelas, Judites e Susanas eram princesas e consortes.[132]

Seus rivais, entretanto, estavam bem menos satisfeitos. Os jesuítas viraram o tema preferido das maledicências e intrigas entre os astrônomos substituídos, com a adesão dos cientistas chineses e árabes, que reclamavam o tempo todo de seus cálculos incorretos, ou diziam que eles eram agentes secretos de um culto que desejava despachar o próprio Confúcio para o inferno. Mas os padres perseveraram e diligentemente inspecionaram a tradução de numerosos manuais estrangeiros. A seu modo, sua chegada se constituiu em uma espécie de minirenascença para a China, mesmo que isso tenha deixado a corte chinesa cada vez mais nervosa.

Em 1642, o cinqüentão Schall recebeu um visitante inesperado da Cidade Proibida. O ministro da Guerra veio discutir alguns tópicos de matemática aplicada, particularmente níveis de elevação e trajetória dos bombardeios. A conversa, que começou em tom leve e elogioso, foi se tornando mais técnica até que o ministro revelou a que veio. Anunciou que Schall parecia perfeitamente qualificado na fabricação e uso da artilharia e portanto, por ordem do imperador, estava convocado a fazê-lo.[133]

Schall protestou, dizendo que era um homem de Deus e não tinha prática de guerra — exceto, claro, pela sua valorosa conduta na defesa de Macau. Mas seus reclamos caíram no vazio e ele foi devidamente conduzido ao ministério da Guerra. Foram oferecidos 20 ajudantes para que o relutante Schall construísse uma fundição na capital. No primeiro dia de operações, seus ferreiros começaram imediatamente a preparar oferendas para o Deus do Fogo, o que levou seu escandalizado patrão a instalar rapidamente um

---

132. Spence, *The China Helpers: Western Advisers in China 1620 — 1960*, pp. 13-16.
133. Attwater, *Adam Schall*, p. 60.

altar cristão na fundição, completado com uma pintura de Jesus. Todos os dias, insistia para que seus trabalhadores participassem de suas preces pedindo sucesso, e só depois começassem a produzir as armas.[134]

A produção inicial da fábrica de armas do jesuíta foi de 20 protótipos de canhões, levados a muitas milhas de distância da cidade para seu primeiro teste. Schall acompanhou-os até o local seguido por um excitado grupo de eunucos e ministros oficiais e se colocou a uma distância segura, deixando aos empregados menos afortunados a função de acender os estopins. Para surpresa de Schall e grande júbilo dos oficiais do governo, os canhões funcionaram perfeitamente. O imperador ordenou então que fossem produzidas 500 cópias, especificando que deveriam pesar menos de 60 libras cada um, de modo que os canhões pudessem ser levados nos ombros dos soldados no caso de uma retirada. Schall fez o que ele pediu, mas comentou em particular que os soldados chineses "não eram tão tolos a ponto de se queimarem todos com os canhões quando estivessem fugindo em um campo de batalha".[135]

O jesuíta foi também consultado sobre a construção de uma nova fortificação em Beijing e ordenado a elaborar um plano de defesa da cidade. Ele gastou vários dias construindo uma maquete da cidade em madeira, propondo a construção de bastiões triangulares à moda européia para ampliar o poder de fogo de seus defensores. O imperador aprovou o plano, mas, antes de a construção começar, os eunucos da Cidade Proibida deram seu aval a um projeto rival, montado por um oficial chinês. Embora ele propusesse torres quadradas, com pontos cegos, e evidentes falhas estruturais, acabou sendo o escolhido. O jesuíta testemunhou a construção das novas fortificações com desânimo e alertou para o fato de que os chineses estavam na verdade tornando a vida mais fácil para seus atacantes.[136]

A razão oficial para toda essa atividade era a movimentação dos exércitos manchus ao norte da Grande Muralha. Longe de serem bárbaros desorganizados, os manchus tinham uma nobre origem e se consideravam descendentes da antiga dinastia que governou a China na Idade Média.

Por várias gerações, eles construíram uma relação de amor e ódio com os colonizadores chineses que foram enviados para o norte da Grande Muralha para se estabelecerem na península de Liaodong, a faixa estreita de terra que se estendia até o nordeste e se ligava com a fronteira da Coréia no rio Yalu.[137] Os chineses amontoavam-se em uma fina faixa de

---

134. Dunne, *Generation of Giants*, p. 318.
135. *Idem.*
136. Attwater, *Adam Schall*, p. 61.
137. Isso foi mais tarde aperfeiçoado pelos próprios manchus nos anos de 1650 e 1670, e conhecido por Willow Stockade, Willow Palisade ou simplesmente por Pale. Ver Melikhov, *The Northern Border of the Patrimonial Estates of manchu (Ch'ing) Feudal Lords During the Conquest of China (1640 to 1680)*, pp. 14-23.

terra litorânea e mais para o interior em uns poucos vales, mas sem nunca manter contato com os manchus. Estavam, obviamente, em terra alheia. Na tentativa de delinear sua colônia norte, a antiga dinastia Ming construiu um muro de terra, em alguns pontos reforçado por estacas de madeira, que se estendia do Estreito de Shanhai até as margens do rio Yalu. Os chineses estavam interessados na região pela mesma razão que os manchus — era o melhor lugar para encontrar a raiz mágica do ginseng que, literalmente, valia seu peso em prata. Eles tentaram implantar ali comunidades agrícolas contrastando com os manchus, que eram nômades. O relacionamento entre os dois grupos variava de um comércio amistoso a conflitos hostis, mas os manchus foram, com o tempo, fortalecendo-se mais e mais. Possuíam riquezas, orgulhavam-se de suas façanhas nas batalhas, enquanto os chineses com os quais competiam recebiam suporte limitado da decadente dinastia Ming. Como aconteceria com qualquer pessoa que gastasse um pouco de tempo convivendo na região fronteiriça entre as duas culturas, o estilo de vida dos manchus começou a exercer um certo encanto sobre os chineses.

Os soldados do imperador Ming eram leais a ele, mas se desencantavam com a vida na fronteira. Já não bastava ter de lutar contra as bem treinadas legiões manchus, calejadas por anos de campanhas contra os distantes mongóis. Pior que tudo, tinham de agüentar as privações causadas pelos seus superiores corruptos. Beijing mandava dinheiro para provisões e recrutamentos, mas a maior parte era desviada antes de chegar à fronteira.

Para militares chineses que lutavam uma batalha perdida na fronteira, os manchus faziam ofertas tentadoras. Eles eram inimigos formidáveis na batalha, mas também mestres em assimilar seus adversários. Seus sucessos na fronteira norte cresceram, pelo menos em parte, porque muitos dos seus oficiais militares eram desertores do exército chinês. Como descobririam vários generais do imperador, entregar-se aos manchus não implicava necessariamente prisão, tortura e morte.

Um general chinês mais tradicionalista só pensaria em cometer suicídio após uma derrota, mas os que permaneceram vivos descobriram que os manchus podiam ser anfitriões muito agradáveis. Tudo o que exigiam era um juramento de lealdade, acompanhado da adoção do corte de cabelo tradicional dos manchus. A cabeça do candidato era raspada até a altura das orelhas e o resto dos cabelos presos em longa trança, atrás. Hoje, alguns chamariam esse modelo de rabo de cavalo. Os detratores escarneciam dizendo que os manchus usavam o penteado para personificar seus súditos como traseiros de cavalo. O corte de cabelo manchu contribuía para protelar a decisão de alguns soldados chineses, de mudar de lado, mas a maioria o encarava como um preço relativamente baixo a pagar.

Os novos súditos manchus eram imediatamente incorporados a uma sociedade totalmente militarizada. Cada pessoa pertencia a alguma "Bandeira", um grupo social que gravitava em torno de uma legião guerreira. Os novos recrutas eram colocados em uma das bandeiras e, geralmente, com uma patente mais alta que a anterior, além de serem agraciados com recompensas e presentes. Um dos primeiros generais a mudar de lado chegou até mesmo a receber em casamento uma princesa manchu. Para aqueles acostumados a uma vida militar, o sistema manchu era bem-vindo — todos sabiam exatamente quais suas funções sob sua bandeira. A legião, entretanto, não era apenas fachada; seu objetivo final era a conquista (ou, como os manchus diziam, a *reconquista*) da China.

Em 1644, os manchus estavam prontos para se movimentar. Liaodong já pertencia a eles, bem como várias áreas da Mongólia. Conquistaram seus inimigos no norte e no oeste e agora ambicionavam o coração do Império Celestial. Eram supostamente governados por um imperador-criança, mas o poder era exercido de fato pelo tio do garoto, o príncipe Dorgon.

A versão chinesa de Dorgon era Wu Sangui, o guardião do estreito de Shanhai. Os dois generais eram muito parecidos e ambos cresceram lutando pela estreita faixa de terra ao norte da Grande Muralha. A família de Wu era de imigrantes da região colonial de Liaodong e seu pai havia sido general de fronteira, responsável por guardar as fronteiras dos manchus. Os primos, e o próprio tio de Wu, tinham debandado para o lado dos manchus, mas seu pai permaneceu resolutamente pró-chinês, apesar da privação, da fadiga e até mesmo de uma breve rebaixada de patente.

A longa fase de penúria e seca, de varíola e pragas, de relâmpagos no céu e tempestades de chuva vermelha, a proliferação de salteadores e piratas, tudo isso abateu o moral dos chineses. Muitos estavam prontos a acreditar que a dinastia Ming tinha perdido seu mandato celestial e que os crescentes problemas que enfrentavam eram indicativos de que seu tempo já se esgotara. Como os camponeses do interior, que estavam prestes a abraçar como seu novo líder o bandido Li Zicheng, muitas pessoas da fronteira norte recepcionavam os manchus e sua autoproclamada dinastia Qing. Documentos manchus falam dos Ming como a "dinastia sulista", como se eles fossem uma força gasta, à espera da aniquilação.

Wu Sangui tinha em perspectiva a carreira militar, como seu pai. Este, por sua vez, tentando conseguir novos favores com seus superiores depois de seu rebaixamento, ofereceu-se como voluntário para liderar uma campanha militar contra um general chinês que tinha virado bandido na província de Shandong. Wu Sangui serviu como major nas forças de seu pai e testemunhou a vitória das forças chinesas. Mas embora a campanha militar tenha conseguido acabar com a bandidagem, seu líder escapou e foi oferecer seus serviços aos manchus, que alegremente o incorporaram a uma de suas Bandeiras. O fato deve ter sido muito amargo para os chineses, pois esse vira-casaca em particular era um descendente de Confúcio, o exemplo de perfeição na questão dos deveres cívicos.[138]

Embora traída nos seus princípios, a dinastia Ming agradeceu ao pai de Wu pelos leais serviços e devolveu-lhe muitas de suas honrarias. O velho Wu estava perto da idade de se aposentar e foi nomeado para um prestigioso posto de conselheiro militar na corte de Beijing, enquanto seu filho seguia subindo de patente no exército. Aos 25 anos, Wu Sangui comandava 1.600 homens; aos 27, era um ativo general-de-brigada, responsável por um campo de treinamento para reservistas. Aos 28, já era um general-de-brigada de primeira linha, liderando as forças da frente de defesa de Liaodong. Quando chegou aos 32, comandava 40 mil soldados na Grande Muralha, no estreito de Shanhai. Seus homens estavam famintos e revoltados por causa dos soldos atrasados que nunca chegavam. O único motivo que os mantinha em seus postos era o respeito por Wu Sangui. Com uma carreira brilhante de vinte anos, ao longo da qual presenciara a deserção da maioria de seus companheiros e parentes, Wu Sangui permaneceu resolutamente fiel ao imperador. Mas, em maio de 1644, ficou a cargo dele decidir quem era esse imperador.

Ele havia recebido uma desesperada carta do imperador dos Elevados Presságios ordenando-lhe que voltasse a Beijing com suas tropas para defendê-la da aproximação do bandido Li Zicheng. Mas Wu não podia abandonar a Grande Muralha porque, se o fizesse, o exército do príncipe Dorgon aproveitaria a oportunidade para tomar o estreito de Shanhai.

Do outro lado da Grande Muralha chegaram também para Wu Sangui mensagens pretensamente amigáveis de seus primos desertores, anunciando que o verdadeiro imperador era agora o menino de 5 anos de idade, Fulin, e aconselhando-o a ir empenhar sua confiança ao novo dirigente do Império Celestial. Se o fizesse, seria promovido de conde a duque e faria parte da nova aristocracia.

Mais duas cartas chegaram de dentro da China, uma delas escrita em nome de seu pai, ambas informando que o imperador dos Elevados Presságios tinha morrido pelas próprias mãos. Elas aconselhavam Wu a ir, oficialmente, oferecer seus serviços a Li Zicheng, que planejava coroar-se como o novo imperador da Grande Obediência. Se o fizesse, seria promovido de patente e seus soldados receberiam o que lhes era devido.

Wu Sangui escondeu todas as mensagens, esperando manter os informes sobre a situação secretos para seus homens, enquanto tomava a decisão mais importante de sua vida. Havia outros fatos a considerar, como a possibilidade de seu pai estar sendo mantido refém dos homens de Li Zicheng, e com a vida ameaçada, a menos que Wu respondesse rapidamente.

---

138. Ver K'ung Yu-te, em Hummel, *Eminent Chinese,* pp. 435-6.

A outra consideração de Wu era a mais crucial. Estava preocupado com sua amante em Beijing e o quanto ela estaria valendo nas mãos dos bandidos.[139]

Das muitas histórias sobre a queda dos Ming, as que envolviam as mulheres foram as mais notáveis. Li Zicheng havia prometido para cada um de seus generais 30 mulheres do harém do imperador e suas servas, de modo que as tropas entraram no palácio carregando uma lista das 200 mais atraentes. A perfeição era um pré-requisito para muitas das ocupantes palacianas, e as concubinas em particular eram consideradas afortunadas. Uma moça só era admitida como concubina após ter sido eleita, em sua província natal, como a mulher mais bonita entre milhares de candidatas e depois de passar por rigorosos testes de comportamento e atitude. Sem dúvida nenhuma, a lista que os soldados carregavam era de algumas das mais lindas mulheres do mundo.

As concubinas eram também ferozmente competitivas entre si. Forçadas a sublimar sua rivalidade em rituais e jogos, a longa vida de tédio no palácio havia criado uma série de feudos entre elas. Para algumas, era a chance de acertar as contas com as outras. A senhora Ren "de mau caráter mas de agradável aparência" era a consorte menos estimada pelo antigo imperador da Sabedoria Celestial, que se havia rivalizado durante uma década com a virtuosa imperatriz anterior. Quando ela se suicidou, escondida, em um quarto, a senhora Ren vestiu-se com suas roupas favoritas, encheu-se de jóias e saiu para encontrar os usurpadores. Anunciou que era a imperatriz e os convidou a pilhar o palácio, antes de fugir com um novo amante e uma arca de jóias palacianas.[140]

Outras não estavam tão dispostas a trair a dinastia Ming, mesmo na derrocada. Dezenas de concubinas fizeram o mesmo que a consorte imperial. Uma delas se postou às margens do Canal Imperial e gritou: "Todos os que não são covardes que me sigam", antes de mergulhar na água e morrer.[141] Este era o método confuciano de enfrentar a derrota. Outras preferiram seguir os exemplos bíblicos aprendidos com Adam Schall.

Uma garota de 15 anos, arrastada por um grupo de soldados que pretendia estuprá-la, não se intimidou e, altivamente, os censurou com as seguintes palavras: "Sou a princesa imperial".[142] Percebendo que poderiam estar tentando estuprar uma das futuras esposas de seu comandante, os soldados se contiveram e a levaram ao seu chefe. Os eunucos palacianos a identificaram como uma impostora, pois a princesa imperial estava em outro lugar, cuidando do toco de seu braço amputado. Essa impostora era

---

139. Para uma análise detalhada, não só dos atos de Wu, mas também das histórias que se contaram sobre ele, ver Wakeman, *The Great Enterprise: The manchu Reconstruction of the Imperial Order in Seventeenth-Century China*, pp. 290-7.
140. Shang, *Tales of Empresses and Imperial Consorts in China*, pp. 357-8.
141. Backhouse and Bland, *Annals and Memoirs* (Taiwan edn), p. 103.
142. *Idem*

a senhora Fei, uma concubina de nível relativamente baixo, que foi entregue então a um capitão.

Mas, mesmo assim, Lady Fei deixou claro quem estava no comando ao dizer a seu novo senhor: "Verdadeiramente eu sou de linhagem imperial, e de um nível tão alto que não me permite aceitar uma união ilegal ou temporária com você. Sua excelência tem de me tomar como sua legítima esposa".[143]

O capitão, claramente encantado, concordou e trouxe vinho, e os dois celebraram seu relacionamento recém-assentado. A senhora Fei flertou com o capitão até que ele ficou bêbado. Em seguida, apunhalou-o no pescoço com uma adaga que trazia escondida. Quando ele caiu sufocado pelo próprio sangue, ela gritou aos guardas surpresos: "Uma simples mulher assassinou um líder rebelde. Agora estou contente!" E cortou então sua própria garganta.

Só que tais histórias não tinham interesse para Wu Sangui. Ele queria era saber do destino de uma mulher em particular, uma ex-cantora chamada Chen Yuanyuan. Uma beleza rara, já enaltecida em poesias e canções, ela havia sido levada a Beijing como parceira de cama de um membro da família imperial, mas conseguiu escapar de seu controle e tornou-se amante de Wu Sangui. De acordo com o que se conta, e muitos contam, Wu Sangui e Chen Yuanyuan estavam perdidamente apaixonados.

O que aconteceu em seguida permanece um mistério, não apenas pela falta de informação, mas por causa das muitas versões sobre o fato. Documentos oficiais se contradizem e uma enxurrada de lendas românticas e apócrifas cresceu em torno do incidente. Uma sugere que Li Zicheng mandou um mensageiro para o estreito de Shanhai portando uma nota pródiga da arrogância do vitorioso. Para Wu Sangui, dizia:

> *Você realmente foi favorecido pela sorte para ter chegado a uma posição tão alta, pois jamais prestou qualquer serviço de importância a seu soberano... No momento, você tem um grande exército sob suas ordens, mas ele tem valor relativo. Se minhas tropas se lançassem contra você, você não teria nem como repelir seu ataque violento, nem a força necessária para derrotá-las. Esta é sua última oportunidade de se unir a mim. Seu imperador está morto, e pode logo ser seguido ao seu túmulo por seu próprio pai... Renda-se a mim e ganhe as honrarias que lhe prometo. Aliás, seu exército não é forte o suficiente para conseguir a vitória e será destruído em apenas uma manhã. Seu inocente pai será decapitado e você então terá perdido tanto seu soberano quanto seu pai.*[144]

---

143. Backhouse and Bland, *Annals and Memoirs* (Taiwan edn), p. 104.
144. *Idem*, pp. 113-14.

Algumas fontes não fazem nenhuma referência à tal carta de Li Zicheng, afirmando, em vez disso, que o pai de Wu Sangui, feito refém, pediu ao filho que se rendesse, argumentando que o dever filial deveria preceder sua lealdade a um regime morto. Alguns dizem que Wu Sangui virou-se para o pai, perguntando-lhe como ele esperava que tivesse seu amor filial após ter traído sua causa. Outros dizem que ele exigiu a devolução do Herdeiro Ming, que não tinha conseguido escapar de Beijing e estava agora nas mãos de Li Zicheng. Wu supostamente prometeu render-se a Li Zicheng se o líder rebelde liberasse o herdeiro e Chen Yuanyuan, que estavam sob sua custódia.

Pode parecer impossível, mas há a possibilidade de Li Zicheng ter concordado — após uma década de luta. O líder rebelde tinha finalmente conseguido tudo o que sempre desejara; suas tropas saquearam a cidade e ele não conseguiu controlá-las. Havia assumido o controle de uma nação em ruínas e seu predecessor estava rindo dele do além-túmulo. Embora as últimas palavras do imperador dos Elevados Presságios possam ter sido mal reproduzidas, uma das mais populares versões sobre o dia fatídico conta que em uma carta escrita com seu próprio sangue, ele dizia simplesmente: "Para o novo imperador, Li. Não oprima meu povo. Não empregue meus ministros".[145] Li Zicheng era agora o orgulhoso proprietário de um tesouro vazio, de um palácio lotado de cadáveres e de uma equipe de ministros e eunucos que embora tendo falhado com seu antigo líder, ainda assim prometiam fazer o melhor a serviço dele. Havia a chance de Wu Sangui avançar sobre eles a partir do estreito de Shanhai, com ou sem a assistência manchu. Li Zicheng deve ter pensado, em algum momento, que se preparara a vida toda para tomar Beijing, e agora não tinha a menor idéia do que fazer com ela.

A retórica de Li Zicheng após a tomada de Beijing adquiriu um novo e contraditório tom. O novo dirigente ficou atônito ao não conseguir acertar o símbolo do "Céu" com uma flecha, quando entrou nos portões da cidade. Desertores insistiam para que oficialmente aceitasse o Mandato Celestial e ascendesse ao trono, mas ele agora desconfiava que os céus desaprovavam suas ações. De acordo com um relato, após descobrir o corpo em decomposição do imperador, Li Zicheng disse: "Eu vim usufruir dos rios e montanhas junto com você. Como pôde cometer suicídio?"[146] Tais palavras, se foram mesmo verdadeiras, são características de um maluco. Li Zicheng nunca fez segredo de seu desejo de se tornar imperador, não amigo dele.

Li Zicheng ainda fez suas gracinhas no palácio, e deixou que suas tropas cometessem barbaridades por toda a cidade, mas, ao mesmo tempo,

---

145. Attwater, *Adam Schall*, p. 75.
146. Wakeman, *Great Enterprise*, p. 283.

mostrou-se relutante em coroar a si mesmo como imperador. Consultou aliados onde pôde e até, em estranho incidente, buscou ajuda do Deus dos cristãos, sobre o qual tinha ouvido muitos comentários entre os derrotados Ming. Adam Schall, com sua igreja transformada provisoriamente em hospital para atender os feridos da cidade, foi intimado a comparecer ao palácio, onde Li Zicheng se levantou para cumprimentar o padre jesuíta, empurrando as mulheres que o estavam distraindo. Schall aceitou a oferta do líder rebelde para tomar chá, mas recusou comida, alegando que assuntos mais urgentes esperavam por ele. O rebelde lhe assegurou que os cristãos estariam a salvo e Schall sabiamente não fez nenhum comentário.[147] Enquanto conversavam, os astrônomos que Schall treinara estudavam o calendário do ano seguinte, buscando um dia auspicioso para que Li Zicheng pudesse ser coroado imperador.

Duzentas milhas ao norte, Wu Sangui deu finalmente a notícia aos seus principais oficiais. Beijing havia caído, o imperador Ming estava morto e muitos de seus generais haviam se rendido. Os homens lhe responderam que acatariam a decisão que ele tomasse e parecia, em princípio, que Wu estava disposto a aceitar a oferta de Li Zicheng, pelo menos por enquanto. Deixando a maior parte de seus homens no estreito de Shanhai, o general preparou-se para partir com um pequeno contingente de soldados, para prestar vassalagem a Li Zicheng.

Mas um fato acontecido no caminho mudaria o curso da história chinesa. Um empregado fiel do pai de Wu, acompanhado por uma de suas concubinas, encontrou o grupo na estrada, com notícias de Beijing. Eram os últimos sobreviventes da família de Wu, fugindo de um massacre. Cansado de esperar por uma resposta de Wu Sangui, Li Zicheng ordenara a execução de toda a família. Trinta e oito pessoas foram mortas, incluindo o próprio Wu Xiang. A cabeça do pai de Wu Sangui agora pendia grotescamente na muralha da cidade. Quanto a Chen Yuanyuan tinha sido poupada, se é que se pode dizer assim. Os mensageiros contaram a Wu Sangui que ela fora violentada pelo próprio Li Zicheng.

Foi a fagulha que faltava. Wu voltou com seus homens para o estreito de Shanhai. Decidiu aguardar por um ataque manchu vindo do norte. Enquanto parte de seus homens estivesse lutando ali, o resto do seu exército avançaria sobre Beijing.

Não teve de esperar muito. Em 5 de maio de 1644, o exército de Wu Sangui foi forçado a repelir o avanço de uma tropa vinda do norte, comandada por um antigo companheiro seu. Com reforços, os atacantes voltaram em 10 de maio e foram de novo derrotados. Wu Sangui despachou uma comunicação a Li Zicheng oferecendo uma trégua. Li Zicheng, entretanto, não tinha nada com isso. Ele juntou seu principal grupo de soldados e decidiu

---

147. Attwater, *Adam Schall*, p. 79.

ir com eles, pessoalmente, até o estreito de Shanhai. Wu Sangui sabia que estava prestes a enfrentar um exército capaz de derrotá-lo.

Em 20 de maio, mesmo dia em que tomou conhecimento da morte do último imperador Ming, uma carta chegou às mãos do príncipe Dorgon, dos manchus, assinada por Wu Sangui. Ela dizia:

> *Inesperadamente, os bandidos vagabundos tomaram de assalto a capital... e infortunadamente nosso imperador morreu... Quero liderar um exército para punir esses bandidos por seus crimes... Apelo para sua ajuda com lágrimas de sangue... Portanto, empreste seus ouvidos ao leal e honesto apelo de um solitário oficial cujo país foi destruído e envie sua unidade de elite o mais rápido que puder... para a capital, junto a meu exército, o qual comandarei pessoalmente, para que possamos exterminar os bandidos vagabundos no palácio, dessa forma demonstrando sua grande honestidade na China. Então, nossa corte recompensará a corte do norte, não apenas com riquezas, mas também com território. Esta promessa eu não quebrarei.*[148]

Wu se considerava ainda um leal servidor dos Ming em busca de ajuda estrangeira para desalojar Li Zicheng de Beijing. Não era um pedido estranho, considerando a história dos manchus. Muitos na corte do imperador-criança dos manchus não queriam conquistar a China, preferindo considerá-la apenas como um lugar lucrativo para incursões ocasionais. Viam-se como seus antepassados, fiéis a tradição de nômades, mas a facção do príncipe Dorgon aderiu a uma idéia diversa sobre o que constituía a herança manchu. Dorgon, ou melhor, o imperador-menino de quem Dorgon era co-regente, tinha agora o sinete do mongol Khan. Era, portanto, considerado o herdeiro de uma grande tradição, líder de uma sociedade cujos ancestrais tinham sido, em diversas ocasiões, os dirigentes do próprio Império Celestial.

Quando a carta de Wu Sangui chegou, várias tropas manchus de ataque estavam esgueirando-se ao longo da Grande Muralha e se fixando em pontos isolados. O grosso das tropas de Dorgon já estava caminhando para o sul na direção do estreito de Shanhai. Os manchus estavam prontos para começar uma invasão em massa, e Dorgon tinha a intenção de ficar na China. Mandou então a seu antigo inimigo uma resposta na qual deixava claro que ajudaria Wu Sangui a *vingar* os Ming, mas não a restaurar sua dinastia.

> *[Se Wu Sangui] vai comandar seu exército e se render a nós, deveríamos por todos os meios submetê-lo a seu antigo*

---

148. Tsao, *Rebellion of the Three Feudatories*, p. 24.

território, e outorgar-lhe um território próximo a ele. Seu estado se vingará de seu inimigo, e você e sua família serão protegidos. Seus filhos e netos, geração após geração, usufruirão perpetuamente de riqueza e nobreza, enquanto durarem montanhas e rios.[149]

Com o coração pesado, Wu Sangui deslocou-se para se encontrar com as tropas manchus que se aproximavam. Rendeu-se a Dorgon e deixou que seu cabelo fosse raspado no estilo manchu. Depois de uma década lutando contra os desertores, Wu Sangui havia se transformado em um deles.

No dia 27 de maio de 1644, Li Zicheng parou em uma colina, acompanhado pelos dois filhos do imperador dos Elevados Presságios que tinham sido capturados. Viu os soldados de Wu Sangui marchando em sua direção, e, atrás dele, dezenas de milhares de outros soldados que ele não esperava ver. Dorgon e seus irmãos, Ajige e Dodo, passaram com uma maciça tropa pelo estreito de Shanhai. Eram manchus, mongóis e chineses desertores das terras ao norte da muralha.

Eles se confrontaram nas margens do rio Sha, onde as tropas de Li Zicheng inflingiram pesadas perdas às de Wu Sangui. Durante a longa batalha de um dia, misteriosas forças de retaguarda simplesmente esperavam escondidas, enquanto os antigos guardiões do estreito de Shanhai se arremessavam em repetidos ataques contra os rebeldes. Quando o dia estava terminando e os homens de Li Zicheng pareciam ter sido vitoriosos, uma tempestade de areia soprou das colinas oeste, obscurecendo todo o cenário.

Os homens de Li Zicheng tentavam passar às cegas pela cortina de areia, acreditando que os de Wu Sangui estavam prestes a fugir do campo de batalha. Então, de repente, uma cavalaria surgiu do nada no meio deles. O pânico tomou conta dos soldados de Li Zicheng quando eles viram as cabeças raspadas de seus novos atacantes. A formação dos rebeldes se desfez e, assim que viram os manchus, os soldados fugiram apavorados. Viram que não estavam mais lutando contra os últimos defensores dos Ming, mas enfrentavam agora os invasores e conquistadores de Qing.

Quando a tempestade de areia finalmente dispersou, os rebeldes já estavam longe. Wu Sangui e seus aliados tinham ganhado o dia, e Li Zicheng saiu correndo de volta a Beijing.

No final de maio, as tropas de Li entraram na cidade certas de que os manchus vinham bem atrás. Entre a população ocorreu a notícia de que o grande general Wu Sangui havia vencido os rebeldes, e estava chegando para libertar a cidade. Os amargurados sobreviventes da batalha do rio Sha

---

149. A história da chegada dos manchus e da batalha no rio Sha pode ser encontrada em Wakeman, *Great Enterprise*, pp. 309-11.

pilharam o que puderam e fugiram da cidade. Mas Li Zicheng não podia deixar a cidade sem realizar os ambiciosos desejos de toda sua vida.

No dia 3 de junho, enquanto seus homens se preparavam para deixar a capital, Li Zicheng foi entronizado como o Primeiro Imperador da Dinastia da Grande Obediência, em grosseira paródia de uma cerimônia protocolar. Não havia o número correto de ministros presentes, pois muitos haviam sido assassinados ou se suicidaram, e o novo dirigente ainda não tivera tempo de indicar substitutos. O grande sinete dinástico, com o qual o imperador teria de assinar os documentos de sua entronização, não ficou pronto. Não havia metal disponível para cunhar sua coroa. Mas o general de um olho só tinha finalmente realizado seu sonho: Li Zicheng passou uma única noite na capital como o suposto mandatário do mundo, antes de ser obrigado a escapar de seus perseguidores. Como derradeiro gesto de rancor incendiou o palácio imperial e deixou Beijing em chamas.

A capital mergulhou mais uma vez no caos, com as pessoas se voltando umas contra as outras. Milhares morreram em confrontos de rua, com cidadãos atacando aqueles que suspeitavam ter colaborado com as antigas forças de ocupação. Os seguidores de Li Zicheng que ainda não tinham deixado a cidade foram acossados por multidões enfurecidas. Outros simplesmente arrancaram uma página do livro de seus antigos invasores e começaram a saquear.

Era tempo para acertar as contas com colaboradores, rivais e qualquer pessoa que fosse visivelmente diferente. Dois homens, com raiva dos jesuítas, lideraram uma massa de dezenas de saqueadores até o composto cristão ao norte da cidade. Foram recebidos no portão por um solitário espadachim que os desafiou a chegarem mais perto. Era Adam Schall, um jesuíta fadado a viver em uma época interessante, e que mais tarde escreveu:

> *Admito, eu sabia que os chineses eram de disposição covarde, mas naquele momento não podia imaginar até onde sua raiva poderia levá-los nem qual poderia ser o motivo da movimentação pouco usual, então desembainhei um sabre japonês e me posicionei na entrada da frente, pronto para me defender e revidar qualquer ataque.*[150]

Seu gesto funcionou e os possíveis criminosos se encolheram, dizendo a ele que estavam procurando saqueadores e não que estavam saqueando. Esta não foi a última vez em que Schall esteve em perigo. Houve vários incêndios propositais e atentados nos prédios cristãos, incluindo um no aposento onde Schall guardava todo o seu equipamento científico. Membros de

---

150. Attwater, *Adam Schall*, p .80.

seu rebanho chegavam sem parar em busca de socorro médico; um aleijado por uma bala de canhão, outro com uma flecha enfiada na garganta. Schall também inspecionou uma casa nas vizinhanças que se manteve intocada pelo fogo e deserta, com exceção de sete corpos pendurados nas vigas. Percebendo que dois ainda estavam com vida, cortou as cordas que os penduravam e os levou à sua enfermaria, onde cuidou deles até ficarem bons.

Os novos pacientes de Schall eram suicidas. Como muitos outros moradores de Beijing, sucumbiram psicologicamente aos muitos anos de pragas, seca e miséria, seguidos pelas pilhagens das forças de Li Zicheng. Com o imperador Ming morto e outro exército avançando contra a cidade, eles tinham decidido que o melhor a fazer era dar fim a suas vidas.

Outros achavam que seus problemas tinham acabado e se rejubilavam. Correram rumores de que o leal Wu Sangui tinha arrasado as tropas dos bandidos e que o adorado general estava agora avançando sobre a cidade, trazendo com ele o filho do imperador Ming. Vigias viram um grande exército se aproximando a partir do leste e os sobreviventes de Beijing se prepararam para recepcioná-los.

Em 4 de junho de 1644, os oficiais que tinham tão entusiasticamente dado as boas-vindas a Li Zicheng vestiram seus melhores uniformes para recepcionar de volta os Ming. Os cidadãos carregando flores e incensos se postaram nos portões do lado de fora da cidade e os residentes se aglomeraram nas ruas, chorando de alegria. Os guardiões dos portões leste de Beijing esperavam com uma carruagem imperial, pronta para levar os vitoriosos pelas ruas, em triunfo. Mas quando o primeiro batalhão de soldados chegou, poucos pareciam estar usando as armaduras com as insígnias da China. Seu líder desmontou do cavalo, aproximou-se dos oficiais e subiu na carruagem imperial. Só então tirou seu capacete.

Era Dorgon, que lhes disse: "Eu sou o príncipe regente. O herdeiro Ming manifesto chegará até vocês no tempo devido. Ele concordou que eu seja seu dirigente".[151]

Não era isso o que os oficiais esperavam. As pessoas nas ruas jogaram-se no chão em vassalagem à medida que a carruagem e seus acompanhantes passavam, embora alguns estivessem confusos quanto ao estranho tipo de cabelo usado pelo recém-chegado. Alguns disseram que esse homem estranho era um descendente do imperador Ming de um passado distante e tinha sido raptado pelos mongóis. Outros ousaram acreditar que Wu Sangui tinha falhado em defender o estreito de Shanhai e que o exército que se aproximava cada vez mais pertencia aos manchus.

O príncipe Dorgon chegou às construções da residência imperial, muitas das quais estavam em ruínas. Um dos palácios parecia relativamente

---

151. Wakeman, *Great Enterprise*, p. 315.

inteiro e Dorgon vagarosamente subiu os degraus acompanhado pelos antigos guarda-costas do imperador Ming.

Ao parar em frente à entrada principal, voltou-se para a multidão que estava no pé da escadaria. Disse-lhes para chorar pela partida de seu imperador por três dias. E então oficialmente comunicou-lhes que a dinastia Ming terminara:

> *Nós nos vingamos do inimigo do dirigente de sua dinastia. Queimamos nossas pontes atrás de nós e decidimos não voltar até que todos os bandidos fossem destruídos. Nos países, distritos e aldeias pelos quais passamos, todos os que podem raspar suas cabeças e se render, abrindo seus portões para nos receber, serão beneficiados e premiados, retendo suas riquezas e títulos de nobreza por gerações. Mas os que a nós resistirem desobedientemente, quando nosso Grande Exército chegar, mesmo as pedras ficarão em brasa e todos serão massacrados.*[152]

Beijing tinha caído, mas os manchus ainda tinham de submeter o resto da China.

---

152. *Idem*, p. 317.

CAPÍTULO 6

O Herdeiro do Nome Imperial

As notícias a respeito da queda da capital do norte logo atingiram Nanjing, a capital do sul. Rumores contraditórios envolviam o nome de Wu Sangui, alguns dizendo que ele ainda estava a serviço dos Ming. Na verdade, os manchus sabiamente o enviaram, junto ao remanescente de suas tropas, atrás dos bandidos fugitivos de Li Zicheng. Wu Sangui ficou cercando os rebeldes fugitivos durante meses, até que o outrora poderoso exército que saqueou Beijing se dispersou em uma série de pequenos grupos de bandidos, em rixas esparsas. Alguns dos homens de Li se renderam aos manchus e serviram sob suas bandeiras, enquanto outros se aliaram aos rebeldes Ming. O próprio Li desapareceu, presumivelmente morto ou esquecido em um dos numerosos campos de batalha.[153] Acompanhado por uma grande força manchu auxiliar, Wu Sangui conseguiu ir mais além, para o sudoeste, longe da rota almejada pelos próprios manchus e que ia bem na direção do coração do sul da China.

Com notícias esparsas correndo por todo o sul e chegando em outros lugares da China fora de ordem cronológica, a confusão era generalizada. Zicheng tomou a capital, diziam, o imperador Ming morreu, mas agora havia um novo imperador. Seria ele Li Zicheng, o Herdeiro Ming Manifesto, ou o próprio Wu Sangui? De que lado estava Wu Sangui? Quem eram seus estranhos aliados? Quem era esse príncipe Dorgon, que estava fazendo declarações em nome de um imperador-criança?

---

153. Em 1695, uma pessoa semelhante a Li Zicheng foi encontrada no túmulo de um anônimo que possuía somente um olho e que, supostamente, chegara a um remoto templo budista em 1646. O estranho tinha se tornado monge, com o nome de Jóias das Graças do Céu e morreu em decorrência da idade em 1674, deixando um discurso feito no leito de morte, no qual descreveu a si próprio como "um imperador que tinha renunciado à ostentação e às vaidades deste mundo". Ver Backhouse and Bland, *Annals and Memoirs*, p. 117. (Taiwan edn).

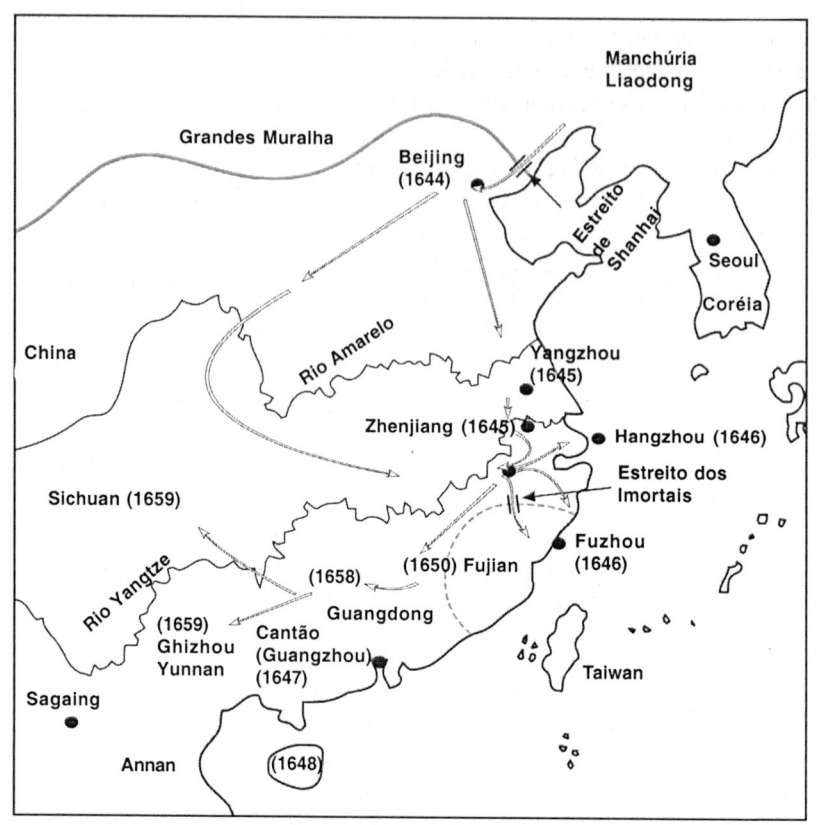

Progresso da Invasão dos manchus.

À medida que o tempo passava, os ministros de Nanjing montavam o quebra-cabeça das notícias. Sabedores de que uma tropa dos manchus logo se dirigiria ao sul, puseram a cidade em alerta militar. Os estudos de Coxinga foram abruptamente interrompidos. Nanjing teve sempre uma máquina burocrática emperrada, mas, com alguns mecanismos a serem acionados no caso de haver problemas no norte, a antiquada maquinaria do governo da cidade foi posta em atividade. Como um dos homens mais cultos de Nanjing, o tutor de Coxinga, Qian Qianyi foi um dos primeiros a serem chamados para atuar. Uma providência urgente do novo governo foi indicar o novo imperador.

Não foi difícil encontrar um outro membro da família imperial Ming. Havia 80 mil nobres de baixa linhagem espalhados por todo o país, e quando os refugiados fugiram do caos do norte, vários deles passaram por Nanjing. Na verdade, os ministros sulistas dos Ming nem foram considerados. Havia vários príncipes respeitados na região e qualquer um deles podia ser o candidato ideal. Entretanto, os ministros não poderiam indicar um candidato apenas por voto ou indicação, baseados em vagos argumentos ou fofocas.

Tinham de encontrar o parente vivo mais próximo do desaparecido imperador Ming. Acreditando que o Herdeiro Manifesto estava morto, não tinham outra escolha senão indicar um novo dirigente seguindo o conceito estrito de dinastia.

O processo de seleção despertou um antigo feudo que havia ameaçado o Império duas gerações antes. O imperador das Dez Mil Experiências, décimo quarto governante da dinastia Ming, tinha um filho primogênito que fora preterido na sucessão quando sua mãe perdeu os favores reais. Este príncipe era o mesmo príncipe de Fu, cujo sangue Li Zicheng havia bebido. Para todos os efeitos, era um alcoólatra, libertino perdulário cuja perda mal tinha sido notada pela preocupada dinastia Ming, mas o príncipe de Fu tinha um filho. Pelas leis sucessórias, seu herdeiro de 40 anos seria o primeiro da fila na escolha de alguém para ocupar o trono imperial. Deixando de lado suas diferenças, as facções de Nanjing o trouxeram para a cidade em 4 de junho e ali proclamaram-no titular do reino de *Hongguang, o Imperador do Grande Esplendor*.[154] Esperaram duas semanas para fazê-lo, na esperança de que alguém melhor aparecesse.

Mas não deu. O imperador do Grande Esplendor era, no mínimo, pior do que o pai. Como membro da família imperial, fora proibido de trabalhar, e como não tinha nada o que fazer no seu estado, cresceu se divertindo com bebidas, vinhos e mulheres. Era devotado à mãe adotiva, uma mulher apenas alguns anos mais velha do que ele, que costumava encorajá-lo nos seus excessos. Logo depois que chegaram a Nanjing, ela lhe sugeriu que escolhesse uma esposa, e o novo mandatário decidiu que apenas uma garota de Hangzhou serviria. Mesmo com os manchus pressionando as defesas sulistas a partir de Beijing, emissários foram enviados a Hangzhou rio abaixo a partir de Nanjing, ligeiramente para o sul, onde as míticas beldades da cidade foram recolhidas e trazidas até o imperador do Grande Esplendor para sua avaliação. Todas foram defloradas sem que nenhuma se mostrasse à altura de suas exigências, de modo que novos emissários foram forçados a viajar mais para o interior, para outras cidades, e prostíbulos locais. Idependentemente do que ele gostasse de fazer com as virgens que lhes eram oferecidas, nem todas saíram vivas de sua cama. Ele conseguiu matar duas em uma única noite.[155]

O imperador do Grande Esplendor também nomeou novos nobres e generais. Com as finanças em estado desesperador, a administração estava preparada também para vender tais cargos. A corte Ming do sul assinou mais de 60 indicações e títulos de nobreza, enviando bilhetes a milionários locais na esperança de que respondessem com um juramento de lealdade.

---

154. Hummel, *Eminent Chinese*, pp. 195-6.
155. Wakeman, *Great Enterprise*, p. 339.

Um desses beneficiários foi Nicholas Iquan, que recebeu o título de conde pelo novo regime e foi mandado a ajudar a defender a capital do sul.

Iquan obedientemente enviou um batalhão de homens sob o comando de seu irmão Feng - a Fênix, para guarnecer uma cidade estratégica na região do rio Yangtze. Ao norte havia quatro exércitos leais aos Ming, embora sua adesão ao imperador do Grande Esplendor estivesse comprometida por suas próprias contendas internas. Um dos exércitos era chefiado por um comandante verdadeiramente leal, Shi Kefa, veterano em campanhas contra os bandidos. Um outro incluía principalmente antigos bandidos do exército de Li Zicheng e era comandado por Gao Jie, forçado a fugir das forças de Li Zicheng depois de roubar a mulher do general de um olho só, Xing. Com a morte de Gao Jie em batalha, o exército passou a ser controlado pela própria, a senhora Xing, uma das poucas mulheres generais da história chinesa.

Não havia amor perdido entre os Ming e seus antigos inimigos. A norte de Nanjing, os exércitos defensivos dos Ming se desentenderam a respeito da jurisdição, dos suprimentos, e até de quais cidades deveriam ocupar. Enquanto os generais discutiam, os manchus chegavam mais perto, vencendo-os em vários confrontos. Nem todos os conquistadores manchus eram violentos — pior para os leais aos Ming eram aquelas vitórias nas quais os manchus não apenas ganhavam terreno, mas também novos soldados, já que os desertores eram incorporados a seus exércitos. Logo chegaram as notícias de que os manchus não estavam atacando apenas do norte. O irmão do príncipe Dorgon, Dodo, que havia acompanhado Wu Sangui na sua perseguição ao fugitivo Li Zicheng, estava agora avançando a oeste com uma nova tropa. Em Nanjing, Qian Qianyi diplomaticamente levantou a questão de abandonar a cidade e seguir em direção ao sul para um reduto mais seguro. Fujian, a cidade natal de Nicholas Iquan, era encarada como a de melhor localização, por ser uma espécie de fortaleza natural, circundada em três lados por altas montanhas e no quarto lado pelo mar. Entretanto, mudar o Imperador para Fujian significava, de fato, colocá-lo sob o controle do dirigente de Fujian, e Nicholas Iquan tinha muitos inimigos ciumentos e temerosos de sua meteórica ascensão ao poder. Mas em um primeiro momento o imperador do Grande Esplendor se recusou a dar ouvidos a seus conselheiros. Ele tinha outros problemas mais imediatos. Seu poder sobre os habitantes de Nanjing, embora fraco pela falta de fundos e recursos, promoveu um choque mais à frente pela chegada de um pretendente à sua coroa — um jovem que se dizia filho do imperador falecido e que havia escapado da queda de Beijing.

O destino do príncipe Cilang, o verdadeiro Herdeiro Ming Manifesto, tornou-se assunto de muito debate. Relatos conflitantes diziam que ele tinha estado ao lado de Li Zicheng na batalha do rio Sha, ou que havia viajado sob a custódia de Wu Sangui. Durante o inverno de 1644, os ministros de

Qian Qianyi ouviram relatos mais recentes dizendo que alguém que correspondia à descrição do príncipe estava nas mãos dos legalistas, fugindo com outros refugiados. Chegaram a Nanjing histórias de um jovem que viajava incógnito, fazendo exigências absurdas a seus companheiros, bebendo e entregando-se à devassidão enquanto os que estavam a seu redor lutavam por comida, e dirigindo-se àqueles que encontrava com modos arrogantemente imperiais. Enquanto a misteriosa celebridade andava pelo sul, o governo de Qian Qianyi ordenou aos seus representantes do norte que escondessem o Herdeiro Manifesto.[156]

Quando o misterioso jovem foi trazido a Nanjing, afirmou ser o próprio Cilang e disse ter escapado de seus captores em Beijing durante a confusão. Ao fugir da cidade, contou ele, escondeu-se em uma vala na primeira noite, depois foi a pé, pelo sul, caminhando durante sete dias, para evitar outros viajantes ou refugiados. Foi só quando a fome o venceu que procurou ajuda e a companhia de outras pessoas e aí caiu nas mãos dos legalistas. Em Nanjing, enquanto se vestia para sua audiência, o rapaz até reconheceu um dos eunucos do palácio, que tinha escapado de Beijing e se dirigiu a ele pelo nome.

A população de Nanjing estava enlevada, acreditando ter a custódia do filho mais velho do imperador dos Elevados Presságios e que o futuro da dinastia Ming estava assegurado. Se o jovem era realmente o príncipe Cilang, isso colocaria o recém-proclamado imperador do Grande Esplendor em uma posição embaraçosa, e os ministros debatiam todas as possibilidades a esse respeito. O Império Celestial não podia mais sofrer uma futura retratação, abdicação ou mudança de governante, e as facções insatisfeitas iriam, sem dúvida, usar uma outra mudança no poder como desculpa para questionar a validade de um ou de ambos os reclamantes. Se o reclamante era verdadeiro, melhor que o imperador do Grande Esplendor o adotasse como seu próprio filho.

Entretanto, o imperador do Grande Esplendor não aceitou e reprovou seus seguidores por sua credulidade. Durante um detalhado, mas respeitoso interrogatório, o misterioso jovem foi capaz de responder a muitas das questões gerais sobre a vida de um príncipe em Beijing, mas foi muito vago no que dizia respeito aos estudos do verdadeiro Cilang. Eunucos que tinham fugido de Beijing estavam preparados para dizer que, *até onde lembravam,* suas feições não combinavam com as do príncipe que só viam a distância. Uma consorte imperial, que presumivelmente teria conhecimento íntimo do verdadeiro Cilang, argumentou que, durante a traumática guerra no norte e a fuga para o sul, o semblante e a conduta do príncipe poderiam ter sido alterados e que também poderiam ter sido removidas várias marcas

---

156. *Idem*, pp. 528-35.

de nascença características, como uma pinta que ela se lembrava de ter visto na perna de Cilang.

Embora ninguém quisesse arriscar a vida denunciando o misterioso jovem como um impostor, os mais confiáveis generais e ministros de Qian Qianyi falavam privadamente de suas suspeitas. Diziam que a "fuga" poderia ter começado bem mais perto de Nanjing e que a alegada viagem solo de uma semana era apenas uma conveniente maneira de evitar testemunhas. Mas a mais condenável evidência contra o Falso Herdeiro, como ele passou a ser conhecido, veio de uma fonte inesperada. De volta a Beijing, os conquistadores manchus mandaram uma mensagem codificada aos legalistas, anunciando que eles próprios já tinham matado o original.

O verdadeiro Cilang tinha mesmo escapado quando Beijing caiu, mas foi recapturado pelos soldados do exército fugitivo de Li Zicheng, que falhou em não reconhecê-lo. Ele os serviu como cavalariço durante dois meses antes de conseguir escapar, voltando à mansão de seu avô materno em Beijing. Lá, foi imediatamente reconhecido por Huaizong, a ex-princesa imperial mutilada, que explodiu em lágrimas ao ver o emaciado irmão.

Entretanto, quando Cilang foi trazido à custódia manchu, o príncipe Dorgon anunciou que o rapaz era um impostor e que tinha sido identificado como tal pela antiga consorte honorável do falecido imperador. Sua proclamação fez questão de mencionar a chorosa reunião com a irmã mutilada, mas também identificou seu denunciante pelo nome. Para aqueles poucos eunucos e ministros que estiveram presentes durante os últimos dias do imperador Ming, a mensagem era clara. A honorável consorte já estava morta há quase um ano – ela estava ao lado da princesa imperial quando seu pai amputou o braço da garota e cometeu suicídio um pouco mais tarde, naquela mesma noite. Se a princesa imperial reconheceu o garoto quando o viu, foi porque ele era mesmo o verdadeiro príncipe Cilang. E se Dorgon se recusou a admitir isso, com testemunho forjado de uma mulher morta, era porque precisava de uma desculpa para executar o verdadeiro Cilang antes que o garoto se transformasse em motivo de zombaria para os rebeldes. Dorgon matou o garoto por temer que ele personificasse Cilang, mas quis ter certeza de que sua proclamação chegaria até os legalistas do sul Ming — o "impostor" em Beijing era mesmo o verdadeiro Cilang, e os manchus o haviam matado.

Isso, claro, também era má notícia para o Falso Herdeiro, que foi preso e mais tarde julgado, em abril de 1645. Ele confessou ser Wang Zhiming, membro da Guarda Imperial, orientado a montar essa história por vários eunucos e conspiradores. Mas mesmo a confissão do Falso Herdeiro falhou em influenciar os habitantes de Nanjing, que viram a revelação do "nome verdadeiro" do Falso Herdeiro como uma tentativa boba do imperador do Grande Esplendor de mentir para eles. Não demorou muito para que alguém dissesse que Wang Zhiming era um anagrama de Ming Zhi Wang, ou Príncipe do Brilho. O povo de Nanjing continuou convencido de que o Falso Herdeiro era o verdadeiro Cilang e que o imperador do Grande Esplendor queria apenas vitimá-lo para se manter no poder. De qualquer forma, o julgamento apenas aumentou a convicção das pessoas comuns, de que o imperador do Grande Esplendor era um homem do mal, disposto a esmagar o antecessor de sua família, e a agitação cresceu na capital. Mesmo com o Falso Herdeiro tendo assinado uma declaração confessando seu crime, o imperador do Grande Esplendor não podia arriscar a perder ainda mais popularidade junto ao seu povo, executando-o. Em vez disso, o garoto foi colocado preso em uma casa luxuosa, enquanto o governo de Qian Qianyi tentava preparar-se para o ataque dos manchus, que estava por vir.

Os invasores chegaram pela região rural a partir de Beijing enfrentando pouca resistência. Os exércitos das bandeiras eram amparados do perigo imediato pelas legiões de desertores na linha de ataque que usavam os novos recrutas do mesmo modo que o fizeram com as forças de Wu Sangui no rio Sha. Chineses lutaram contra chineses nos campos de batalha por todo o norte, e muitos simplesmente se renderam. Ao darem as costas à memória da dinastia Ming, esses traidores eram ricamente recompensados. Um general da cidade de Huai'an teve de escolher entre a perspectiva da morte ou a promoção ao cargo de visconde. Escolheu tornar-se um nobre no exército manchu enquanto seus homens passaram a compor a força "invasora".

A cidade seguinte a ser atacada na lista dos manchus era Yangzhou, ao norte de Nanjing, onde o Grande Canal que saía de Beijing encontrava um afluente do rio Yangtze. As duas rotas críticas para Yangzhou já tinham caído, com seus generais submetendo-se aos manchus e raspando a frente de suas cabeças para indicar sua obediência aos novos senhores. Mas ao contrário de outras cidades antes dela, Yangzhou não se renderia.

Yangzhou foi ocupada por Shi Kefa, um general de 44 anos, que se pautava por uma fanática lealdade à dinastia Ming. Os manchus tentaram cooptar Shi Kefa de inúmeras maneiras, mandando-lhe várias cartas em nome de Dorgon, mas na verdade escritas pelos desertores. Shi Kefa tinha muitas vezes advertido o imperador do Grande Esplendor a respeito de assuntos militares, usando uma linguagem que teria derivado em reprimenda ou prisão no caso de um soldado de menor patente. As mensagens de Dorgon capitalizavam isso, lembrando a Shi Kefa que, leal ou não aos Ming, ele estava o tempo todo servindo a um senhor depravado. Enquanto os manchus lutavam contra os legalistas Ming, escreveu o escriba de Dorgon, ambos os lados desperdiçavam a oportunidade de se unir e perseguir o verdadeiro inimigo: as forças remanescentes de Li Zicheng. Dorgon conclamava Shi Kefa a todo custo a mudar de lado para evitar uma situação em que houvesse "dois sóis no firmamento". Mas era tarde demais; já havia duas pessoas dizendo ser o imperador da China — três, se alguém quiser incluir o fugitivo Li Zicheng.

O exército do príncipe Dodo, irmão de Dorgon, chegou a Yangzhou onde os manchus deram aos legalistas mais uma chance de rendição. Li Yuchun, um general desertado, correu em torno dos muros da cidade portando a bandeira do príncipe Dodo e gritando:

> *A fama da lealdade de Sua Excelência e seus eminentes serviços prestados espalhou-se por toda a China, embora o imperador Ming não mereça mais sua confiança. Por que, então, não ganhar um título e uma recompensa e aderir aos manchus?*[157]

Uma flecha foi lançada do arco de Shi Kefa e por pouco não atingiu Yuchun, que correu de volta para relatar que a resposta tinha sido negativa.

Dodo mandou ainda várias outras cartas e implorou nos dias que se seguiram, incluindo outra visita de Yuchun, cujos comentários sobre a natureza discutível do imperador do Grande Esplendor lhe renderam mais uma flechada. Desta vez Shi Kefa acertou seu alvo.

Um flerte relutante não é desconhecido no Oriente. É, por exemplo, considerado correto recusar três vezes o convite para um compromisso importante, de modo a demonstrar humildade. Conseqüentemente, demorou vários dias para que os manchus percebessem que a resistência de Shi Kefa não era encenação, mas genuína lealdade aos Ming. Naquela ocasião, ele e seus homens tinham construído plataformas de madeira ao longo de toda a muralha que cercava Yangzhou, onde foram instaladas suas armas secretas: artilharia.

Como um soldado experiente que era, Shi Kefa sabia o que as armas eram capazes de fazer. Durante seus dias em Beijing, tinha sido um dos firmes defensores do projeto da fundição que recrutara Adam Schall para produzir armas para o imperador dos Elevados Presságios. Os chineses sempre tiveram armas e se orgulhavam do supercanhão gigante que chamavam de "Instrumento Divino" e que demorou meio dia para se mover do arsenal para o campo de treinamento. Shi Kefa, entretanto, era fã dos artefatos menores de Schall, mais facilmente transportáveis, como uma variante de barril triplo. Muitos dos protótipos de Schall ficaram espalhados por numerosos campos de batalha do norte ou foram roubados pelos invasores manchus, mas os estudantes de Schall tinham se tornado exímios canhoneiros. Um desses pupilos do artilheiro jesuíta juntou novas armas para Shi Kefa e elas agora ornavam as muralhas de Yangzhou.

Quando o exército manchu finalmente partiu para conquistar Yangzhou, os canhões de Shi Kefa mataram milhares de soldados. Os corpos se empilhavam em montes tão altos, que depois de um tempo não havia necessidade de escadas para os soldados manchus subirem até as muralhas.

---

157. Backhouse and Bland, *Annals and Memoirs*, p. 172. (Taiwan edn).

Os defensores da cidade começaram a fugir delas pulando nos cavalos que estavam embaixo, arrancando seus capacetes e jogando fora suas lanças, criando uma algazarra ensurdecedora quando seus pés esmagavam as telhas dos telhados. O barulho arrancou de casa os moradores da cidade a tempo de eles verem os defensores fugindo e logo as ruas ficaram lotadas de refugiados. Mas não havia para onde fugir. Alguém abriu o portão sul, e a última rota possível de fuga foi cortada por mais soldados manchus.

Como resultado, Shi Kefa deu ordem a seus homens para que o matassem, mas seu tenente não conseguiu disparar o tiro mortal. Com a cidade agora nas mãos dos manchus, Shi Kefa foi levado até Dodo. O príncipe lhe disse que sua lealdade tinha impressionado os inimigos manchus.

"Você fez uma brilhante defesa", disse ele. "Agora que você fez tudo o que seu dever exigia, eu me sentiria feliz em lhe dar um alto posto", concluiu.

Shi Kefa, entretanto, recusou-se a abandonar sua adorada Dinastia do Brilho.

"Não lhe peço outro favor que não a morte", respondeu ele.[158]

Nos dias seguintes, os manchus fizeram repetidas tentativas de persuadir Shi Kefa a passar para o lado deles, mas ele se manteve inquebrantável, reafirmando que a única coisa que desejava era morrer com sua dinastia. No terceiro dia, um exasperado príncipe Dodo garantiu que cumpriria o desejo de Shi Kefa e o decapitou pessoalmente.

Apesar de seus apelos a Shi Kefa, Dodo estava profundamente irritado com o custo humano da tomada de Yangzhou. Disse a suas tropas que fizessem o que quisessem com a cidade durante cinco dias, e as atrocidades que se seguiram foram de tal ordem que demorou mais cinco dias até que Dodo conseguisse controlar novamente seus homens. Os sobreviventes manchus vingaram-se da perda de seus companheiros na população da cidade, chacinando os homens e estuprando as mulheres. A clemência demonstrada às cidades que mudaram de lado mais ao norte não ficou evidente ali, onde traidores manchus e chineses pilharam o que puderam e assassinaram todas as testemunhas que encontraram. Incêndios brotaram em vários quarteirões da cidade mas foram apagados, grande parte, por uma pesada chuva.

Um sobrevivente contou que os cadáveres encheram os canais, valetas e reservatórios, o sangue corria como água, formando riachos de um vermelho esverdeado por toda a cidade. Bebês foram mortos ou esmagados e as mulheres jovens acorrentadas juntas para serem mandadas para o norte distante. Muitos anos depois, viajantes da Manchúria e Mongólia ainda

---

158. *Idem*, p173.

contavam ter visto mulheres escravas velhas, assustadas, com sotaque de Yangzhou, vestidas com peles de animais.[159]

Com Yangzhou conquistada, os manchus tinham desimpedido a passagem ao longo do Grande Canal que chegava até o rio Yangtze. Qian Qianyi sugeriu ao imperador do Grande Esplendor que era chegada a hora de evacuar Nanjing e seguir mais para o sul, mas suas palavras não foram levadas em consideração.

O próximo alvo das forças Ming ao sul era a cidade de Zhenjiang, um posto fortificado na margem sul do Yangtze, ligeiramente a leste de Nanjing. O canal de Yangzhou encontrava o imenso rio Yantze no lado oposto, fazendo de Zhenjiang o alvo mais lógico para os manchus. Zhenjiang foi ocupada por uma considerável força de soldados Ming, sob o comando do tio de Coxinga e seu antigo instrutor de artes marciais, Feng - a Fênix, agora feito marquês pelo imperador do Grande Esplendor. Com ele estava Zheng Cai, um sobrinho de Nicholas Iquan — possivelmente filho verdadeiro ou filho adotivo de Feng. Os soldados tinham ocupado a Ilha Dourada, nas proximidades, e cavado uma grande vala para acomodar as armas de fogo obtidas com a ajuda dos aliados europeus.

O primeiro problema de Feng foi a retirada do exército de Gao Jie, que se amotinara contra a senhora Xing. De novo no estado sem lei que todos temiam, o exército voltou-se para seus antigos aliados. Os homens de Feng-a Fênix foram forçados a investir contra os companheiros chineses, chacinando quase dez mil de seus atacantes antes de vencê-los. Foi outra vitória relativa, já que os sobreviventes passaram para o lado dos manchus, onde se renderam e foram incorporados à força invasora. O exército "manchu", comandado pelo príncipe Dodo e inchado com os desertores chineses, chegou à margem norte do Yangtze. Uma milha e pouco mais ao sul, no local onde a água do rio chegava a ter cem pés de profundidade, Feng - a Fênix esperava.

Três dias se passaram sem nenhum movimento de ambos os lados. Na quarta noite, dia 1º de junho de 1645, o rio foi coberto por uma densa neblina e os manchus entraram em ação. Jogaram no rio pequenas balsas com tochas queimando. Vendo as luzes naquela vastidão de água, Feng - a Fênix deduziu que eram seus inimigos descarregando munição e ordenou a seus homens que atirassem. Os defensores fizeram maciços disparos de mosqueteiros e canhões, o que durou horas, gastando grande parte da sua preciosa munição, só para atirar no escuro, em balsas vazias.[160]

Enquanto isso, mais acima, os manchus se esgueiravam em silêncio na escuridão, sem nem uma única tocha para iluminar o caminho. Quando

---

159. Wakeman, *Great Enterprise*, p. 562n.
160. Peers, *Late Imperial Chinese Armies, 1520 — 1840*, pp. 42-3; Ross, *The manchus*, pp. 261-2.

a madrugada chegou, Feng - a Fênix viu toda uma tropa manchu no seu lado do rio, avançando contra suas fortificações. Percebendo que tinha sido ludibriado, ordenou que seus homens fugissem e abandonou Zhenjiang. Como diz um relato contemporâneo: "Os chineses saíram correndo para todos os lados, como as ovelhas costumam fazer quando vêem o lobo, deixando toda a praia sem defesa nenhuma".[161]

Houve quem, na corte de Nanjing, dissesse que Feng não tinha a intenção de permanecer ali por muito tempo. Guerreiro experiente e homem correto, covarde ele não era. Suas últimas ações indicam que permaneceu fiel aos Ming e não entrou em nenhum acordo com seus invasores. Mas permaneceu a impressão de que sua rápida partida de Zhenjiang foi engendrada por Nicholas Iquan. Embora nenhum manchu tenha morrido na tomada de Zhenjiang, também nenhum dos homens de Iquan ficou ferido. O astuto Senhor dos Mares pode ter planejado tudo isso para atrair o imperador de volta à sua Fujian natal, lugar que tinha defesas naturais, como o mar inteiro. É provável que Feng - a Fênix tenha sido o único membro de maior importância dentro da família de Nicholas Iquan a ser deixado na região do Yangtze. O resto, incluindo Coxinga, retirou-se para o extremo sul de Fujian para aguardar o resultado da chegada dos manchus em Nanjing. A partida dos homens de Feng - a Fênix tirava da família Zheng qualquer envolvimento na defesa de Nanjing.

O imperador do Grande Esplendor fugiu da cidade pelo sul de Yangtze, sem informar nenhum dos seus generais ou ministros. Ao ouvir que o imperador havia partido, Qian Qianyi foi forçado a encarar os fatos — Nanjing ia cair nas mãos dos manchus em questão de dias. A amante de Qian, uma cantora que se transformou em poetisa com o nome de Liu Shi,[162] encontrou-se com ele aos prantos, presumindo que, como homem honrado e virtuoso que era, aos moldes de Confúcio, sentir-se-ia obrigado a cometer suicídio. Qian, entretanto, anunciou que apostaria nos manchus. Se os Ming tinham finalmente acabado, os manchus pareciam se comportar respeitosamente com aqueles que se submetiam a eles.

Liu Shi mudou de tom, dizendo, ao contrário, que Qian Qianyi deveria sim matar-se, mas alguma coisa já havia persuadido o discípulo fiel de Confúcio de que a submissão aos manchus era a conduta mais correta. É provável que a culpa disso recaísse sobre o próprio imperador do Grande Esplendor. O comportamento debochado e o tratamento rancoroso dado ao Falso Herdeiro pelo imperador do Grande Esplendor não eram atitudes ideais para um líder confuciano. É possível que Qian tivesse visto na fuga do imperador um sinal da verdadeira perda do Mandato Celestial. As evidências

---

161. Martini, *De Bello Tartarico Historia*, p. 115.
162. Hummel, *Eminent Chinese*, pp. 529-30. Liu Shi havia sido também o professor de caligrafia de Coxinga.

certamente eram constrangedoras e, muitas décadas depois, quando os manchus escreveram a história de sua conquista, deliberadamente finalizaram a história dos Ming com o perverso e covarde imperador do Grande Esplendor em Nanjing, em vez de com seu mais nobre antecessor em Beijing.

Qian Qianyi convocou os ministros mais próximos a ele, e o grupo começou a planejar a rendição pacífica da cidade aos invasores. Como os ministros concordaram em receber os manchus e, dessa forma, salvar sua cidade do destino de Yangzhou, a população decidiu por si mesma libertar o Falso Herdeiro da prisão e proclamá-lo o novo imperador Ming. Vestiram-no com uma roupa de gala furtada de uma loja de artigos teatrais, prestaram-lhe homenagens e imploraram para que intercedesse junto aos deuses. Após vários dias de céu enevoado, o sol apareceu de repente, levando alguns a acharem que Naijing estaria segura. De certa forma, estaria.

O exército de Dodo chegou aos portões de Nanjing em meio a uma pesada tempestade e foi recebido pelos ministros de Qian Qianyi, ensopados. Mas como Dodo tinha estado ocupado combatendo as forças de Li Zicheng no interior por algumas semanas, não sabia que Dorgon já havia matado o Herdeiro Manifesto e tratou o Falso Herdeiro com cautelosa reverência. "Não podemos distinguir o verdadeiro do falso neste momento", disse a um ministro desertor. "Tudo ficará claro depois de nosso retorno para o norte."[163]

Um setor de Nanjing foi escolhido para ser o quartel manchu, e as famílias foram expulsas e forçadas a se mudar para uma outra parte da cidade. A separação entre conquistadores e conquistados ajudou a evitar muitas das atrocidades que se seguiram à tomada de Yangzhou, e Nanjing passou para as mãos dos manchus em relativa paz. Qian Qianyi tinha salvo milhares de vidas, mas também dado as costas à dinastia manchu.

Enquanto isso, o imperador do Grande Esplendor fugiu em busca de aliados ao sul de Nanjing. Chegou ao campo de Huang Degong um comandante legalista que não ficou muito satisfeito ao vê-lo. O general, que era um dos que acreditavam ainda que o Falso Herdeiro podia ser o verdadeiro Cilang, talvez preferisse que o imperador do Grande Esplendor tivesse morrido com nobreza na queda de Nanjing, inspirando seus seguidores a resistir mais ao sul com o Falso Herdeiro como seu novo líder. Em vez disso, o imperador fugira. Não apenas se recusara a morrer no momento apropriado, como agora era um ímã a atrair problemas — Degong acreditava, com razão, que seus soldados atrairiam agora atenção indevida dos exércitos manchus que se aproximavam.

O imperador do Grande Esplendor, amargurado e bravo após dias de privação, segundo dizem, deixou escapar que Degong nunca tinha sido ministro de sua confiança, o que forçou o embaraçado general a hipotecar-lhe sua irrestrita lealdade.

---

163. Wakeman, *Great Enterprise*, p. 580.

Entretanto, isso não duraria muito. Em 15 de junho, um destacamento de soldados chegou, comandado por desertores chineses. Exigiram que Degong lhes entregasse seu hóspede imperial, mas ele se recusou. Sem esperar por nenhum argumento, um dos desertores chineses armou seu arco e acertou Degong na garganta. Seus oficiais ficaram atônitos, vendo-o morrer, e sabendo que seriam os próximos. Quando os manchus perguntaram uma segunda vez, entregaram o imperador do Grande Esplendor e prestaram obediência a seus novos senhores.

O antigo imperador do Grande Esplendor foi levado de volta a Nanjing por estradas cercadas por multidões que cuspiam nele e lhe atiravam pedras. Foi apresentado imediatamente a Dodo, que estava em um banquete do qual também participava o Falso Herdeiro.[164] O antigo imperador do Grande Esplendor foi colocado em um lugar abaixo daquele ocupado pelo Falso Herdeiro e Dodo não resistiu à oportunidade de atormentá-lo. Como era isso, perguntou Dodo, que ele não tinha se afastado de seu papel imperial no momento em que o filho do imperador dos Elevados Presságios apareceu na cidade? Se, acrescentou Dodo, o imperador do Grande Esplendor era o verdadeiro dirigente da China como se proclamava, por que tinha sido deixado para os manchus a tarefa de perseguirem os fugitivos remanescentes do exército de Li Zicheng? O antigo imperador do Grande Esplendor simplesmente sentou-se em silêncio, paralisado pelo medo, suas vestes encharcadas de suor, nervoso. Mas Dodo não tinha acabado. Estava curioso, disse, para saber mais sobre os acontecimentos que envolveram a covarde fuga do imperador do Grande Esplendor de Nanjing, quando da aproximação do exército manchu. Com certeza, Dodo desafiou, se o imperador do Grande Esplendor possuía o Mandato Celestial, não tinha nada a temer... Depois de chamar o antigo imperador de usurpador, incompetente e covarde, Dodo finalizou com uma flor de retórica. Informou aos participantes do jantar que os manchus nunca tiveram a intenção de chegar tão ao sul, mas foram incentivados na sua conquista pela ausência de resistência organizada e pelo número de chineses desejosos de mudar de lado.[165] Estava o antigo imperador do Grande Esplendor, consciente, por exemplo, que teria bastado um único exército no rio Amarelo para aniquilar o avanço do exército manchu antes de ele ser inchado com tantas deserções chinesas?

Cansado de atacar um homem que não podia retrucar, Dodo ordenou que levassem embora o imperador do Grande Esplendor. O mandatário deposto viveu em reclusão perto de Nanjing por algum tempo, enquanto os captores manchus o interrogavam em busca de informações sobre importantes

---

164. Idem, p. 581.
165. Dodo provavelmente dizia a verdade. A Dinastia Jin (1115-1254), à qual os manchus chamavam de ancestrais, tinha governado a China, ao norte de Yangtze. É bem provável que os manchus estivessem satisfeitos com aquele território e deixassem o sul da China para os chineses.

legalistas sobreviventes. Quando ele não foi mais útil a seus carcereiros, executaram-no sem alarde. Dodo mandou o Falso Herdeiro para Beijing, onde ele sobreviveu em cativeiro até o ano seguinte, quando, com outros "príncipes Ming" falsos e encrenqueiros, foi executado por Dorgon.

Embora Qian Qianyi se tenha submetido aos manchus e Nanjing mudado de mãos, os manchus tinham conquistado apenas a metade da China. Seus exércitos pressionavam mais ao sul, onde entravam nas regiões que tinham provado ser mais indômitas no passado, quaisquer que fossem seus dirigentes nominais. Estavam também se aproximando de Fujian, o centro das empresas de Nicholas Iquan.

Os legalistas Ming precisavam de um novo imperador e encontraram um candidato bem ao norte de Fujian. Ele não era da linhagem de sangue dos imperadores mais recentes, mas descendente de um dos filhos dos fundadores da dinastia Ming. Em 10 de junho de 1645, ele concordou em se tornar regente durante o tempo necessário para que o destino do imperador do Grande Esplendor fosse definido. Guardado por divisões do exército de Feng - a Fênix, que ainda se dirigia para o sul após a desastrosa defesa de Zhenjiang, o regente foi empurrado por entre um dos perigosos estreitos montanhosos que davam em Fujian. Em muitas cidades ao longo do caminho, o novo regente dirigiu-se à população com discursos e decretos, proclamando que a Dinastia do Brilho ainda não tinha podido brilhar e que se aproximava o tempo em que o povo da China expulsaria os invasores. Também indicou o nobre leal que tornaria tudo isso possível: o próprio Nicholas Iquan de Fujian.[166]

Em 26 de julho, o regente chegou a salvo em Fuzhou, a capital provincial de Fujian, e a proclamou capital temporária. Não era um deboche de bêbado ao estilo do imperador do Grande Esplendor — o regente encorajou a austeridade entre seus seguidores, renunciando a roupas luxuosas e não perdeu tempo em indicar novos ministros e montar planos para serem aplicados em uma contra-ofensiva. Em 18 de agosto, com o destino de seu predecessor agora conhecido, ele foi oficialmente entronizado, com o sinistro título real de *Longwu:* O imperador de Intensa Guerra.[167]

O novo mandatário não pretendia demorar muito em Fuzhou. Estava determinado a comandar pessoalmente um exército de volta para o norte,

---

166. De acordo com o livro de Ponsonby-Fane (*Sovereign and Subject*, p. 228), Iquan, na verdade, não interferiu na escolha de qualquer imperador, mas foi vencido nos votos por uma facção liderada por Feng - a Fênix. As honras o engrandeciam e as considerações insinuadas de indicar Coxinga para a sucessão imperial podem ter resultado na tentativa de subornar a oposição.

167. O imperador de Intensa Guerra teve de lidar com a descoberta embaraçosa de um "regente" rival, que se havia autoproclamado o último defensor independente dos territórios Ming do interior do país. Entretanto, suas disputas para ver quem realmente mandava estão além do alcance desse livro. Ver Struve, *Southern Ming*, pp. 75-94.

para tomar a China dos manchus. O imperador de Intensa Guerra estava extremamente grato a Nicholas Iquan e esperava que o rico sulista se tornasse a sustentação do seu esforço de guerra. Iquan foi feito marquês e lhe foi dado o controle de três ministros que se relacionavam mais diretamente com assuntos marciais. Outros membros do clã Zheng também se deram bem. Feng - a Fênix, que tinha fugido de Zhenjiang, mas conseguido transportar em segurança o imperador até Fuzhou, virou o Conde do Ataque Decisivo. O sobrinho de Iquan, Zheng Cai, virou o Conde da Perpétua Vitória, e Bao - a Pantera, o Capitão da Guarda de Brocados, os pretorianos que cuidavam da segurança pessoal do imperador.[168]

Outro beneficiário das honrarias concedidas em Fuzhou foi o próprio Coxinga que, segundo dizem, causou muito boa impressão ao letrado imperador de Intensa Guerra. Ainda um jovem de apenas 21 anos, o antigo estudante de Confúcio foi nomeado assistente controlador do clã da corte imperial. O imperador, que não tinha filhos, comentou que se sentia desapontado por não ter uma filha para oferecer em casamento a Coxinga, e concedeu-lhe um novo nome. Depois de ter sido chamado de Pinheiro Felizardo e Grande Árvore o rapaz recebeu o apelido de Chenggong, desse modo fazendo com que seu novo nome recém-concedido de Zheng Chenggong fosse traduzido literalmente como "Sério Empreendimento". Em momento de supremo orgulho para sua família, ao garoto foi também conferido o direito de usar o último nome da família Ming. Isso correspondia a uma simbólica adoção, e ele era freqüentemente apontado como o Guoxingye, o Herdeiro do Nome Imperial. Pronunciado como Koksenya no dialeto *staccato* de Fujian e mais tarde transcrito pelos observadores estrangeiros, o título acabou sendo transformado em "Coxinga", pelo qual ele ficou conhecido historicamente.[169]

Nem toda a corte estava feliz com as atenções dada a Nicholas Iquan e seus associados. Ouviram-se alguns reclamando, com razão, que só o desespero do momento levara o imperador de Intensa Guerra a depositar tanta confiança em um grupo de pessoas consideradas criminosas poucos anos antes. Para Iquan, entretanto, seu título de marquês e, logo em seguida de Duque da Pacificação Nacional foram motivo de grande orgulho. Pode ter sido um fator que contribuiu para a chegada de um novo rosto à fortaleza de Anhai de Iquan.

Talvez ela sempre tivesse a intenção de deixar o Japão após seu segundo filho chegar à idade adulta. Talvez tenha sido incentivada pelas notícias de que seu antigo amante era agora um duque, ou que seu filho mais velho era o novo favorito do imperador. Quaisquer que fossem as razões, a senhorita Tagawa escolheu deixar o Japão em 1645 e zarpar para Fujian,

---

168. *TW*, p. 70.
169. *TW*, p. 74.

onde se reuniu a Coxinga após mais de uma década de separação. Não há registro do que a esposa principal de Nicholas Iquan disse sobre a chegada da antiga paixão do marido, mas a senhorita Tagawa recebeu permissão para ficar em Anhai. É bem provável que logo tenha encontrado motivo para lamentar sua chegada, pois, embora o título de nobreza de Iquan parecesse bom no papel, ele era um nobre em uma China prestes a ser conquistada por invasores inimigos.

Houve uma discussão dentro da família Zheng sobre se valeria ou não a pena levar a sério o imperador. As montanhas que circundavam Fujian tinham três passagens principais, e talvez centenas de outras menores, que precisavam ser vigiadas contra as investidas manchus. Manter vigilância apenas nesses pontos de entrada significava uma despesa tão grande que ameaçaria levar à bancarrota o regime legalista, mas, mesmo assim, o imperador de Intensa Guerra estava determinado a montar um exército e marchar de volta, através desses caminhos, para lutar contra os manchus em uma batalha aberta. Inicialmente ele anunciou sua intenção de começar esse movimento em setembro de 1645, mas foi persuadido por Nicholas Iquan a esperar.

Iquan tinha outros planos. Avisou o imperador de Intensa Guerra que os fundos dos cofres de Fujian não tinham dinheiro suficiente para sustentar uma campanha militar por muito tempo. Na verdade, não seriam suficientes nem para manter os homens guardando as entradas para Fujian por muito tempo. Iquan, então, sugeriu que o imperador capitalizasse o que era a grande força de Fujian e investisse fundos imperiais em operações mercantis. Com milhões de chineses passando fome, Iquan sugeriu que seu imperador "abrisse as rotas marítimas, estimulasse o comércio em todos os portos, de modo a satisfazer suas necessidades materiais".[170] Só então, quando o comércio estrangeiro tivesse enriquecido ainda mais Fujian, o imperador poderia reinvestir o dinheiro em um esforço de guerra.

Na verdade, a pessoa que mais se beneficiaria de tal política era o próprio Iquan, cujos homens, navios e contatos seriam necessários para realizar esse plano. Aqueles que se lembram das burlas do Capitão China teriam de ser perdoados se pensassem que isso era mais uma enganação, mas apesar do grande ganho pessoal que Iquan teria, suas intenções eram honradas. O próprio Iquan era a prova viva do dinheiro que podia ser feito pelo comércio com o exterior. Fujian não tinha sido salva do desastre, no passado, pela importação de batatas? Todos os soldados que estavam por ali não estavam inalando a intoxicante fumaça da planta do "álcool seco", que tinha dado lucros aos fazendeiros fujianeses, mesmo quando seus companheiros do outro lado da montanha lutavam para encontrar comida após

---

170. *TW*, capítulo V, citado em Cheng, '*Cheng Ch'eng-Kung's Maritime Expansion and Early Ch'ing Coastal Prohibition*', p. 232.

a ocupação manchu? Não havia aliados em potencial além do horizonte, os holandeses em Taiwan e os portugueses em Macau, que poderiam ser persuadidos a emprestar ajuda militar em troca de privilégios comerciais com o governo Ming restaurado? Como Duque da Pacificação Nacional, o núcleo da política de Iquan pretendia apropriar-se da prata governamental e usá-la para criar mais missões comerciais que ele teria criado de qualquer modo.

A data proposta para o início da contra-ofensiva foi então mudada para outubro de 1645 e depois janeiro de 1646, o que fez o imperador de Intensa Guerra ficar extremamente frustrado com Iquan. Começou a ver que seus conselheiros não-Zheng estavam certos, e que, enquanto Nicholas Iquan exercitasse sua grande autoridade na área de Fujian, teria pouco incentivo para deixar sua fortaleza natural e arriscar a vida fora. Tal percepção pode não ter sido agradável para o imperador de Intensa Guerra, porque se tomada como conclusão lógica, indicava perigo. Como os manchus já haviam demonstrado na sua marcha contra o sul, eles chacinavam os seus oponentes e conferiam grandes honrarias aos que não os enfrentavam. Como Nicholas Iquan tinha feito dele o imperador de Intensa Guerra, a retirada do suporte de Iquan poderia também derrubá-lo.

Se por iniciativa própria ou pela cuidadosa manipulação dos associados anti-Zheng, o imperador resolveu deixar Fuzhou e estabeleceu um acampamento imperial em Yanping, no interior de Fujian. Um de seus mais leais ministros, um civil idoso na casa dos 70 anos, tentou liderar um ataque através das montanhas e marchar até Nanjing, mas o homem inexperiente não teve suporte de Iquan. O exército legalista se lançou então, embaixo de chuva, em uma série de derrotas nas mãos das forças manchus, bem mais superiores. Seu líder chegou a ver Nanjing em fevereiro de 1646, mas apenas como prisioneiro a caminho da execução.

Com o imperador de Intensa Guerra vagando em seu acampamento à espera de que Iquan lhe trouxesse os homens que tão desesperadamente necessitava, Coxinga lhe demonstrou a lealdade e o senso de dever que faltava em seu pai. Na primavera de 1646, apresentou ao imperador um plano para reforçar suas posições. Genuinamente impressionado, ele conferiu a Coxinga o título de Conde da Lealdade e fez dele o Marechal de Campo da Expedição Punitiva. Ansioso por servir a seu senhor, Coxinga estava logo respondendo por um destacamento de centenas de soldados, guardando uma das passagens estratégicas. Entretanto, uma verdadeira contra-ofensiva precisaria de Nicholas Iquan, o Duque da Pacificação Nacional, para providenciar homens e munições para a expedição punitiva da qual seu filho era o comandante, mas Iquan não tinha pressa.

A excitação inicial da nova corte tinha começado a declinar. Embora Feng - a Fênix e Coxinga dessem, ambos, mostras de lealdade ao imperador de Intensa Guerra, os nobres da corte começaram a encarar Nicholas Iquan e os outros Zheng com crescente suspeita. Houve algum júbilo quando veio a notícia de que a imperatriz estava grávida, mas logo ele se transformou em desapontamento quando se descobriu que seu filho recém-nascido era incapacitado. Cartas foram enviadas ao *shogun* do Japão pedindo assistência militar, embora fosse improvável que o país, fechado, se lançasse a uma guerra no continente. No exterior, espalharam-se rumores de que o Mandato Celestial ainda não tinha sido restaurado à Dinastia do Brilho.

Quando começaram a cair as chuvas de setembro e o verão chegou, os manchus se prepararam para passar pelos caminhos que levavam a Fujian. Sua mensagem, como no resto da China, era que a rendição resultaria em paz e grandes recompensas e que a resistência traria morte. Os legalistas Ming precisavam tomar decisões, e o imperador de Intensa Guerra sabia que seus homens já estavam recebendo comunicações secretas dos seus inimigos, exortando-os a mudar de lado.

Conta-se que Coxinga encontrou o imperador lamentando sua sorte e lhe disse: "Por que Sua Majestade se mostra tão desconsolado? É porque pensa que o coração de meu pai mudou em relação a você? Eu serei fiel a você até mesmo depois da morte".[171]

---

171. Ponsonby-Fane, *Sovereign and Subject*, p. 191.

CAPÍTULO 7

O Fascínio da Traição

Em 13 de abril de 1646, o sobrinho do príncipe Dorgon, Bolo, foi escolhido para comandar a Campanha do Sudoeste, projeto militar delineado para trazer o restante da China ao controle manchu. Como aconteceu durante a defesa frustrada do Yangtze, os legalistas Ming acreditavam que os rios eram boas defesas naturais e em um verão quente, o que corria ao sul de Hangzhou estava suficientemente raso para que os manchus pudessem atravessá-lo. Em vez de levar dias ou semanas colocando homens e cavalos em barcos, os manchus fizeram a travessia em poucas horas, e outra guarnição de defensores chineses fugiu apavorada.[172]

No seu "campo avançado" em Yanping, onde tentara esforçadamente organizar uma contra-ofensiva durante quase um ano, o imperador de Intensa Guerra, em gesto teatral, apelou para a lealdade de seus homens. Seus agentes tinham interceptado centenas de cartas dirigidas aos manchus e escritas por proeminentes oficiais de seu governo, todas secretamente oferecendo a deserção. Encarando um salão cheio de ministros, a maioria dos quais ele já sabia estarem preparados para traí-lo, o imperador de Intensa Guerra ateou fogo a uma pilha de cartas, sem ler para os presentes nenhuma delas.

Talvez alguns dos ministros e servidores do imperador tenham ficado envergonhados perante o seu desejo explícito de limpar sua administração. Outros, entretanto, já haviam desistido dele, incluindo seu principal ministro, o Duque Nicholas Iquan, que já mantinha correspondência com o príncipe Bolo, o comandante do exército invasor.

Bolo ofereceu a Iquan a oportunidade do cessar fogo. Se ele concordasse em raspar a cabeça no estilo manchu e jurar fidelidade a seus novos senhores, seria recompensado com o posto de vice-rei de Fujian e Cantão. Para todos os efeitos, Iquan se tornaria o rei do sudeste da China, obrigado apenas a oferecer tributos ocasionais aos conquistadores manchus ao norte.

---

172. Struve, *Southern Ming*, p. 95.

Claro, se Iquan tomasse essa decisão, teria de voltar as costas ao imperador de Intensa Guerra, mas é pouco provável que estivesse muito preocupado com isso. Na verdade, embora poucos ousassem comentá-lo antes, Iquan havia se oposto à idéia de indicar um novo imperador em Fuzhou, além de haver perdido, em votação, para outros membros da família Zheng. Nos últimos meses, ele operava com base na idéia de que os Ming tinham realmente acabado. É provável que muitas das honras prestadas a ele e a pessoas de sua família tivessem sido só tentativas para assegurar o suporte que ofereciam muito tempo depois de os antigos piratas terem preferido tomar seus navios e desertar das forças legalistas.

Iquan recebeu a oferta de Bolo com prazer. Tinha ouvido falar de outras deserções ao norte e sabia que os manchus cumpriam sua palavra. Com Fujian sob o controle manchu, a maré da invasão tinha agora atingido o lar do próprio Iquan. Haveria uma resistência Ming bem mais ao sul, mas também essa estava fadada a cair. Apesar de ter sido considerado um espinho no lado manchu durante quase um ano, Iquan tinha agora uma oferta que não podia recusar. Prometeram-lhe manter o seu ducado e ganhar o selo oficial de aprovação para seu posto de destaque no sudeste da China. Para o astuto ex-pirata, isso parecia ideal.

Na época, o *Historical Novel* relatou que Coxinga estava com uma pequena tropa de soldados guardando Xianxia, o Passo dos Imortais Obscuros, que levava a Fujian. Era um alvo altamente provável para um confronto com o avanço manchu e requeria uma defesa mais efetiva do que a mantida por um jovem de 22 anos vestido com uniforme escolar e umas poucas centenas de homens. Coxinga esperou ansioso por uma mensagem de seu pai, dando detalhes do reforço que chegaria. Em vez disso, a que chegou deixou Coxinga chocado. Iquan escreveu a seu filho, o Conde da Lealdade:

> *Quando estive em Fuzhou, fui informado de que tropas do general Bolo estão esperando por reforço para invadir Fujian e eliminar a resistência legalista. Infelizmente, agora, acredito que não há esperança para o imperador restaurar os Ming no Trono do Dragão. Falta-me coragem para enviar meus exércitos, já que me parece apenas um detalhe a mais em uma vã resistência aos manchus. Prefiro negociar com Bolo de forma a obter tratamento favorável para todos os membros da família Zheng. Assim eu o convido a depor armas com a esperança de que se beneficie dessa atitude.*[173]

---

173. Foccardi, *The Last Warrior*, p. 32

Coxinga enviou mensageiros para além da passagem que guardava, mas logo voltaram relatando que os manchus avançavam com incontáveis soldados. Ficava claro, a partir daquela carta, que Coxinga não podia mais contar com a ajuda de Nicholas Iquan. Seria suicídio ficar e lutar. Coxinga, com amargura, ordenou a retirada de seus homens e foi para o litoral de Fujian.

Outros membros da família de Iquan compartilharam o mesmo choque de Coxinga. Quando ele se dirigiu para o mar, os chefes do clã Zheng começaram intensa discussão, conduzida principalmente por carta. Mensageiros chegavam a Coxinga durante sua viagem, trazendo notícias das negociações.

Os irmãos de Iquan, particularmente Feng - a Fênix, preferiam lançar-se ao mar e organizar uma resistência Ming contínua, avisando a Iquan que "peixes não deveriam ser tirados da água". O próprio Coxinga, que passou a vida ouvindo histórias sobre os fiéis serviços de Iquan à Dinastia do Brilho, chorou ao saber das notícias e, segundo dizem, implorou ao pai que reconsiderasse, dizendo: "Como pode meu pai, que sempre me ensinou a virtude da lealdade, aceitar tal rendição infame? Como meu pai pode aceitar que seu filho seja chamado de traidor?"[174]

Iquan irritou-se com a recusa dos parentes em encarar os fatos. "Quando o país está em um estado calamitoso", disse ele, " não se pode agir como em tempos de normalidade." Iquan não tinha a formação de Coxinga nos ideais do confucionismo nem seu idealismo juvenil. Sabia que era tarde demais para salvar os Ming — na verdade, pode ter percebido o fato logo após a queda da capital do sul. Com tantos chineses desertando para o lado manchu, Iquan estava apenas seguindo o rebanho. "Além disso", acrescentou Iquan, "o que um garoto como você pode saber sobre política?"[175]

Alguém explodiu o arsenal da família Zheng em Fuzhou. As fontes não são claras ao explicar o incidente que poderia ter sido causado pelos navios dos Zheng que desertavam para manter munições fora das mãos inimigas, ou por asseclas de Nicholas Iquan tentando invalidar a habilidade de sua família para lutar. De qualquer modo, a armada Zheng foi lançada ao mar. Coxinga não estava com ela, tendo decidido ir para o sul reagrupar-se com o imperador de Intensa Guerra.

Iquan esperou pelo príncipe Bolo em Fuzhou, uma cidade que agora estava em chamas em razão do incêndio que se espalhou a partir do arsenal destruído. Os soldados manchus encontraram a cidade fumegante, quase deserta, exceto por um grupo de contratados pelos Zheng para recebê-los. Bolo, entretanto, ficou desapontado ao descobrir que Iquan, o Senhor dos

---

174. Ponsonby-Fane, *Sovereign and Subject*, p. 293.
175. Foccardi, *The Last Warrior*, p. 33.

Mares, estava acompanhado apenas por alguns dos guerreiros africanos de sua Guarda Negra. Ele achara que um sim de Iquan significaria a rendição de toda a sua família e ficou preocupado por Iquan estar sem ela. Iquan apenas era um troféu de propaganda, mas sua armada continuava em mãos inimigas. Sem os outros membros influentes da família Zhen — Feng - a Fênix, Zheng Cai e o próprio Coxinga — a rendição de Iquan ficou consideravelmente desvalorizada. Até a senhorita Tagawa se recusou a acompanhá-lo, permanecendo na fortaleza da família Zheng em Anping.

Iquan e Bolo se divertiram durante alguns dias com bebidas e competições de arco-e-flecha, enquanto esperavam pela chegada de mais parentes da família Zheng. Uns poucos apareceram — a velha mãe de Iquan, sua principal esposa e duas de suas crianças — mas nenhum dos mais importantes. À medida que o tempo passava, Bolo começou a destratar seu convidado, suspeitando que Iquan fosse um engodo, enviado para mantê-lo ocupado enquanto o restante da família Zheng escapava. Fuzhou estava segura sob a ocupação manchu, mas o resto de Fujian permanecia livre. Como Iquan não trouxe seus exércitos e navios com ele quando se entregou, a família Zheng continuava ainda inimiga dos manchus. Cansado de tentar decifrar a charada, Bolo ordenou que Iquan fosse levado a Beijing "para sua própria proteção". Não era normal para os que se rendiam serem levados para o norte para um interrogatório, mas Iquan queria voltar a Fuzhou com um novo corte de cabelo e um novo senhor. Em vez disso, a decisão de Bolo gerou uma briga durante a qual vários membros da Guarda Negra morreram defendendo seu senhor. Iquan foi maltratado publicamente e despachado para o norte como "convidado" dos manchus, mas era na verdade um prisioneiro.

Como o imperador de Intensa Guerra fugiu antes dele, o exército de Bolo pressionou o sudeste através de Fujian. Embora alguns membros da Guarda Negra permanecessem com os que eram leais à família Zheng, 300 soldados africanos desertaram e foram lutar ao lado dos manchus em uma unidade especial.[176] As forças de Bolo saquearam e queimaram tudo no seu caminho até que pegaram o imperador de Intensa Guerra perto da fronteira sul de Fujian.

Um destacamento se deslocou na direção da fortaleza dos Zheng em Anping, fazendo com que o avanço de Coxinga para sudeste de repente se tornasse uma corrida contra seus inimigos. O castelo em Anping era onde estava a mãe de Coxinga e ele estava decidido a alcançá-la antes dos manchus.

Chegou e encontrou o castelo dominado, com soldados manchus nas muralhas e os defensores tentando lutar até o fim. A pequena tropa de Coxinga lutou com os soldados manchus, mas era tarde demais. A senhorita

---

176. Palafox, *History of the Conquest of China*, p. 96.

Tagawa foi encontrada morta entre as ruínas, embora a causa de seu falecimento permaneça assunto polêmico.

Enquanto algumas fontes afirmem que foi suicídio, o *Historical Novel* conta uma história diferente sobre os últimos momentos da senhorita Tagawa. Ela vinha de uma família de samurais e, por isso, conforme contaram a Coxinga, não se acomodou. Foi vista lutando nas muralhas do palácio, ao lado dos soldados, para repelir o assalto manchu. Quando os atacantes dominaram as muralhas, a senhorita Tagawa foi encurralada pelas chamas que cercaram a torre mais alta. Cravou então sua adaga na garganta, tropeçou e caiu no fosso lá embaixo.

Os soldados manchus que presenciaram os últimos momentos da senhorita Tagawa dizem que se ela fosse uma típica mulher japonesa, não lutaria contra os homens — é repetido com freqüência em sua terra natal que o desfecho da luta da senhorita Tagawa foi manter os manchus, conquistadores de toda a China, Mongólia e Tibete, longe do Japão.[177]

Coxinga não recebeu bem as notícias; cobriu os olhos com ambas as mãos e soluçou, e seus soluços viraram gemidos enquanto rasgava suas roupas. Tomou a espada nas mãos e a brandiu contra nada e contra tudo no salão, jurando vingança contra os bárbaros que mataram sua mãe. Os servos da família se encolheram e o deixaram chorar seu pesar, e nada da movimentação de sua prole contou para ele por vários dias.

Nesse mesmo período chegaram mensageiros do sul, contando que o imperador de Intensa Guerra estava acuado. Perto da fronteira sul de Fujian, um destacamento de chineses desertores tinha finalmente cercado as tropas do imperador, patéticas remanescentes daquilo que se esperava ser a linha de frente de uma contra-ofensiva. A imperatriz se afogou para evitar a prisão, carregando junto o Herdeiro Manifesto. O imperador de Intensa Guerra foi capturado vivo, mas logo executado — os Ming tinham perdido outro governante e outra província.

Coxinga, de luto, deixou o restante dos parentes Zheng irem na direção da costa de Anhai, onde a fortaleza familiar permanecia em mãos amigas.

---

177. TW, p. 98; Foccardi, *The Last Warrior*, pp. 37-8. Terao em *Tei Seko*, p. 36, revela que ambos, Bao - a Pantera e Feng - a Fenix, estavam no castelo com a senhorita Tagawa, mas ela acobertou a fuga de ambos "por estar com grande pesar no coração pelo fato de o senhor Iquan tê-la traído". Ele também concorda com a fonte chinesa, citada por Keene no *Battles of Coxinga*, p. 169, que afirma que a senhorita Tagawa enforcou-se após ser estuprada por soldados manchus. Ponsonby-Fane, em *Sovereign and Subject*, p. 295, cita uma carta de Shichizaemon, um filho de Tagawa, que diz: "minha mãe estava fugindo para Amoy, quando foi capturada e logo pensou que se fosse morta por eles seria algo humilhante, então ela se matou". Muitas fontes dizem que Coxinga soube da morte de sua mãe por terceiros, mas Terao, p. 37, relata que ele e seus soldados chegaram ao castelo de Anping em tempo de cercarem os manchus, mas tarde demais para salvarem a sua mãe. Isso ao menos explica por que o castelo permaneceu nas mãos de Zheng após os eventos descritos.

Era só uma questão de tempo antes de a linha de frente da invasão manchu virar de volta para efetuar uma operação limpeza em qualquer resistência que tivesse sobrado. A família Zheng podia sempre fugir pelo mar, ou até pelos estreitos em direção a Taiwan, mas Coxinga tinha outros planos.

Sua improvisada procissão chegou a um templo confuciano na cidade natal de seu pai, onde chamou seus seguidores para testemunharem um bizarro ritual. Enquanto o pessoal olhava, confuso, Coxinga tirou as vestes de discípulo que usava desde o tempo de estudante de Confúcio na capital do sul e como cortesão do imperador de Intensa Guerra. Jogou a roupa no fogo e ficou olhando-a queimar.

"No passado", disse, "fui guiado pelos meus parentes, mas agora estou só". Ninguém ousou lembrá-lo que o pai ainda estava vivo. Ao se unir aos invasores que tinham matado a mãe de Coxinga, Nicholas Iquan já estava morto aos olhos do filho.[178]

"Na vida de todo homem chega uma época em que é preciso parar", disse Coxinga. Essa era a hora. Chamou seus servos e pediu-lhes que lhe trouxessem sua armadura, dizendo que não era mais um discípulo, mas um instrumento da vingança Ming. Também escreveu um poema, registrado no *Historical Novel*:

> *O ano trouxe grande alegria e profunda tristeza*
> *Mesmo que um homem trabalhe duro por fortuna ou fama,*
> *A morte não o poupará.*
> *Como com esportes vadios, no final tudo é em vão*
> *Embora o coração dos homens possa estar cego*
> *O Caminho do Céu recompensa a verdade do coração*
> *Se minha vida tem de ser um jogo de xadrez*
> *Não tenho medo do movimento final*
> *Deixe as pessoas dizerem o que quiserem*
> *Não é fácil ser um homem honesto*
> *Em um tempo aflito e perverso.*[179]

Curiosamente, suas palavras quase podiam ser as de seu pai, com suas conversas sobre a necessidade de pragmatismo e a especulação sobre as exigências colocadas por pessoas comuns em circunstâncias

---

178. Terao, *Tei Seko*, p. 37-9, revela que a morte da senhorita Tagawa causou grande ira em Iquan e acabou com qualquer confiança que ele ainda tivesse nos manchus. De acordo com a ordem dos eventos relatados por Terao, houve uma mudança abrupta no coração de Iquan, que causou desordem entre seus homens e os homens de Bolo, e sua prisão em Beijing.
179. Foccardi, *The Last Warrior*, p. 39. Muitos historiadores concordam que a queima das túnicas confucianas era um ritual mais recente, contudo Ponsonby-Fane em *Sovereign and Subject*, p. 297, e Terao, em *Tei Seiko*, p. 40, e Ming e Zheng em *Zheng Chenggong Gushi Chuanshuo*, p. 48, não só relatam isso, como indicam o local onde foi feita a queima.

extraordinárias. Mas enquanto Iquan usou a situação como desculpa para mudar de lado mais uma vez, Coxinga aferrou-se à dinastia que o havia honrado primeiro. E depois da morte da mãe e do bondoso imperador que lhe tinha conferido o sobrenome imperial, Coxinga não juraria fidelidade aos manchus. Seu plano era usar os recursos do clã Zheng que esperava que ele comandasse as operações comerciais e se opunha à sua ira patriótica. Os primos Zheng Cai e Zheng Lian continuaram a ocupar as ilhas ao largo de Quemoy e Amoy e Coxinga juntou-se a eles lá. Coxinga desaprovava totalmente Zheng Lian, considerando-o não confiável, mais interessado em sexo e jogo do que nos assuntos da família Zheng ou da dinastia Ming.[180] Entretanto, a família Zheng continuou a fazer o que fazia melhor, ou seja, levar carregamentos marítimos de seda das Ilhas Ryukyu para o Japão, para fazer dinheiro.

Já que um dos navios mercantes era conhecido como o Navio de Coxinga, parecia que o Conde da Lealdade tomava parte ativa nessa aventura.[181] Entretanto, o que Coxinga tencionava era colocar seu dinheiro a serviço dos Ming e escreveu para numerosos senhores feudais do Japão pedindo ajuda militar. Tinha até feito uma bandeirola que anunciava suas intenções com pouca chance de má-interpretação. Dizia: "Mate seu Pai, salve seu País".

Coxinga não era o único legalista. Sem saberem, ou desconhecendo as ações dele em Fujian, outras pessoas leais aos Ming no extremo sul tentavam manter o processo de sucessão imperial em andamento. No distante Cantão, o irmão mais novo do imperador de Intensa Guerra foi entronizado como *Shaowu*: imperador da Retomada da Beligerância.[182] O nome tornou-se ironicamente adequado, uma vez que seu primeiro ato foi declarar guerra aos seus companheiros legalistas. Poucos dias depois, a poucas milhas do local onde o novo imperador foi entronizado, foi proclamado um novo imperador Ming. O pretendente ao trono, de 22 anos de idade, foi o último neto sobrevivente do imperador das Dez Mil Experiências

---

180. Foccardi, *The Last Warrior*, p. 43.
181. Terao, em *Tei Seiko*, p. 42, e Struve, em *Southern Ming*, p. 232, destacam que o número de navios japoneses que foram negociar na China aumentou significativamente entre 1639 - 1646. Talvez o chinês fosse colocado entre aspas já que as restrições comerciais japonesas que haviam sido impostas aos estrangeiros colocaram de repente a organização de Zheng em posição vantajosa como intermediários para vender os excedentes de produtos holandeses. Em 1647, um grupo de velejadores de Zhing foi abandonado na Coréia depois que o navio em que estavam explodiu. Eles disseram às pessoas que os ajudaram que estavam negociando entre o Camboja e o Japão, usando dinheiro do imperador da Intensa Guerra e com a autorização de Nicholas Iquan. Ver Cheng, *Cheng Ch'eng-Kung's Maritime Expansion*, pp. 231-2.
182. Para a curta e trágica história do imperador Shaowu, ver Struve, *Southern Ming*, pp. 101-3, e também Wakeman, *Great Enterprise*, pp. 737-8.

e recebeu o título real de *Yongli*: imperador das Eternas Experiências. Era difícil para os leais aos Ming saber quem escolher. O imperador das Eternas Experiências era o parente de sangue mais próximo do último dirigente Ming a morrer em Beijing. Mas se o imperador de Intensa Guerra fora, legitimamente o mandatário da dinastia Ming, embora por pouco tempo, então, certamente, seu irmão mais novo seria o sucessor mais adequado? Ninguém considerava seriamente Coxinga como uma alternativa — a simbólica adoção do sobrenome imperial Ming tinha perdido muito de sua credibilidade com a morte do Imperador de Intensa Guerra e a vergonhosa rendição de Iquan.

Relatórios vindos do território ocupado sugeriam que os exércitos manchus estavam esperando o inverno passar. Em vez de cooperar com a defesa do extremo sul da China, a corte rival dos Ming perdia tempo lutando entre si. O imperador da Retomada da Beligerância possuía uma força militar composta principalmente por criminosos e piratas fluviais, aos quais oferecia comissões oficiais e perdões quase que da mesma maneira que havia feito um então jovem Iquan ser alçado ao serviço imperial. O imperador das Eternas Experiências controlava um exército composto de soldados veteranos, embora fosse sobrepujado numericamente pelos seus rivais.

Os dois pretendentes ao trono Ming se defrontaram em duas batalhas em 7 de janeiro de 1647, e o número superior das tropas do imperador da Retomada da Beligerância levou a melhor. O imperador das Eternas Experiências retirou-se para oeste a fim de se recuperar, mas pareceu, a princípio, que sua rendição era iminente.

Entretanto, enquanto o imperador da Retomada da Beligerância celebrava sua "vitória" em Cantão, em 20 de janeiro de 1647, a cidade foi surpreendida pela súbita chegada de um destacamento de várias centenas de cavaleiros de aparência estranha. Por um momento, os habitantes acharam que foram foras-da-lei de Huashan, grupo poderoso de bandidos que recentemente tinham concordado em dar suporte ao regime de Cantão. Mas depois de entrarem na cidade e atacarem seus confusos guardiões foi que o povo descobriu quem eram. Os recém-chegados, manchus, comunicaram aos cidadãos "que eles não deveriam causar tumulto porque um grande contingente de tártaros estava nos portões da cidade, mas não deveriam temê-lo se ficassem quietos e pacíficos".[183]

Durante semanas, os Ming sulistas brigaram pela sucessão, confiantes de que os manchus não estavam por perto. Na verdade, os invasores nunca tinham parado de avançar para sudeste e capturaram uma série de postos avançados de vigilância e sinetes imperiais. Os legalistas de Cantão perceberam então que vinham confiando em relatórios falsos durante dias,

---

183. Palafox, *History of the Conquest of China*, p. 99, afirma que eram somente 20 soldados. Wakeman, *Great Enterprise*, p. 738, estima um número mais realista "não mais que mil".

entregues por simpatizantes manchus que apresentaram credenciais roubadas. Como uma série de comandantes locais se renderam ou cometeram suicídio, Cantão caiu perante um pequeno pelotão de soldados manchus.

Os habitantes fugiram aterrorizados, enquanto os cavaleiros corriam pela cidade em busca de forças opositoras com as quais pudessem se bater em combate. Mas os vigias locais não estavam interessados em morrer defendendo a cidade que já estava tomada, e em vez disso jogaram suas armas e correram para se esconder. Um pequeno grupo de chineses pegou em armas e conseguiu capturar quatro manchus, imediatamente levados ao imperador da Retomada da Beligerância, que ordenou que os invasores capturados fossem executados diante dele. Aquelas quatro mortes foram as únicas baixas manchus na tomada de Cantão.

Quando entardeceu, o resto do exército manchu chegou aos portões da cidade e se surpreendeu ao encontrá-los abertos. Os soldados entraram andando na cidade e escolheram as casas que ocupariam, em uma das mais pacíficas vitórias de toda a campanha.

O imperador da Retomada da Beligerância sabia que o fim estava próximo e criou seu último decreto no estilo imperial: "Os tártaros tomaram minha cidade e meus seguidores me abandonaram; o que posso esperar a não ser a morte? Mas morrerei como um rei".[184]

O imperador da Retomada da Beligerância ficou sentado no seu trono enquanto suas esposas favoritas e concubinas se suicidavam à sua frente. Quando um grupo de desertores chineses e manchus entrou no palácio procurando por ele, encontraram-no jogado no trono, morto, cercado pelos cadáveres de sua família.

Mais algumas dezenas de milhas a oeste, o imperador das Eternas Experiências, derrotado, ouviu as notícias e, a princípio, achou que fosse um engodo de seus rivais para atraí-lo à batalha final. Mas como os relatórios apontavam para a queda de Cantão, ele percebeu que os manchus tinham resolvido a rivalidade por ele. Era agora o único reclamante do trono e seu primeiro ato como o incontestado imperador das Eternas Experiências foi correr para oeste antes do avanço inimigo. Cada passo que dava para longe do mar colocava-o mais distante de qualquer ajuda que a família Zheng lhe pudesse oferecer.

A família Zheng lutava no litoral em dois grupos distintos. Na costa norte de Fujian, Zheng Cai saqueava as cidades costeiras que tinham caído nas mãos dos manchus. Uma facção liderada por Coxinga e seu tio Feng-a Fênix, ficou um pouco mais ao sul, depredando principalmente os portos, mas também montando expedições para o interior. Zheng Cai já possuía

---

184. Palafox, *History of the Conquest of China*, p. 101. Wakeman, *Great Enterprise*, p. 738, fala do cavaleiro executando o imperador, em vez de tê-lo achado morto.

outro príncipe imperial em seu círculo de relacionamentos e esperava usá-lo como um novo fantoche, do mesmo modo como Nicholas Iquan havia feito anteriormente com o imperador de Intensa Guerra. Entretanto, Coxinga recusou-se a reconhecer o novo pretendente, cujo título não era maior do que o de regente. Em vez disso, professou sua lealdade à recuada corte do imperador das Eternas Experiências, embora a comunicação entre eles fosse agora esparsa e precária.

Por mais de um ano, as tropas Zheng fizeram apenas ataques esporádicos aos invasores manchus. O imperador das Eternas Experiências continuou a comandar soldados no interior, perseguindo os manchus e as tropas desertoras com algum sucesso, enquanto a família Zheng incursionava pelo litoral em seu nome. Nem os nômades manchus nem os agricultores chineses aliados possuíam habilidade e recursos necessários para montar uma campanha contra a frota corsária, que freqüentemente contava com a assistência de chineses baseados em terra e que tinham reconhecido a autoridade manchu apenas formalmente. A região costeira mantinha-se, havia longo tempo, pela via legal do comércio com o estrangeiro, e Coxinga agora era quem controlava os meios de transporte e as comunicações pelo mar. Aqueles que desejavam continuar a negociar pelo mar ainda tinham de se reportar à família Zheng ou então ficar sujeitos ao risco dos ataques dos seus navios de guerra durante suas viagens. Reais simpatizantes dos manchus foram intimidados e fustigados por agentes da família Zheng que coletavam "tributos" para o imperador Ming enquanto os que se juntaram aos Zheng ficaram livres de recriminações por serem colaboradores dos Ming. Para muitos, a situação era por demais tensa para ser suportada — e eles compravam passagem nos navios Zheng para sair da China e ir para o sudeste da Ásia, Filipinas ou Taiwan.[185]

Embora aborrecesse constantemente os ocupantes manchus do sul da China, Coxinga ainda se encontrava em posição precária. Seus seguidores requisitavam suprimentos da terra e faltavam recursos para montar uma contra-ofensiva de efeito mais duradouro. As tropas Zheng pilhavam embarcações e faziam incursões no interior, mas raramente ocupavam as cidades que tomavam. Era mais fácil conservar seu efetivo pegando o que fosse necessário e deixando que os manchus e seus colaboradores ficassem com o resto.

Coxinga, entretanto, sempre planejou um ataque mais efetivo nas cidades ocupadas. Seu primeiro sucesso real aconteceu em 1648, em Tongan, um porto perto de sua fortaleza em Amoy. Na expectativa de um ataque das tropas de Coxinga, a guarnição manchu tinha fortificado pesadamente a cidade contra os inimigos que vinham do mar. Entretanto, quatro pelotões

---

185. Struve, *Southern Ming*, pp. 157-8.

de espiões da família Zheng se infiltraram na cidade vários dias antes de os navios se aproximarem. Disfarçados de monges itinerantes, conseguiram acesso a Tongan e ganharam tempo. Quando a armada Zheng realmente chegou para lançar vários botes incendiários contra os navios ancorados no cais, os espiões dentro da cidade mataram os sentinelas e abriram os portões para um destacamento de assalto de infantaria. Embora os manchus conseguissem deter os espiões em alguns portões,[186] os outros grupos cumpriram com sucesso sua missão e os vingativos atacantes Zheng massacraram todos os manchus que puderam encontrar.[187]

Coxinga resolveu aproveitar a vitoriosa captura de Tongan para enviar um embaixador oficial para o interior, até a corte do imperador das Eternas Experiências, reconhecendo o pretendente como seu governante legal de uma vez por todas. As notícias que vieram de volta indicavam que o monarca foragido ficara sensibilizado com as notícias dos sucessos de seu general no litoral e deu a Coxinga o título de Marquês. O restabelecimento do contato com o imperador, embora ocasional, também obrigou Coxinga a deixar de atuar como agente independente e seguir as ordens de seu soberano. Algumas ele obedeceu, outras, convenientemente, esqueceu de acusar o recebimento.

Em 1649, também em razão dos muitos meses de seguidas guerras, Fujian sofreu grande privação. As ilhas ao longo da costa norte, ocupadas pelas tropas da família Zheng, ainda recebiam ajuda alimentar do Japão,[188] possivelmente assegurada pelo meio-irmão de Coxinga, Shichizaemon, que tomava conta do dinheiro da família. Mais ao sul, Coxinga se dirigiu à região de Cantão, na esperança de fundar novas bases por ali e conseguir comida para depois zarpar para as ilhas próximas de Matsu, Quemoy e Amoy, onde o grosso da armada Zheng estava sediada. Por orientação do imperador das Eternas Experiências, também esperava entrar em contato com sobreviventes leais a ele na região. Se Coxinga conseguisse ganhar o controle do extremo sul da China, poderia estender seu domínio litorâneo longe o suficiente para criar um corredor para o imperador das Eternas Experiências confinado em terra. Isso ajudaria a garantir reforços para uma campanha mais ampla ao norte, ou uma rota de fuga para que o confinado imperador voltasse para o litoral e para a proteção da família Zheng.

Quando os anos 1640 passaram para os 1650, Coxinga havia conseguido uma reputação pela sua severa disciplina. Muitos de seus seguidores eram comerciantes por inclinação e davam pouca importância à causa da dinastia Ming. Assim como, o distante governo japonês, preparado para

---

186. Terao, *Tei Seiko*, p. 47.
187. Foccardi, *Last Warrior*, pp. 41-2.
188. Struve, *Southern Ming*, p. 120; Wills, *Maritime China*, p. 224.

vender armas e armaduras sem se envolver diretamente na resistência à conquista manchu, é provável que muitos dos homens de Coxinga ansiassem fervorosamente por algum tipo de acordo com os manchus de modo que a vida voltasse à normalidade.

Um desses homens era Shi Lang, importante comandante da armada de Coxinga.[189] Shi Lang era um experiente capitão e considerado o mais brilhante estrategista naval de seu tempo. Shi Lang tinha quase a mesma idade de Coxinga, era filho de uma importante família de Fujian e tinha, desde cedo, demonstrado aptidão para a vida no mar. Lutara em muitas das batalhas da resistência legalista e chegara ao posto de comandante da formação esquerda da armada de Nicholas Iquan. Era considerado um gênio para projetar artilharia naval e maquinário de bordo. Alguns o chamavam de *Zheng Hou*, ou "Zheng à espera", e sua popularidade junto às tripulações criou uma cisão familiar. Coxinga não podia aceitar uma rixa interna na armada, como aquela que quase tinha custado a vida de seu pai duas décadas antes, quando o assustado Li Kuiqi massacrara muitos parentes seus. Nem, parece, podia suportar que Shi Lang, que fazia isso da maneira mais educada possível, esquecesse os bons tempos em que Iquan estava no comando. Os dois homens mantinham um respeito rancoroso entre si, mas quando a guerra com os manchus começou a se prolongar cansativamente, eles perceberam que pretendiam objetivos diferentes. Seu principal ponto de desacordo foi um dos homens de Shi Lang, que fugiu da armada e buscou refúgio com Coxinga após ser acusado de um crime qualquer. Shi Lang mandou seus soldados até o acampamento de Coxinga onde o recapturaram e o executaram sumariamente, sem respeitar o protocolo ou a autoridade de Coxinga.

Shi Lang era insubordinado e se considerava o verdadeiro herdeiro da astúcia militar de Nicholas Iquan, mas também um cavalheiro de berço como Coxinga apenas aspirava ser. Embora nunca tenham falado abertamente sobre isso, Shi Lang podia ser considerado o filho que Iquan nunca teve. A opinião de Shi Lang sobre si mesmo não era inteiramente injustificada, mas ele ainda era um ser humano sujeito a cometer erros, um dos quais foi declarar abertamente sua insatisfação com a liderança de Coxinga. Suas críticas aumentaram de tom depois que Coxinga promoveu o lugar-tenente de Shi Lang, Wanli, ao comando da linha de frente da armada, em vez dele.

Por volta de 1650, Shi Lang estava transportando uma carga de prata das Ilhas Ryukyu para o Japão para comprar munição militar necessária para os esforços de guerra. No caminho, seu comboio foi pego por uma terrível tempestade e o valioso carregamento de prata se perdeu. Coxinga ficou furioso e censurou o capitão pelo seu erro. No meio da discussão,

---

189. *TW*, pp. 110-1; Hummel, *Eminent Chinese*, p. 653; Foccardi, *Last Warrior*, p. 46; Terao, *Tei Seiko*, p. 60-1.

Coxinga exagerou. Shi Lang se ofendeu, pegou seu longo cabelo nas mãos e cortou seu topete, símbolo tradicional de resignação. Presenteou seu líder com o cabelo e pediu permissão para deixar as organizações da família Zheng.[190]

Era exatamente o que Coxinga não queria que acontecesse. Se permitisse que um único capitão o abandonasse, arriscaria um colapso completo das forças legalistas que poderiam passar para um dos vários grupos rivais que eram apenas um pouco melhores do que os agrupamentos piratas a partir dos quais o exército se havia originalmente formado. A curto prazo, isso comprometeria seriamente a habilidade de Coxinga de impor disciplina militar a seus soldados. Se alguém não estivesse de acordo com suas ordens, ia achar que poderia sair.

De alguma forma, os dois homens contornaram o confronto, mas no ano seguinte foi a vez de Shi Lang extrapolar. Coxinga anunciou que pretendia liderar uma tropa de ataque para dentro da China, cujos alvos eram dois castelos ocupados no litoral. Coxinga planejava tomar as cidades de surpresa, saquear todo o dinheiro que encontrasse em seus cofres e então abandoná-las. Era um jeito rápido de assegurar mais fundos para a campanha militar, mas Shi Lang externou sua oposição à idéia. Na sua opinião, isso fazia de Coxinga "nada mais do que um ladrão", acusação que conseguiu insultar os ancestrais de Coxinga, sua família, seu pai e seu senso de dever — tudo ao mesmo tempo.

Quando Coxinga explodiu, Shi Lang estava convenientemente ausente, o que forçou Coxinga a colocar o pai de Shi Lang em prisão domiciliar. A ordem seguinte foi confinar Shi Lang em seu navio no porto enquanto Coxinga decidia o que fazer em seguida. Shi Lang, entretanto, já havia suportado o que podia, e fugiu à noite. Procurou esconder-se no forte Zheng de Anping, que estava ocupado pelas tropas do tio de Coxinga, Bao - a Pantera. Bao tinha expressado uma contida concordância com alguns dos comentários de Shi Lang no passado, mas sabia que não convinha desafiar abertamente a autoridade de Coxinga. Recusou-se a dar abrigo a Shi Lang e o almirante se viu sem outra escolha. Acompanhado dos capitães mais leais de seu esquadrão pessoal, Shi Lang zarpou para um porto ocupado e ofereceu seus serviços aos manchus. Um Coxinga furioso ordenou a execução do pai de Shi Lang, de seu irmão mais novo e de seu sobrinho. Ordenou ainda um ataque a Fujian,[191] com o único propósito de assassinar Shi Lang antes que o desertor pudesse oferecer assessoria naval aos manchus.

---

190. De acordo com Terao, em *Tei Seiko*, p. 60, ele vai muito além ao dizer que Shi Lang raspou sua cabeça e depois anunciou a intenção de virar monge. Só podemos especular que o ato de raspar a cabeça que fazia parte das tradições manchus, mais tarde se ampliou para a cabeça inteira, com o propósito de disfarçar a intenção original que era de desertar.
191. Foccardi, *Last Warrior*, p. 47.

Entretanto, acontecimentos no sul acabaram mantendo Coxinga ocupado e permitiram que Shi Lang mantivesse sua vida e seu conhecimento naval intactos.

A deserção de Shi Lang marca o final de uma série de reorganizações e purgações no seio dos exércitos sulistas Ming, pois a execução, as aposentadorias e as deserções de muitos velhos soldados de Nicholas Iquan trouxeram novo caráter à organização. Disposto a desafiar os milhares de homens que ficavam agrupados em uma série de minúsculas ilhas perto do litoral enquanto os invasores vagavam pelo continente, Coxinga relembrou-lhes que não eram piratas, mas pessoas leais a uma causa: a restauração da Dinastia do Brilho. Até renomeou Amoy, decretando que dali em diante ela se chamaria *Siming:* Pense Ming. Foi decretado que esse nome deveria ser usado em todos os documentos da família Zheng expedidos a partir de então.

Enquanto Coxinga se preocupava com sua campanha na região de Cantão, os manchus atacaram Amoy. O assalto ao coração do seu poder foi um grande choque para Coxinga e anos depois ele ainda contabilizava as perdas, defensores mortos, mulheres estupradas e jóias e lingotes de ouro que valiam milhões de *taels*, roubados[192]. Guan - a Cegonha, o principal representante da família Zheng em Amoy, ordenou a evacuação da cidade e embarcou todos os seus habitantes para levá-los até uma fortaleza familiar Zheng nas redondezas da ilha de Quemoy, deixando os tesouros da cidade como oportuna pilhagem para as forças de ocupação. Para acrescentar insulto à injúria, Feng - a Fênix montou um bem-sucedido contra-ataque que encurralou os atacantes manchus. Os invasores então lembraram a Feng que seu irmão Nicholas Iquan ainda era "hóspede" de seu dirigente em Beijing e seria desagradável se lhe acontecesse alguma coisa. Confrontado com tal ameaça, Feng permitiu que os atacantes escapassem ilesos.[193]

O ato de lealdade de Feng a seu irmão encobriu outros problemas que aconteciam nos bastidores. Feng, como Coxinga, levava a sério princípios de dever e lealdade, mas outros membros da família eram mais como seu irmão mais velho, Nicholas Iquan. Feng - a Fênix nem mesmo era para estar no comando da defesa de Amoy; a responsabilidade na verdade recaía sobre Guan - a Cegonha, que não apenas falhou em manter Amoy a salvo

---

192. Carta de Coxinga para Nicholas Iquan, de setembro de 1653. O texto da carta de Coxinga mostra que ele foi embora de Amoy em 1649, e ficou muitos meses fora. Ele precisava estar no sul por pelo menos um ano para que suas atividades correspondessem aos outros registros do ataque a Amoy, que aconteceu em 1651. A carta aparece na página 63 de *Xian Wang Shilu Jiaozhu*, ou *Registro Legítimo de um Ex-imperador*, um documento esfarrapado encontrado em 1927, escondido em uma residência de familiares Zheng. Provou ser trabalho da secretária de Coxinga, Yang Ying, e é uma referência valiosa sobre a última década de Coxinga. Ver também Struve, *Voices from the Ming-Qing Cataclysm*, p. 186.
193. Hummel, *Eminent Chinese*, p. 112.

dos manchus como também negligenciou ao mandar reforços que seriam vitais para ajudar a campanha de Coxinga em Cantão.

Forçado a sair de Cantão, com consideráveis perdas fatais entre seus homens, e perda de audácia para seu imperador, um irado Coxinga retornou a Amoy determinado a fazer uma cabeça rolar. A cabeça em questão era a de Guan - a Cegonha, executado sob as ordens de Coxinga. Feng saiu impune por proteger seu irmão Iquan, mas foi desonrado de qualquer maneira. O antigo general e marquês, que tinha ensinado o jovem Coxinga a usar uma espada, retraiu-se em uma silenciosa aposentadoria.

A luta por Amoy resultou em um inesperado degelo nas relações entre Coxinga e sua esposa Cuiying. Embora "estranhados" no sentido moderno, o casal não parecia ter convivido em termos amigáveis na primeira década de seu casamento. Na época da queda de Amoy, Coxinga possuía oito concubinas, muitas das quais compartilhavam seu zelo legalista. Cuiying desempenhou bem o papel de esposa principal, tomando conta da casa de Coxinga e supervisionando as atividades das concubinas. Mulheres donas de casa chinesas deviam se ocupar com costura e tecelagem — mas as de Coxinga, ao contrário, faziam armaduras e uniformes militares para os seus soldados.

Apesar de sua falta de vontade de cooperar com a campanha de Coxinga destinada ao fracasso no sul, a família Zheng sabia, melhor do que ninguém, como não cortejar diretamente o perigo. Quando os manchus atacaram Amoy, seus membros foram rapidamente mandados para a mansão de Coxinga onde se reuniram esposas e crianças para evacuação. Cuiying, entretanto, ficou para trás.

Apesar dos protestos de seus guarda-costas, Cuiying acenou para as outras esposas e guardas e voltou para casa. Arriscando enfrentar a morte pelo fogo ou pela captura pelos invasores manchus, ela correu para o santuário familiar e arrancou uma peça de madeira entalhada colocada na frente do altar. Era uma espécie de talismã da mãe de Coxinga, senhorita Tagawa, uma simbólica representação de sua alma e da proteção que ela oferecia aos seus descendentes mesmo depois de morta. Embora tivesse apenas valor sentimental, Coxinga, provavelmente o considerava seu bem mais valioso.

Cuiying, a carrancuda e nada afável esposa de Coxinga demonstrou mais lealdade à família Zheng do que muitos de seus parentes de sangue. Foi um fato que Coxinga nunca esqueceu, e a partir desse dia ele passou a se consultar com ela sobre assuntos familiares. Cuiying tornou-se a confidente mais próxima do marido e desempenhou papel vital em várias decisões militares e políticas tomadas pela família Zheng.[194]

---

194. Terao, *Tei Seiko*, pp. 59-60; e também Chang, *English Factory*, p. 741, ou assim diz a história. Em 1661, entretanto, Coxinga preferiu a companhia de uma outra esposa durante

No sul de Fujian, Coxinga enviou suas tropas para outra incursão ao interior, deixando sua base na ilha de Quemoy e montando um cerco à cidade costeira de Changzhou. As tropas de Coxinga se postaram ao longo das muralhas durante seis meses inteiros, enquanto os habitantes foram obrigados a recorrer ao canibalismo por falta de comida. Cansado da longa espera, Coxinga movimentou os soldados para a cidade próxima de Haicheng, que rapidamente capitulou. Mais uma vez, ocorreram desentendimentos entre Coxinga e alguns de seus homens, e seu oficial Huang Wu foi castigado por desleixar com seus deveres. O general foi multado em 500 armaduras.[195]

Huang Wu foi felizardo, se comparado com alguns outros seguidores de Coxinga. O Conde da Lealdade seguia estritas definições de honra e dever e estava muito bem preparado para fazer os dissidentes pagarem caro. Durante uma campanha perto de Tongan, conta-se que o escravo de um general manchu cortou a cabeça de seu senhor e desertou para o acampamento de Coxinga à espera de uma bela recompensa. Coxinga agradeceu a ele efusivamente e realmente lhe ofereceu uma grande fortuna, mas o antigo escravo não teve muito tempo para usufruir de sua riqueza. Coxinga ordenou que ele fosse decapitado para que pudesse atender seu senhor no pós-vida.[196]

As ações de Coxinga, e especialmente suas derrotas, estavam preocupando os holandeses, que temiam pela sua própria condição de comerciantes. Por alguns anos, eles ficaram satisfeitos de estar em Taiwan, usando os comerciantes chineses como intermediários na China e no Japão, e pagando taxas e impostos à organização Zheng. Uma carta de Batavia resumia a situação:

> *Não podemos ainda nos livrar de uma grande ansiedade referente ao Mandarim Coxinga... que já foi derrotado várias vezes pelos tártaros. Não há dúvida de que em algum*

---

a invasão de Taiwan, e deixar Cuiying em Amoy pode ser considerado um ato de bondade, levando em conta as privações de um cerco. Posteriormente, o comportamento de Cuiying não foi mais o de uma esposa submissa. Ver Capítulo XII.

195. Cheng, *Cheng Ch'eng-kung's Maritime Expansion*, p. 235, afirma que isso aconteceu em 1656.

196. Ross, *The manchus, or the Reigning Dynasty of China*, pp. 392-3. A mesma página mostra Coxinga fugindo de Haicheng, que estava 'imediatamente muito próxima e totalmente encurralada. Muitos metros dos muros da cidade estavam destruídos, mas [Coxinga] obstinadamente se defendia, cercado por uma chuva de tiros, pedras e flechas. Um dia, escutando um tiro de canhão [Coxinga], disse: "Este é um sinal. Eles estão prestes a derrubar o muro." Ordenou, então, que todos os homens pegassem suas machadinhas para que se protegessem e ficassem na muralha e onde pudessem abrigar-se aguardando o ataque. Em pouco tempo, os homens de Hwang subiam pelos muros parecendo, 'formigas'. Ross é menos específico sobre como Coxinga podia ter escapado daquela situação ousada, simplesmente dizendo, depois, que "o cerco havia começado", sem explicar muito bem o fato.

momento ele será forçado a deixar Amoy e retirar-se com seus seguidores para locais mais seguros, provavelmente a ilha de Formosa, onde sua fertilidade e outros bens são bem conhecidos tanto por ele quanto por nós... Coxinga não é muito benquisto pelos seus homens que, continuamente, o abandonam em razão de suas regras muito severas e falta de meios para sustentá-los. Portanto, esperamos que, quando compelido a fugir do país, ele tenha apenas uns poucos acompanhantes.[197]

Os manchus que estavam de volta a Beijing, entretanto, não compartilhavam as fatalistas previsões dos holandeses. Como única organização beneficiada pelos relatórios do país inteiro, a corte manchu vociferava contra a presença de Coxinga no sul. Permanecia a possibilidade de o povo do sul da China, que tão dispostamente tinha capitulado aos invasores manchus, mudasse de lado uma segunda vez com a mesma facilidade, se Coxinga conseguisse mais vitórias. A vida seria muito mais fácil para todos os envolvidos, se Coxinga simplesmente parasse de dar suporte a uma causa sem esperança e assinasse um acordo com os manchus. O governador de Fujian foi então solicitado a sondar Coxinga e levantar o assunto das negociações para um "honroso armistício".

Na essência, a oferta era pouco diferente do acordo firmado entre Nicholas Iquan e o imperador dos Elevados Presságios vinte anos antes. A corte aceitaria reconhecer Coxinga como dirigente de fato da região, conferiria a ele um título de nobreza e os exércitos poderiam ser desmobilizados. Coxinga, entretanto, continuou rigorosamente fiel aos Ming e nunca perdoaria os manchus pela morte de sua mãe. Sua resposta foi curta e grossa, mais chocante ainda pela sua recusa em aderir ao estilo floreado e cheio de obsequiosos elogios da carta chinesa. Dizia simplesmente "Não posso confiar nas palavras dos bárbaros. Não negociarei com um colaborador".[198]

O governador de Fujian foi afastado do seu cargo, e os manchus procuraram um outro modo de dobrar Coxinga. Em 1653, decidiram usar sua arma secreta: Nicholas Iquan.

---

197. Carta do Conselho da Batavia para o governador Verburg em Taiwanm, de 26 de maio de 1653, *FUD*, p. 460.
198. Foccardi, *Last Warrior*, p. 50.

CAPÍTULO 8

O Rio Fervente do Dragão

Nicholas Iquan vivia como um príncipe, mas seu palácio em Beijing era, na verdade, apenas uma prisão luxuosa. Naquele momento, Iquan não tinha muita utilidade para os manchus, já que Coxinga tinha aceito a rendição. A maior parte dos desertores foi rapidamente repatriada para novas áreas, com permissão para recomeçarem a vida, mas os manchus não tinham certeza absoluta de que Iquan não mudaria de lado novamente. Havia também o caso da senhorita Tagawa. Iquan não esperava que a deserção resultasse na morte de pessoas próximas a ele; na verdade, seus atos pareciam ter sido motivados por um desejo de autopreservação. Mas em vez de uma transição suave, Iquan fora afastado de sua família e teve de conviver com o fato de a senhorita Tagawa ter morrido em uma batalha contra seus novos senhores.

Em busca de novos aliados, Iquan tornou-se amigo e benfeitor dos cristãos, ajudando vários padres jesuítas a levantar fundos para a construção de uma igreja em Beijing. Os jesuítas, claro, eram capazes de transitar entre os dois mundos, dos manchus e da China, e registros da época indicam que Iquan envolveu-se em um grande número de esquemas com eles. Mesmo recluso, negociou e vendeu, mas, embora seus parceiros jesuítas tivessem grande acesso aos manchus, não eram capazes de melhorar a situação em que Iquan se encontrava.

O mais poderoso jesuíta que Iquan conheceu em Beijing foi Adam Schall, que obteve mais privilégios com os manchus do que ele próprio com a Dinastia do Brilho.[199] Isso graças aos seus conhecimentos matemáticos, obstinação, diplomacia e uma série de coincidências fortuitas. Quando os manchus assumiram o poder, a nova dinastia teve de enfrentar as mesmas preocupações da sua antecessora. Permanecia a necessidade de criar um

---

199. Não há nenhum documento que fale sobre o encontro de Schall e Iquan, mas é extremamente improvável que seus caminhos não se tenham cruzado durante a década em que Iquan ficou em Beijing.

calendário confiável, que mostrasse os movimentos dos planetas e indicasse com antecedência a ocorrência de fenômenos considerados negativos, como eclipses e chuvas de meteoros. Os oficiais mercenários que haviam tentado desacreditar Adam Schall queriam agora convencê-lo a ajudar a confeccionar calendários para seus novos mestres. Ele se recusou, preferindo fazer seu próprio calendário que não apenas previa acontecimentos com muito mais precisão do que os cálculos dos chineses, como também incluía alguns detalhes extras. Seu calendário, por exemplo, indicou que no dia 1º de setembro de 1644 aconteceria um eclipse solar, mas, em vez de passar detalhes para o observatório imperial, que ficava em Beijing, Schall forneceu a hora e o tempo de duração do fenômeno em diferentes cidades do Império Celestial.[200] Quando suas previsões se confirmaram, o jesuíta foi elogiado pela sua superioridade européia e convidado pelos manchus para ensiná-los ciência cristã. Um decreto imperial inesperado o nomeou diretor do Instituto de Astronomia. Ele recusou algumas vezes só para que os emissários do imperador-criança repetissem o convite. Em um primeiro momento, eles acharam que o estrangeiro estava adotando o comportamento tradicional de exibir humildade diante de um alto oficial, quando na verdade Schall não queria mesmo o cargo. Depois de um tempo, foi convencido pelos outros jesuítas a aceitá-lo e, aos 60 anos, acabou transformando-se no grão-vizir de uma religião pagã na China.

O príncipe Fulin, sobrinho de Dorgon, foi alçado ao trono, com 5 anos de idade, como *Shunzhi,* o imperador da Lei Inquebrantável. Mas ficou claro que o poder seria exercido por Dorgon, o príncipe regente. Quando o imperador-criança cresceu, depositou grande confiança na ciência estrangeira do estranho jesuíta, que era temido e odiado por outras pessoas da corte. Os poderes que Schall conseguiu eram consideráveis e o próprio imperador pedia a ele orientação astrológica. Adam Schall continuou a fazer inimigos nas cortes chinesa e manchu, mas ganhou um grande respeito e o amor do jovem imperador.

O grande triunfo político do jesuíta aconteceu quando o imperador-criança chegou à idade adulta e Dorgon começou a tentar conseguir mais autoridade para si próprio, assinando ordens e acumulando títulos como o Pai do imperador e Pai do País. Alguns comentavam que Dorgon planejava autoproclamar-se imperador antes que o jovem Fulin o destituísse como regente, mas somente Schall estava preparado para essa função.

Schall foi consultado sobre o projeto de um memorial que os aliados de Fulin pretendiam construir em homenagem a Dorgon e que seriam duas grandes colunas de mármore colocadas na entrada no palácio imperial em Beijing. Dorgon havia planejado a construção de uma nova capital, como se

---

200. Attwater, *Adam Schall,* p. 87.

Beijing, por si só, não fosse suficiente. Adam Schall trabalhou bastante no projeto de uma máquina que facilitaria a construção, mas desaconselhou a empreitada por "razões astrológicas". Em uma longa carta ao regente, disse que os sinais, nas estrelas, eram desfavoráveis. No início, Dorgon ficou muito bravo com o sacerdote estrangeiro, mas relutantemente acabou acatando as palavras do diretor do Instituto de Astronomia.

Dorgon morreu em um acidente durante uma caçada em 1650, deixando o imperador-criança Fulin ainda mais impressionado com os poderes de Schall. Como o garoto tinha apenas 12 anos, um novo grupo de tutores ascendeu ao poder. Para desacreditar seu predecessor, eles rapidamente anunciaram ter encontrado "provas" de que Dorgon conspirara contra seu imperador, e Fulin passou a achar que Adam Schall previra a morte de Dorgon, a menos que ele seguisse as previsões das estrelas. Ele não havia dito nada sobre isso, mas quando Borjigid, mãe do imperador, caiu doente, em 1651, o jesuíta foi chamado para atendê-la. Borjigid ficou impressionada com Schall e, no que poderia ter sido uma híbrida mistura de gratidão chinesa com o modo cristão de se expressar, passou a chamá-lo de "pai de criação". O imperador-criança, convencido de que Schall podia ver o futuro e curar doenças, começou a chamar o missionário estrangeiro de "avô". [201]

Os manchus brigavam entre si enquanto seus exércitos lutavam pela soberania das fronteiras chinesas contra o autoproclamado imperador das Eternas Experiências na região sudoeste, e contra Coxinga, o imperador Herdeiro do Nome Imperial, na região sudeste. A guerra na corte de Beijing era mais silenciosa, refinada, e regada a rumores, enquanto as várias facções competiam para ajudar o pequeno imperador quando ele alcançasse a maioridade.[202] Quando Fulin chegou à adolescência, uma facção de eunucos havia obtido mais prestígio que as outras, por apresentar o jovem imperador aos prazeres do sexo. No início, ele era apenas curioso mas, com o tempo, tornou-se obcecado pelo assunto. Embora seu apego a Adam Schall continuasse forte, seu interesse pelo Cristianismo enfraqueceu — não havia

---

201. Hummel, *Eminent Chinese*, p. 256, e Attwater, *Adam Schall*, p. 104, afirmam que não era Borjigid que estava doente, mas sim a noiva de Fulin, Berjijit. No relato de Attwater, Borjigid é a mesma mulher que chamou Schall e pediu-lhe que curasse sua futura nora, a qual, depois, passou a chamá-lo de "pai de criação".
202. Nem todos os competidores estavam vivos na época. Alguns, como Dorgon, continuavam a exercer influência mesmo depois de mortos, porque seus feitos, durante a vida, foram interpretados e reinterpretados por gerações sucessivas. A biografia de Dorgon, na obra de Hummel *Eminent Chinese of the Ch'ing Period*, pp. 215-19, na verdade continua por duas páginas inteiras após sua morte, porque seus defensores e descendentes levaram uma surra na luta corpo a corpo contra os dissidentes. Ele finalmente foi confirmado como um grande príncipe e absolvido de todas as acusações póstumas em 1773, mais de um século após sua morte.

como racionalizar a monogamia cristã com todas as possibilidades sexuais oferecidas ao imperador. Logo as concubinas já não eram mais suficientes. Ele se cansou até da esposa principal. A mulher que mais desejava no mundo era a linda Xiao Xin,[203] proibida para ele por ser a esposa de seu irmão, Bombogor. [204]

O imperador ia se aconselhar com o "avô" Adam Schall pelo menos uma vez por mês e, por força disso, foi, aos poucos, acrescentando ao insuspeito padre sutis honrarias. Disseram a Schall que era tolice ele agir como um servo respeitoso cada vez que via Fulin, e lhe foi então permitido preservar suas juntas doloridas não ajoelhando ou curvando-se perante o imperador. Foi liberado também de pedir permissão para ver Fulin; podia simplesmente apresentar-se sempre que desejasse. Essas concessões podem parecer mínimas, mas eram, na verdade, um raro privilégio oferecido somente aos membros mais íntimos da família imperial. O próprio príncipe Dorgon teve de se curvar em reverência ao se apresentar diante do imperador da Lei Inquebrantável, até 1648.

Algumas pessoas da corte ficaram escandalizadas com o relacionamento informal entre o jovem imperador e seu "avô". Fulin gostava de visitar Schall em sua moradia modesta, sentava-se em móveis comuns e dividia com ele os vinhos baratos e a comida simples preparada por ele. Nos banquetes da corte, Schall tinha o privilégio de beber chá na caneca de Fulin. Há histórias também de o imperador oferecer seu manto a Schall quando, em um dia, o sacerdote passou frio, e lhe dar duas lebres que havia caçado.[205] Era comum o sacerdote contar piadas para o imperador em ocasiões oficiais. Por volta de 1653, Schall ficou conhecido como o Mestre que Conhece os Mistérios Celestiais, de novo por força de decreto imperial.

Os manchus, enquanto isso, tentavam de todas as formas tomar a fortaleza de Coxinga em Fujian. Enviar o general Jidu para organizar uma contra-ofensiva foi um jeito meio mágico de resolver a questão. Jidu tinha 22 anos e era filho do regente Jirgalang, mas sua escolha como líder foi determinada por uma superstição. Com o intuito de manter as suas origens estranhas longe dos documentos oficiais e do conhecimento público, os manchus começaram a adotar nomes chineses. Jirgalang ficou conhecido

---

203. Ela era uma manchu do clã Donggo, filha de Osi, e irmã de Fiyanggu, que mais tarde se tornaria uma famosa general no final de século XVII. Muitas fontes chinesas e muito livros de história usam seu nome em chinês, que é Xiao Xian. Como Shang, em *Tales of Empresses and Imperial Consorts in China*, pp. 368-72, repete posteriormente a adulteração de sua biografia, confunde a consorte de 20 anos com uma concubina chinesa de 40 anos e nome similar.
204. Parece que Fulin aprendeu esse comportamento com Dorgon, que manteve um relacionamento com a viúva do irmão de Fulin, Haoge.
205. Attwater, *Adam Schall*, pp. 98-100.

como Zheng, "O príncipe Sério". Ao mandar seu filho lutar contra Coxinga, Jirgalang estava mandando um herdeiro Zheng para derrotar outro herdeiro Zheng.

Os manchus pensaram em tirar proveito da fidelidade de Coxinga aos princípios do confucionismo. O legalista podia ter queimado suas vestes de discípulo, mas sua disciplina e retidão eram legendárias. E, de acordo com Confúcio, os mais importantes deveres de obrigação repousavam entre um pai e seu filho. Tinha chegado a hora de ver se Nicholas Iquan era capaz de colocar um pouco de bom senso em sua instável descendência.

Os manchus decidiram dar a ele um título de certa forma pequeno, de marquês, prometendo-lhe outros, mais altos, se colaborasse. Ficou implícito que a prisão de Iquan seria suspensa se o restante dos familiares Zheng passassem para o lado manchu. Aqueles que conheciam bem os manchus sabiam que, no fundo, essa proposta continha uma ameaça velada. Iquan já estava, há tempos, submetido à vontade deles e, se este último ardil falhasse, alguns poderiam se sentir inclinados a perguntar por que tanta preocupação em mantê-lo vivo.

Iquan então, obedientemente, escreveu uma carta a Coxinga, dizendo que os manchus queriam sua presença para negociar a paz. Coxinga enviou uma de suas costumeiras respostas curtas avisando o pai que suas recentes atuações no sul tinham sido apenas respostas às agressões manchus.

Alguns meses depois, Iquan mandou uma segunda carta, detalhando um pouco mais a proposta manchu: "A corte manchu oferece territórios em troca da paz. Deseja mandar dois nobres para lhe ofertar o título e os documentos do Ducado de Haicheng, o que lhe permitirá estabelecer sua gente na região".[206]

O acordo fora cuidadosamente planejado. A Coxinga tinha sido oferecido recentemente o título de príncipe de Yanping pelo distante aspirante ao trono Ming, o imperador das Eternas Experiências. Ele recusara com sua tradicional modéstia, mas não havia dúvida que lhe seria oferecido um título similar de novo. Enquanto isso, os manchus estavam dando-lhe o posto de duque, mais alto do que o condado que recebera do imperador de Intensa Guerra, mas mais baixo do que o principado do qual tinha aberto mão. A situação era evidente: se Coxinga aceitasse o título, estaria repudiando as honras conferidas pelos reclamantes sulistas ao trono Ming. Como tinha conquistado, havia pouco tempo, a cidade de Haicheng, as terras que lhe seriam "ofertadas" já eram dele. Os manchus, entretanto, não mandariam tropas para tomá-las de volta, se Coxinga apenas se rendesse.

Para qualquer outra pessoa, poderia parecer um bom negócio. A luta terminaria, Nicholas Iquan seria libertado, a família Zheng se reuniria novamente e a vida poderia voltar ao normal, com Coxinga como duque.

---

206. Yang, *Veritable Record*, p. 62. Ele está resumindo uma carta de Nicolas Iquan para Coxinga, datada de setembro/outubro de 1653.

Mas ele nem considerou a proposta, principalmente porque Iquan tinha, erradamente, apelado para a piedade filial. Coxinga não era chamado de Conde da Lealdade à toa, e despedaçou os argumentos do pai com uma série de recriminações condenatórias:

Já há oito anos (...) meu pai não me considera mais seu filho. Retribuo esse sentimento. As comunicações cessaram, e a partir de então não trocamos nem mais uma palavra. Desde os tempos ancestrais, homens inteligentes e honestos entendem que há deveres maiores do que a mera lealdade a alguém da família. Sei disso desde que li os Anais da Primavera e Outono. Pensei nisso em (1646) quando meu pai avançou sobre a capital. Minha decisão foi tomada naquele momento.

Agora, de repente, você tenta me fazer uma preleção sobre lealdade. Você, que é um porta-voz para os manchus, fala de me promover acima dos antigos títulos de conde e marquês. Mas como os manchus mentiram para você, o que o faz pensar que não mentirão para mim? Quando Bolo marchou pelo Estreito (dos Obscuros Imortais), meu pai já tinha fugido. Com lisonjas e sofismas, dez grupos de mensageiros foram enviados para persuadi-lo, oferecendo-lhe o cargo de vice-rei de três províncias (....) Isso foi há vários anos. Onde está agora o seu principado e seu cargo? Você nem pode viajar pela sua cidade natal. E ainda assim, pensa que eles são confiáveis?[207]

Coxinga crescera vendo Iquan humilhar as pessoas por carta; portanto, aprendera com o mestre. Citou vários exemplos da traição manchu, incluindo o cruel tratamento dispensado a um representante da família Zheng enviado para saber notícias sobre a saúde de Iquan no primeiro ataque a Amoy, e que tinha resultado na execução de Guan - a Cegonha; e lembrou também o fato de Iquan, anteriormente um duque sob a dinastia Ming, só recentemente ter recebido o título de marquês dos manchus. Nem mencionou a morte da senhorita Tagawa — a magnitude daquele incidente em particular era grande demais para ser colocado em palavras.

Coxinga discorreu sobre as dificuldades enfrentadas nas campanhas realizadas nas regiões montanhosas e ridicularizou a idéia de nômades a cavalo embarcando em navios de guerra. Insinuou que reforços para seus

---

207. Carta de Coxinga para Nicholas Iquan datada de setembro/outubro de 1653, citada por Yang em *Veritable Record*, p. 62. Friamente educado, o texto original não usa pronomes pessoais, mas eu os usei na tradução para dar melhor impressão do efeito que a carta teria na pessoa que a lesse. Para uma tradução completa da mesma carta, ver Struve, *Voices from the Ming-Qing Cataclysm*, pp. 184-9.

exércitos estavam a caminho do Japão e da Indochina e lembrou aos manchus que suas forças contavam com centenas de milhares de homens.

Terminou com um final floreado que deve ter irritado seu pai mais do que uma recusa direta. Levando tudo isso em conta, escreveu Coxinga, acalmar as tropas, fazer os soldados voltarem à vida civil e manter a ordem na província valia mais do que um simples título de Duque de Haicheng. Para garantir recursos, deixar claro à população que ele ainda estava no comando e não aceitava a derrota, manter sua armada coesa e sem descambar para a pirataria, precisaria de muito mais. Uma autoridade principesca em, digamos, três províncias. O mesmo título e território que Iquan tinha ambicionado para si.

Era um tapa na cara de Nicholas Iquan e dos manchus, e premeditado. Mesmo antes de escrever a carta, Coxinga dera muitas risadas com seu secretário, dizendo que os manchus tentavam tapeá-lo, mas que ele os embromaria o mais que pudesse para conseguir vantagens extras para seus homens. Mesmo quando insinuou aos manchus que estava disposto a negociar, permaneceu leal aos Ming.

Mas dois parceiros eram necessários para fazer aquele jogo. Os manchus ignoraram as ousadas exigências de Coxinga e o notificaram que dois oficiais se dirigiam a Fujian para apresentar-lhe a documentação do ducado. Coxinga recusou a oferta de maneira cortês, mas firme. O decreto do imperador da Lei Inquebrantável era estranhamente similar, em estilo, à última carta[208] de Iquan, reiterando seu desejo de ver a paz no litoral e questionando como um filho podia tratar um pai de maneira tão desleal. Como o príncipe Dorgon já estava convenientemente morto e desconsiderado, o decreto colocava nele a culpa pelo impasse anterior — era um dos muitos problemas no início da década de 1650 que os manchus tentaram jogar nas costas de Dorgon. O decreto também era absolutamente claro ao oferecer supremo perdão a Coxinga e seus seguidores, dizendo que não haveria ressentimentos:

> *Mesmo com a pacificação da região costeira, ainda precisaremos organizar uma defesa competente. Em vez de procurar por outra pessoa, não parece ser você o candidato ideal? Seu pai permanece confiante em sua família e o recomendou muito (...) Você pode repelir e destruir piratas à vontade. Ficar com a responsabilidade de inspecionar e taxar o transporte marítimo (...) Pode conseguir pacificar os mares. Tal será seu inevitável comando.*[209]

Coxinga, entretanto, continuou a ignorar os manchus. Ocupou-se com um confronto na região de Fuzhou, para atormentar descaradamente o governo

---

208. Yang, *Veritable Record*, pp. 69-70.
209. Decreto do imperador da Lei Inquebrantável, de junho de 1654, citado por Yang em *Veritable Record*, p. 70.

com o qual supostamente deveria estar negociando. O objetivo da missão de Coxinga era deixar claro que a população das redondezas ainda o apoiava. A maioria o fazia, pelo menos, em aparência, embora um navio da cidade, a caminho do sul, tenha tentado, em um gesto tolo, impedir a passagem dos navios da família Zheng. Coxinga fez um ataque punitivo à cidade só para deixar claro para o dito "governador" de Fujian quem mandava ali de verdade. A única cidade que Coxinga cuidadosamente evitou foi Quanzhou. No dialeto da região de Amoy, o nome da cidade soava muito parecido com a palavra "tijolo", e o supersticioso Coxinga nunca esquecera a advertência do adivinho na sua juventude, a de que má sorte o esperava em um lugar como esse.

O governador, um chinês desertor, escreveu pessoalmente a Coxinga um bilhete desesperado. Disse ao legalista Ming que enormes tropas manchus estavam concentrando-se perto de Fujian. Se Coxinga continuasse a demonstrar tanta desobediência, elas entrariam na província e tornariam a vida insuportável para todos os envolvidos. Após lembrar Coxinga de que a vida no mundo real era sempre um compromisso entre princípios e pragmatismo, o governador acrescentou:

> *Seu pai foi promovido a um* status *acima do mais alto ministério, mas sua avó está muito idosa e frágil. (Os manchus dominam o território) onde estão os túmulos de seus ancestrais, embora você, claro, não vá precisar deles ainda. Se suas contínuas ações militares acabarem por destruir esses túmulos, isso causará imensa tristeza ao seu honrado pai. Mesmo em seus sonhos, ele não teria um momento de paz, nem sua avó teria um momento de tranqüilidade para dormir ou comer.*[210]

Era uma ameaça para tocar o coração do mais compromissado confucionista, mas Coxinga a ignorou. Fiéis ao que haviam prometido, os manchus ordenaram que seus exércitos voltassem para Fujian e violassem os túmulos da família Zheng. Seus mensageiros chegaram à província com a senhora Yan, principal esposa de Iquan, acompanhada de seus dois filhos, Shidu e Shiyin. Eles teriam o título de Duque de Haicheng, se Coxinga jurasse fidelidade ao imperador manchu e raspasse a cabeça.

O sarcasmo da resposta de Coxinga perpassou muitos séculos:

> *Quem poderia ter imaginado que logo em seguida à profanação dos túmulos dos meus ancestrais, tão grandes propostas chegariam, carregadas de pesadas insinuações e*

---

210. Carta de Liu Qingtai, governador de Fujian, para Coxinga, de julho de 1654 citada por Yang em *Veritable Record*, p. 77.

cordial sinceridade? Como eu poderia recusar tais ofertas? Estarei esperando por vocês. Talvez com um presentinho.[211]

Sua atitude testava a paciência dos mensageiros, e eles lhe enviaram uma resposta lacônica, deixando claro que já haviam agüentado muito daquele jogo. Se Coxinga realmente quisesse o ducado, teria que vir recebê-lo, mas deveria chegar já com a cabeça raspada ao estilo manchu. Se não quisesse raspar a cabeça, melhor que nem fosse.

Percebendo que Coxinga não ameaçava os mensageiros com nada que faltasse ao respeito, Nicholas Iquan escreveu uma carta desesperada para Feng - a Fênix, seu irmão mais novo, que agora estava isolado em White Sands, próximo de Amoy. Nela ele implorara para que o irmão alertasse Coxinga da gravidade da situação.

Quando chegou a resposta, ela era um sutil apoio a Coxinga.[212] Em 1646, Feng tinha alertado Iquan que desertar para o lado manchu seria má idéia. Descreveu minuciosamente suas enfermidades, particularmente uma ferida que tinha no pé havia dez anos e que lhe causava dificuldade para andar. Apesar disso, escreveu, já havia contatado Coxinga na ilha onde estava e pedido ao sobrinho que se interessasse por Nicholas Iquan. Com exasperação, mas sem acusar o filho de ser exatamente como o pai, Feng escreveu: "Se ele nunca ouviu *você*, por que ouviria seu irmão menor?".[213]

A carta de Feng rejeitou educadamente as ofertas de títulos de nobreza feitas a ele pelos manchus, alegando estar feliz com a vida pacata que levava. Foi um bom argumento, e quase convincente, exceto no final, quando as palavras de Feng expressaram seus verdadeiros sentimentos. "Continuo a usufruir de meu isolamento aqui em White Sands", escreveu, "mas se os manchus voltarem, terei de navegar para algum lugar onde eles não me poderão alcançar. Até mesmo se tiver de enfrentar mar revolto, farei isso de boa vontade". Feng - a Fênix estava recolhido, mas se os manchus tentassem qualquer coisa em Fujian, ele preferia ser evacuado em um dos navios de Coxinga do que ficar para saudar os invasores. Nicholas Iquan estava sozinho.

Nenhum dos participantes desse enredo esqueceu que 1654 foi o décimo aniversário da chegada manchu em Beijing e o oitavo da deserção de Nicholas Iquan. Para os membros da família Zheng que moravam em Beijing junto com Iquan, a situação ficava cada vez mais desconfortável ao longo daquela semana de negociações. Shidu, um meio-irmão de Coxinga, e o

---

211. Carta de Coxinga para os embaixadores manchus, citada por Yang em *Veritable Record*, p. 80.
212. Carta de Feng - a Fênix para Nicholas Iquan, citada por Yang em *Veritable Record*, pp. 89-91. Yang finaliza a carta minutos após a reunião de Coxinga com seus meios-irmãos, mas pelo seu tom subentende-se que a carta foi escrita enquanto as negociações ainda estavam acontecendo.
213. Carta de Feng - a Fênix, para Nicholas Iquan, citada por Yang em *Veritable Record*, p. 91. "um garoto de dez anos com ferimentos", que teriam sido infligidos durante a invasão dos manchus — um modo sutil de lembrar a Iquan de que lado ele costumava estar.

quarto filho de Iquan com sua principal esposa, quebrou o protocolo e foi falar com ele pessoalmente, determinado a despertá-lo para os perigos desse teatro todo.

Chorando, jogou-se aos pés de Coxinga, implorando que preservasse a segurança da família, obedecendo as ordens dos manchus. A resposta de Coxinga veio na forma de um misto de raiva, dúvida e grande emoção:

> *Suas crianças, vocês nunca entenderam o mundo. Desde os tempos antigos, ninguém nunca se deu bem mudando de lado. Talvez a exceção tenha sido o imperador Guangwu durante a dinastia Han. Eu deveria cair em uma cilada só porque meu pai o fez antes de mim? Para cada dia que rejeito suas propostas, nosso pai ganha mais um dia de glória na corte. Se eu raspasse minha cabeça, não pense que a segurança de pais e filhos estaria garantida. Não fale mais nisso. Você pensa que sou desumano, que esqueci de meu próprio pai! Uma situação como essa não é fácil! Não é fácil!*[214]

Não obstante, Coxinga manteve os emissários em suspense até o começo de novembro, quando os despachou de volta com mensagens contraditórias, informando-os que seus astrólogos tinham encontrado um dia mais auspicioso para o início das negociações. Após vários meses de evasivas, eles foram forçados a voltar para Beijing e admitir que tinham falhado. Na saída, Shidu e Shiyin ainda mantiveram um encontro lacrimoso com seu meio-irmão rebelado, no qual imploraram que reconsiderasse: "Se esses dois emissários voltarem de mãos vazias, então a sua missão terá terminado mesmo", disseram. "Se não dermos nenhuma resposta, possivelmente perderemos nossas vidas."[215]

Coxinga, entretanto, manteve-se inabalável.

"Não importa o que vocês digam ou façam", respondeu "já tomei minha decisão. Não falem mais sobre isso."

Apesar das palavras severas, Coxinga estava preocupado com a situação de seus meios-irmãos. Nicholas Iquan tinha feito sua escolha, mas os membros mais jovens da família Zheng que o acompanharam a Beijing estavam de mãos atadas. Coxinga tentou explicar-se em uma carta aos parentes que partiam.

---

214. Yang, *Veritable Record*, p. 85. "Suas crianças" é usado aqui para referir-se ao termo usado por Coxinga, *fanzi*, que significaria "vocês garotos", um modo desonroso de se dirigir aos membros mais jovens da família Zheng, ou ainda "seus ordinários", ou "seus mortais", dando a entender que Coxinga julgava ser de uma posição superior na família Zheng. O imperador Guangwu, ao qual se refere Coxinga, foi um governante na dinastia Eastern Han no primeiro século a.C. É típico de Coxinga anexar informações de pé de página mesmo em meio a discussões familiares.

215. Yang, *Veritable Record*, p. 87.

Quando a pantera anda pelas montanhas, é temida por todas as outras criaturas. Mas quando é pega em uma armadilha, balança sua cauda e implora por misericórdia, sabendo que perdeu o controle sobre seu destino. Já a fênix pode voar muitos metros acima dela, indo para qualquer lugar que lhe agrade, no firmamento, livre de todas as preocupações do mundo comum. Sou famoso entre os chineses e entre os bárbaros. Tenho experiência no comando de tropas. Vocês acham que prefiro ser como a fênix, voando livre, ou como uma pantera enjaulada?[216]

Coxinga escolheu a analogia com os animais deliberadamente. Seu tio, Bao - a Pantera, tinha recentemente passado para o lado dos manchus e agora compartilhava com Nicholas Iquan da mesma situação em Beijing. Mas Feng - a Fênix permanecera fiel e livre. Embora sua perna dificultasse caminhar sem ajuda, Feng ainda era estimado pelo seu sobrinho idealista.

Os enviados voltaram tristes para Beijing, mas não foram executados como temiam. As condições entre os desertores Zheng e os manchus ficaram menos favoráveis, mas por uma razão inesperada. Como Coxinga lembrara a seu pai, os dois não se haviam comunicado fazia anos. Iquan só o fizera por insistência dos manchus e falhara em conseguir a resposta desejada do filho. Mas em 1655, Iquan escreveu uma carta para Coxinga sem o conhecimento dos manchus. Seu conteúdo era só para os olhos de Coxinga e devia sair disfarçadamente de Beijing, levada por simpatizantes da família Zheng. Mas desafortunadamente para Nicholas Iquan, caiu nas mãos de agentes manchus, que o denunciaram à corte. Não importava o conteúdo da carta, era a gota d'água para os manchus. Diz-se que Iquan escrevera uma mensagem apoiando secretamente o comportamento do filho, incentivando-o a seguir com sua luta.[217]

O período de clemência tinha terminado. Iquan perdeu todos os títulos de nobreza que os manchus lhe deram e foi preso, com o resto da família, incluindo os meios-irmãos de Coxinga e o indignado Bao - a Pantera, que acabara de chegar e esperava uma recepção mais amigável. A pantera estava realmente na jaula.

Os manchus voltaram com suas tropas a Fujian, comandadas pelo príncipe Jidu. Seus homens confrontaram-se em árduas batalhas com as tropas de Coxinga e, embora ganhassem algum terreno, as perdas foram imensas. Para observadores externos, não dava para saber quem estava

---

216. Carta de Coxinga para Shidu, novembro de 1654, citada por Yang em *Veritable Record*, p. 89. A altitude real do vôo da Fênix é medida como mil *ren*. *Ren* é uma medida chinesa que corresponde a oito pés do sistema métrico inglês.
217. Curiosamente, embora Huang Wu (ver capítulo IX) alegasse posteriormente que Iquan e Coxinga mantiveram contatos secretos por algum tempo, não há nenhuma menção desses contatos no livro de Yang Ying, *Veritable Record*.

mandando no sul da China. Coxinga, entretanto, deixou claro sua opção. Aceitou o título oferecido a ele pelo distante imperador das Eternas Experiências. Tinha, agora, um cargo oficial que poderia ser traduzido como "príncipe", embora literalmente significasse "rei" — título concedido há dois milênios, quando uma antiga dinastia dividiu a China em unidades semi-autônomas. Coxinga ainda era subordinado ao imperador, mas era também o governante de sua região, em nome do imperador.[218]

Do outro lado do estreito de Taiwan, os holandeses observavam toda essa movimentação com extrema preocupação. Por dez anos, tinham confiado em Coxinga para assegurar seus negócios com o continente, e suplementavam o escasso comércio permitido no Japão usando mercadores chineses que navegavam sob a bandeira de conveniência Zheng. Embora nem as condições comerciais nem as tarifas fossem inteiramente a favor dos europeus, era melhor do que nada.

Os holandeses tinham escorraçado uma colônia espanhola ao norte de Taiwan, mas estavam cada vez mais preocupados com a população chinesa da ilha.

O ano de 1652 registrou um aumento dessa população que foi, no entanto, estancado pelas perdas de vida na parte chinesa.[219] Todas as evidências sugerem que Coxinga não teve envolvimento direto na revolta,[220] mas o governador holandês que estava de partida, Nicolas Verburg, suspeitava que ele tivesse planos em andamento:

> *(Verburg) aconselha Suas Excelências a se manterem em guarda, já que foi relatado que o mandarim chinês Coxinga — filho do pirata Iquan, antigo alfaiate do governador Putmans e intérprete do governador de Witt — que então lutava contra os tártaros, pretendia, se expulso da China, ir para Formosa e estabelecer-se por lá.*[221]

Os holandeses tomaram todas as medidas possíveis, começando pela construção de um outro pequeno forte perto da vila de Sakkam, na praia da baía de Tay. Provintia ficava na praia da baía, tão perto que as ondas batiam

---

218. Hung, *Taiwan Under the Cheng Family 1662 — 1683*, p. 86. Coxinga se autodenominava rei, embora os chineses entendessem que sua autoridade verdadeira era a mesma de um alto senhor feudal. Alguns detalhes lingüísticos não eram respeitados por alguns estudiosos estrangeiros, que começaram a referir-se a Coxinga como rei, no sentido europeu.
219. Mais de quatro mil chineses morreram durante a revolta. Os holandeses perderam dois homens.
220. Ver Hubber, *Chinese Settlers Against the Dutch East India Company*, p. 268.
221. Valentyn, *Oud en Nieuw Oost-Indien,* citado no *FUD*, p. 64. Embora Valentyn soubesse da relação entre os dois homens, ainda assim ele parece confundir a antiga carreira de Iquan com a de Coxinga. Hung, em *Taiwan Under the Cheng Family*, p. 72, sugere que o líder rebelde, Guo Huaiyi, era um ex-companheiro de Nicholas Iquan, mas isso continua sendo uma evidência meramente circunstancial do envolvimento de Coxinga na revolta.

nas suas muralhas vermelhas quando a maré estava alta. Não era uma fortaleza que impunha respeito, mas de qualquer modo ajudava os holandeses a se sentirem um pouco mais seguros em meio a tantos nativos potencialmente hostis.

Os rumores de um ataque que estava por acontecer a Taiwan continuaram a correr durante todos os anos 1650. Bastava mais comerciantes chineses do que o normal chegarem a Taiwan para que os holandeses suspeitassem que era uma armada invasora. Se nenhum comerciante chegasse, suspeitavam que Coxinga havia bloqueado os portos principais do continente para impedir que espiões voltassem de Taiwan com notícias de um ataque próximo. Se os negócios corriam de modo absolutamente corriqueiro e normal, com nada de estranho a notar, os holandeses suspeitavam que Coxinga estava tentando ludibriá-los com uma falsa sensação de segurança.

Coxinga, nesse ínterim, estava enviando navios comerciais cada vez mais longe para levantar fundos para sustentar suas operações militares. Não há provas de que tenha conseguido reforços japoneses ou indochineses como se havia gabado na carta para o pai, mas seus navios continuavam a ser vistos nos portos daquelas regiões. Os holandeses, que mal tinham passado pelos seus pensamentos durante anos, agora começavam a preocupá-lo porque a necessidade de mais dinheiro acabou por colocá-lo em contato freqüente com eles. Em Sumatra e na península Malaia, os navios de Coxinga competiam diretamente com os dos holandeses, particularmente no comércio de pimenta, que antes era feito na China. Com os holandeses ensacando-as para serem vendidas na Europa, o preço havia subido. Em 1654, os representantes da Companhia Holandesa das Índias Ocidentais, na Batavia, receberam uma carta de Coxinga exigindo que os holandeses o reembolsassem pela carga de um navio perdida em águas vizinhas. Os registros da companhia eram nervosos:

> *Ele exigiu uma soma de dinheiro tão alta que nós nunca poderemos pagar. Em vez de pagamento, oferecemos-lhe 100 piculs de pimenta, dez pedaços de perpetuan e dez pedaços de mouris de presente. Esperamos que isso o abrande. Ele é agora o homem que pode cuspir em nossa cara em águas orientais.*[222]

A família Zheng tinha sido útil aos holandeses durante o período de retenção sob o governo de Jacques Specx e durante os anos de tumulto que se seguiram ao colapso da dinastia Ming. Mas o último reclamante do trono

---

222. Correspondência da Companhia Holandesa das Índias Ocidentais, de 1654, citada por Yamawaki, *The Great Trading Merchants, Cocksinja and His Son*, p. 108. *Perpetuan* era um tecido resistente de lã, e *mouris* refere-se ao algodão branco da Costa de Coromandel.

Ming estava agora bem longe, no interior, e a maior parte da China, nas mãos dos manchus. Os holandeses decidiram que era hora de ver se os manchus seriam mais propensos ao comércio com o mundo exterior do que seus predecessores Ming. Além disso, eles ainda mantinham uma base na costa do continente, como os portugueses faziam em Macau.

A oportunidade se apresentou quando falsos rumores correram pela comunidade comercial dizendo que Cantão era agora um porto livre. A cidade tinha mudado de mãos várias vezes durante a conquista do sul da China e aparentemente se manteve viva durante um longo cerco manchu com suprimentos que chegaram por mar. Os observadores europeus, sem saber que Nicholas Iquan tinha mudado de lado, deduziram que ele estava mandando ajuda para a cidade: "O que lhes deu determinação para resistir ao ataque inimigo foi ter Iquan do seu lado, no comando de uma poderosa frota que diariamente supria a cidade com todas as provisões necessárias".[223]

Quando a cidade finalmente foi conquistada por bem, ficou sob o comando de Shang Kexi, um desertor chinês que havia recebido dos manchus o título de príncipe Pacificador do Sul. Os portugueses em Macau temiam que os chineses proclamassem a cidade como um porto livre, e começaram uma campanha de difamação contra os holandeses,[224] convencendo os oficiais locais de que todos os europeus não-católicos eram, na verdade, piratas e aliados de Coxinga. Os holandeses enviaram então uma delegação para ver o imperador da Regra Inquebrantável, com o intuito de reclamar dos portugueses e de seus aliados jesuítas. Como de costume, negaram-se a levar um intérprete, mas foram avisados de que assim que chegassem a corte providenciaria um. Quando estavam na sala de espera, um homem pálido, vestindo roupas de ministro palaciano, juntou-se a eles com seu cabelo branco raspado de acordo com a tradição manchu. Parecia um chinês já visto antes — muito alto, imponente e, para surpresa dos holandeses, com olhos azuis. Quando abriu a boca para se dirigir a eles, falou em alemão fluente.

Para aborrecimento da comissão holandesa, o intérprete da audiência era Adam Schall, que prontamente indagou sobre a saúde de algumas famílias católicas que havia conhecido em Amsterdã. Particularmente, já havia informado o imperador que os holandeses não eram confiáveis, " tendo se rebelado contra Deus e contra seu rei".[225] Disse no entanto ao mandatário chinês que ele poderia achar os visitantes interessantes do ponto de vista acadêmico.

---

223. Bowra, *Manchu Conquest of Canton*, p. 92. "Iquon", parece ser um outro nome para o filho de Iquan.
224. Kessler, *Maritime Laws and Their Effect on Sino-Western Relations*, pp. 91-2.
225. Attwater, *Adam Schall*, p. 118.

Conseqüentemente, quando o imperador de 17 anos chegou, sentou-se em seu trono em silêncio e observou os cabelos e os olhos estranhos dos recém-chegados. Depois que os holandeses se ajoelharam à respeitosa distância de trinta passos do imperador, ele ficou encarando-os durante quinze constrangedores minutos antes de se levantar. Virou-se e olhou ainda mais uma vez para eles, antes de sair sem dizer uma palavra. Adam Schall anunciou aos holandeses que a audiência acabara e acompanhou os visitantes até a saída com uma conversa agradável, assegurando-lhes que os portugueses, cerca de mil milhas ao sul, não estavam preocupados demais com as incursões holandesas na região de Cantão.[226]

Sem terem tido a chance de abrir a boca, os holandeses perderam a oportunidade de oferecer ao imperador algo que ele nunca possuiu: supremacia marítima. Após um tempo, um membro da comitiva tentou argumentar com seus colegas, dizendo que "já que o imperador está envolvido em guerras contra o arquipirata Coxinga, poderíamos propor ajuda a Sua Majestade Imperial com nossos navios, e tenho certeza de que ele rapidamente consentirá em autorizar nosso livre comércio em seus domínios".[227] Suas sugestões, entretanto, entraram por um ouvido e saíram por outro.

É bem possível que os holandeses não soubessem a quem apoiar. Se levassem adiante seu plano de trazer de volta os manchus, Coxinga poderia sair do continente e atacar os holandeses em Taiwan. Como eles temiam e odiavam Coxinga, o melhor negócio a fazer para que ele os deixasse em paz era ajudá-lo no continente. Mas não havia possibilidade de os holandeses colocarem seus recursos em um movimento de resistência que parecia fadado a falhar. Resolveram, então, não fazer nada.

Coxinga sabia que eles estavam planejando alguma coisa e enviou outra carta para a Companhia, deixando o mais claro possível que "lugares como Batavia, Taiwan e Málaga formam um único e inseparável mercado e eu sou o senhor dessa região", escreveu. "Nunca permitirei que vocês usurpem minha posição".[228] Se os holandeses quisessem navegar nas águas da China, deveriam ficar do lado de Coxinga e não de seus inimigos, os manchus.

Os holandeses estocaram lenha suficiente para um possível cerco prolongado ao Forte Zeelandia. Fizeram melhorias na fortificação e aumentaram o número de homens na guarnição. Mas em 1656, a urgência não pareceu tão premente. O novo governador da ilha era Frederik Coyett, um sueco na casa dos 30 anos, que tinha vivido em Taiwan durante todos os acontecimentos da década passada. Sua indicação foi um movimento ardiloso

---

226. Dunne, *Generation of Giants*, pp. 347-8.
227. Nieuhoff, *An Embassy From the East India Company of the United Provinces*, p. 97.
228. Carta de Coxinga para o governador geral da Companhia das Índias Ocidentais de 1655, citada por Yamawaki em *The Great Trading Merchants*, p. 108.

por parte de seus chefes, na Batavia. Em tempos de perigo potencial era muito melhor ter alguém experiente no comando, em vez dos incompetentes predecessores como Pieter Nuijts ou Hans Putmans. Como testemunha da revolta e do progresso da invasão manchu e das flutuações comerciais dos últimos dez anos, Coyett era a escolha perfeita para o governo de Taiwan. Estava na posição ideal para avaliar a situação e bem consciente do perigo que Coxinga representava. Mas os esforços de Coyett para ficar no controle da situação foram atravessados por um inimigo interno.

Em algum momento, nos anos anteriores, Coyett teve um confronto com o antigo governador, Nicolas Verburg, por um motivo não especificado. Palavras ásperas foram trocadas entre os dois homens, e Verburg, agora instalado no quartel-general da Batavia, em Java, resolveu vingar-se. Mesmo tendo ele próprio alertado a Batavia sobre Coxinga dois anos antes, mudou de tom, agora que estava a salvo. Todas as vezes que uma mensagem chegava proveniente de Coyett, com detalhes de novas defesas e intrigas, Verburg o ridicularizava no Conselho da Batavia. Verburg acusou Coyett de ser desnecessariamente sobressaltado e de gastar recursos holandeses preparando-se para um ataque que nunca aconteceria.[229]

Na verdade, Coxinga estava mesmo preparando um ataque, mas ele nada tinha a ver com os holandeses. Sua idéia era montar uma grande contra-ofensiva fora de Fujian, navegando na costa com uma enorme esquadra e milhares de homens. Seus navios se ausentaram de Taiwan por um tempo porque ele estava recolhendo todos os navios Zheng para ajudar nas suas proezas militares. E nem fazia segredo disso. Na verdade, comunicara seus planos em uma carta ao importuno governador de Fujian. Notando que os manchus estavam ocupados com revoltas e levantes no interior do país, Coxinga ridicularizou seus exércitos, chamando-os de bandos de corvos. Percebeu que grandes áreas do domínio manchu estavam sem governantes e que ainda, ironicamente, havia inundações ao norte do rio Amarelo e seca no sul. Com a China chacoalhada por terremotos, inundações e "estranhos fenômenos" não explicados, Coxinga interpretou tais acontecimentos como sinais de que os Céus estavam descontentes com os invasores manchus e que era chegada a hora de os leais seguidores da dinastia Ming lutarem contra eles.[230]

Ainda acreditava ser o filho espiritual da deusa do mar. Seu inimigo, o príncipe Jidu, liderou um ataque a Quemoy que se acabou transformando em uma supreendente vitória para Coxinga. Depois de uma grande despesa e muito esforço, Jidu conseguiu reunir uma esquadra que zarpou para

---
229. Ver, *Coyett's catologue of Verburg's treachery*, por Campbell, *FUD*, p. 387.
230. Carta de Coxinga para Liu Qingtai, inverno de 1655-6, citado por Struve, *Southern Ming*, pp. 179-80.

lutar contra os quartéis-generais da família Zheng em 9 de maio de 1656.[231] Como acontecia com freqüência nas incursões navais da família Zheng, os elementos da natureza pareciam estar lutando ao lado de Coxinga. A batalha foi interrompida por uma forte tempestade, forçando ambos os lados a interromper a luta. Os experientes marinheiros de Coxinga correram à frente do vento ou se abrigaram em ancoradouros perto de Quemoy. A invasão da armada de Jidu não teve a mesma sorte, e foi destruída pela força da natureza.

O incidente resultou em outra evacuação de Amoy. Fiel às suas palavras, o inválido Feng - a Fênix recusou-se a ficar em White Sands e render-se aos manchus, e embarcou em um navio da família Zheng para cruzar a baía a fim de chegar à fortaleza da Ilha de Quemoy. O velho soldado faleceu em 1657, audacioso até o fim.

Desde o início dos anos 1650, Coxinga vinha pensando nas possibilidades decorrentes de uma grande ofensiva militar. Passara-se uma década desde que os manchus marcharam sobre Nanjing, período no qual Coxinga cuidadosamente levantou fundos para sustentar uma contra-ofensiva. Embora muitos dos seus homens estivessem mais felizes comercializando produtos, Coxinga planejava guerrear novamente contra os manchus e decidiu que aquele seria o momento de começar. O plano era levar uma armada gigante até a costa de Fujian, passar pela província seguinte e seguir mais acima, para a nascente do poderoso rio Yangtze. Depois de anos se confrontando em pequenas escaramuças por todo o sudeste da China, pretendia liderar seus homens em um ataque direto ao coração do Império Celestial.

A linha de frente da armada ficou sob o comando de Gan Hui, o general mais confiável de Coxinga, com dez mil homens, 20 navios grandes e 30 embarcações menores para suporte e suprimentos. A esquadra da direita ficou sob o comando de Maxin, outro general de confiança, com outros 30 navios de guerra, mais 30 embarcações de suporte e outros 20 mil homens. Os mesmos números compunham a esquadra da esquerda, comandada pelo general Wanli. Coxinga cobria a retaguarda com 120 navios de guerra e mais 40 mil homens.[232] A armada tinha o que havia de melhor nas tropas militares das organizações Zheng, incluindo os leais remanescentes da Guarda Negra, e um misterioso grupo conhecido como Homens de Aço.

Coxinga dirigiu o grosso de suas tropas para o norte de Fujian, ancorando os navios ao largo da ilha de Zhoushan, como parada intermediária para sua força de invasão. Entretanto, foi ainda forçado a pegar pessoas para deixar na retaguarda e guardar suas propriedades no sul da China. No que

---

231. Yang, *Veritable Record*, p. 134.
232. Terao, *Tei Seiko*, p. 109.

acabaria sendo o maior erro de sua vida, Coxinga escolheu Huang Wu para tomar conta de Haicheng. A cidade foi cenário de uma das trapalhadas anteriores dele — quando Coxinga, em medida disciplinatória o forçou a pagar uma indenização de 500 armaduras durante a última grande ofensiva manchu. Dessa vez, Huang Wu foi colocado no comando da cidade enquanto os remanescentes do exército manchu do príncipe Jidu, baseados em terra, continuavam a andar por Fujian; o cargo só serviu para lhe trazer de volta más recordações.

Ele se atrapalhou, principalmente, em razão de um incidente acontecido vários meses antes, no qual Coxinga ordenara a execução de um general que perdera uma batalha contra os manchus. Huang Wu ponderou que se permanecesse no seu posto, poderia morrer nas mãos dos manchus, ao passo que, se lutasse contra os manchus, mas fosse forçado a se retirar de Haicheng, Coxinga o mandaria executar. Portanto, quando um exército manchu chegou perto de Haicheng, Huang Wu entrou em pânico. Matou seu líder legalista e ordenou que se abrissem os portões da cidade para o príncipe Jidu.

Foi um ano ruim para Coxinga. A traição de Huang Wu o abalou e ele suspeitou que o desertor revelaria os segredos e temores da família Zheng para seus novos senhores. No começo de junho de 1657, a armada de Coxinga tomou três cidades durante uma contenda. A primeira no extremo norte da província de Fujian. As outras duas estavam oficialmente na fronteira da província seguinte.

O avanço de Coxinga foi atrasado na cidade de Wenzhou, cuja guarnição lutou e resistiu porque estava protegida atrás das muralhas de um grande castelo. O mar ficou muito revolto, e Coxinga temeu pelo resto de sua armada. Quando dois de seus homens foram atingidos por um raio, ele considerou o fato um alerta sobrenatural e moveu-se, deixando Wenzhou livre e procurando a estação intermediária de Zhoushan.[233] Ali, pretendia unir forças com Zhang Huang-yan, um partidário local que vinha resistindo aos manchus no norte havia dez anos. Durante o tempo em que o imperador de Intensa Guerra ainda tentava reconciliar bandos rebeldes sob uma única bandeira legalista Ming unificada, Zhang tinha ido visitar a corte em Fuzhou, onde se encontrou com Coxinga pela primeira vez.[234] Zhang passara os últimos dois anos na ilha de Zhoushan, perto da nascente do Yangtze, treinando seus homens para um ataque de longa duração a Nanjing. Ele concordou em se unir a Coxinga e ficou à espera dele ali.

Mas, após os sucessos recentes, Coxinga flertou com o desastre no mês seguinte. A caminho da nascente do Yangtze, sua armada atracou na pequena ilha de Yangshan ("Montanha do Carneiro") onde um ancoradouro

---

233. *Idem*, p. 110.
234. Hummel, *Eminent Chinese*, p. 41.

isolado abrigava várias centenas de navios. Coxinga queria esperar passar o dia de mar revolto e zarpar na manhã seguinte para a última etapa da viagem a Zhoushan.

A ilha tinha sido batizada com esse nome por conta de sua vida animal — alguém pode ter pedido um favor aos deuses para deixar um carneiro por lá, e como as criaturas foram consideradas sacrossantas na ilha, seu número era bem grande. Para uma armada de homens famintos, desejosos de comer carne fresca, Montanha do Carneiro era uma tentação irresistível, principalmente porque os animais, muito dóceis, não eram caçados por nenhuma forma de predador, de modo que estavam completamente despreparados para enfrentar homens armados de mosquetes. Logo as praias e os convés dos navios soltavam fumaça e vibravam com o crepitar de assado de carneiro, enquanto uns poucos tripulantes supersticiosos protestavam em vão, dizendo que Montanha do Carneiro não era na verdade um local para conseguir comida, mas uma ilha sagrada. Outros lembraram antigas superstições que diziam ser condenável parar na Montanha sem fazer uma oferenda à divindade local, um sonolento mas irritável dragão marinho. Como o legendário dragão preferia paz e quietude, seria considerada a maior das ofensas descarregar mosqueteiros e canhões na baía da Montanha do Carneiro, mas poucos tripulantes deram ouvidos a esses alertas.[235]

Poucas horas depois de terem deixado o ancoradouro, no dia seguinte, a armada de Coxinga foi atingida pela pior tempestade jamais enfrentada. As ondas lambiam o convés, e a força da chuva tornava impossível manter as embarcações navegando estabilizadas. Quando os timoneiros conseguiram controlar os lemes que giravam loucamente, não conseguiam enxergar à frente para saber aonde levar a embarcação. Entre a armada desnorteada aconteceram diversas colisões, enquanto outros navios foram jogados nos recifes e esmagados contra os rochedos.

Coxinga gritou para os céus, da proa de sua embarcação, lembrando aos deuses que ele estava humildemente liderando uma missão para restaurar a dinastia Ming e que se os céus não aprovassem a idéia, que afundasse cada um de seus navios, com ele junto.

A tempestade amainou depois de um tempo, mas o estrago já estava feito. A armada perdeu dezenas de navios, morreram oito mil pessoas, incluindo 231 parentes de Coxinga, 900 sobreviventes ao naufrágio foram aprisionados em terra pelos manchus. Entre os membros da tripulação e soldados que se afogaram, havia pessoas da própria família de Coxinga. Pelo menos uma de suas seis concubinas nunca voltou da tempestade na

---

235. Yang, *Veritable Record*, p. 176; Ross, *The manchus*, pp. 396-7. Terao, *Tei Seiko*, p. 111, ressaltam que Coxinga arriscou-se ao zarpar no início de uma temporada de tufões. Nenhuma explicação sobrenatural é necessária!

Montanha do Carneiro. Três dos filhos mais novos de Coxinga morreram nesse dia, com 6, 5 e 1 ano.[236] Seus corpos foram retirados da água e enterrados na praia. Seu secretário relatou que Coxinga fez isso gargalhando: sinal de um homem no seu limite.

O incidente foi suficiente para assustar muitos dos marinheiros, que acharam que a deusa do mar tinha retirado a proteção da família Zheng. Coxinga assegurou a seus homens que era só um revés temporário e autorizou várias semanas de trégua para que fossem feitos os consertos e o reagrupamento dos navios em vários enclaves legalistas ao longo da costa. Quando a armada chegou ao porto próximo de Xiangshan, a população a recebeu de braços abertos, e o governador ofereceu lautos banquetes aos homens de Coxinga. A atmosfera festiva pareceu deliberadamente montada para distraí-los de seus recentes reveses.

Entretanto, alguns na armada tinham desistido. Coxinga foi forçado a combater numerosas desistências ou simples deserções, já que os legalistas chegaram à conclusão de que nenhuma recompensa, celestial ou terrena, valeria outra tempestade como aquela da Montanha do Carneiro, principalmente porque o que tinham à frente e ao norte era uma prolongada campanha militar. Os agentes e a propaganda manchu fizeram todo o possível para encorajar as preocupações dos legalistas e aumentaram tanto a importância dos incidentes recentes que antigos servidores manchus retornaram aos seus senhores invasores. Em alguns casos, isso, na verdade, significava que antigos servidores dos Ming, que tinham mudado de lado pelo menos uma vez antes, estavam novamente fazendo o mesmo, mas foi o suficiente para deixar Coxinga nervoso. Ele demitiu todos os comandantes de suas forças que tinham recentemente desertado dos manchus — não poderia arriscar perder uma esquadra de navios em um momento tão crucial, e deu preferência a oficiais nos quais confiava inteiramente.

A paranóia passou a imperar na armada. Um capitão ordenou que os remos de seu navio fossem pintados de vermelho, supostamente para manter os marinheiros ocupados, mas também para atrair um pouco de sorte ao fazer brilhar nos seus navios a cor indicativa de sorte na China. Coxinga, entretanto, desconfiou que havia algo por trás disso e acusou o capitão de estar preparando um sinal secreto para os manchus. Ele achou que os remos vermelhos serviriam de indicação aos manchus para não atacarem o navio que planejava mudar de lado. Ele não pôde provar, mas substituiu assim mesmo o capitão.[237]

---

236. Ponsonby-Fane, *Sovereign and Subject*, p. 309, diz que Coxinga construiu memoriais em Taiwan para as três crianças afogadas — túmulos vazios que foram redescobertos no começo do século XX. Ver também Struve, *Southern Ming*, p. 183.
237. Terao, *Tei Seiko*, p. 112.

As forças de Coxinga estavam agora fora do território familiar que ocupavam havia uma década. Ao norte de Fujian não podiam contar imediatamente com a presença de aliados locais, como espiões e gente que praticava o comércio ilícito, portanto eram forçadas a agir como se não tivessem amigos na área. A inteligência virou um problema. Enquanto no sul Coxinga podia contar com avisos sobre os avanços e as atividades manchus, mais ao norte, na região do Yangtze, foi perseguido por rumores sem fundamento. Em várias ocasiões, sentinelas lhe trouxeram falsas notícias sobre a aproximação dos exércitos manchus e a sensação de desassossego acabou transformando-se em um inimigo poderoso.

Problemas disciplinares voltaram a assombrar Coxinga, forçando-o a enviar uma esquadra em perseguição à outra que havia desertado e também quando três de seus generais permitiram que seus homens pilhassem uma cidade recém-capturada. Coxinga mandou um alerta para seus homens dizendo-lhes "para não comemorar demais a vitória", embora seus comandantes vissem nisso uma oportunidade para encorajar seus subordinados a esquecer os embaraçosos percalços sofridos na Montanha do Carneiro.

No final de 1658, Coxinga tinha estabelecido numerosas bases ao norte de Fujian, necessárias para manter abastecida uma força expedicionária e para garantir uma rota de fuga pelo mar, caso fosse necessário.

Em abril de 1659, começaram novamente os ataques, e ele trouxe a armada para a nascente do Yangtze. Porém, os manchus estavam preparados para recebê-lo. Embora o Yagntze tivesse milhas e milhas de largura, sendo um dos maiores rios do mundo, os manchus o tinham transformado em uma verdadeira fortaleza. Tropas foram estacionadas em pontos-chave em toda a extensão do rio, sob o comando do general Luo Ming-sheng, que tinha tido a missão de manter Coxinga longe de Nanjing. O longo curso do Yangtze foi barrado por uma série de obstáculos: carcaças de navios naufragados e correntes destinadas a impedir a passagem de embarcações. Rio acima, mais próximo a Nanjing, foi construído um notório artefato conhecido como Gunjiang Long, o Rio Fervente do Dragão. Era uma barragem de dez milhas, ligando ilhas fluviais naturais a plataformas flutuantes. Funcionava como uma Grande Muralha fluvial, com fortificações aparentes e batelões de canhões apontados para o rio abaixo. Cada uma das maciças plataformas de cedro era ampla o suficiente para conter 500 homens, com peças de artilharia e munições. Menosprezando os maiores navios de Coxinga, essas fortalezas flutuantes tinham terra e pedras como lastro e massa suficiente para se chocar contra o navio de guerra que encontrasse pela frente, se fossem deixadas flutuar soltas. No momento, estavam ancoradas no rio e presas entre si por correntes tão grossas que seriam capazes de estancar o curso de um navio de guerra.[238]

---

238. Yang, *Veritable Record*, p. 197.

Coxinga achava que a campanha do Yagntze seria a virada do esforço legalista. Já havia passado a época de escaramuças seguidas, no sul distante, onde ninguém podia vê-lo. Queria assegurar visibilidade lutando uma grande batalha contra os manchus em um território supostamente pacífico, à espera de que apenas as notícias da vitória levantassem outras rebeliões legalistas ao norte. Mas primeiro teria de passar pelo rio Fervente do Dragão.

Ajuda sobrenatural foi invocada para evitar outro desastre como o da Montanha do Carneiro. Coxinga parou na ilha de Jiaoshan ("Montanha Queimada"), no meio do rio, e ofereceu sacrifícios elaborados durante três dias, com o objetivo de assegurar que os céus permanecessem do lado dos legalistas Ming.

No primeiro dia, Coxinga e seus colaboradores mais próximos vestiram-se de vermelho e ofereceram sacrifícios aos céus. No dia seguinte, vestidos de preto, fizeram uma cerimônia parecida para a terra. E no último dia, vestidos de branco, prestaram homenagens aos fundadores da dinastia Ming. As centenas de navios da tropa de Coxinga hastearam bandeiras brancas e faixas da mesma cor nos seus conveses, levando um historiador a registrar que o rio, de repente, pareceu ter sido coberto de neve no meio do verão.[239] O ritual terminou com toda a tripulação da armada cantando, bem alto, o nome do grande ancestral Ming três vezes. Enquanto milhares de vozes em uníssono clamavam pela Dinastia do Brilho, lágrimas rolavam pelos rostos de todos.

Coxinga ficou em estado de embriaguez. Pelo menos é essa a impressão deixada no poema que ele escreveu naquele dia:

> *Uma prece ancestral em meio a folhas amareladas*
> *Um palácio aberto aos ventos frios do outono*
> *Espessas e mais espessas árvores de carvalho crescem*
> *Descuidadamente, os pássaros retornam.*
> *Monumentos de pedra são deixados esquecidos na terra*
> *Degraus de santuários cobertos de musgo*
> *Para este lugar, onde poucos visitantes vêm,*
> *As tristezas do mundo retornam.*[240]

Era agosto de 1659, e a armada de Coxinga estava pronta para avançar. A região do Yangtze era desconhecida dos rebeldes do litoral, mas o líder partidário Zhang Huang-yan estava no comando e elaborou um plano de luta para lidar com o rio Fervente do Dragão.

Zhenjiang, local da rápida retirada de Feng - a Fênix, durante a invasão manchu uma década antes, era agora uma enorme fortaleza em

---

239. Terao, *Tei Seiko*, p. 116.
240. Idem.

mãos inimigas. Algo tinha de ser feito para manter seus canhões silenciosos enquanto a armada lidava com outros objetivos. O próprio Coxinga, com Gan Hui e outros auxiliares próximos, lideraria um ataque naval à cidade de Guazhou, na margem norte. A captura desses dois pontos asseguraria a posse do Grande Canal que levava até Beijing, e cortaria os reforços a Nanjing, vindos do norte.

A armada em si mesma era parte crucial nesse ataque, dividida em um grupo de batalha ao sul (sob a liderança do pessoal de Zhang) e outra ao norte, a cargo dos oficiais do próprio Coxinga. Quando o ataque começou, a armada bombardeou incessantemente para manter ocupados os canhões inimigos e acabar com o suprimento de munição. Os canhões manchus colocados no meio do rio responderam ao fogo, mas não foram capazes de acertar diretamente a armada legalista. A artilharia trabalhou incansavelmente durante quatro barulhentos dias, exatamente como Feng - a Fênix tinha feito uma década antes e os manchus ficaram sem munição. Os navios de Coxinga então zarparam direto para Zhenjiang através do Rio Fervente do Dragão. Ali, navios camuflados fizeram voar pelos ares as barcaças onde estavam os canhões enquanto corajosos mergulhadores nadavam por baixo das plataformas para cortar as correntes.

Na margem sul, os homens de Zhang Huang-yan desviaram-se da muito bem defendida Zhenjiang, cavalgando rio acima e para o interior, com uma pequena tropa. Levavam a bandeira de Coxinga, na esperança de incentivar adesão local. Zhang ficou impressionado pela resposta recebida, pois mais de 32 comarcas logo hipotecaram sua lealdade a Coxinga.

Enquanto isso, Luo Ming-shen, o líder inimigo, ficou encurralado em uma plataforma flutuante com 500 de seus homens. Sem munição, eles recorreram às flechas para se defender, até serem vencidos pelo cansaço. Os desertores lutaram até a morte contra as seguidas levas de marinheiros da família Zheng que subiam na plataforma.

Na margem norte, Maxin, o general de Coxinga, ofereceu-se como voluntário para liderar o ataque final ao Castelo de Guazhou, ao que tudo indica por sentir que a campanha que se realizava ao longe estava correndo tranqüila. Maxin reclamara com Coxinga dizendo ter recebido aquele alto posto apenas por ser um membro do clã Zheng e não tinha participado de nenhuma ação importante, pois muito da estratégia da campanha militar envolvia bombardear os manchus a distância.

Tudo bem para Maxin, mas foram seus fuzileiros que sentiram o impacto do prejuízo, ao desembarcarem rio acima, atrás do Forte Guazhou. Seu comandante, Zhou Quanbin, saiu correndo da margem do rio pela crista de um abismo e subiu nas muralhas do castelo com escadas, liderando seus homens até mesmo depois de ser ferido.[241] Observadores a bordo dos

---

241. *Idem*, p. 119. A mesma batalha é descrita com muito menos detalhes por Yang em *Veritable Record*, p. 198.

navios assistiram à luta nas muralhas e viram quando um grupo de seus companheiros hasteou a bandeira da família Zheng no castelo. Abaixo da bandeira estava o vitorioso Zhou, com cinco flechas inimigas ainda cravadas em seu corpo.

O dia foi de vitória agitada para as tropas de Coxinga, que também capturaram três barcaças de canhões junto a Yizuo, o líder desertor dos defensores locais, que sobreviveu. Quando levado a Coxinga, implorou por sua vida, apelando para as suas bem conhecidas crenças confucianas, dizendo que apenas queria voltar para casa para cuidar dos pais idosos.

Coxinga ficou consternado com a disposição de Yizuo em distorcer as palavras de Confúcio em um pedido de misericórdia e anunciou que não macularia sua espada com o sangue de criatura tão desleal. Em vez disso, talvez para imitar os manchus durante o período de invasão, ou ainda para não encorajar outros soldados inimigos à rendição, Coxinga deu ao homem 500 *taels* de prata e o mandou seguir seu caminho. No momento em que se viu longe das vistas de Coxinga, correu para Nanjing, onde ajudou a organizar a defesa da cidade contra as forças Zheng.[242]

Maxin e Zhou Quanbin foram condecorados por seus serviços, e as forças legalistas celebraram a vitória. Tinham, com sucesso, capturado um ponto-chave do rio Yangtze, atravessado o Grande Canal e rompido a barragem do rio Fervente do Dragão. Estavam prontos para avançar até Nanjing.

---

242. Terao, *Tei Seiko*, p. 119.

CAPÍTULO 9

Uma Muralha em Torno do Mar

A notícia não foi bem recebida em Beijing. Ao ouvir que Coxinga estava a poucos dias de distância de Nanjing, o imperador da Regra Inquebrantável, de 21 anos, teve uma crise de raiva. Gritou que lideraria pessoalmente um exército de libertação até Nanjing — uma irrefletida promessa que foi severa e rapidamente abrandada por sua mãe, Borjigid. O irado imperador desembainhou a espada e atacou seu próprio trono, arrancando dele lascas de madeira, até que a intervenção de Adam Schall finalmente o acalmou.[243]

O imperador exigia revanche e ordenou a seus generais que fizessem tudo o que estivesse ao seu alcance para parar Coxinga. Mensageiros correram para levar a notícia a outras partes do Império Celestial, e as tropas locadas no interior receberam ordem para se mobilizar e se concentrar na região do Yangtze. Era inevitável que a notícia se espalhasse pela população, e os manchus rezaram para que não tivessem de lidar com nenhuma rebelião civil. Por toda a China, os manchus olhavam os seus conquistados chineses com suspeita, achando que eles, secretamente, conspiravam para se ligar à resistência leal a Coxinga.

Um mensageiro coreano, ao chegar a Beijing, notou que a cidade inteira estava com medo. Conversas nas ruas diziam que Coxinga tinha um exército de 300 mil homens, que Guazhou já estava em suas mãos e que ele estava agora a caminho de Beijing pelo Grande Canal.[244]

---

243. Hummel, *Eminent Chinese,* p .257.
244. Terao, *Tei Seiko,* p. 139. O mensageiro tinha chegado em Beijing para contar sobre a morte do rei da Coréia. Os manchus o mantiveram na cidade, até que tivessem melhores notícias para enviar de volta por ele.

Enquanto isso, a euforia reinava entre a armada de Coxinga. Aqueles que se espantaram anteriormente com a experiência vivida na Montanha do Carneiro estavam agora convencidos de que aquilo fora um teste divino para testar o caráter dos soldados e para garantir que os que avançassem sobre Nanjing teriam coração puro. As notícias chegavam da cabeceira do rio e do interior relatando os sucessivos êxitos da tropa comandada de Zhang Huang-yan. Todas as indicações eram de que a chegada de Coxinga inspiraria a população a lhe dar apoio.

Com a conquista do Castelo de Guazhou, o flanco norte estava assegurado. Do outro lado, no flanco sul, ficava Zhenjiang, a cidade antes abandonada por Feng - a Fênix. Em 1645, a partida de Feng deixara Nanjing vulnerável ao ataque manchu. Agora, uma década depois, Zhenjiang era o próximo objetivo da contra-ofensiva legalista.

Zhenjiang estava sendo governada por Guan Xiaozhong, um general desertor que lutara e vencera 17 batalhas por toda a China. Embora Zhenjiang fosse uma boa posição defensiva, Coxinga escolheu desembarcar suas forças no lado oeste, nos taludes que ficavam nos arredores da Colina Prateada, onde as forças manchus teriam problema para colocar sua cavalaria em posição de combate.

Zhou Quanbin, o herói do ataque ao Castelo de Guazhou, incentivava as tropas. Quando um contra-ataque manchu foi disparado à meia-noite do segundo dia, Quanbin bloqueou a fuga de seus soldados, para "encorajá-los" a manter suas posições. Embora a presença de Zhou fosse suficiente para disseminar o medo entre seus homens, tirando os manchus, não foi ele quem levou a melhor. A honra coube à divisão de elite da tropa de especialistas, os Homens de Ferro.

Os soldados comuns os chamavam de *Shenbing*, "guerreiros dos deuses".[245] Eram cinco mil Homens de Ferro especialmente escolhidos pela sua incrível força. E precisavam dela, porque cada um vestia pesada armadura de metal, pontilhada de distintivos metálicos decorativos que lembravam as manchas da pele de um leopardo. Somente uma minúscula abertura no capacete permitia que enxergassem. Ao contrário das escamas das roupas de guerra chinesas tradicionais, as armaduras dos Homens de Ferro eram totalmente resistentes a lanças ou espadas. Relatos de ambos os lados garantem que eram também à prova de balas. O trabalho deles consistia em ficar bem na frente das tropas, formando uma espécie de bloqueio metálico, armados com longas lanças destinadas a abater os cavalos — "muitos brandiam uma formidável espada de guerra presa em um bastão que tinha quase a metade da altura de um homem".[246]

---

245. Terao, *Tei Seiko*, p. 121.
246. Coyett, *Neglected Formosa*, por *FUD*, p. 420.

Considerando o peso das armaduras, as pesadas armas de matar cavalos e o fato de ser verão, os Homens de Ferro devem ter sido verdadeiros super-homens.[247]

Os Homens de Ferro foram a ruína dos manchus. Enquanto marchavam à frente das tropas, os outros soldados de Coxinga, que vinham atrás, atiravam sem parar contra as forças inimigas. Yang Ying que, ao que tudo indica, esteve presente a essa batalha, escreveu dizendo que "tiros, balas de canhões, flechas e pedras choviam em cima deles".[248]

A cavalaria manchu arremessou-se em vão contra a intransponível muralha de armaduras. A formação se desfez, os soldados fugiram, e a batalha virou um massacre. A cavalaria de Coxinga colocada atrás dos Homens de Ferro saiu em perseguição aos inimigos, caçando-os por várias milhas ao longo das margens do Yangtze. Milhares de soldados fugiram pelos estreitos caminhos cercados pelos canais de drenagem do rio. Eles se comprimiam nesses canais em busca de proteção e pisoteavam os companheiros caídos. Soldados da infantaria arrancavam os da cavalaria de suas montarias e lutavam entre si para subir nos cavalos e escapar.

No final da batalha, as valas perto de Zhenjiang ficaram entupidas com enormes pilhas de corpos dos colaboradores manchus e chineses. Os medonhos restos de homens e de cavalos desmembrados estavam espalhados por toda a área, possivelmente por causa da atuação dos Homens de Ferro. O comandante da guarnição, Guan Xiaozhong, disse, segundo testemunhas, que aquela foi a pior batalha de toda a sua longa carreira. Ele perdeu cerca de 140 dos seus 4 mil homens, e outras companhias manchus sofreram perdas similares.

Das muralhas de Zhenjiang, os defensores da cidade testemunharam a carnificina e decidiram poupar-se daquele mesmo destino. Zhenjiang rendeu-se quando as tropas vitoriosas de Coxinga se aproximaram e a cidade se tornou a última conquista legalista.

Ansioso por continuar a marcha rio acima, Coxinga convocou seus generais para uma reunião. Gan Hui pediu cautela, e uma guerra de desgaste. Argumentou que as forças de Coxinga já haviam tomado pontos

---

247. Terao, *Tei Seiko,* p. 110, sugere que os Homens de Ferro eram mercenários japoneses. Samurais independentes eram um problema que crescia no Japão e eles foram responsáveis por uma tentativa de golpe fracassada em 1651. Não é inviável que alguns tenham ido para a China, embarcando nos navios que saíam das ilhas Ryukyu, mas Terao não consegue fornecer nenhuma evidência concreta da origem dos Homens de Ferro, com exceção de suas habilidades na guerra e o espanto que causavam aos chineses. Se eu tivesse de imaginar quem se ofereceria como voluntário para vestir uma armadura, no meio do mês de junho, e se colocar à frente de uma tropa de cavalaria manchus, os japoneses estariam no topo da lista. Croizier em *Koxinga and Chinese Nationalism,* p. 61, revela que Terao não é o único historiador japonês a possuir esse ponto de vista.
248. Yang, *Veritable Record,* p. 201.

cruciais no extremo sul do Grande Canal, cortando os reforços dos manchus que viriam do norte. Em vez de avançar diretamente para Nanjing, Gan Hui aconselhava fechar um cerco em torno dela tomando primeiro outras cidades do interior, rio acima, e também a sudoeste. Desse modo, pensava Gan Hui, as forças de Coxinga não apenas cortariam os reforços, como também as rotas que mantinham Nanjing abastecida de comida. Depois disso, seria apenas questão de tempo para a cidade ser forçada a capitular aos seus sitiadores, sem nenhuma perda de vida.

Muitos dos outros generais concordaram, satisfeitos com os relatos do apoio popular oferecido a Zhang Huang-yan. Em Nanjing havia milhões de cidadãos chineses e apenas um pequeno grupo de observadores manchus. Se os camponeses das imediações expressassem claramente sua lealdade aos Ming, Coxinga poderia até contar com um levante anti-manchu dentro da cidade, enquanto a mantinha sitiada.

Outro ponto a favor de um cerco era a formação escarpada da região. As comunicações com a costa ficavam cada vez mais lentas. Os generais que tinham responsabilidades operacionais queriam estabelecer bases regionais e linhas de abastecimento. Embora tivessem conseguido sucesso antes, estavam preocupados agora em avançar mais para o interior, sem tropas fortes para sua defesa e aliados na retaguarda. Sabiam que seu governante nominal, o imperador das Eternas Experiências, estava isolado deles, a sudoeste. O próprio Coxinga nunca chegara a ver o reclamante do trono Ming a quem supostamente servia e ninguém queria acabar na mesma situação que ele, isolado da sua poderosa base costeira.

Coxinga, entretanto, ansiava chegar a Nanjing. Acreditava piamente que a população local não perderia seu tempo com a causa Ming. Mas argumentou que isso era parte do problema. Os homens de Coxinga estavam prestes a cair sobre a famosa capital do sul, que se havia originalmente rendido aos manchus sem muito esforço. O mesmo lugar onde o mentor do próprio Coxinga, Qian Qianyi, preferiu se render para evitar um confronto armado. A principal preocupação de Coxinga era com a população, da qual faziam parte amigos ocasionais, que precisavam ser incentivados por mais vitórias legalistas. Acreditava que o apoio obtido no momento só se manteria por mais tempo se o exército continuasse a avançar. Se eles demorassem muito tempo fora de Nanjing, as mentes instáveis da população local poderiam voltar a apoiar os manchus.

"Precisamos conquistar Nanjing", disse Coxinga. "Se não o fizermos, nosso exército apenas envelhecerá. Os soldados que apareceram e se juntaram a nós ficarão desapontados e nos abandonarão", acrescentou.[249]

O carisma de Coxinga tinha mantido seu povo unido durante dez anos. Sua paixão e devoção à causa Ming era uma das forças que impeliam o

---

249. Terao, *Tei Seiko*, p. 123.

movimento legalista no litoral, bem como o poder inquestionável de inspirar seus seguidores. Os generais estavam certos ao pedir cautela, mas como a experiência com a primeira invasão manchu havia mostrado, Coxinga não estava errado na sua avaliação da natureza caprichosa do apoio chinês. Suas palavras, no entanto, soaram como música aos ouvidos de Zhou Quanbin, que ainda se recuperava dos ferimentos causados pelas cinco flechas durante o ataque ao Castelo de Guazhou, e mais outros, menores, durante o desembarque na Colina de Prata. Personificação viva de *gung-ho*, Quanbin concordou com Coxinga que o melhor era se apressar, aproveitando o ímpeto que já possuíam.

"Devemos capitalizar o espírito desse momento", disse ele. "Ataque rápido é a chave. Não é hora para demorar." Como havia oferecido a Coxinga seu voto de confiança, os outros generais relutantemente o seguiram. Coxinga falou sobre seus deveres e sua "missão" de restaurar a dinastia Ming. Entre os generais, apenas Gan Hui continuou a expressar sua oposição ao plano, mas foi vencido. Foi tomada, então, a decisão de avançar diretamente até Nanjing. Ao sempre animado Zhou Quanbin coube a tarefa de defender a guarnição de Zhenjiang, enquanto seus muitos feridos se recuperavam.[250]

Mas acontecimentos fora do controle de Coxinga tornaram o avanço rio acima uma tarefa complicada. O vento mudou no dia 10 de agosto, inviabilizando a navegação. Em vez disso, os navios tiveram de ser contidos contra a correnteza pela força humana, por grupos de homens, a partir da beira do rio, processo que durou duas semanas. Se Coxinga tivesse enviado o grosso de suas forças à frente da armada, por terra, teria perdido suporte naval temporariamente mas alcançaria os portões de Nanjing bem antes. O atraso permitiu que reforços manchus chegassem a Nanjing pelo próprio rio, bem mais à frente. Coxinga, entretanto, não se deixou perturbar pelas notícias, mesmo com um grande número de soldados guardando os pontos-chave rio abaixo, ele tinha 85 mil homens para avançar contra Nanjing.

Entre os defensores da cidade estava Yizuo, o esperto general que escapara de ser executado após a queda de Guazhou. Em vez de descansar, ele correu para Nanjing e ofereceu à sua guarnição o benefício de sua experiência. Yizuo contou que durante seu encontro com Coxinga identificou o ponto fraco do famoso legalista, seu calcanhar-de-aquiles. Não sem razão, Yizuo disse que Coxinga pecava pelo orgulho.

A Conselho de Yizuo, o vice-rei Lang Tingzuo enviou uma mensagem a Coxinga, toda floreada, anunciando sua intenção de se render. Lang sugeriu que Coxinga montasse uma resistência apenas para manter as aparências. A minoria manchu na cidade, disse, estava fora de controle, mas os chineses estavam dispostos a penhorar de novo sua lealdade à dinastia

---

250. Yang, *Veritable Record*, p. 202.

Ming. Sua única preocupação era quanto aos seus familiares, que estavam reféns em Beijing.

Alegando que isso deveria ser tratado como assunto secreto, Lang implorou a Coxinga que não desse ordem para suas tropas atacarem durante um determinado período. A experiência prévia, disse ele, ensinara aos colaboracionistas chineses que 30 dias era o limite de tempo que os manchus consideravam necessário para avaliar a lealdade deles. Se Nanjing conseguisse manter Coxinga afastado por um mês, os manchus considerariam seus habitantes servos leais, indefesos diante da intransponível superioridade das tropas legalistas, e não se sentiriam obrigados a matar seus reféns.[251]

Coxinga disse a seus generais que tinha a palavra de Lang de que Nanjing se renderia após um mês. Um de seus conselheiros percebeu imediatamente que se tratava de um embuste e censurou Coxinga por sua credulidade. Era, literalmente, um caso primário de tapeação. Coxinga foi lembrado do clássico militar de Sun Tzu, *A Arte da Guerra*,* e de seu alerta: "O suplicante humilde é falso. Quem pede paz sem garantia está blefando." O primeiro escalão militar de Coxinga implorou que ele ordenasse um ataque imediato, suspeitando, corretamente, que Nanjing estava esperando reforços, e que não havia época melhor para impedir que chegassem.

Não se sabe se ele acreditou piamente no comandante da guarnição, mas o fato é que Coxinga parecia determinado a tomar Nanjing sem luta, mesmo que isso significasse montar um prolongado cerco à cidade. A decisão pareceu contrariar toda a sua argumentação anterior de correr com as tropas rio acima, mas faz sentido se tomada no contexto da própria vida de Coxinga. Ele vivera em Nanjing, estudara lá e fugira da cidade quando os manchus a invadiram. A Nanjing que Coxinga conhecera era uma cidade Ming, que se rendera aos manchus sem luta. Coxinga simplesmente não podia atacar Nanjing. Se tivesse de fazê-lo, seria admitir tacitamente que a população era mais leal aos invasores do que havia sido antes aos Ming. A idéia de lutar contra Nanjing desafiava os fundamentos da devoção de Coxinga à Dinastia do Brilho. Por isso, decidiu esperar 30 dias, na esperança de que a cidade capitulasse.

Passaram-se duas semanas, e o exército de Coxinga começou a afrouxar na sua disciplina. Sem resistência de nenhum tipo de Nanjing, os soldados começaram a ficar entediados de olhar para as muralhas sem que nada acontecesse. Os de guarda ficavam vagando a esmo, ou pescando em um lago que havia em frente às muralhas. Outros foram encontrados bebendo nos seus plantões.

Alguns até desertaram para o lado manchu. Como sempre, Coxinga lutava constantemente para manter seus homens agindo como soldados e

---

251. Terao, *Tei Seiko*, p. 127.
* N. E.: *A Arte da Guerra*, de Sun Tzu, lançado no Brasil pela Madras Editora.

não como criminosos reformados ou camponeses armados. Como exemplo, fazia desfilar o disciplinadíssimo batalhão *Tianbing* ou "Soldados Celestiais: nove companhias de soldados que tinham uma ficha impoluta, de muito respeito às ordens".[252]

Nem todos os homens de Coxinga deixavam impressionar-se pela exibição. Lin Mou era antigo membro das tropas da família Zheng e nativo de Fujian. Embora tivesse lutado duro e durante longo tempo na resistência legalista, quase perdera a vida após a batalha do Castelo de Guazhou, quando foi pego estuprando uma menina do lugar. A atitude de Coxinga em relação ao trato com as mulheres era notoriamente rígida e outros homens de sua organização tinham sido executados por crimes similares. Talvez em razão de seu longo tempo de serviço, Lin Mou pôde conservar a vida, mas foi forçado a pagar caro por ela. Após duas semanas nos portões de Nanjing, o rancoroso Lin Mou achou que havia agüentado o suficiente e desertou para os manchus. Em audiência com o vice-rei Lang, informou-o do crescente desassossego dentro do exército da qual fez parte, dos pontos fracos na disciplina e das preparações para as comemorações do aniversário de Coxinga.[253] Se o vice-rei achava que os soldados que sitiavam a cidade estavam indisciplinados agora, disse Lin Mou, em uma noite de festa estariam ainda mais vulneráveis.

O cerco a Nanjing, aparentemente, estava fácil de ser executado. Lin Mou podia andar dentro da cidade. Os reforços manchus entravam por um portão nos fundos, mas nem isso parecia incomodar Coxinga. Oficialmente, anunciou que esperava que os manchus trouxessem todo o reforço possível, porque o máximo que conseguiriam era morrer ou se render em um único dia, e salvar-se de futuras batalhas em outro lugar.

Seus generais, entretanto, começaram a pensar se realmente Coxinga acreditava na promessa do vice-rei Lang de se render dentro de 15 dias.

Até que o velho amigo de Coxinga, Gan Hui, perdeu a paciência. Uma divisão de soldados manchus saiu apressadamente pelo Portão do Aspecto da Fênix, que dava para oeste, onde o rio fazia uma curva em torno de Nanjing. Se tivessem saído por um portão ao norte, tal como o Portão da Paz, teriam encarado as tropas legalistas acampadas em torno

---

252. Yang, *Veritable Record*, pp. 202-3 e Terao, *Tei Seiko*, p. 122, usam o termo "Soldados do Paraíso". Eles não eram, no entanto, um batalhão similar aos Homens de Ferro, apenas as nove companhias mais disciplinadas das forças de Coxinga. Seus nomes sugerem a presença de cristãos, talvez os remanescentes da Guarda Negra que não desertaram com Nicholas Iquan.
253. Ajustes em calendários e especulações contemporâneas não conseguem definir a data exata do aniversário de Coxinga. Os fatos não são ajudados pelas informações e biografias contraditórias no Japão e na China. O dia 28 de agosto é aceito como data de seu aniversário, o que significa que as comemorações verdadeiras devem ter acontecido quatro dias após o exército chegar em Nanjing.

dele em um círculo de 180 graus, mas o lado oeste da cidade ficava perto do rio, e havia pouco espaço ali. Isso permitiu que os manchus e seus aliados se batessem em uma pequena escaramuça, enquanto o resto dos soldados de Coxinga pouco podia fazer além de espichar os pescoços e olhar de dentro de suas tendas. Os atacantes logo recuaram de volta para dentro de Nanjing, com pequenas perdas de vida de ambos os lados, mas Gan Hui percebeu que os manchus estavam testando as defesas de Coxinga. Isso, argumentou ele, não era comportamento de gente que se renderia.

Coxinga, entretanto, estava absolutamente certo de que Nanjing se entregaria a ele sem luta. Disse a Gan Hui que se acalmasse, lembrando-o que os manchus não eram os únicos a receber reforços e que as tropas legalistas ainda eram numericamente bem maiores do que as tropas de Nanjing. Se tivessem de lutar, estava confiante que poderiam ganhar. Mas feria seu orgulho que Nanjing resistisse a ele, quando tinha sido tão rápida para se entregar aos inimigos. "Nós podemos até atacá-los fisicamente", disse a Gan Hui, "mas isso não garantirá ganharmos suas mentes".[254]

Gan Hui afastou-se de Coxinga abruptamente, dizendo: "Nunca mais falarei sobre isso".

Gan Hui estava certo: os agentes inimigos já estavam entre os homens de Coxinga. O vice-rei Lang tinha enviado espiões disfarçados de fazendeiros locais para o acampamento dos soldados, onde vendiam vinho e comida. Inicialmente foram rechaçados, mas como o cerco prolongou-se, os mercadores passaram a ser bem-vindos no acampamento. Enquanto vendiam seus produtos, anotavam as condições do exército de Coxinga e a localização dos principais depósitos de munição.[255]

Em 8 de setembro,[256] as forças de Coxinga foram lembradas do quão vulneráveis estavam. Parecia que a confrontação anterior fora do Portão do Aspecto da Fênix tinha sido apenas uma nuvem de fumaça para cobrir uma grande operação secreta. Uma passagem camuflada com arbustos tinha sido cavada na muralha. Enquanto os homens de Coxinga guardavam o portão da frente, não desconfiavam da saída camuflada; presumivelmente o último ataque fora apenas uma espécie de pesquisa de campo.

Ao meio-dia, 500 soldados manchus passaram pelo buraco, para surpresa dos soldados que preparavam seu almoço no acampamento. A força de ataque era tão pequena, e o acampamento legalista tão grande, que demorou algum tempo até que as barracas alinhadas percebessem que estavam sendo atacadas. Os manchus aniquilaram uma divisão inteira antes

---

254. Terao, *Tei Seiko*, p. 129.
255. Idem, p. 133.
256. Yang, *Veritable Record,* p. 214, dá a data de 22 do oitavo mês lunar. Segui o livro de Struve, *Southern Ming*, p. 188, que converte as datas para os padrões ocidentais.

de saírem de novo em retirada. O comandante da divisão não teve nem tempo de vestir sua armadura. As chamas dos fogareiros ainda sem as panelas ajudaram a ampliar a magnitude do estrago causado pelos 500 atacantes de surpresa.

A segurança tinha ficado comprometida fora de Nanjing, e Coxinga ordenou uma rápida retirada. O acampamento montado ao norte de Nanjing era muito amplo para ser defendido e não tinha medidas de segurança interna. A rápida retirada noturna de Coxinga abriu uma verdadeira terra de ninguém entre suas forças e a cidade, a menos, é claro, que houvesse outras saídas escondidas para surpreendê-lo.

A retirada apenas moveu o acampamento de Coxinga um pouco mais para trás; grande parte dos soldados foi colocada em uma ribanceira que caía no Yangtze, ao norte, onde o rio fazia uma curva na direção leste. Dali, os homens não viam a cidade. Somente a tropa de frente de Coxinga, no alto, tinha uma visão das muralhas.

O dia seguinte foi o aniversário oficial de Coxinga. Os manchus escolheram esse momento para atacar com força total e tomar os portões da cidade. Dessa vez não era apenas uma companhia de poucas centenas, mas batalhões de milhares. Embaixo, nos barrancos, os homens ouviam os sons da luta e a descarga dos canhões. Quando se levantaram, a artilharia manchu e setas de fogo choveram do outro lado.

Os agentes manchus infiltrados no acampamento de Coxinga também fizeram sua parte. Disseram que um deles tinha uma bomba escondida dentro de um pote de vinho vazio e que a soltou perto do maior depósito de armas do acampamento. A explosão foi poderosa o suficiente para atingir não apenas a área próxima, como também um navio. Nesse momento, os homens de Coxinga pensaram estar sendo atacados de frente pela cidade, e atrás pelo rio, e entraram em pânico.

Os soldados manchus chegaram ao alto dos barrancos. Tinham conquistado terreno e encurralado as tropas de Coxinga contra o rio. Para manter o controle da situação, receberam um reforço de milhares de homens vindos de Nanjing. Coxinga tentou fazer uma retirada organizada, mas ela logo se transformou em um caos. Seus homens começaram a fugir pelo rio, para leste, para preservarem suas vidas.

Vários de seus mais experientes generais morreram na luta, incluindo Gan Hui, que tentou cobrir a fuga dos outros liderando uma ação na retaguarda. Foi vencido pelos inimigos quando seu cavalo tombou.

O exército de retirada buscou abrigo em Zhenjiang aquela noite, onde foram recebidos por Zhou Quanbin e os outros soldados que estavam de guarda. Demorou vários dias para fazerem um levantamento exato dos que tinham sido mortos, mas ficou claro que a batalha fora um desastre. De volta às margens do rio Nanjing, os manchus retiraram 4.500 corpos só das águas — soldados com armaduras pesadas que morreram afogados. Os navios de Coxinga zarparam de volta rio acima e conseguiram ainda resgatar uns poucos sobreviventes que se perderam durante a retirada.

Coxinga procurou por Gan Hui entre os feridos, mas só conseguiu ouvir dele o relato sobre os seus últimos momentos.

"Isto não teria acontecido", lamentou ele, "se eu o tivesse ouvido".[257]

Coxinga não se referia apenas aos alertas de Gan Hui antes do ataque. Só agora via que Gan Hui estava certo desde o início. Deveria ter consolidado sua posição nas cidades anteriormente conquistadas. Desse modo, uma derrota seria apenas uma retirada temporária — ele seria capaz de conseguir reforços e suporte dos moradores. Em vez disso, marchara sobre Nanjing e agora caíra em território mantido apenas por pessoal militar. No seu desejo de chegar a Nanjing e vê-la capitular, não tinha atingido a população local.

Dez anos de preparação falharam. O avanço contra Nanjing ameaçou levar à bancarrota os fundos legalistas, e Coxinga sabia que não conseguiria manter Zhenjiang durante muito tempo. Os manchus viriam atrás, e ele teria de correr. Após uma acalorada discussão com seus generais, ordenou à sua armada que voltasse para a costa, onde estaria a salvo.

Seus novos aliados na região do Yangtze ficaram arrasados. Há histórias de pessoas caindo no choro a seus pés, implorando-lhe que ficasse. O partidário Zhang Huang-yan simplesmente não conseguiu acreditar em seus ouvidos. Quando soube das notícias, estava a milhas de distância rio acima com uma poderosa esquadra e muitas mensagens de apoio do pessoal da zona rural próxima. Honestamente acreditava haver chances de reagrupar os homens em Zhenjiang e tentar novamente, e incentivou Coxinga a reconsiderar. Mas Coxinga já redistribuía seus homens entre novos generais e preparava-se para abandonar Zhenjiang.[258]

Coxinga informou seus homens que cercariam Chongming, uma grande ilha na boca do Yangtze, e que lá se formaria uma base para um novo ataque em data futura. Quando os soldados derrotados começaram a jornada rio abaixo, o insanamente heróico Zhou Quanbin permaneceu fiel à sua posição e se voluntariou para defender a retaguarda com sua companhia — sem dúvida tirando vantagem de uma última batalha a caminho de casa, e esperando que os manchus tentassem alguma coisa.

O exército alcançou Chongming sem incidentes, mas falhou em tomá-la após dois dias de luta. Não havia tempo para um cerco, e Coxinga viu que as tropas sobreviventes estavam cansadas e não dispostas a se

---

257. Terao, *Tei Seiko*, p. 132.
258. Zhang Huang-yan continuou a lutar na China, esperando o retorno do clã Zheng. Finalmente desistiu e aposentou-se em 1664, só para ser traído por um ex-tenente e executado um mês depois. Coleções de seus poemas sobreviveram em *Failure of the Northern Expedition*, a narrativa de sua longa marcha de volta à costa. Ver Hummel, *Eminent Chinese*, pp. 41-2.

empenhar naquilo que não passaria de uma pequena conquista. Quando dois generais se feriram mortalmente em combate, até Zhou Quanbin o aconselhou a abandonar a luta e voltar em outra ocasião.[259] Coxinga concordou que já era o suficiente. A armada fez as malas e zarpou para Amoy, e a campanha do Yangtze terminou.

De volta a Amoy, um derrotado Coxinga despachou uma carta para o distante imperador Ming das Eternas Experiências, renunciando ao seu posto de príncipe. Disse ter esperanças de, um dia, poder merecê-lo de novo, mas até lá, desejava ser conhecido apenas como o chefe dos exércitos. Escreveu uma segunda carta, ao imperador manchu da Regra Inquebrantável em Beijing, oferecendo-se para iniciar as negociações para um tratado de paz.

Em Beijing, o alívio da corte foi imenso, mas o tempo para as negociações havia passado. Rumores espalharam-se pela cidade dando conta de que Coxinga tinha sido morto na batalha de Nanjing e, embora já tivessem a carta de Coxinga como prova de sua sobrevivência, os manchus nada fizeram para refutar a história. Liang Huafeng, general que liderara o devastador ataque fora dos portões de Nanjing, foi recompensado com promoção ao posto de administrador militar de toda a região ao sul do baixo Yangtze. Guan Xiaozhong, o general que perdeu Zhenjiang tão espetacularmente, não se deu tão bem. Teve todas as suas propriedades confiscadas, foi demitido e vendido como escravo.[260]

O imperador da Lei Inquebrantável designou um príncipe do império chamado Dasu para comandar um contra-ataque. Enquanto Coxinga se esforçava para impedir que muitos dos seus seguidores desertassem, Dasu juntou cada navio que conseguiu encontrar no litoral e congregou um grupo estranhíssimo: uma armada manchu, com tripulação predominantemente de desertores chineses. A armada zarpou para Amoy, determinada a expulsar os legalistas de sua fortaleza insular. Esquadras inimigas convergiram sobre os legalistas, vindas de três direções diferentes, mas Coxinga ainda era mais forte no mar. A armada manchu foi quase totalmente destruída e Dasu forçado a se retirar envergonhado.[261] Coxinga escreveu sobre o acontecido:

> *Os tártaros desceram para essas regiões sulistas com um grande exército, para tentar dar fim à guerra em uma única batalha; mas o que aconteceu foi que no décimo dia de nossa quinta lua nós os atacamos tão furiosamente que mais de cem de seus oficiais, além de numerosos soldados, foram*

---
259. Terao, *Tei Seiko*, p. 138.
260. Struve, *Southern Ming*, p. 253.
261. Yang, *Veritable Record*, pp. 229-31; Struve, *Southern Ming*, p. 189.

mortos, e muitos feitos prisioneiros, enquanto o restante teve de fugir precipitadamente em busca de lugares mais seguros, sem ousarem aparecer de novo.[262]

Depois de se mover com dificuldade de volta para casa, Dasu recebeu uma mensagem de Coxinga, rabiscada insolentemente em um lenço feminino. Dizia: "Se você não deseja lutar de novo, vai precisar disto".[263] Mas a bravata de Coxinga escondia sua ansiedade sobre a embaraçosa retirada de Ninjang e sobre o fato de os manchus terem sido capazes de fazer sua contra-ofensiva até o litoral de Amoy. Coxinga sabia que veria outras frotas de navios manchus, e que da próxima vez ele poderia não ter tanta sorte.

Embora Coxinga tenha ficado desconcertado com a experiência, a corte, em Beijing, só enxergava uma nova vitória legalista. Os manchus estavam decididos a esmagar Coxinga de uma vez por todas e, conseqüentemente, dispostos a dar ouvidos a qualquer plano que funcionasse. O imperador da Lei Inquebrantável lembrou-se de muitas sugestões que lhe foram feitas alguns anos antes por um novo recruta.

Huang Wu tinha desertado do lado de Coxinga alguns anos atrás. Agradecidos, os manchus fizeram dele o Duque de Haicheng, o mesmo título de nobreza que Coxinga tinha recusado. Como confidente de Coxinga durante longo tempo, Huang Wu sabia exatamente como atingi-lo certeiramente. Não perdeu tempo e escreveu uma série de memorandos para os manchus explicando como os legalistas podiam ser derrotados.[264] Entretanto, esses relatórios permaneceram sem atenção por vários anos. Mas agora era hora de revê-los.

Huang Wu disse aos manchus que eles precisavam cortar o apoio familiar a Coxinga. Aprisionar Nicholas Iquan em Beijing não era o suficiente — Huang Wu pleiteava que o Senhor dos Mares fosse executado, para que ele não tivesse chance de colaborar com Coxinga ou com outros membros da família Zheng.

O imperador da Lei Inquebrantável decidiu dar atenção à idéia. Em um primeiro momento, ordenou apenas que mantivessem Iquan acorrentado, para o caso de os agentes Zheng tentarem uma operação de resgate. Sabia que não o fariam, mas também sabia que a vergonhosa notícia chegaria até Coxinga.

---

262. Carta de Coxinga para os holandeses, novembro de 1660, citada em Campbell, *FUD*, p.405. A carta em questão é uma tradução inglesa do holandês do século XVII do original de Coxinga em chinês; por isso as longas frases no estilo da época.
263. Terao, *Tei Seiko*, p. 148.
264. Ver Kessler, *Maritime Laws*, pp. 33-6. O texto completo do memorial de Huang Wu está na p. 124-8.

Quanto aos ancestrais da família Zheng, Huang Wu aconselhou que fossem cortados todos os apoios dados a Coxinga, mesmo aqueles vindos do pós-vida, ordenando a completa destruição dos túmulos da família Zheng na Fujian ocupada. O imperador da Lei Inquebrantável achou que era um golpe baixo, mas acabou autorizando a ação.

Isso foi apenas a primeira etapa. Huang Wu fora regiamente recompensado por mudar de lado e aconselhou os manchus a formarem um fundo de incentivo para outros desertores. Usando dinheiro confiscado das propriedades Zheng ocupadas, os manchus deveriam oferecer altas recompensas a quem desertasse dos Zheng.

Claro, os manchus já vinham fazendo isso há muito tempo, mas a sugestão de Huang Wu era institucionalizar e dinamizar o procedimento. Também sugeriu que os inimigos fizessem melhor uso dos desertores que haviam conseguido. Muitos foram colocados em postos longe de sua casa, para impedir que mudassem de lado uma segunda vez. No caso dos antigos legalistas das forças de Coxinga, significava enviá-los para o interior, como colonizadores, para que nunca mais vissem o mar. Huang Wu defendia que muitos desses desertores poderiam ser mais bem empregados em negócios marítimos. Shi Lang, o maior almirante de sua época, tinha mudado de lado alguns anos antes e os manchus não tiraram proveito dos seus conhecimentos navais. Se havia alguém capaz de derrotar Coxinga no mar, era Shi Lang. O imperador da Lei Inquebrantável achou a idéia interessante e decidiu pensar nela mais à frente.

Mas isso não era tudo. Huang Wu tinha outras sugestões com conseqüências a longo prazo. Os manchus sabiam que o verdadeiro poder de Coxinga estava no mar, mas Huang Wu tinha detalhes sobre seus pontos fracos. Durante os anos de trabalho na organização Zheng, aprendera que o clã era mantido pelo suporte de aliados terrestres secretos. Para ferir realmente a família Zheng, seria necessário dificultar qualquer tipo de comércio.

Não faziam sentido meias medidas, como decretos e proclamações — Huang Wu sabia, por experiência própria, que sempre haveria contrabandistas preparados para aceitar o desafio de tocar o comércio com os navios Zheng e os manchus, em vez disso, teriam de responder com fogo ao fogo. O comércio de qualquer tipo deveria ser considerado ilegal no litoral, e qualquer contraventor flagrado nele seria sumariamente executado. Quem denunciasse comerciantes ilegais ficaria com toda a propriedade confiscada.[265] Todos os navios encontrados na costa deveriam ser queimados. Huang Wu vislumbrava uma situação tal que a vida no litoral fosse

---

265. O decreto do imperador da Lei Inquebrantável é citado por Cheng em *Cheng Ch'eng-kung's Maritime Expansion and Early Ch'ing Coastal Prohibition*, p. 239.

inviável a ponto de os navios de Coxinga não poderem mais ser consertados e seus homens dispersados em busca de comida, pela absoluta falta de provisões. Para reforçar tais medidas draconianas, Huang Wu sugeriu que fossem montados acampamentos militares ao longo de todo o litoral, para conter rebeliões internas. Nenhum navio de Coxinga deveria atracar sem encontrar um batalhão de soldados manchus prontos para repeli-lo. O imperador gostou do plano, mas falhou em ver o quanto ele diferia daquilo que os manchus vinham fazendo há anos. Ocupavam partes de Fujian, e se vissem os Zhengs os combateriam. Então, o que havia de novo?

As sugestões finais de Huang Wu foram o argumento definitivo. Era um grande esquema para transformar idéias mirabolantes em planos executáveis. O impacto foi tão grande que o imperador da Lei Inquebrantável precisou de um tempo para se acostumar com a idéia. Huang Wu propunha formar uma muralha em torno do mar.

De Cantão, no sul, até o extremo norte da costa, perto da região de Beijing, o litoral foi evacuado sob as ordens do imperador da Lei Inquebrantável. Ninguém mais podia estabelecer-se a uma distância de 30 milhas do mar, sob pena de morrer. Os fazendeiros e pescadores e suas famílias receberam um prazo de dias para se mudarem. Os soldados manchus então chegavam e destruíam tudo o que restara dentro dessa terra de ninguém. Casas e estábulos foram queimados, plantações arrasadas e barcos afundados em seus ancoradouros.

Pessoas em algumas regiões se recusaram a levar a sério o decreto, não acreditando que tal absurdo fosse acontecer. Mantiveram-se onde estavam, apenas para serem surpreendidos pela chegada de soldados portando tochas incendiárias; eles os arrancaram de dentro de suas casas e queimaram suas aldeias. Centenas de milhares de chineses tornaram-se refugiados, em uma terra sem comida. Muitos morreram de fome ou foram caçados pelos impiedosos soldados quando o período de evacuação expirou.

Os manchus encorajavam os chineses conquistados a compartilhar com eles seu medo e ignorância sobre o mar. Os antigos nômades prefeririam as estepes gramadas, as montanhas e as florestas exuberantes — não tinham desejo de ver a vasta extensão do oceano, particularmente quando nela aportavam os navios de Coxinga e de seus colaboradores. Com as proibições litorâneas esperavam não apenas cortar seus apoios secretos, mas também remover o mar do campo de interesse da China.

Ninguém estava seguro ou imune às recompensas oferecidas pelos manchus para voltarem à transgressão. Uma fonte conta sobre a família que preparou o jantar para uma monja budista, a qual, ao olhar para dentro do prato de sopa que lhe foi oferecido, descobriu conter algas. Ela guardou disfarçadamente mostras da comida proibida e usou-as para chantagear seu anfitrião. Se ele não lhe desse 20 pedaços de ouro, ela o denunciaria ao magistrado local como suspeito de ter entrado na zona de desolação.[266]

A retirada da população foi completada. Um escritor registrou que "a região está selvagem, desabitada, ocupada apenas por raposas e texugos, tigres e lobos". Supostamente, até os ninhos de andorinha estavam vazios.[267] Os únicos humanos que ficaram na terra de ninguém eram os soldados das patrulhas manchus, sempre atentos às embarcações legalistas dos Ming.

De volta a Beijing, o imperador da Lei Inquebrantável tinha motivos para celebrar. A implementação do plano de Huang Wu não tinha derrotado Coxinga, mas forçara efetivamente os leais aos Ming a se manterem afastados do sul da China. Ainda havia um clima de medo e violência em Fujian, mas os camponeses famintos e os refugiados sem teto eram oponentes bem mais fracos do que as fanáticas tropas Zheng. Com alguma sorte, os manchus esperavam enfraquecer os legalistas até a submissão e dessa forma lidar com um dos últimos obstáculos à conquista da China.

A comemoração, entretanto, não estava na agenda em Beijing. O imperador da Lei Inquebrantável tinha outras coisas em mente. Havia passado quatro anos no apaixonado relacionamento com sua amante Xiao Xian. A atraente princesa manchu ficara disponível para o imperador após a súbita, inesperada e altamente suspeita morte de seu marido, o irmão do imperador. Ela se tornou concubina imperial do primeiro escalão menos de um mês após a morte, por "desgosto", ou possível suicídio, de Bombogor.

Quando chegou aos 20 anos, a saúde e o comportamento do jovem imperador ficaram cada vez mais complicados. Ele tossia sangue, tinha crises de mau humor e ataques de fúria, dos quais apenas seu "avô", Adam Schall, parecia escapar imune. Há relatos de discussões entre Schall e o imperador até o ponto de seu jovem protegido ficar vermelho de vergonha, mas, mesmo assim, Schall continuava intocável na corte.

O instável imperador da Lei Inquebrantável desenvolvia um apaixonado interesse por religião, não apenas pelo exótico Cristianismo de Schall mas também pela filosofia do Budismo Chan (mais conhecido no Ocidente pela pronúncia japonesa de *Zen*). Por vários anos, ele se viu envolvido em um jogo de poder com sua mãe Borjigid, que desaprovava totalmente Xiao Xian. Borjigid não era estranha às fofocas, tendo sido acusada, na juventude, de ter tido um caso com Dorgon, o que apenas tornou a deslealdade escancarada de seu filho a Bombogor mais dolorosa. Embora sua reputação a respeito de excessos sexuais fosse lendária, o imperador da Lei Inquebrantável tinha o atrevimento de acusar sua principal esposa de licenciosidade e comportamento extravagante, usando isso como desculpa para exilá-la em

---

266. Cheng, *Ch'eng-kung's Maritime Expansion*, p. 240.
267. *Idem.*

um palácio menor. Se conseguisse, Xiao Xian seria feita imperatriz no seu lugar, mas Borjigid nem queria ouvir falar nisso.

Xiao Xian engravidou, mas seu bebê morreu três meses depois. Rompendo com a tradição, o imperador, arrasado, ordenou que seu herdeiro morto fosse chamado de Adorado príncipe da Glória — quando poucas crianças falecidas recebiam títulos de nobreza.[268] Como era condizente com a doutrina da corte e com o *feng shui*, o ministro manchu dos rituais pediu um relatório ao Instituto de Astronomia sobre a época mais auspiciosa para enterrar o bebê. O escritório de Adam Schall o informou oficialmente da data, mas por alguma razão o ministro ignorou o Conselho.

Para os supersticiosos chineses, tais incidentes trazem conseqüências. O tempo passou e Xiao Xian adoeceu, possivelmente de varíola. Quando morreu, o imperador da Lei Inquebrantável, com 22 anos, ficou inconsolável. Reinstituiu um costume manchu impopular, ordenando que 30 das criadas de Xiao Xian a seguissem para o além. Os nobres do Império deveriam pranteá-la durante um mês, enquanto o luto pelas pessoas comuns era um jejum de três dias. Os preparativos para o funeral foram extravagantes e camuflaram os dramas pessoais que rolavam nos bastidores.

O imperador da Lei Inquebrantável estava cansado do mundo. Em uma série de acaloradas discussões com Adam Schall, tentou encontrar meios de deixá-lo. Schall conseguiu dissuadi-lo do suicídio, mas teve mais trabalho para persuadi-lo a não abdicar e virar monge budista. Em poucos meses, o destino supostamente agiu a favor dos desejos do imperador e ele contraiu varíola. O débil jovem sucumbiu rápido à doença e logo estava condenado. Em seu leito de morte, prometeu a Adam Schall que viraria cristão se sobrevivesse, mas nem mesmo os conhecimentos do Mestre que Compreende os Mistérios Celestiais foram suficientes para salvá-lo.

O imperador moribundo perguntou a Adam Schall quem iria sucedê-lo como dirigente do mundo. O imperador considerava que um primo seu seria uma boa escolha, mas sua mãe, Borjigid, achava que a melhor escolha era um dos filhos do imperador com suas outras esposas. Adam Schall apoiou Borjigid e persuadiu o imperador a nomear seu filho Xuanye, de 6 anos, como seu sucessor. Xuanye tinha sobrevivido à varíola e garantiria ao Império Celestial o longo reinado de que ele realmente precisava. Nos bastidores, príncipes mais velhos ficaram satisfeitos que o novo Herdeiro Manifesto fosse mais novo e maleável por pelo menos uma década. Lamentando que seus pecados não o fizeram digno de encarar Deus, o imperador faleceu.

Após a morte do imperador da Lei Inquebrantável, quatro príncipes regentes manchus aliaram-se a Borjigid. Passando por cima da última vontade do antigo dirigente, soltaram uma proclamação em seu nome, na qual

---

268. Hummel, *Eminent Chinese*, p. 301.

o imperador supostamente se desculpava por algumas decisões erradas tomadas durante seu governo, lamentava não ter ouvido mais a mãe e ter sido tão extravagante nos preparativos do funeral de Xiao Xian.

Foram então feitos os preparativos para a entronização de Xuanye, que receberia o título real de *Kangxi* — imperador da Vigorosa Prosperidade.[269] O novo imperador-criança foi levado em cortejo cerimonial pelas ruas da cidade, diante de multidões que se curvavam em sinal de respeito. De acordo com vários historiadores contemporâneos, o antigo imperador da Lei Inquebrantável estava no meio delas.

Antes de sua "morte", havia feito um enigmático comentário a um de seus ministros, dizendo que pretendia juntar-se ao povo e ajoelhar-se diante de seu sucessor na sua coroação. Há quem garanta que ele o fez e que a história de sua repentina varíola foi apenas uma cena fabricada para esconder o fato de que ele se aposentara. O imperador, escreveu um comentarista, "jogou fora o Império como quem tira um sapato... e, seguindo o exemplo do Senhor Buda, preferiu buscar a solidão mística".[270]

Embora não haja provas de que sua morte foi falseada, há com certeza muitas histórias bizarras sobre certo abade de um templo budista tailandês, 14 milhas fora de Beijing, cuja estátua dourada possui incontestável semelhança com os retratos do falecido imperador. Em três ocasiões, na década seguinte, o imperador da Vigorosa Prosperidade visitaria o templo onde, por alguma razão, o abade não se ajoelhava diante dele do modo como o faziam outros plebeus. Quando o abade morreu, na estranha idade de 35 anos, em 1670, o imperador da Vigorosa Prosperidade doou uma estátua dele em tamanho natural ao templo e mandou jóias para que fossem enterradas em seu túmulo.[271]

Com o pai morto ou não, o imperador da Vigorosa Prosperidade herdou uma China que estava ficando cada vez mais pacificada. Uma geração havia passado desde que os manchus cercaram Beijing e agora havia apenas alguns poucos focos de resistência. De algum local do sudoeste, relatos chegaram até ele de que o reclamante Ming ao trono, o imperador das Eternas Experiências, não estava mais na China, mas já havia cruzado a fronteira para Burma. Enquanto isso, na costa, uma zona de desolação separava a China do mar e forçava os legalistas Ming a buscar recursos em outro lugar.

As proibições costeiras dos manchus certamente fizeram Coxinga perceber, em curto prazo, que elas acabaram por ajudá-lo. Seus companheiros correram para pegar tudo o que foi deixado para trás, alimentos e

---

269. O nome parece deliberadamente calculado para indicar um estado saudável, ao contrário de seu pai.
270. Backhouse and Bland, *Annals and Memoirs*, p. 236.
271. *Idem*, p. 237.

suprimentos que ficaram nos vilarejos abandonados, antes de os grupos de demolição dos manchus chegarem.

Os manchus não se importavam para onde ia a população local; queriam apenas que deixassem a costa. Sair, as pessoas saíram, mas muitos buscaram refúgio com os legalistas Ming, que vieram para tirá-los dali pelos estreitos de Taiwan.

Embora a derrota em Nanjing possa ter acabado com a reputação de Coxinga como adversário dos manchus, suas fileiras de seguidores foram inchadas por milhares de moradores das áreas costeiras, que preferiram ir para leste e longe do mar a ir para oeste, para um destino desconhecido em terra. Os navios da família Zheng transportaram milhares de refugiados para colônias em Taiwan, aumentando muito a população chinesa do local.

Com o tempo, as proibições costeiras começaram a se fazer sentir. Wu estava certo — a remoção de todos os moradores do litoral afetou seriamente a capacidade de Coxinga de conseguir suprimentos de aliados do interior do país. A comunicação com o distante imperador das Eternas Experiências se tornou mais difícil, e a família Zheng ficou restrita a apenas algumas poucas ilhas costeiras como Amoy e Quemoy. Entretanto, a armada de Coxinga e seus colaboradores continuaram a receber suprimentos de uma nova fonte. Os refugiados chineses estabelecidos nas colônias militares de Taiwan eram capazes de limpar a terra e formar novas plantações para a organização Zheng. Coxinga pode ter perdido o continente da China, mas o Estreito de Taiwan continuou a conter a contra-ofensiva manchu na baía.

Protegida de seus inimigos pelo próprio mar, Taiwan era o local perfeito para Coxinga planejar seu próximo movimento. Podia levar anos para reconstruir seus exércitos em um nível adequado para repetir o desempenho da marcha sobre Nanjing, mas Taiwan tinha os recursos para tornar tal projeto possível. Havia apenas um pequeno problema: os holandeses teriam de sair.

CAPÍTULO 10

Bandeira Cor de Sangue

A idéia de retomar Taiwan foi considerada antes, em várias ocasiões, mas Coxinga e seus colaboradores nunca encararam a cidade como objetivo militar. Ficava longe demais do continente para montar aquele tipo de ataque rápido, ao qual os navios de Coxinga estavam acostumados.

Os holandeses, entretanto, continuavam preocupados com a possibilidade de Coxinga tentar algo em Taiwan e, como conseqüência, resolveram enviar uma mensagem para Amoy, perguntando sobre suas reais intenções. O mensageiro, um tal de Pincqua, era o intérprete mais confiável — o que indica o quanto estava ficando desesperadora a situação dos holandeses, já que ele era amigo de longa data do clã Zheng. Pincqua trabalhara para Nicholas Iquan anteriormente, mas ficara em Taiwan desde 1626, quando Iquan zarpou para lutar contra Xinsu e virar o Senhor dos Mares.

Usado pelo governador Frederick Coyett como mensageiro no final dos anos 1650, Pincqua fez várias viagens pelo Estreito de Taiwan e assegurou aos holandeses que Coxinga não tinha intenções militares contra Taiwan. Àquela altura, isso era mesmo verdade. Coxinga preparava-se para o desastrado ataque a Nanjing e a ilha não o interessava. Mesmo assim, autorizou Pincqua a coletar os impostos cobrados pelos Zheng dos navios que iam e vinham. Para amenizar o procedimento, autorizou-o a fazer a cobrança na própria Taiwan, um desafio à autoridade holandesa e que irritou profundamente o governador Coyett. Ele expediu uma ordem para prender Pincqua e o velho patife fugiu da ilha em busca de refúgio junto ao clã Zheng, em Amoy.

Quando chegou, relatou a Coxinga e a seus colaboradores a fragilidade da posição holandesa em Taiwan. Falou sobre a revolta recente, à qual havia presenciado, e sobre a oportunidade que Taiwan representava como base distante para os legalistas Ming. Ficava bem longe do continente, é verdade, mas o Estreito de Taiwan acabava formando uma espécie de fosso natural que mantinha os manchus afastados. Coxinga poderia preparar-se para um triunfante retorno ao continente, sem ter de se preocupar com as proibições baixadas pelos manchus no litoral, ou com escaramuças contra seus inimigos.

Enquanto isso, em Taiwan, o governador Coyett suspeitava que o pior estava por vir. Escrevia com freqüência a Batavia pedindo mais e melhores provisões e reclamando da precária capacidade de defesa de sua base. O Forte Zeelandia estava relativamente seguro no seu isolado trecho de terra, mas Coyett queria construir pequenas muralhas em torno do povoado civil. Com pouco dinheiro, o governador argumentou, poderia estender as fortificações de Zeelandia até o vilarejo, para protegê-lo. Ele queria também aumentar a segurança no Forte de Provintia, ali perto, já que ficava bem no meio da vila de Sakkam e não era grande o suficiente para resistir a um forte ataque.

O Conselho da Batavia não se mostrou totalmente surdo aos protestos de Coyett e montou uma pequena frota de 12 navios e 600 soldados para enviá-los a Taiwan, sob o comando de Jan van der Laan. A frota, entretanto, chegou com uma severa ordem verbal dos superiores de Coyett, alertando-o de que os reforços tinham, na verdade, um outro objetivo. Se Coxinga realmente aparecesse em Taiwan, os soldados estariam lá para defendê-la, mas "em caso de calma e tranqüilidade", a frota deveria zarpar para Macau. A situação naquela cidade permanecia indefinida em meio às proibições manchus no litoral, e os portugueses estavam conseguindo evitar a evacuação pagando substanciais subornos aos oficiais locais.[272] Ademais, a data do quadragésimo aniversário da fracassada expedição de Reijersen estava se aproximando, e os holandeses decidiram que já era hora de tentar um novo ataque à cidade tão cobiçada.

As instruções do capitão van der Lann eram para ficar por perto de Taiwan até que os rumores sobre o provável ataque de Coxinga se desfizessem, "no entendimento de que todo o perigo acabara e a paz estava assegurada". Então, e só então, ele estava autorizado a voltar para casa e atacar Macau no caminho. Suas instruções também especificavam que ele deveria considerar-se subordinado ao governador Coyett — o único com autoridade para mandar a frota atacar Macau — e Van der Laan tinha de obedecê-lo em tudo "desde que isso não implicasse contrariar nossas instruções".[273]

---

272. Na verdade, a posição portuguesa em Macau foi salva em parte pelos esforços de Adam Schall na corte, e também porque o imperador gostava de pessoas valentes. Ver Kessler, *Maritime Laws*, p.70. Em 1667, uma missão diplomática portuguesa foi enviada para Beijing para negociar com o imperador da Abundante Prosperidade. O dirigente, de apenas 13 anos, deixou claro que queria ter um leão, e os portugueses diligentemente mandaram dois navios para Moçambique, o que implicou grande custo. O macho morreu a caminho, mas a leoa chegou a Beijing a tempo de dar cria a uma ninhada de filhotes. Quando a fera morreu, somente quinze dias após os diplomatas deixarem Beijing, o imperador, agora na adolescência, ordenou que ela fosse enterrada com todas as honras. Ver Kessler, *Maritime Laws*, p. 84.

273. Coyett, *Neglected Formosa, FUD*, p. 400.

Van der Laan, entretanto, não era o mais esperto dos comandantes. Do seu ponto de vista, a passagem por Taiwan era uma indesejável perda de tempo para distraí-lo do seu verdadeiro propósito, que era encher os cofres com os espólios de um ataque a Macau. É provável que o ódio aos portugueses, e seu longo histórico de saques às possessões portuguesas na Índia, tenham contribuído para sua escolha como chefe da expedição. Na chegada ao Forte Zeelandia, anunciou estar muito confiante em sua incursão a Macau para incluí-la na rota de abastecimento e para alertar os portugueses da presença de uma frota potencialmente hostil em suas águas. Mas ao aportar em Taiwan, a maior parte de sua tripulação estava muito doente para seguir viagem e serviu apenas para encher a enfermaria, não o quartel.

A guarnição ficou maior de qualquer forma, pelo menos no papel. A mera presença dos soldados recém-chegados foi suficiente para animar os holandeses, embora a euforia minguasse quando eles conheceram melhor Van der Laan. Ele era grosseiro, orgulhoso e desleixado, e logo foi apelidado pelos compatriotas de João Cabeça-Dura ou João Bobo. O próprio governador Coyett escreveu que ele era "tão inteligente em assuntos de estado e em questões políticas quanto um porco das fábulas de Esopo".[274]

Com todo o tato de seu ancestral espiritual, Pieter Nuijts, Van der Laan não perdeu tempo em dizer aos experientes holandeses em Taiwan que eles eram idiotas. Desejoso de deixar Taiwan e partir para uma gloriosa vitória em Macau, verteu desprezo sobre o comportamento folgazão dos residentes de Taiwan. Criticou os relatórios sobre os preparativos militares de Coxinga como se fossem contos da carochinha e riu dos crescentes boatos que se espalhavam entre a comunidade chinesa. "Além disso", dizia ele, "se atacassem mesmo, os chineses não eram 'nada mais do que pobres espécimes de homens afeminados' e não representariam ameaça para os holandeses".[275]

Van der Laan estava sempre pronto a apontar falhas nas avaliações de Coyett, permitindo-se, dessa forma, invocar o direito de contrariar as instruções contidas nas ordens que trouxera da Bavária. O governador argumentou dizendo que seus dez anos de residência em Taiwan lhe deram uma experiência mais considerável do que a de duas semanas de Van der Laan e que os chineses locais estavam, obviamente, preparando-se para causar problemas mais adiante. Lembrou a van der Laan que a mera chegada de reforços só serviu para conter Coxinga por um tempo. Coyett suspeitava, corretamente, que Coxinga só estava esperando Van der Laan zarpar para Macau levando com ele metade do contingente militar de Forte

---

274. *Idem.*, p. 402.
275. *Idem.*

Zeelandia, e deixando Taiwan defendida apenas pelos enfermos e inexperientes. Poucas pessoas dentro da Companhia Holandesa das Índias Ocidentais conseguiam esquecer o constrangimento de 1628, quando um punhado de bucaneiros japoneses causou tremenda devastação na ilha durante o governo de Pieter Nuijts. Preocupavam-se com a possibilidade iminente de outra ação como aquela.

Em 1660, os holandeses mandaram outra mensagem para Taiwan, com várias perguntas e queixas, para chamar a atenção de Coxinga, e lembrá-lo de que não tinha ainda respondido às outras comunicações da Batavia. Ao mensageiro foram dadas também instruções secretas para espionar as atividades do clã Zheng e ver se os legalistas estavam, aparentemente, preparando-se para alguma invasão. Quando chegou a Amoy, encontrou a ilha alvoroçada, com tropas em treinamento, navios preparando-se para zarpar e muitas provisões sendo embarcadas, indicativos de uma longa campanha militar. Foi levado até Coxinga, que o recebeu calorosamente e lhe assegurou não ter nenhuma intenção de prejudicar os holandeses. O mensageiro timidamente aventurou-se a perguntar se Coxinga não planejava invadir Taiwan, o que lhe parecia óbvio, com toda aquela movimentação de soldados e navios lá fora. Irritado, Coxinga informou ao mensageiro que "não tinha o hábito de anunciar seus planos" e o mandou de volta com uma carta.

A carta assegurava a "expressão de nossa particular boa vontade e afeição pela nação holandesa" e criticava o governador Coyett por acreditar "em tantos rumores falsos". Coxinga disse que Coyett dava muito crédito a "fofocas de pessoas com mentes doentias" e assegurou-lhe que, embora houvesse muitos rumores de que os legalistas planejavam atacar Taiwan, todos eram sem fundamento. Coxinga lembrou do tempo do primeiro desembarque holandês em Taiwan, quando "o príncipe governante, meu pai Iquan, abriu aquela rota mercante, que se manteve até hoje bem-sucedida". Após lembrar aos holandeses que considerava sua presença em Taiwan como uma indulgência concedida por seu próprio pai, Coxinga assegurou, em tom paternal, que eles não tinham nada a temer:

> Certamente que eu, por muitos anos, fiz guerra para recuperar meus próprios territórios e fiquei tão ocupado nessa tarefa que não tive oportunidade de montar ações hostis contra um país tão pequeno e agrícola [como Taiwan] (...) Além disso, quando terminarem os preparativos para a guerra, e eles estiverem quase concluídos, pretendo divulgar um comunicado dizendo que vou fazer uma exploração no leste, embora meu objetivo secreto seja a direção oeste.[276]

---
276. Carta de Coxinga para Frederick Coyett, novembro de 1660, *FUD*, p. 405.

Em outras palavras, após deixar claro para os holandeses que considerava Taiwan propriedade da família Zheng, Coxinga indicou que fingia fazer sempre o contrário do que realmente pretendia. E informou, quase categoricamente, não ter nenhuma intenção de atacar Taiwan.

Enquanto isso, um fabricante de couro chinês chegou a Taiwan em um dos navios da Companhia Holandesa das Índias Ocidentais contando que teve uma conversa cortês com seu velho amigo Pincqua, em Amoy. Pincqua não apenas lhe disse que Taiwan estava condenada, como também revelou que Coxinga tinha recentemente contratado 300 timoneiros com conhecimento das traiçoeiras águas em torno do Forte Zeelandia. Tal número seria suficiente para uma frota de milhares de soldados. Disse que já havia sido marcada a data para a invasão, mas era provável que fosse adiada por mais um mês enquanto Coxinga juntava mais suprimentos e munições. Como as ações dos legalistas não eram suficientemente óbvias, Pincqua construíra uma maquete de madeira do Forte Provintia para explicar ao amigo os possíveis planos para sua captura.

Os holandeses entraram em pânico. Coyett agora estava convencido de que Coxinga planejava mesmo um ataque naval à ilha e implorou a Van der Laan que desse ouvidos à razão. Os soldados em Taiwan tiveram seus turnos de trabalho ampliados, e o Forte Zeelandia começou a estocar suprimentos, para o caso de ter de enfrentar um cerco.

Enquanto isso, os homens de Coxinga comentavam os estranhos fenômenos que assombravam os puritanos holandeses. A ilha foi atingida por vários terremotos, com tremores que continuaram por 14 dias, e sentinelas relataram ter visto uma sereia brincando no canal entre a baía Tay e o mar. Por razões que ninguém conseguia explicar, sons de uma grande batalha ecoaram do arsenal da Companhia em Forte Zeelandia, com barulho de espadas se chocando e de tiros, e embora o depósito tenha sido aberto e revistado, nada de estranho foi encontrado nele.

O próprio governador escreveu sobre esses casos fantasiosos, mas ficou bastante nervoso quando uma das torres do forte foi atingida por um incêndio de combustão espontânea. Um fenômeno similar foi visto nas águas do canal que dava para o mar "transformado em fogo e chamas". Coyett, parece, também vivenciou ele mesmo um evento sobrenatural no local de execuções entre o Forte Zeelandia e o assentamento holandês, quando ouviu-se uma espécie de grunhido, como de pessoas moribundas, com vozes perfeitamente distintas de holandeses entre as vozes chinesas.[277]

Tais conversas supersticiosas só fizeram Van der Laan ficar mais enfurecido. As relações entre ele e Coyett se tornaram mais antagônicas ainda, até que explodiram em uma briga feia. Como se Coyett tivesse pouco para se preocupar, Van der Laan reclamou que se sentiu insultado no dia

---

277. Coyett, *Neglected Formosa*, *FUD*, p. 407.

de sua chegada, porque o governador não tinha ido recebê-lo no cais, e nem uma guarda de honra esperava por ele na sede do governo. Van der Laan terminou ameaçando o governador Coyett; jurou que iria à forra contra os assustados holandeses de Taiwan, porque insistiam em retardar seu ataque a Macau, verdadeiro objetivo de sua missão e, acreditava ele, de seu destino.

Finalmente, em fevereiro de 1661, Van der Laan zarpou para a Batavia, disposto a pedir a demissão de Coyett, e dessa forma, liberar seus soldados para a expedição até Macau. Ele continuou convencido de que Coxinga não representava nenhum perigo. Coxinga, por outro lado, partiu para a ação assim que Van der Laan zarpou.

Convocou um Conselho de guerra e disse oficialmente aos seus generais o que eles já sabiam havia meses: os manchus ainda eram uma ameaça e finalmente os legalistas tinham conseguido montar uma nova campanha para desafiá-los. Acrescentou:

> *No ano retrasado, Pincqua nos contou sobre a generosidade da ilha de Taiwan, que possui dez mil hectares de campos e jardins, mil li de terra ainda não arada e um tesouro de centenas de milhares* [taels]. *Nossos artesãos encontrariam lá amplas oportunidades para a construção de navios e fabricação de armas. Nos últimos tempos, tem sido ocupada pelos bárbaros ruivos mas eles nem chegam a mil. Não precisamos mais do que levantar nossas mãos para capturá-los. Quero assegurar uma base em Taiwan, de modo a mudar para lá as famílias dos senhores generais, então punir o leste e condenar o oeste, sem se preocupar com o front caseiro.*[278]

Os generais de Coxinga alvoroçaram-se com a idéia. Alguns acharam que um ataque a Taiwan somente desviaria os legalistas de seus objetivos reais. Outros, na falta da herança marítima do clã Zheng, foram contra o plano de zarpar para longe da costa da China. Alguns tentaram argumentar que os holandeses tinham poderosos canhões e que eles sobrepujavam tudo o que os chineses tinham. Mas Coxinga não estava disposto a discutir. Quando um dos generais de baixa patente expressou sua preocupação com o fato de Taiwan ser uma terra cheia de doenças, solo pobre e *feng shui* desfavorável, Coxinga o acusou de sublevação. O general entendeu o recado; eles iriam para Taiwan gostassem ou não.

Os preparativos foram acelerados. O irmão adotivo de Coxinga, Zheng Tai, agora o principal oficial da família Zheng, ficou tomando conta de Quemoy, com ordem de manter livres as linhas de abastecimento através

---

278. Yang, *Veritable Record*, p. 244.

do Estreito de Taiwan. Mas Zheng Tai foi forçado a reconhecer a autoridade de Jing, o filho de 20 anos de Coxinga que ficou respondendo pela base da vizinha Amoy. É pouco provável que Zheng Tai, filho adotivo de Nicholas Iquan e servidor do clã há longo tempo, estivesse tão satisfeito por receber ordens de um jovenzinho, mas pelo menos ele evitava os pântanos impaludados de Taiwan. Tais sentimentos foram expressos por vários outros membros da equipe deixada para trás em Amoy e Quemoy — a idéia de uma campanha em Taiwan não era popular entre os membros do clã Zheng, que cresceram entre os castelos e fortalezas de suas famílias.

A armada de Coxinga era composta de 900 navios de guerra e um complemento de 25 mil soldados. Os chefes das forças terrestres eram dois de seus mais confiáveis generais da campanha de Nanjing, Maxin, e o sempre entusiasta Zhou Quanbin. A frota estava sob a supervisão geral do próprio Coxinga e se reuniu em 21 de abril de 1661 na baía de Liao-luo, local da legendária vitória de Nicholas Iquan sobre os navios holandeses de Hans Putman, quase 30 anos atrás.

A primeira etapa da jornada transcorreu de maneira calma, com a enorme frota ancorando em Pescadores no dia seguinte. Mas ali tiveram de ficar porque uma tempestade explodiu e tornou muito perigosa a última etapa da viagem até Taiwan.

O atraso foi problemático, já que a força invasora tinha trazido pouca comida e suprimentos. Com Taiwan a pouco mais de dois dias de viagem, povoada por milhares de chineses solidários, Coxinga não achou necessário levar muitas provisões. Por volta de 26 de abril, Coxinga já tinha 25 mil bocas famintas para alimentar e foi forçado a mandar parte das tropas para a terra, para se reabastecer. Só que Pescadores nunca foi local indicado para se conseguir comida e os marinheiros voltaram com muito pouco — só o que puderam tomar da população local.[279]

Coxinga mandou que seus navios recolhessem as velas de qualquer modo, até porque o mar continuava bravo. A monção norte, da qual a tempestade era apenas uma poderosa manifestação, era vital para empurrar os navios pelo estreito de Taiwan, e Coxinga temia que se esperasse muito o vento desapareceria totalmente. A falta de comida era outro fator a considerar, bem como a desagradável lembrança da Montanha do Carneiro — mais uma vez os colaboradores de Coxinga estavam fugindo de uma tempestade com a forte sensação de que o destino os estava retardando.

Alguns dos homens de Coxinga, recordando as grandes perdas fatais na Montanha do Carneiro, rogaram-lhe que esperasse um pouco mais, mas a invasão de Taiwan já se tornara uma obsessão. Após o desapontamento em Nanjing, Coxinga parecia disposto a levar a si mesmo, seus homens e

---

279. *Idem.*, p. 245.

seus supostos protetores divinos até o limite máximo. Alguns registros contam que Coxinga mandou seus canhões dispararem contra o próprio mar, enquanto outros falam sobre sua inflexibilidade e imprudente decisão.

> *"Pode-se andar no gelo?", perguntou ele. "Sim, se esse for o desejo dos Céus. Se os Céus decretarem que devemos conquistar Taiwan, então depois que nos lançarmos ao ataque, esta noite, o vento e as ondas se acalmarão de repente. Os soldados não podem simplesmente ficar sentados aqui e passar fome em meio a estas ilhas dispersas.*[280]

Mesmo temendo pelas suas vidas, a tripulação dos navios da frota de invasão se lançou ao mar na noite tempestuosa — a chuva era o menor dos problemas; pior eram as ondas imensas que os engolfava e ameaçava.

Mas, após umas poucas horas de navegação, a tempestade serenou completamente.

No dia seguinte, os vigias do navio divisaram terra na linha do horizonte — estavam aproximando-se de Taiwan.

"Isto", disse Coxinga aos homens, olhando para a praia, "é prova de que os Céus, compassivos, não me esqueceram. Tiveram pena deste ser órfão, e me presentearam com esta enseada".[281] Também escreveu um poema, "Recuperando Taiwan", que o ligava a heróis ancestrais que fugiram pelo mar para não ter de se submeter ao Primeiro imperador. Incluía as palavras "Em meio a provações e sofrimentos, não posso deixá-la", sugerindo que Coxinga planejava mesmo ficar em Taiwan após tê-la conquistado.[282] Era tudo o que alguns generais do continente, como Zhang Huang-yan, não queriam ouvir.

Mas a obsessão de Coxinga por um ataque imediato não derivava apenas do seu fervor religioso. Ele tinha outro motivo para a pressa aparentemente imprudente de chegar a Taiwan — a informação inteligente de Pincqua. Os holandeses tinham enchido vários barcos velhos com pedras e afundado todos eles no canal que corria para a baía Tai. Os destroços visavam a impedir que os navios de Coxinga navegassem por lá, mas Pincqua tinha um plano. Nos primeiros três dias de cada mês lunar, as águas do Canal da Orelha do Cervo, que corriam para a baía Tai, ficavam mais altas alguns metros na hora da maré alta — era um aumento pequeno de volume, mas o suficiente para deixar passar os navios de Coxinga e levá-los a um ancoradouro seguro em alto mar.

---

280. Idem, pp. 245-6.
281. Croizier, *Koxinga and Chinese Nationalism*, p. 22.
282. Qin, *Zheng Chenggong*, p. 379. Eu não consigo melhorar a tradução de Croizier, *Koxinga and Chinese Nationalism*, p. 23.

Relatos feitos mais tarde acrescentaram um detalhe sobrenatural a esse acontecimento, dizendo que Coxinga rezou para sua protetora, Matsu, a deusa dos mares, e que ela atendeu seu favorito elevando o nível das águas o suficiente apenas para permitir aos navios chegarem à baía Tai.[283]

Das muralhas do Forte Zeelandia, o governador Coyett olhava impotente a armada chinesa chegar. O registro no seu diário expressa o pânico operacional deflagrado na sua cabeça enquanto fazia as contas. Tinha 30 mil libras de pólvora e comida para se manter durante seis meses, mas era responsável por 1.100 cidadãos holandeses em Zeelandia e contava com pouco mais de 40 soldados com alguma experiência real. Quanto aos navios, a partida de Van der Laan tinha deixado Coyett com apenas dois navios de guerra, o *Hector* e o *Gravenlande*, e duas pequenas embarcações, a *Vink* e a *Maria*.

Para além da vila de Sakkam, o pequeno Forte Provintia estava agora isolado da baía. O oficial de Coyett, Jacob Valentyn, sentindo-se preso em uma armadilha, ordenou que seus canhões disparassem contra os navios chineses, mas com pouco resultado.

O capitão do exército de Coyett, Thomas Pedel, ofereceu-se para levar uma tropa de 240 homens até o local onde os chineses desembarcariam, para desalojá-los. Enquanto isso, o governador ordenou à sua pequena frota de navios que tentasse conter o avanço chinês.[284] O maior deles, o *Hector*, saiu em direção à frota chinesa; Coxinga mandou então que 60 de seus navios saíssem de sua formação e o contivessem dentro da baía. Eles eram pequenos, se comparados ao navio holandês, e armados com apenas dois canhões, mas o grande número de velas juntas criou uma visão aterrorizante. Confrontados com a enorme armada de inimigos, o *Hector* disparou seus canhões, afundando vários dos barcos menores.

Das muralhas, Coyett viu, desanimado, o *Hector* ser cercado por seis dos mais audaciosos navios chineses, os canhões de ambos os lados atirando com tanta rapidez que logo toda a cena ficou envolta em uma densa cortina de fumaça. Os holandeses, no forte, aguardavam nervosos enquanto os combates prosseguiam, com o barulho bem distinto dos canhões do *Hector* bombardeando sem parar, em uma rapidez que indicava que a tripulação estava descarregando munição em todas as direções. De repente, as águas da baía saltaram, em uma explosão tão forte que as janelas do Forte Zeelandia tremeram, e a baía silenciou por alguns minutos.

Quando a fumaça dispersou, não havia sinal nem do *Hector* nem de seus atacantes. O depósito de pólvora do navio holandês explodira, atingindo tudo o que estava perto. Foi uma perda de vidas calamitosa para os dois

---
283. Croizier, *Koxinga and Chinese Nationalism*, p. 37.
284. Embora muitas fontes confiem em *Neglected Formosa* para isso, a mesma batalha é descrita por Yang em *Veritable Record*, pp. 249-51.

lados, mas pior para os holandeses, que agora tinham de enfrentar a armada de Coxinga com apenas três navios. Percebendo o impacto momentâneo da perda do *Hector*, dezenas de barcos chineses menores começaram a se movimentar como um enxame de abelhas, na direção dos sobreviventes.

Os navios holandeses resistiram — ainda tinham canhões superiores, mas os barcos chineses eram alvos numerosos demais para acertar. Dois navios chineses se colocaram atrás do *Gravenlande* e do *Vink,* atacando-os com ganchos. O *Maria,* menor deles, fugiu para mar aberto, onde os chineses não poderiam atingi-lo.

Os soldados holandeses tentaram repelir os que os abordavam dentro do navio, chutando os marinheiros chineses e lançando granadas contra seus barcos. Mas logo, mais duas embarcações se prenderam ao *Gravenlande,* seguidas por várias outras. Levas e levas de chineses subiram no navio, até que os marinheiros holandeses ficaram encurralados, enquanto os sabotadores chineses começaram a cortar os cordames na tentativa de deixar o navio desgovernado. Ao verem isso os holandeses, em terra, desesperaram-se e passaram a jogar granadas e a disparar seus canhões das torres do forte contra seu próprio navio. O remédio foi extremo mas deu resultado, pois dispersou a linha de frente do ataque chinês e permitiu que os holandeses retomassem o controle do golpeado *Gravenlande.*

Após prolongada luta, a tripulação do *Gravenlande* soltou as correntes que o prendiam aos outros barcos, mas ficou presa ainda a um deles. Como seus tripulantes não tinham conseguido capturar o *Gravenlande* pela abordagem, resolveram recorrer a táticas usadas no passado pelo pai de Coxinga. Esse barco tinha sido abastecido com explosivos e itens inflamáveis, e os chineses atearam fogo neles. As chamas subiram pelos cordames e velas e passaram para o *Gravenlande* enquanto a tripulação corria para tentar apagá-las antes que chegassem aos explosivos. Miraculosamente conseguiram, deixando o *Gravenlande* danificado, mas ainda flutuando. O restante da armada chinesa manteve-se a uma respeitosa distância, permitindo que o *Gravenlande* e o *Vink* ficassem livres para fugir. Os dois navios tomaram a direção do alto-mar e nunca mais foram vistos.[285]

Enquanto isso, o capitão Thomas Pedel marchava com seus 240 soldados para lutar contra Coxinga em terra, no trecho de areia de Baxemboy,

---

[285]. O *Gravenlande* e o *Vink* navegaram para um posto avançado holandês ao norte de Taiwan, onde foram informados pelos habitantes locais da invasão de Coxinga e se ofereceram para levá-los para Taiwan antes que o exército de Coxinga os alcançasse. De lá zarparam para Nagasaki. Acredita-se que algumas das pessoas evacuadas foram as primeiras mulheres européias a pisar no Japão. Ver Boxer, *The Siege of Fort Zeelandia and the Capture of Formosa from the Dutch 1661 — 1662,* pp. 28, 33 e 36-7.

ao norte da península do Forte Zeelandia. Na outra ponta do quadrado de areia, os holandeses enfrentaram uma força invasora de milhares de homens.

No entendimento do capitão Pedel, os chineses ainda estavam em desvantagem. Enquanto seus homens tentavam nervosamente manter suas posições ao sul do banco de areia, ele os lembrou da revolta fracassada dos chineses em 1652, durante a qual, apenas trezentos e poucos soldados holandeses conseguiram reprimir um levante de milhares de nativos. Garantiu-lhes que "os chineses não tinham apreço pelo cheiro de pólvora, ou pelo barulho dos mosquetes; e que após os primeiros disparos, no qual poucos deles seriam feridos, eles imediatamente fugiriam e se desorganizariam".[286]

O capitão Pedel não estava nem um pouco preparado para enfrentar os veteranos experientes de Coxinga, treinados na resistência aos manchus contra os tímidos e despreparados camponeses que tinham sido massacrados às centenas nos levantes de 1652. Considerava que um único soldado holandês valia por 25 dos chineses e confiantemente liderou seus homens em grupos de 12 contra os recém-desembarcados.

Com precisão militar, uma coluna de soldados holandeses marchou resolutamente para a fileira de chineses e fez três disparos de mosquetes contra eles. Pedel ficou na expectativa de que os soldados quebrassem a formação e saíssem gritando, apavorados, para a água. Mas a linha de frente chinesa era formada pelos Homens de Ferro, que ignoraram o fogo dos mosquetes e mantiveram sua posição. Então os arqueiros de Coxinga entraram em ação "com tão grande chuva de flechas que escureceu o céu".[287]

A saraivada de flechas dizimou os atiradores holandeses que olhavam, atônitos, os chineses deslocarem um destacamento de soldados para se infiltrar nos seus flancos. O capitão Pedel, corajosamente, dava ordens para seus soldados. Mas, enquanto gritava, seus companheiros jogavam suas armas e saíam correndo, apavorados.

Os chineses, aproveitando a confusão que se instalara entre os holandeses, atacaram maciçamente, caindo sobre o pequeno destacamento holandês em número muito superior. Aqueles que ainda se mantinham em posição foram massacrados pelos homens-escudo de Coxinga: os grupos de guerreiros incrivelmente fortes, treinados para enfrentar a cavalaria manchu. No seu jornal, o capitão Coyett escreveu, atônito:

Com as cabeças inclinadas e os corpos escondidos atrás dos escudos, eles irromperam da linha inimiga com tal fúria

---

286. Coyett, *Neglected Formosa*, *FUD*, p. 416. Pedel estava decidido a atacar os chineses, já que seu filho William perdera um braço em uma escaramuça anterior.
287. Coyett, *Neglected Formosa*, *FUD*, p. 416.

e assustadora coragem, como se cada um tivesse um corpo extra em casa. Pressionaram sem cessar à frente, sem opor-se aos que caíram; sem parar para avaliar, sempre caminhando à frente como cachorros loucos, sem nem mesmo olhar em volta para ver se estavam ou não sendo seguidos pelos companheiros.[288]

Embora alguns dos soldados holandeses tenham conseguido safar-se, 118 do batalhão foram mortos, incluindo o capitão Pedel.

Os holandeses ainda fizeram uma outra tentativa desastrosa para enviar reforços ao Forte Provintia, na praia em frente, mas em vão. No final do dia, o governador Coyett foi forçado a admitir que os chineses tinham o controle do porto e que os dois fortes estavam agora sitiados e sem condições de oferecer ajuda um ao outro.

O governador enviou alguns homens em um pequeno barco para Pescadores na esperança de conseguir obter lenha e mais algum suprimento. Foi, com uma percepção tardia, um movimento errado, considerando o número de navios chineses nas vizinhanças. Treze soldados foram capturados pelos invasores e enviados de volta a Taiwan para serem interrogados por Coxinga. Temendo, com razão, enfrentar torturas, os holandeses montaram um plano de fuga. Embora vigiados por guardas armados, perceberam que havia apenas 30 chineses a bordo, dos quais mais da metade dormia nos alojamentos. Os holandeses concordaram em esperar até que o Forte Zeelandia estivesse à vista para controlar seus captores e o navio. Era um plano arriscado, e, provavelmente, custaria a vida de muitos deles, mas qualquer coisa era preferível do que cair nas mãos de Coxinga. Infelizmente para os 12 holandeses, o décimo terceiro homem do grupo era um mercenário francês de nome Etienne, que considerou a idéia muito perigosa. Preferindo apostar em uma chance com os chineses, Etienne informou seus captores sobre o plano.

De volta a Taiwan, os holandeses foram acorrentados diante do indignado Coxinga que considerou ofensa pessoal seus prisioneiros não terem demonstrado gratidão por serem mantidos vivos até então. Disposto a mostrar aos ocupantes do Forte Zeelandia que não estava brincando, Coxinga ordenou que cortassem seus narizes, orelhas e mãos. Com as extremidades amputadas balançando em um fio de barbante pendurado no pescoço, os holandeses mutilados foram libertados para correr de volta à cidade e ao Forte Zeelandia, onde os médicos do forte podiam tentar salvar suas vidas.[289]

---

288. *Idem*, p. 420.
289. *FUD* omite o apêndice de Coyett em *Considerable Facts touching the true cause of the Chinese Cruelties and Tyranny*, de onde o relato foi tirado. Uma tradução em inglês de Leonard Blussé pode ser encontrada na edição Beuclair de *Neglected Formosa*, p. 89. Referências à versão Beuclair serão indicadas nesta edição mais adiante.

O Forte Zeelandia, cercado em vários lados pelo mar e com muito suprimento de comida, podia se manter por algum tempo. Já o Provintia, menor, tinha menos chance. Lotado de homens, mulheres e crianças da vila vizinha de Sakkam, que tinham ido até ali em busca de refúgio, Provintia possuía muito pouca provisão. Além disso, a parede interna das muralhas caíra, obrigando os soldados a ficar sem dormir para vigiar constantemente. A situação era ainda pior por conta da notória falta de pólvora, que não permitia que Provintia se defendesse de um único ataque mais prolongado. A culpa dessa situação recaiu sobre o comissário do forte, um tal Cornelis Rosewinckel, que, planejando fazer dinheiro, vendeu vários tonéis de pólvora, dez semanas antes, para o capitão de um navio que ia para o Sião. Ninguém, exceto Rosewinckel, sabia onde estava a pólvora e nem ele mesmo podia tentar consertar a situação, porque morreu logo no ataque inicial.[290]

No Forte Zeelandia, o governador Coyett convocou uma reunião do Conselho. Houve consenso de que o Forte Provintia não poderia ser salvo, fato que levou os líderes da assembléia a indicar dois embaixadores para iniciar negociações com Coxinga. Foram instruídos a discutir o assunto da rendição do Forte Provintia e fazê-lo na presença de Coxinga sem dar demonstração de quão atemorizados os holandeses estavam. O jornal do Forte Zeelandia também registrou que os embaixadores, ao tratar com Coxinga, foram orientados a "saudar Sua Excelência e demonstrar, de forma gentil, a insatisfação com sua chegada a nosso país com um exército tão grande, etc..."[291]

Os holandeses ainda acreditavam poder ficar com Zeelandia. O Conselho tinha aceito a idéia de ter Coxinga mandando na ilha e, mesmo com tristeza, acreditava que seu trabalho missionário cristão tinha sido realizado. Mas os holandeses ainda se apegavam à possibilidade de o novo senhor de Taiwan permitir que Forte Zeelandia permanecesse em suas mãos como posto comercial.

Os embaixadores, acompanhados de vários assistentes e carregadores, saíram a pé do Forte Zeelandia e caminharam na direção sul, ao longo da réstia de terra. Uma milha à frente, passaram pelo canal de águas rasas que separava a ilha de Zeelandia do continente e depois fizeram uma volta em torno da baía até a pequena vila de Sakkam e sua fortaleza. Coxinga estava sitiando Provintia de modo irregular — confiava tanto na iminente rendição do forte que nem se preocupou em cavar trincheiras ou defesas. Em vez disso, 12 mil homens acamparam em torno do forte — os outros soldados tinham sido destacados, em batalhões, para patrulhar outras áreas. Como os holandeses acertadamente suspeitavam, a mera visão da bandeira de Coxinga era suficiente, na maior parte dos lugares, para convencer os nativos taiwaneses de que seus antigos senhores, os holandeses, os tinham

---

290. Coyett, *Neglected Formosa*, no *FUD*, p. 425.
291. *Idem*, p. 484.

Coxinga expulsa os holandeses de Taiwan. Propaganda chinesa publicada por Chehg Shifas em 1955. (Coleção Particular)

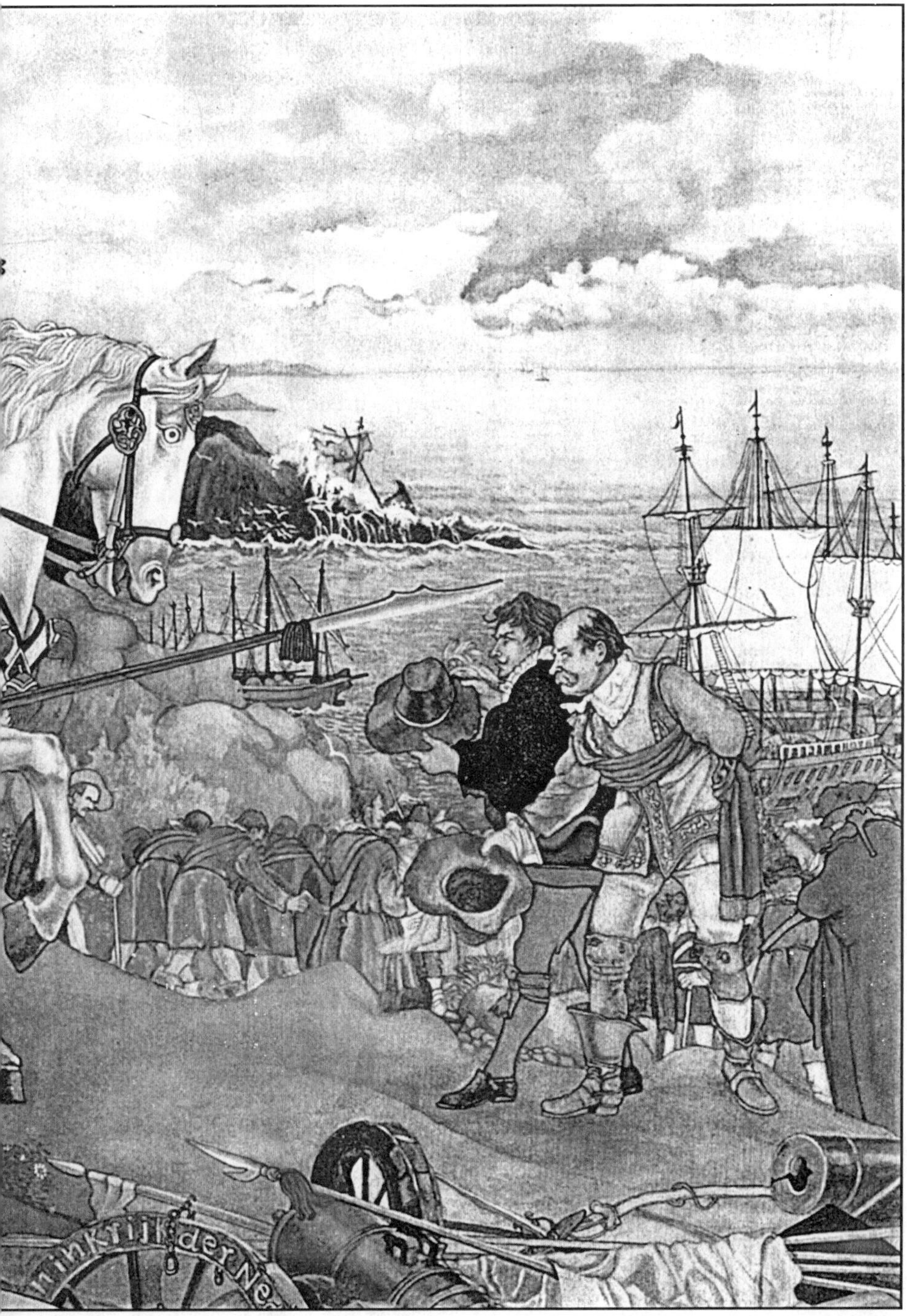

abandonado. Por todo o litoral leste da ilha, as tribos estavam aliando-se a Coxinga, e a época da dominação holandesa distanciando-se.

Os enviados, nervosos, abriram caminho em meio aos homens de Coxinga, observando as tropas ortodoxas que ele tinha sob seu comando.[292] Alguns eram humildes espadachins, outros, arqueiros altamente treinados. Os enviados tentaram disfarçar o temor que lhes impunham os Homens de Ferro, com suas estranhas armaduras e espadas enormes, mas foi a visão da Guarda Negra que realmente os tirou do sério. Coxinga tinha duas companhias dela entre seu exército, calejadas por mais de uma década de luta no continente e que dispunham de privilégios especiais dentro de sua força. Incomodava muito os holandeses que a elite de mosqueteiros de Coxinga fosse composta de africanos e indianos, seus antigos escravos, recrutados para a Guarda Negra. Em seu registro diário, Coyett escreveu, ironizando, que os "garotos-negros" tinham-lhe causado muito desgosto durante a invasão de Coxinga.[293]

Os emissários foram levados a uma barraca e lhes disseram para aguardar Coxinga. O líder dos chineses, informaram, estaria com eles assim que terminasse de arrumar o cabelo. O tempo passou e Coxinga não apareceu. Centenas de soldados com seus uniformes de batalha marchavam com imponente disciplina à frente da barraca e o guarda comentou que eles eram "uns poucos homens indo trocar de guarda".[294]

Um dos oficiais de Coxinga chegou para conduzir os embaixadores até outra barraca. Mais uma vez foram deixados ali por um longo tempo com nada para observar, exceto as tropas marchando. O guarda que tomava conta deles informou-lhes que o segundo destacamento de soldados estava sendo enviado para vilarejos distantes para estabelecer a presença chinesa neles. Os mensageiros, entretanto, estavam certos de ter reconhecido alguns soldados do destacamento anterior — Coxinga estava apenas tentando assustá-los com a crença de que seu exército era muito mais poderoso do que era na verdade.

Após resistir a mais essa exibição, os emissários foram finalmente levados até Coxinga. Seu adversário estava sentado atrás de uma mesa quadrada, com o cabelo todo escovado e adornado, conselheiros e oficiais de pé a seu lado, com longas vestes. Os holandeses tiraram seus chapéus e apresentaram a Coxinga uma carta de Coyett, que tinha sido traduzida para o chinês pelo filho do finado capitão Pedel. Chamando Coxinga de "sereno e renomado príncipe", a carta do governador lamentava que os dois homens não se tivessem encontrado em outras circunstâncias. Coyett sugeria que

---

292. *Neglected Formosa*, de Coyett, escolhe esse momento para quebrar a narrativa e descrever a natureza das tropas de Coxinga. Pode-se entender que detalhes de unidades como a dos Homens de Ferro e da Guarda Negra só chegaram a Coyett após o retorno dos embaixadores.
293. *Idem*, p. 421.
294. *Idem*.

eles poderiam ter-se tornado amigos se Coxinga não tivesse desembarcado em Taiwan com uma armada invasora. Coyett também tentou lembrar Coxinga da longa e duradoura aliança dos holandeses com a família Zheng (pelo menos por algum tempo); e, para ajudá-lo em seus argumentos, rememorou a velha camaradagem entre Nicholas Iquan e Jacques Specx:

> *Sua Excelência (Coyett) procurou apenas manter a amigável vizinhança com Sua Alteza, em respeito à memória de seu altamente estimado Pai, que sempre demonstrou gratidão pelos numerosos gestos de gentileza da sua Honorável Companhia, e pelos quais ele está pessoalmente em débito com o senhor governador, que sempre manifestou sua boa vontade e agiu de modo amigável.*[295]

A carta de Coyett seguiu nessa linha por algum tempo, mas Coxinga já tinha ouvido tudo isso antes. Quando os emissários terminaram de ler, ele abruptamente lhes disse que os holandeses se importavam com ele tanto quanto com qualquer outro "indiano", e que sabia, por experiência própria, que suas promessas duravam apenas o tempo que lhes fosse conveniente. Contrariamente às argumentações dos emissários, Coxinga disse que os holandeses não tinham o direito de pedir nenhuma explicação dele. Entretanto, como a ele agradava fazê-lo, lembrou-lhes que estava no meio de uma guerra contra os manchus, e que julgou necessário retomar Taiwan.

Coxinga assegurou aos holandeses que, apesar de seus numerosos logros no passado, ele ainda os tinha em consideração. Entretanto, solicitava que saíssem — os chineses tinham agora necessidade da ilha. E finalmente disse aquilo que esperava dizer desde a infância, em Anhai:

> *Vocês, holandeses, são um povo presunçoso e tolo; farão de si próprios indignos da clemência que agora lhes ofereço; vocês se sujeitarão à mais alta punição por orgulhosamente se terem oposto à grande força que eu trouxe com um punhado de homens que, eu soube, havia em seu Castelo; e obstinadamente perseverarão nisso. Vocês não gostariam de ser mais sábios? Deixem que suas perdas ao menos lhes ensinem que o seu poder, aqui, não pode ser comparado nem um milésimo com o meu.*

> *A essas alturas vocês já devem ter visto com seus próprios olhos o que seus navios de ferro, com os quais vocês pensam poder realizar maravilhas e dos quais vocês se gabam tanto, podem fazer contra meus juncos; como um deles [o Hector] se queimou (...) e desapareceu na fumaça; e como*

---

295. Coyett, *Neglected Formosa*, por *FUD*, p. 422.

os outros poderiam ter tido o mesmo destino se não tivessem fugido para mar aberto.

Em terra, vocês viram o quanto o orgulho do capitão Pedel e de seus homens, tão tolos quanto ele, foi humilhado e não conseguiu sustentar o olhar dos meus homens; e como, à mera visão dos meus guerreiros, eles jogaram fora suas armas e voluntariamente aguardaram seu bem merecido castigo com seus pescoços esticados. Não são essas provas suficientes de sua incompetência e inabilidade para resistir às minhas tropas?

Eu lhes darei mais outras. Mas se persistirem na recusa de ouvir a razão e declinarem de meu convite, e se desejarem deliberadamente apressar sua ruína, então eu, rapidamente, em sua presença, ordenarei que tomem sua fortaleza. Meus garotos espertos atacarão [Forte Provintia], e o conquistarão e o demolirão de tal forma que nenhuma pedra dele restará. Se eu quiser colocar minhas tropas para trabalhar, sou capaz de mover céu e terra; aonde eu vá, estou destinado a vencer. Dessa forma, tomem isso como advertência, e pensem muito bem no assunto.[296]

Os emissários protestaram dizendo que Taiwan tinha sido entregue aos holandeses em 1622, por decreto da mesmíssima dinastia Ming para a qual Coxinga servia. Mas ele não estava disposto a discutir leis. Deu-lhes até oito horas da manhã seguinte. Se os holandeses estivessem preparados para aceitar seus termos, no dia seguinte teriam de baixar a bandeira do príncipe Guilherme de Orange e começar os preparativos para deixar Taiwan. Se, entretanto, os holandeses não quisessem cooperar, tinham de hastear a bandeira vermelha sobre o Forte Zeelandia e se preparar para a guerra.

Os emissários imploraram a Coxinga para chamá-lo à razão. Desejavam manter de alguma forma seu posto comercial em Forte Zeelandia, e poderiam até mesmo ser persuadidos a aceitar a soberania de Coxinga e pagar um aluguel pela terra.[297] Mas eles sabiam que Coyett nunca desistiria de reivindicar Taiwan para os holandeses — a ilha era um componente vital na rota comercial para o Japão. Com os corações pesarosos, voltaram

---

296. Idem, pp. 423-4. Ele usa o termo "navios de ferro" como licença poética — os navios holandeses logicamente eram feitos de madeira.
297. Coyett não menciona em sua narrativa, mas Yang, em *Veritable Record*, p. 250, relembra que os negociadores holandeses ofereceram pagar um aluguel de um milhão de *taels* (moeda chinesa) por ano, cobrar impostos de todos os navios nas docas e dar uma indenização para o exército de Coxinga de mais de cem mil *taels*.

para o Forte Zeelandia para passar o recado aos seus superiores. Antes de sair, receberam permissão para se comunicar com os habitantes do Forte Provintia, sitiado, que confirmaram ter pouca pólvora e água suficiente apenas para outros oito dias. Forte Provintia cairia mais cedo ou mais tarde.

De volta ao Forte Zeelandia, os holandeses ficaram estupefatos com o que lhes foi comunicado. O governador Coyett não se surpreendeu com as notícias, mas irritou-se com o comportamento de alguns de seus companheiros de Conselho. Algumas semanas antes, eles tinham ficado do lado de Jan van der Laan e criticado Coyett por gastar dinheiro para construir fortificações e juntar víveres para resistir a uma invasão inimiga que nunca aconteceria. Agora, com o inimigo acampado bem à sua porta, tinham ficado encurralados em um forte pequeno, em um banco de areia, a milhares de milhas de distância de casa. "E ali estavam eles, inocentes", escreveu Coyett com amargura "passando as mãos pelos cabelos".[298]

Os holandeses decidiram resistir e esperar um milagre. No dia seguinte, desdobraram a bandeira cor de sangue e a hastearam desafiadoramente acima das muralhas do Forte Zeelandia. Apesar do medo, alguns consideraram que o mero fato do desafiarem Coxinga simbolizava uma espécie de vitória moral. Para outros, era um gesto fútil. Assim que a bandeira vermelha foi hasteada sobre Zeelandia, os negociadores de Coxinga se plantaram às portas do pequeno forte de Provintia. Informaram a Jacob Valentyn, o comandante do Forte, que sua escolha era simples — podia render-se imediatamente e manter-se vivo, ou preparar-se para que todas as criaturas vivas dentro de suas muralhas fossem massacradas. Ele escolheu a opção mais segura, e entregou a fortaleza a Coxinga.

Enquanto os habitantes de Zeelandia olhavam impotentes para o outro lado da baía, Pronvintia passava para as mãos do inimigo e os holandeses que lá estavam tornaram-se prisioneiros de guerra. Coyett esperava que Coxinga se movesse imediatamente para o Forte Zeelandia e ficou observando a movimentação dos milhares de soldados chineses, aparentemente se preparando para a batalha. O governador planejava armar uma emboscada entre os bancos de areia, usando seus míseros 12 cavaleiros para atrair uma patrulha chinesa para um ataque. Seus mosqueteiros, no entanto, passaram o dia esperando pela oportunidade. Coyett não podia saber que os chineses não tinham a intenção de atacar aquele dia porque ainda precisavam de suprimentos. Embora Coxinga tenha oferecido um rico banquete aos emissários holandeses, esse era mais um caso de fanfarronice e decepção. O fato era que o exército chinês sofria com o problema do abastecimento — as provisões prometidas por Zheng Tai ainda tinham de chegar do continente. Assim, enquanto os holandeses aguardavam nervosamente por um ataque a Zeelandia, Coxinga estava preocupado com o norte da baía, encontrando-se com chefes tribais taiwaneses.

---

298. Coyett, *Neglected Formosa*, no *FUD*, p. 426.

Novamente blefou, ordenando que se preparasse um farto banquete com as minguadas provisões que tinha, para oferecer aos chefes tribais. Seu plano funcionou, e eles se aliaram a Coxinga — se por medo ou amizade, isso permanece até hoje como tópico de discussão. Coxinga foi recebido como um herói conquistador, usufruindo vários dias de apertos de mãos e homenagens enquanto mantinha contatos locais para conseguir provisões. Enquanto isso, seu assistente Yang Ying corria amigavelmente pelas vilas vizinhas esvaziando os depósitos de suprimentos dos holandeses, em busca de qualquer alimento que pudesse ter sido guardado para consumo da tropa. Encontrou ouro, ou melhor, grãos, em uma das vilas vizinhas, e assim aliviou o problema de provisões de Coxinga, embora temporariamente.[299]

No Forte, o governador Coyett enfrentava uma nova dor de cabeça. Zeelandia ficava bem entre o exército de Coxinga e o pequeno assentamento de mercadores holandeses no finalzinho do trecho de terra. Aqueles homens, mulheres e crianças agora queriam entrar no forte, temendo, com razão, que os chineses passassem reto por Zeelandia e fossem tomar a cidadezinha que ele supostamente protegia. Coyett manteve-os fora por um tempo, mas agora enfrentava uma multidão de cidadãos aterrorizados e mais excitados pelo vislumbre de uma fila de navios de guerra chineses ancorados longe do alcance dos canhões de Zeelandia.

Coyett não teria esse problema se tivesse podido fortificar a cidade como havia pedido. Relutantemente, recolheu os outros holandeses para dentro do forte, para comerem de suas já limitadas provisões. Para impedir que os chineses tivessem mais motivo para usar contra ele, mandou que seus homens ateassem fogo ao assentamento, mas os soldados de Coxinga a ocuparam rapidamente e apagaram as chamas.

Os dois lados se observavam inquietos na linha de batalha esperando pelo movimento seguinte.

Em 24 de maio, Coxinga escreveu outra carta. Percebendo que teria dificuldade para encontrar em Zeelandia alguém capaz de ler chinês, procurou, entre os moradores de Provintia, um tradutor. Decidiu que Valentyn serviria e mandou que ele traduzisse sua carta para o holandês, para entregá-la a um mensageiro adequado. Encontrou o candidato ideal na forma de Anthonius Hambroek, um velho missionário holandês que fizera de Taiwan seu lar desde 1648. Hambroek, sua esposa e duas filhas ainda estavam em Zeelandia. Coxinga acreditou que Hambroek poderia ser um ardente negociador a seu serviço, ansioso por ver sua família reunida por meios pacíficos.

A carta que Coxinga entregou a Hambroek foi rigorosamente clara quanto a seu estado de ânimo:

---

299. Yang, *Veritable Record*, p. 252.

Vocês, holandeses, pouco mais de cem pessoas, como podem querer guerrear contra nós, que somos tão poderosos? Certamente vocês estão fora de si e desprovidos de sua razão.[300]

Coxinga zombava dos holandeses pelo seu Cristianismo, lembrando-os de que seu Deus os encorajava a lutar pela vida em lugar da morte — possivelmente o resultado de uma conversa anterior com o reverendo Hambroek. Lembrou aos holandeses que Provintia havia oferecido aos chineses muitos reféns e sugeriu a rendição imediata. Sua carta demonstrou certo aborrecimento com a população de Zeelandia, que não se mostrava disposta a capitular como seus associados em Provintia e, petulantemente, ressaltou que, como resultado, ele não lhes concederia tempo para juntar seus pertences quando partissem.

Apesar disso, Coxinga oferecia aos holandeses propostas razoáveis. Forte Zeelandia estava confiscado, mas ele não via "culpa ou delito" na presença holandesa em Taiwan com propósitos comerciais. Queria apenas que a ilha fosse entregue aos chineses.

"Quando eu digo alguma coisa", escreveu "o mundo inteiro confia e sabe que eu manterei minha palavra. Não estou inclinado nem a mentir nem a enganar", disse.[301]

Mas o reverendo Hambroek não era a escolha ideal para mensageiro. Ele entregou a carta de Coxinga aos holandeses em Zeelandia e calmamente informou-lhes que era seu dever retornar com sua resposta para Coxinga. Se eles recusassem rendição, Hambroek suspeitava que ele, esposa filho e filha seriam mortos, bem como o resto dos reféns de Provintia.

Hambroek acrescentou que tinha a intenção de voltar e dizer a Coxinga que os holandeses nunca se curvariam diante de um tirano. Incentivou os estupefatos habitantes de Zeelandia a não desistir da esperança de um resgate e disse que o exército de Coxinga dava sinais de dissensões. O líder já perdera muitos dos seus melhores homens, navios estavam desertando e os habitantes de Formosa podiam ainda ser encorajados a um levante contra os chineses. Hamboek admitiu estar assinando sua própria sentença de morte ao voltar para Coxinga, mas avisou aos seus companheiros holandeses que Coxinga era um demônio sedento de sangue que planejava massacrar todos os holandeses assim que eles se rendessem. A carta de Coxinga, disse, era uma armadilha montada por "um gentio do qual não se pode esperar lealdade ou fé".[302]

---

300. Carta de Coxinga para Frederik Coyett, 24 de maio de 1661, em Keene, *Battles of Coxinga*, p. 57. O uso do termo 'cem' por Coxinga, é um mistério. Embora ele não subestimasse seus inimigos no passado, a carta pode também sugerir que ele tenha menosprezado o tamanho da guarnição remanescente no Forte Zeelandia. Valentyn estava mandando mensagens codificadas da tradução para Coyett, ou seria a mesmo hipérbole inata que fez Coxinga ridicularizar os navios de 'ferro' holandeses?
301. *Idem*, p. 58.
302. Beuclair, *Neglected Formosa*, p. 91.

Coyett e outros holandeses exigiram que Hambroek ficasse no forte. Se ele realmente acreditava que todos os reféns morreriam, não havia sentido em se sacrificar também. Mas Hambroek insistiu, dizendo que havia uma pequena chance de o seu retorno salvar as vidas de sua esposa, filho e filha, os quais, de outro modo, seriam torturados até a morte, caso ficasse.

O mensageiro só hesitou uma vez, quando teve de dizer adeus às suas duas outras filhas, que estavam agora certas de que o pai caminhava para a morte. Elas imploraram, chorando, que ficasse, mas ele se manteve firme. Uma desmaiou, mas a outra pendurou-se no pescoço dele e se recusou a largá-lo. Desembaraçando-se antes que sua decisão esmorecesse, Hambroek disse algumas palavras finais aos chorosos holandeses:

> *Homens, estou caminhando agora para minha morte certa, na esperança de estar prestando um serviço a vocês e aos meus camaradas capturados (....) Que o Senhor os proteja. Não tenho dúvida de que Ele lhes trará a solução que desejam, mantenham-se corajosos e pacientemente suportem as dificuldades da guerra.*[303]

Os holandeses ficaram olhando o religioso caminhar calmamente para fora do forte, de volta aos chineses que o esperavam no povoado. Lá longe, viram Hamboek se curvar diante de alguém e então sua figura foi obscurecida por uma bandeira que se agitava. Nunca mais o viram.

Fiel à sua palavra, Hambroek voltou a Coxinga e lhe disse que os holandeses nunca se renderiam. O irado Coxinga ordenou que ele fosse morto e todos os outros homens sob sua custódia. Os holandeses cativos foram divididos em grupos de 30 ou 40 e espalhados entre os vilarejos afastados. Ali foram arrastados para fora, mortos e jogados em covas coletivas. Valentyn, sua esposa e filhos, e várias crianças européias foram levados para a China, como reféns. As mulheres foram divididas entre os comandados de Coxinga, como escravas. Coxinga escolheu até uma das garotas holandesas para ser sua concubina — "uma doce e delicada jovem, que era uma das filhas de Hambroek".[304]

---

303. *Idem*, p .92.
304. Do diário de Jacob Caeuw, de 21 de outubro de 1661, citado no *FUD*, p. 326. Dos holandeses enviados como reféns para a China, 11 sobreviveram e retornaram para a Batavia com a ajuda dos manchus em 1684. Ver também Boxer, *Dutch Merchants and Mariners in Ásia*, IV, p. 183, e Vixesboxe, 'A XVII th Century Record', Campbell, *FUD*, p.85, diz que foram 17 os sobreviventes da penosa experiência de vinte e dois anos, dez dos quais crianças na época do seqüestro, dentre elas algumas que provavelmente nasceram em cativeiro. A discrepância é em razão de que duas mães eram nativas taiwanesas que preferiram não voltar para um lugar que nunca tinham visto. Permaneceram em Sakkam com seus filhos meio holandeses. Ver também *FUD*, p. 85, que registra a afirmação feita em 1663 por Jing, filho de Coxinga, de ter aprisionado holandeses 'homens, mulheres e crianças que chegaram próximos a cem refens', em Sakkam.

Na manhã do dia 26 de maio, Frederik Coyett foi despertado por algo que, em um primeiro momento, achou ser um trovão. Mas era, na verdade, uma descarga da artilharia chinesa. Os homens de Coxinga tinham colocado uma série de canhões em volta da área recém-conquistada da fortaleza e bombardeavam sem cessar as muralhas do Forte Zeelandia. Coyett ficou à espreita, cautelosamente, nas muralhas e percebeu que nenhum dos canhões chineses tinha cobertura. Seus operadores, carregadores e atiradores estavam totalmente expostos, com centenas de espectadores aplaudindo o ataque.

Enquanto o bombardeio prosseguia, Coyett gritou para seus homens, pedindo que trouxessem todas as armas que tivessem e que as carregassem fora da vista dos inimigos. Com tantos alvos fáceis a descoberto os holandeses nem se importavam de usar muitas balas de canhão, e rechearam sua artilharia com grande quantidade de pequenas balas de mosquete e farpas de ferro.

Os canhões chineses continuavam a bombardear as muralhas do Forte Zeelandia enquanto os holandeses, cuidadosamente, empurravam seus canhões até elas. Coyett ordenou que cada um deles fosse colocado de forma a assegurar um ângulo de tiro que cobrisse cada pedaço de terreno lá de fora.

Então, em dado momento, Coyett deu a ordem para que todos os seus canhões abrissem fogo ao mesmo tempo. Os canhões escondidos foram levados até sua posição ideal e descarregados em um poderoso rugido. Os canhões chineses imediatamente silenciaram. A gigantesca saraivada de tiros holandesa matou centenas de inimigos em poucos segundos e feriu muitos mais. Os atacantes fugiram buscando cobertura nas ruas e vielas da antiga comunidade holandesa, abandonando pedaços de sua artilharia semi-carregada para o próximo tiroteio, cercados pela morte e pelos mortos.[305]

Os holandeses se cumprimentaram pelo trabalho bem-feito e, rindo, disseram que o capitão Perdel afinal não estava completamente errado ao ridicularizar a experiência chinesa em uma guerra de verdade. Mas então, para absoluto espanto de Coyett, um grupo de canhoneiros chineses voltou correndo na direção dos armamentos abandonados e começou a carregá-los novamente. "Seu comandante, que parecia muito obstinado", escreveu o incrédulo Coyett, "prometeu a Coxinga, segundo disseram, sob pena de entregar sua cabeça, que explodiria a fortaleza no primeiro ataque". Por tal descrição, Coyett poderia estar testemunhando um ataque liderado pelo arrojado Zhou Quanbin.

Os novos canhoneiros recomeçaram o bombardeio, forçando Coyett a ordenar a seus homens que recarregassem seus canhões e respondessem.

---

305. Coyett, *Neglected Formosa*, em *FUD* p .429. Coyett estimou o número de mortes baseado nos relatos feitos por um chinês capturado.

Eles dispararam sem cessar, o que reduziu os canhoneiros inimigos a apenas quatro figuras. Somente então, presumivelmente porque não tinham mais canhoneiros na vizinhança, o ataque chinês cessou. Os soldados se esconderam no antigo assentamento, permitindo que os holandeses virassem seus canhões para o destacamento de infantaria de milhares de componentes, que estava a caminho através do banco de areia na esperança de tomar de assalto as muralhas e escalá-las. Sem lacunas disponíveis, em razão dos canhões silenciados, os soldados estavam expostos e vulneráveis, e Coyett escreveu, em seu diário, que seus homens lhes deram uma "bela acolhida", com os canhões.

O ataque derrotou o inimigo e os holandeses viram nisso a chance de consolidar sua posição. Os canhões chineses agora estavam expostos e sem defensores, vários tinham sido destruídos pelo ataque da artilharia inimiga, mas os que sobraram ainda operavam.

Antes que os chineses pudessem voltar, um grupo de soldados holandeses correu para fora do Forte Zeelandia na direção das peças de artilharia ali deixadas. Subiram a elas e pregaram cravos de ferro dentro dos tambores, para impedir que fossem usados. Os chineses perceberam o que eles estavam fazendo e tentaram impedir, o que resultou em uma troca de tiros e flechas, com os mosqueteiros holandeses acertando arqueiros inimigos para que os sabotadores fizessem seu trabalho. O grupo holandês também rasgou 32 estandartes chineses que foram levantados na área de tiro e roubaram vários animais de carga. Na hora de correr de volta do campo aberto para a fortaleza, com seus troféus, não resistiram e pararam para acertar um par de soldados chineses desgarrados. Insultaram seus inimigos e atiraram em outros arqueiros que estavam escondidos, até que Coyett, impaciente, tocou o sino do Forte Zeelandia para lembrá-los de que sua missão tinha terminado e que deviam retornar à fortaleza.

Lá dentro, fizeram um balanço da situação. Tinham neutralizado, com sucesso, a ameaça da artilharia chinesa e perdido apenas dois ou três homens na perigosa operação de sabotagem. Os soldados foram cumprimentados não só pela vitória, mas também por terem voltado com algumas bandeiras e jumentos tomados do exército de Coxinga. Disseram a Coyett que os chineses eram covardes e que, se um grupo pequeno de mosqueteiros tinha feito tal estrago em um único ataque, deviam considerar seriamente a possibilidade de resistir a mais outros.

Coyett, entretanto, não queria arriscar. Não considerava os chineses covardes — a morte do capitão Pedel mostrara exatamente o quanto eles eram bons contra mosqueteiros europeus. Esses adversários não eram camponeses como aqueles que participaram do levante de 1652. Eram soldados treinados em anos de batalhas no continente. E, francamente, mesmo que os holandeses continuassem a achar que os chineses eram presa fácil, o exército de Coxinga tinha a Guarda Negra e os Homens de Ferro. Está certo que o ataque de canhão fora mal aplicado (presumivelmente por Zhou Quanbin), mas quando a artilharia chinesa se retirou, ela o fez em formação ordenada. Os soldados não correram gritando com medo do bombardeio holandês; na verdade, retiraram-se tão disciplinadamente que logo voltaram para recomeçar a atacar, apesar do óbvio perigo representado pelos canhões do Forte Zeelandia. Os chineses eram uma força a ser respeitada, e Coyett não queria arriscar mais seus homens, principalmente porque, ao colocar mosqueteiros em campo, reduzia o número de soldados disponíveis para vigiar as muralhas.[306]

O respeito era mútuo. Coxinga ficou igualmente impressionado com o heroísmo holandês e ordenou uma mudança de planos. Registros chineses tentaram amenizar o incidente. O assistente de Coxinga, Yang Ying, não menciona a desastrosa perda de vidas, simplesmente escreve que Coxinga decidiu apostar em um jogo de espera. Forte Zeelandia ficava isolado em uma nesga de terra, bloqueado pelas tropas chinesas, e tinha pouca esperança de ser abastecido ou resgatado. Com uma ponta de ironia, Yang comentou ser mais fácil deixar os holandeses famintos do que arriscar qualquer vida humana em um ataque perigoso.[307]

A espera começou, e dois meses se passaram sem nenhum incidente. Dentro das muralhas do Forte Zeelandia, a comunidade holandesa tentava esticar ao máximo suas provisões e rezava para que a água não acabasse. Fora, na baía Tai, Coxinga era festejado pelos chineses locais, enquanto seus homens firmavam suas posições e esperavam pelo hasteamento da bandeira holandesa de rendição.

Embora Coyett não soubesse, seus inimigos também tinham seus problemas. Coxinga mandou que duas divisões do continente se juntassem à força em Taiwan, mas encontrou resistência nos seus generais, que não queriam fazer a viagem até lá. Em vez disso, como testemunhas dos efeitos das proibições costeiras, que apenas agora estavam surtindo efeito, eles se retardaram o mais que puderam e acabaram por desertar para o lado manchu.[308] Com o passar do tempo, começou a faltar comida de novo para o exército de Coxinga. De volta ao continente, atrapalhado com a evacuação no litoral, Zheng Tai negligenciou suas responsabilidades e não enviou os navios com carregamento de arroz.

Os homens de Coxinga foram forçados a requisitar mais suprimentos dos nativos, e muitos foram enviados para o interior em "campanhas" para

---

306. Coyett, *Neglected Formosa*, no *FUD*, pp. 431-2. O Conselho na Batavia depois acusou Coyett de negligência dos seus deveres por não ordenar a tomada do Forte Zeelandia. Fazendo referência ao generalato ele registrou, com ironia, que 'os melhores navegadores algumas vezes são encontrados em terra firme'.
307. Yang, *Veritable Record*, p. 253.
308. *Idem*, p. 254.

assegurar apoio local e drenar os recursos locais. A falta de suprimentos adequados, combinada com o rigor do verão taiwanês, fez com que muitos soldados de Coxinga adoecessem. As notícias de tais aflições chegaram às tropas do clã Zheng estacionadas no continente e apenas reforçaram sua decisão de evitar Taiwan a todo custo.

Mas Coxinga escondeu essas notícias de seus inimigos. Fez o contrário; escreveu-lhes uma série de cartas, advertindo-os de que sua resistência era em vão, e que os holandeses não tinham condições de passar o verão à espera de uma armada que os libertasse. Coyett se recusou a negociar com Coxinga e continuou a esperar por um milagre.

Em 30 de julho de 1661, após três meses de cerco, os holandeses olharam pelas muralhas do Forte Zeelandia e viram alguma coisa inesperada a oeste. Eram velas na linha do horizonte. Velas de navios holandeses, que estavam vindo na direção de Taiwan.

CAPÍTULO 11

A Cidade de Tijolos

Lá longe, na Batavia, o Conselho da Companhia Holandesa das Índias Ocidentais finalmente tomou uma decisão. Após meses de reclamações e relatórios sobre a suposta paranóia de Coyett, o Conselho decidiu aliviá-lo de seu cargo.

Os navios da frota holandesa que chegaram à costa de Taiwan não vinham para trazer ajuda ou mensageiros anunciando novos reforços. Eram o *Hoogelande* e o *Loenen*, embarcações sob o comando de Herman Clenk, contador nomeado como o novo governador de Taiwan. Clenk foi escolhido pelo seu especial senso de realismo — ao contrário do desonrado Coyett. Era improvável que ele acreditasse nas histórias fantasiosas sobre invasões chinesas e prisões de cidadãos locais. Esperava-se que Clenk conseguisse controlar o Forte Zeelandia e retomar o destino comercial da ilha.

Clenk trazia em mãos uma carta para o atual governador, na qual o Conselho oficializava sua demissão. As razões apontadas incluíam sua recusa em cooperar com o planejado ataque a Macau e sua disposição de acreditar em um iminente ataque chinês. Um de seus parágrafos dizia:

> *Certamente se Coxinga alimentasse qualquer intenção de vir, teria feito isso há muito tempo (...) A declaração de que Coxinga, sabendo dos grandes preparativos de Sua Excelência para resistir a ele, adiou seu pretenso ataque para uma ocasião melhor é inteiramente inaceitável, como demonstrado posteriormente. Ele nunca apareceu em nossas praias com más intenções, embora tivesse boas oportunidades de fazê-lo, e nós nunca conseguiremos assegurar nossa possessão pacificamente se nos mantivermos em alerta contínuo contra essas ameaças frívolas.*[309]

---

309. Coyett, *Neglected Formosa*, por *FUD*, p. 436.

Clenk planejava chegar a Taiwan e mergulhar nos negócios comerciais com os chineses. Não esperava encontrar resistência, exceto, talvez, algumas palavras mais ásperas do governador demissionário. Foi, portanto, com surpresa, que encontrou o Forte Provintia cercado pelas barracas de milhares de soldados invasores e a baía lotada de navios de guerra. A bandeira cor de sangue desfraldada sobre o Forte Zeelandia também foi uma cena inesperada.

Paralisado pela situação, Clenk não quis descer do navio mas, tolamente, mandou que um grupo de seus tripulantes desembarcasse para entregar a carta a Coyett. Seus reclamos de que Coyett era um imbecil, que os chineses nunca atacariam e que Taiwan estava totalmente a salvo de uma invasão "causaram grande insatisfação entre seus oficiais, soldados e civis".[310] A presunção de Clenk e os enganos da Batavia não eram os maiores problemas para os holandeses. A chegada de um único par de navios, ornados com bandeiras enfunadas para celebrar o compromisso de Clenk e a demissão de Coyett, foi um sinal claro, para os chineses, de que outros reforços não viriam.

Embora, em tese, a fase difícil que Coyett enfrentava estivesse para terminar, ele aproveitou a oportunidade para esfregar seus problemas no nariz de seus chefes. Insistiu para que Clenk desembarcasse e assumisse o escritório, mas o novo governador de Taiwan tinha desenvolvido um forte desejo de permanecer a bordo. Quando uma tempestade caiu, poucos dias depois, Clenk viu ali a chance esperada e anunciou que zarparia em busca de um ancoradouro mais seguro, possivelmente no Japão.

Em vez de ir para Taiwan, lançou-se ao mar e despejou suas frustrações e dificuldades sobre o navio chinês que passava. Ao ver a embarcação mercantil a distância, Clenk, de repente, recuperou a coragem e ordenou a seus homens que assaltassem o navio. Como eram superiores em força e número, os holandeses rapidamente dominaram a tripulação e sua carga, para extrema irritação de seu capitão, que brandiu um documento expedido pelo Conselho da Batavia, mostrando que tinha autorização para negociar. Ao perceber que tinha acabado de cometer um ato de pirataria contra um de seus próprios navios, Clenk tentou acobertar o erro rasgando o documento, pondo a pique o navio capturado e abandonando sua tripulação em uma ilha deserta[311]. Com muito pouco do que se orgulhar, Clenk resolveu voltar para casa e tentou pensar na melhor maneira de explicar a situação para o Conselho.

---

310. *Idem*, p. 440.
311. Clenk foi para o Japão onde esqueceu de todas as suas recusas para aceitar o novo posto e afirmou ser o novo governador de Taiwan. A tripulação do barco atacado por ele foi resgatada por um navio chinês que estava passando, e retornou a Batavia, onde apresentou uma queixa oficial contra Clenk. Na época, no entanto, ele já estava pronto para voltar para a Holanda. Ver Boxer, *The Siege of Fort Zeelandia and the Capture of Formosa from the Dutch 1661-1662*, p .37, e Coyett, *Neglected Formosa*, p. 441.

O Conselho, entretanto, já sabia da invasão de Coxinga. Logo depois que Clenk saiu para Taiwan, um pequeno e bombardeado navio holandês ancorou na Batavia após navegar por milhares de milhas tempestuosas. Depois da destruição do *Hector* na baía Tai, o navio de um só mastro, *Maria*, fugiu para nunca mais voltar a Taiwan. Seu capitão, Cornelis Claes Bennis,[312] preferiu, em vez disso, navegar contra os ventos, em mar aberto, pelas Filipinas. Sua heróica viagem de 53 dias o levou até a Batavia onde falou aos conselheiros de rostos afogueados sobre a extensão de seus erros.

O Conselho agiu imediatamente, não para salvar Coyett, mas para esconder a sua própria incompetência. Despachou um iate para encontrar Clenk e recuperar a carta que ele levava antes que todos fizessem papel de bobos quando ela caísse mas mãos de Coyett. A embarcação não foi bem-sucedida na sua missão e voltou de mãos vazias para a Batavia poucos dias depois.

Como resultado, o Conselho, a contragosto, concordou em ajudar os seus cidadãos ameaçados pela invasão chinesa. Ninguém verbalizou o que todos pensavam — que a chegada de Clenk a Taiwan faria os holandeses perder a esperança de conseguir reforços e se render antes que uma frota de resgate pudesse chegar para buscá-los. Três navios foram carregados com suprimentos, pólvora e 700 soldados além da tripulação normal. O Conselho, entretanto, teve muita dificuldade para encontrar alguém preparado para liderar a expedição. Os comerciantes e os membros do Conselho que se mostraram tão dispostos a ridicularizar Coyett relutavam agora em ir ajudá-lo. Todos concordaram que 700 soldados eram suficientes para derrotar uma tropa de covardes chineses, mas apesar de tal confiança, nenhum voluntário foi encontrado.

O melhor que o Conselho conseguiu fazer foi indicar Jacob Caeuw, advogado sem experiência militar, descrito por Coyett como "uma pessoa tão problemática para se expressar que era quase necessário solicitar um intérprete para entender suas palavras" — todas anasaladas.[313] Caeuw foi enviado a Taiwan com um documento do Conselho, escrito em tom conciliador, para anunciar que Coyett estava autorizado a manter-se em seu posto no momento, "já que seria inoportuno agora alterar a política governamental".[314]

A frota de Caeuw chegou logo após a de Clenk abandonar os holandeses em Forte Zeelandia à sua própria sorte. A visão de seus navios aproximando-se aliviou os holandeses sitiados e lhes trouxe um novo ânimo para resistir.

---

312. Apesar dos atos heróicos de Bennis, ele não é citado por Coyett. Isso pode ter a ver com a companhia que ele escolheu, já que, ao que tudo indica, foi amigo de Hans Jurgen Radis. Radis estava a bordo do navio *Maria* durante a viagem épica, e voltou para Taiwan como um dos soldados da frota de auxílio de Clenk. Ver Keene, *Battles of Coxinga*, p. 172.
313. Coyett, *Neglected Formosa*, por *FUD*, p. 439.
314. Carta do Conselho da Batavia para Frederik Coyett, 5 de julho de 1661, citada em *Neglected Formosa*, como prova autêntica de número 27, *FUD*, p. 485.

Caeuw, entretanto, não conseguiu aproximar-se da baía Tai. O tempo ainda estava instável e embora isso mantivesse os barcos chineses amontoados na baía, as águas revoltas também impediram que Caeuw navegasse pelo canal ao lado do Forte Zeelandia, para descarregar sua carga e seus homens. Não havia sinais de melhora no dia seguinte, mas Caeuw arriscou atracar assim mesmo. Embora com seus navios balançando perigosamente no encapelado canal de Forte Provintia, ele conseguiu desembarcar 2.200 libras de pólvora e grande número de soldados. Mas foi obrigado a voltar para águas mais profundas quando o tempo mudou repentinamente para pior.[315]

A chegada dos navios de Caeuw causou inquietação em Coxinga. Nem ele nem seus generais conseguiam entender como os holandeses na Batavia tomaram conhecimento tão rápido de sua invasão. Mesmo os marinheiros experientes do clã Zheng não podiam crer que o *Maria* pudesse ter feito todo o trajeto até Batavia navegando contra o vento. Os dez navios carregando (segundo os chineses erradamente estimaram) talvez dois mil reforços poderiam não ser uma frota de resgate, apenas um desembarque há muito planejado pelos holandeses. Se esse fosse o caso, os chineses temiam a vinda de mais reforços assim que a notícia sobre a invasão chegasse até o Conselho.

Coxinga despachou 40 navios para a baía, para barrar a frota de Caeuw, enquanto um batalhão de 150 soldados foi mandado para o Forte Zeelandia na tentativa de sabotar o desembarque. Eles voltaram contando que sua empreitada teve êxito parcial, embora o crédito fosse do mau tempo, que empurrou Caeuw de volta, e não dos chineses.

Nem todos os atacantes chineses voltaram. Alguns aproveitaram a oportunidade para se entregar aos holandeses, temerosos de que a chegada de Caeuw fosse o começo do fim para Coxinga. Os desertores contaram aos holandeses que Coxinga continuava preocupado com o abastecimento e que as tropas chinesas estavam ficando cada vez mais inquietas.[316] A essas alturas, Coxinga já desistira de esperar que Zhang Tai cumprisse sua obrigação e mandou alguns navios diretamente para o Japão para comprar provisões de emergência.[317] O fato de não ter enviado seus navios diretamente pelo Estreito de Taiwan indicou seu temor de que uma segunda armada holandesa estivesse em algum ponto entre ele e o continente, pronta para pilhar seus navios de suprimentos.

---

315. Coyett, *Neglected Formosa*, por *FUD*, p. 442. Como parte da campanha de bode expiatório montada para Coyett, ele foi acusado de mandar Caeuw para ficar longe do mar. Seus inimigos foram além, dizendo que a tempestade era a fúria de Deus contra Coyett.
316. Coyett, *Neglected Formosa*, por *FUD*, p. 443.
317. Foccardi, *The Last Warrior*, p. 90.

A situação, na verdade, era bem pior que isso. Divisões rivais pertencentes ao exército de Coxinga foram forçadas a competir entre si por causa de provisões, criando um alvoroçado confronto que envolveu várias tribos de aborígenes locais antagônicas. Coxinga teve de mandar uma de suas unidades de elite para apartar uma briga na distante vila de Datu. Os soldados da retaguarda e seus auxiliares juntaram forças com a população das tribos descontentes e declararam guerra aberta aos da vanguarda esquerda, por acharem que eles estavam recebendo melhores provisões e reforços. O general de Coxinga, Yang Zu, líder da divisão das Tropas Maravilhosas, enviado para interceder, foi ferido mortalmente na luta.[318]

A vila de Datu não era o único lugar agitado. Um soldado holandês, Hendrick Robbertz, escapou de seus captores em Forte Provintia e conseguiu chegar, nadando, até o Forte Zeelandia. Contou que dois holandeses tinham sido recentemente executados em frente à residência de Provintia por terem supostamente incitado nativos das tribos locais a se revoltarem contra os chineses. Os holandeses, um professor e um intérprete, nunca deixaram de alegar inocência, mas foram crucificados pelas mãos, panturrilhas e torsos. Levaram vários dias para morrer, durante os quais foram vigiados por soldados holandeses — presumivelmente porque o rendido Valentyn foi forçado a cedê-los para atender aos chineses.[319]

Apesar da crescente insatisfação com a situação em Taiwan, Coxinga recebeu uma notícia que serviu para apaziguar os temores de alguns de seus homens. Enquanto a frota de Caeuw permanecia ao largo por várias semanas, uma de suas embarcações menores, de suporte, extraviou-se e foi parar perto de Taiwan. O *Urk* naufragou na costa ao norte da baía Tai e sua tripulação foi capturada pelos homens de Coxinga. Interrogados sob tortura, os prisioneiros revelaram ser o contingente total dos reforços holandeses e que Coxinga não precisaria esperar nenhuma chegada de soldados holandeses nos próximos meses. Ele tinha até o final do inverno para derrotar Coyett e os holandeses sitiados e sua tropa, descontente, teria de sobreviver todo esse tempo com suas minguadas rações e raspas de cascas de árvore. Colocou então um aviso na parte de fora de sua barraca informando as tropas de que tinha um outro inimigo. O aviso dizia: "O primeiro a ser punido será o Ministro das Finanças".[320] Quando Coxinga voltasse para casa, *se* voltasse, faria o pouco confiável Zheng Tai pagar caro.

O tempo tempestuoso finalmente melhorou na segunda semana de setembro, e a frota de Caeuw conseguiu entrar na baía Tai para descarregar o resto das provisões. Repetindo os erros feitos anteriormente pelos holandeses em seu trato com os chineses, os recém-chegados recusaram-se a acreditar

---

318. Yang, *Varitable Record*, p. 257.
319. Beuclair, *Neglected Formosa*, p. 90.
320. Yang, *Veritable Record*, p. 257.

que Coxinga representasse tanto perigo. Coyett protestou, explicando que Coxinga não era um inimigo comum, mas perdeu na votação do Conselho de guerra que teve a participação dos impacientes homens de Caeuw. Ficou decidido nessa reunião montar uma contra-ofensiva ao antigo vilarejo holandês ao lado de Zeelandia, na esperança de reconquistar o controle do promontório e forçar os chineses a saírem das proximidades do forte. Os holandeses decidiram por um plano astuto, cheio de subterfúgios, que não era mais do que uma cópia em carbono do ataque de Cornelis Reijersen a Macau, em 1622.

Decidiram enviar os navios *Koukerken* e *Anckeveen* para navegar em torno do promontório e bombardear os canhões dos chineses. Enquanto eles estivessem ocupados com isso, tropas holandesas sairiam do Forte Zeelandia e surpreenderiam os chineses na área do vilarejo. Uma força seguinte, composta de três grandes navios e quinze barcos pequenos, lançaria-se contra as dezenas de navios que Coxinga mantinha perto de Zeelandia. Se conseguissem capturá-los, teriam a opção de seguir em frente e atacar um segundo esquadrão.[321]

Em 16 de setembro, Coyett viu as tropas saírem das muralhas do Forte Zeelandia. Os recém-chegados não tinham, lógico, nenhuma experiência em lidar com a sorte sobrenatural de Coxinga e deram pouca importância às advertências de alguns de seus conterrâneos de que o tempo lutava ao lado de Coxinga.

Poucos instantes depois de os barcos levados do Forte Zeelandia serem colocados na água, o vento parou. Levando em conta o vendaval e as desagradáveis condições atmosféricas do último mês, os holandeses pacientemente esperaram que o vento voltasse a soprar de novo. E ele o fez, mas agora na direção contrária, para longe dos navios chineses. Os navios holandeses, grandes, não conseguiram navegar na direção da esquadra de Coxinga, o que tirou qualquer chance de a artilharia cobrir a ação dos barcos pequenos. Qualquer comandante sensível (tal como Coyett, que teve a percepção do desastre) teria trazido os barcos de volta e esperado por uma oportunidade mais favorável.

Mas o capitão do *Cortenhoef*, em vez disso, disposto a provar para Coyett que era fácil vencer os chineses, ordenou que os barcos menores se aproximassem dos de Coxinga, sem a cobertura dos navios maiores. Coyett registrou a luta para a posteridade em suas memórias:

> *Basta dizer que os chefes foram tão imprudentes a ponto de remarem na direção do inimigo com todos os pequenos barcos*

---

321. Coyett, *Neglected Formosa*, por FUD, p.487. (Prova autêntica número 29). Os registros de Coyett deixam claro que o ataque foi liderado por um tal de Ruth Tawherron Buys. Skipper Isbrant Bomur era o segundo em comando dos Buy, e provavelmente o instigador do desastroso ataque feito sem suporte.

disponíveis lotados de guerreiros e se envolver em uma batalha praticamente sem chances, por cerca de uma hora; com os chineses bem cobertos, enquanto nossos homens ficaram expostos em todos os flancos. Por fim, três de nossos barcos foram capturados, e os que restaram tentaram voltar para seus navios na maior confusão. Mas isso também não funcionou porque dois deles ficaram presos pela maré que se seguiu à grande calmaria, outro explodiu em pedaços, atingido pelo pesado tiroteio inimigo, e o outro foi incendiado por um dos barcos chineses.[322]

Os holandeses perderam 128 homens na luta, contra 150 chineses — um desprezível preço para Coxinga, mas desastroso para seus inimigos. Caeuw ordenou, irado, uma sindicância para apurar os erros da operação fracassada, mas teve de desistir da idéia porque o capitão do *Cortenhoef* morreu em outra escaramuça. Os sobreviventes culparam vários oficiais pela decisão de prosseguir com o ataque, mas todos os acusados agora estavam mortos.

Salientando que a guarnição de Zeelandia estava "minguando diariamente", Coyett finalmente persuadiu o Conselho de guerra a fazer melhor uso dos recursos, principalmente no que dizia respeito aos navios de guerra que ainda tinham à disposição. Eles foram mandados para o norte da ilha, onde uns poucos soldados holandeses saudáveis ocupavam um velho forte que haviam tomado dos espanhóis alguns anos antes. Foram instruídos a trazer esses soldados de volta a Zeelandia, bem como provisões frescas.[323]

Os holandeses finalmente começaram a fazer o que Coxinga temia havia várias semanas: mandar dois navios patrulharem as águas entre Taiwan e Pescadores, com instruções de armar ciladas para quaisquer navios chineses que encontrassem.

Agora os que sitiavam estavam sitiados. A malária dizimou as tropas em ambos os lados, mas os chineses também tinham pouca comida. Em 3 de outubro, Coyett mandou mais dois navios de guerra com a missão, simples, de navegar além da zona de controle dos chineses e pilhar comida fresca e talvez madeira. Yang Ying, o oficial de provisões de Coxinga, mantinha meticuloso registro do que ainda estava disponível — em outubro, seu diário mostrou uma contabilidade contínua de homens famintos e medidas emergenciais. Ele encontrou grãos suficientes para manter uma companhia por poucos dias e empreendeu viagens a acampamentos distantes para

---

322. Coyett, *Neglected Formosa*, por FUD, p.444. A mesma batalha é descrita por um observador estarrecido em Yang, *Veritable Record*, p.257.
323. Na verdade, o *Gravenlande* e o *Vink* já haviam alcançado os fortes localizados ao norte e os ocupantes foram evacuados para o Japão.

repartir minguadas rações com homens que imploravam por comida. Em sua barraca, Coxinga fervia de indignação com a falha dos seus generais do continente em mantê-lo abastecido e olhava, enfurecido, os holandeses desembarcarem as provisões dos seus navios de guerra que retornavam de viagem.

"Bem nessa hora", escreveu Coyett, " nosso povo foi informado por vários desertores que os negócios de Coxinga em Formosa estavam indo tão mal quanto os que ele tinha na China; que durante esse cerco ele perdera mais de 8 mil dos seus soldados mais aptos; que seus juncos e navios se rendiam assim que encontravam uma oportunidade adequada; que a lealdade de seus soldados e de outros chineses em Formosa havia diminuído.[324] Coyett foi econômico com a verdade sobre os meios pelos quais recebeu essas informações. O relatório de Caeuw diz que dois escravos foragidos chegaram ao Forte Zeelandia vindos do vilarejo ocupado.[325] Passaram grande quantidade de valiosas informações secretas sobre o que ocorria fora do forte e confirmaram os piores temores dos seus ocupantes sobre a sorte de seus companheiros europeus. Caeuw também registra que os holandeses suspeitaram de que os escravos foram enviados para espioná-los e os torturaram só para terem certeza disso.

Os dois infelizes "garotos negros" não foram as únicas vítimas da paranóia holandesa. Em novembro, um cirurgião holandês dissecou vivo um prisioneiro chinês diante de uma multidão de espectadores em Zeelandia — o desejo de vingança estava aflorando, mesmo entre os puritanos holandeses.[326]

Somada aos problemas de comida, doença e ânimo de sua gente, Coyett enfrentava crescente oposição de alguns dos mercenários no Forte Zeelandia. As tropas "holandesas" no Oriente não se limitavam aos seus compatriotas, mas incluíam soldados de outros países europeus.[327] Aqueles cujo tempo de serviço tinha sido ampliado compulsoriamente sentiam-se cada vez mais aborrecidos por ficar retidos, como prisioneiros, pela Companhia das Índias Ocidentais, que os forçava a lutar contra um exército de chineses e tinha pouco a lhes pagar, além de um "muito obrigado". Um mercenário francês, Abraham Dupuis, indignado, pediu permissão a Coyett para partir, e Coyett explodiu. Gritou para Dupuis que esse tempo chegaria quando "a fortaleza zarpasse para o mar".[328]

---

324. Coyett, *Neglected Formosa*, por *FUD*, p. 445.
325. Caeuw, diário de 21 de outubro de 1661, *FUD*, p. 327.
326. Wills, *Pepper, Guns and Parleys*, p. 34.
327. O dramaturgo Chikamatsu sugere que havia europeus nas forças chinesas — a lista dos adeptos de Coxinga incluem referências ao que parecem ser um espanhol e um inglês. Isso, no entanto, é muito improvável. Ver Keene, *Battles of Coxinga*, p. 127.
328. Keene, *Battles of Coxinga*, p. 60. A principal fonte para Keene nesta história é uma narrativa de 1679 feita por um outro francês, *Travernier´s Recueil de Plusieurs Relations et Traitez*.

Uma nova esperança chegou de fonte inesperada, quando Coyett recebeu uma oferta para se aliar ao governador da província de Fujian, Li Shuaitai. Os navios holandeses que ele enviara para o norte de Taiwan perderam-se do curso em meio a uma tempestade e acabaram chegando ao litoral de Yung-ning, perto de Amoy. Para sua surpresa, a tripulação teve calorosa acolhida e seus representantes foram levados a Fuzhou, onde lhe entregaram cartas para Coyett assinadas pelo governador e seu superior, o príncipe Geng Zhimao. Qualquer um que se recorde dos epistolares enganos de Nicholas Iquan poderia suspeitar, com alguma razão, das boas intenções dessa proposta — com a plena autorização de seus superiores manchus, Li oferecia ajuda aos holandeses. Até os convidou a irem até Amoy e atacarem os navios da família Zheng na área.[329] A disposição dos manchus de cooperar com os holandeses era bem conhecida da família Zheng, e ela fez o possível para bloquear o litoral de forma a não permitir que a notícia chegasse a Taiwan. Coxinga e seu filho tentaram desesperadamente impedir que as cartas chegassem a Coyett, enviando navios para patrulhar o Estreito de Taiwan. Mas de alguma forma a correspondência conseguiu passar — Coyett ficou exultante e correu mostrar a carta ao Conselho de guerra.

A proposta de Li Shuaitai era um pouco confusa — embora se oferecesse para cooperar com os holandeses na luta contra Coxinga, seu principal interesse parecia ser conseguir que os holandeses mandassem alguns navios para o continente para lutar contra os homens de Coxinga ali. Os holandeses achavam que isso poderia até funcionar em seu benefício. Se a armada holandesa zarpasse para longe do Forte Zeelandia sitiado, e oferecesse suporte naval a um exército manchu, atacando o filho de Coxinga no continente, este poderia mandar evacuar pelo menos parte de suas tropas de Taiwan para ajudar na defesa. Se o ataque fosse bem-sucedido, Coxinga teria suas linhas de abastecimento totalmente cortadas. Se não o fosse, ainda assim aliviaria o Forte Zeelandia de alguma pressão, mesmo que por um tempo.

A idéia pareceu boa para o Conselho de guerra holandês e começaram a fazer novos planos. Vislumbravam agora alguma esperança na sua luta contra Coxinga, mas para isso teriam de fazer economia. Havia muitas bocas para alimentar dentro das muralhas do Forte Zeelandia — se continuariam em guerra por tempo indefinido, precisariam evacuar as mulheres e as crianças. Havia espaço nos navios holandeses para transportar não-combatentes para a Batavia, mas não para os seus pertences. Como conseqüência, o Conselho emitiu cheques da empresa como garantia pelos bens que forçariam os civis a deixar para trás. Se o Forte Zeelandia caísse, era pouco provável que a Companhia os honrasse, mas pelo menos, na falta de outra utilidade, os cheques serviam de propaganda.

---

329. Will, *Pepper, Guns and Parleys*, p. 26.

Jacob Caeuw se ofereceu, corajosamente, para organizar a evacuação dos civis. Comunicou que podia servir melhor à Companhia Holandesa das Índias Ocidentais fazendo um detalhado relatório à Batavia, pessoalmente. Os outros holandeses presentes aceitaram sua oferta com alguma suspeita:

> Cada um dos membros do Conselho ficou muito surpreso e todos destacaram a Caeuw o pouco que tal pedido tinha a ver com sua missão, sua honra e sua reputação. Ele fora enviado como general para salvar Formosa do cerco de Coxinga; e agora desejava voltar como um simples mensageiro, deixando para trás as tropas sob seu comando, sem nem ter desembainhado a espada contra seu inimigo, ou realizado nenhum ato importante em justificativa à confiança nele depositada.[330]

Caeuw abespinhou-se com a repreensão e argumentou ter recebido "instruções secretas" as quais se sobrepunham às decisões do próprio Conselho. Quando solicitado a explicitar essas ordens, recusou-se, alegando não ter autorização para fazê-lo. Se Caeuw tinha mesmo recebido orientações especiais, não necessitava da aprovação do Conselho para partir, e os holandeses, irritados, expulsaram-no da reunião.

Ficou então decidido que a evacuação dos civis seria um segundo movimento a ser feito logo após o ataque às operações de Coxinga no continente. O Conselho resolveu enviar cinco navios para Li Shuaitai, para que o contra-ataque começasse.

Caeuw, imediatamente, prontificou-se a liderar a missão, dizendo que o Conselho estava certo e que ele "não havia tido ainda a oportunidade de manifestar sua boa vontade e zelo pelos interesses da Companhia".[331] O Conselho abrandou e liberou Caeuw com novas instruções. Ele deveria zarpar diretamente para o continente, a menos que o tempo estivesse adverso. Se isso acontecesse, atracaria em Pescadores para esperar a tempestade passar, e então navegaria a todo vapor para se encontrar com Li Shuaitai. Caeuw concordou.

Os holandeses estavam muito animados com essa aliança. Se funcionasse, esperavam conseguir manter seus bem-sucedidos negócios em Taiwan e aumentar as chances de assinar um acordo permanente com os manchus. Se tudo corresse de acordo com o planejado, conseguiriam aniquilar o clã Zheng que os tinha flagelado por 40 anos e colocar o pé no continente como há longo tempo desejavam.

Isso, claro, se tudo corresse de acordo com o planejado. Em 3 de dezembro, Caeuw zarpou com céu claro, levando a esperança dos holandeses

---

330. Coyett, *Neglected Formosa*, por *FUD*, p. 447.
331. Idem, *FUD*, p. 448.

consigo. No momento em que saiu da baía Tai, ordenou a seus atordoados comandados que tomassem o rumo de Pescadores. Os capitães protestaram dizendo que não havia dia melhor do que aquele para navegar e que Caeuw deveria ir para Pescadores apenas se houvesse uma tempestade, mas Caeuw os contrariou.

Alguma coisa ele tinha em mente quando mandou que os navios jogassem âncoras assim que chegaram a Pescadores. Os capitães protestaram dizendo que estavam a 35 braças de profundidade, mas mais uma vez Caeuw insistiu. Era como se ele estivesse rezando para vir uma tempestade, para então ter uma desculpa para se manter afastado do continente. Os cinco navios holandeses foram fustigados pelas águas encapeladas do mar alto, na desastrosa ancoragem, até que três deles perderam as âncoras e foram obrigados a voltar a Taiwan.

Encontraram o Forte Zeelandia como o haviam deixado, com os atacantes chineses acampados do lado de fora, os defensores holandeses sitiados dentro dele e um Conselho cada vez mais irritado, querendo saber por que eles não estavam bombardeando Amoy naquele exato momento. Os navios receberam novas âncoras e foram mandados de volta para Pescadores, com instruções absolutamente claras para Caeuw prosseguir com sua missão e chefiar o contra-ataque que era primordial para confundir Coxinga.

Quando os navios voltaram para Pescadores, entretanto, Caeuw não estava mais lá. Tinha fugido para o Sião, levando consigo o outro navio. Eles navegaram então para o alto-mar e nunca mais foram vistos.[332] Os três que sobraram voltaram para Taiwan desanimados e contaram ao Conselho que a missão até o continente havia falhado antes mesmo de começar. Alguns dos melhores homens do Forte Zeelandia, seus melhores canhões, suas provisões tão necessárias estavam agora a meio caminho da Batavia, junto com dois grandes navios de guerra.

Para acrescentar mais insulto à injúria, a deusa do mar escolheu esse momento para inundar a fortaleza. Os abatidos holandeses chapinhavam pelo Forte Zeelandia com água até o tornozelo, com diminutas provisões e pouco mais de 400 homens fatigados, incapazes de lutar. Para alguns, era o fim da linha.

O mercenário Abraham Dupuis olhou a inundação e bem ao estilo gaulês deu de ombros, considerando-a como um sinal de Deus. A fortaleza

---

332. Caeuw teve mais aventuras em seu caminho para casa. Primeiramente, foi recebido no Sião por representantes da companhia que pensaram que ele tinha derrotado Coxinga. Ele agiu como se realmente o tivesse derrotado, disparou algumas centenas de tiros de seu navio para saudá-los e insistiu em se fazer acompanhar por alguns homens vestindo roupas de gala, como guarda de honra. Quando foi forçado a deixar o Sião por causa da desconfiança de alguns representantes da companhia, voltou para a Batavia, onde passou informações falsas sobre os acontecimentos em Taiwan. Considerado culpado por negligência, ele foi suspenso de seu trabalho por seis meses — e ninguém sentiu nenhuma diferença nos resultados.

tinha mesmo, de certa forma "zarpado para o mar", dando a Dupuis a desculpa pela qual ele esperava. Com um punhado de outros mercenários descontentes, esgueirou-se para fora da fortaleza na direção das linhas inimigas onde, esperava, seria bem recebido como fora seu conterrâneo Etienne. Coyett enviou seu sargento alemão Hans Jurgen Radis para trazê-los de volta, mas também Radis achou que era hora de abandonar os holandeses.[333]

Os mercenários desertores foram recebidos com grande interesse por Coxinga, que ouviu atentamente suas histórias sobre a vida dentro do forte. Ficou muito satisfeito ao saber da fracassada contra-ofensiva planejada por Caeuw que teria colocado sua campanha em risco se tivesse sido vitoriosa. Ficou menos satisfeito, entretanto, ao ser informado que os holandeses ainda tinham provisões suficientes para agüentar até a primavera.

Hans Jurgen Raid, entretanto, propôs uma solução. Veterano de muitas guerras da Europa, tinha sido apenas recentemente promovido a sargento.[334] Mas sabia identificar uma defesa precária quando via uma e disse a Coxinga que ele se enganara ao achar que havia pouca esperança de os holandeses agüentarem por mais tempo. Nunca saberemos como foi exatamente que se deu essa conversa — a principal fonte sobre a traição de Radis é a obra *Neglected Formosa*, de Coyett, escrita por um homem que não estava presente ao encontro. O *Veritable Record*, de Yang, única fonte que nos poderia contar o que foi dito, não faz menção dele.[335] Possivelmente, Radis apenas inadvertidamente revelou a fraqueza da defesa holandesa, mas suas últimas ações sugerem que as acusações de Coyett estavam corretas e que ele se tornou um ativo aliado de Coxinga.

Após a deserção de Radis, os chineses voltaram à ofensiva. No início de janeiro de 1662, os holandeses de Forte Zeelandia presenciaram uma súbita movimentação por parte de seus sitiadores. Os chineses começaram a construir três novas baterias de artilharia, na área de Utrecht, a pequena torre que garantia ao forte cobertura do alto. Os chineses cavaram uma extensa rede de trincheiras, suficiente para dar cobertura a milhares de soldados, tanto para defender as posições de artilharia quanto para um ataque da cavalaria à torre. Empilharam ainda grandes quantidades de *gabions*: cestos de terra e pedras usados de modo similar aos atuais sacos de areia.

---

333. Keene, *Battles of Coxinga*, p. 60. O relato de Keene abalizado por Tavernier lista dois desertores: Dupuis e o "o sargento mandado atrás dele". Coyett, entretanto, fala sobre um número maior, dizendo que "alguns soldados tentaram salvar suas vidas passando para o lado inimigo. Entre eles... estava um certo sargento chamado Hans Jurgen Radis". Ver Coyett, *Neglected Formosa*, em *FUD*, p. 450.
334. Quando ele chegou a Batavia, no *Maria*, lhe foi dada a patente de cabo. Deve ter sido promovido quando voltou a Taiwan. Ver Keene, *Battles of Coxinga*, p. 172.
335. Fontes chinesas, sem querer dar crédito às maiores vitórias de Coxinga com apoio estrangeiro, silenciam sobre o envolvimento de Radis. Ver Foccardi, *The Last Warrior*, p. 91.

Coyett ordenou a seus atiradores que fizessem fogo à vontade contra os chineses, na esperança de dissuadi-los dessas tarefas. Mas, embora o bombardeio holandês acertasse várias trincheiras, os chineses se recusavam a desistir. Coyett convocou uma reunião de emergência do Conselho. De alguma forma, Coxinga havia descoberto qual era o ponto fraco do Forte Zeelandia, pois estava claramente planejando um ataque maciço e direto a Utrecht. Se Utrecht caísse, os chineses teriam ganhado uma posição vantajosa, da qual poderiam atirar em qualquer coisa no solo de Zeelandia. Os holandeses ficariam sitiados dentro de seu próprio forte, como acontecera com Pieter Nuijts, tantos anos atrás.

Se Utrecht fosse tomada, o Forte Zeelandia não poderia resistir. Coyett exigiu medidas drásticas e pediu ao Conselho que aprovasse um ataque às posições chinesas. Mas os holandeses tinham, agora, algumas centenas de homens em condições de lutar; mesmo que houvesse soldados em número suficiente para garantir uma vitória contra as posições chinesas, não sobraria ninguém na retaguarda, no forte, para oferecer cobertura de artilharia, ou para defendê-lo de um contra-ataque chinês. Os holandeses então decidiram agüentar e aguardar por um último milagre. Entregaram provisões suficientes para três meses aos homens na torre de Utrecht e lhes disseram para resistir o quanto fosse humanamente possível.[336] Até onde Coyett sabia, reforços poderiam estar sendo preparados para sair da Batavia em direção a Taiwan, e o Forte Zeelandia poderia ainda ser resgatado.

Na manhã de 25 de janeiro, os 28 canhões de Coxinga dispararam. Os holandeses contaram mais ou menos 2.500 balas disparadas contra a torre. Por duas vezes o bombardeio cessou para permitir que uma tropa de soldados chineses tomasse a colina. Cada vez que os agitados holandeses lá dentro conseguiam repelir o ataque, os chineses retrocediam, e o bombardeio recomeçava. No final do dia, as muralhas de Utrecht tinham se transformado em ruínas e havia pouca chance de abrigo para os homens dentro delas.

Como havia pouca esperança de defesa contra um terceiro ataque, os holandeses de Utrecht contaram suas perdas e correram. Pregaram suas armas na torre para impedir que caíssem em mãos inimigas e fugiram correndo, pelo pátio — que logo ficaria sob intenso bombardeio inimigo — para dentro do Forte Zeelandia.

Os chineses ocuparam a torre logo em seguida, conscientes de sua importância estratégica para o cerco. Em meio à comemoração, Coxinga resolveu ir até Utrecht, determinado a olhar para dentro do Forte Zeelandia por si mesmo. Seu novo conselheiro militar, Hans Jurgen Radis, entretanto,

---

336. Coyett, *Neglected Formosa*, em *FUD*, p. 489 (Prova autêntica nº 31).

disse-lhe para esperar, sugerindo que nenhum inimigo abandonaria uma posição tão importante sem deixar alguma surpresa para o final.[337]

Ele estava certo porque, de repente, a torre de Utrecht explodiu em uma bola de fogo. Os homens de Coyett tinham deixado ali quatro barris gigantes de pólvora nos porões, ligados a um pavio. Os chineses que haviam ocupado a torre explodiram junto, em pedaços, amargando a celebração inicial. Os holandeses se permitiram um sorriso enquanto os destroços de Utrecht caíram sobre o forte e a comuna, mas foi uma vitória amarga. A torre não existia mais, mas as colinas ainda estavam com os chineses.

Durante aquela noite, os chineses começaram a se esgueirar para perto da fortaleza, usando grandes cestos como cobertura, que depois eram colocados cada vez mais perto do seu objetivo. Os holandeses sabiam (como provavelmente também sabiam os chineses, graças a Radis) que chegava a hora de os atacantes se aproximarem tanto do forte que os canhões holandeses não mais poderiam acertá-los — outra falha no projeto da fortaleza, herdada de seus construtores.

Determinado a resistir ao ataque final a todo custo, o governador Coyett ordenou que os canhões holandeses atirassem durante toda a noite a esmo, na direção dos chineses que se aproximavam, iluminando a escuridão do inverno com um constante bombardeio. Outros soldados holandeses, na esperança de defender as muralhas contra possíveis violações, tiraram os ocupantes das casas que ficavam encostadas nelas e encheram as habitações de areia.

Coyett afirmava haver chegado a hora do ataque final aos chineses, e falou ao Conselho sobre isso. Levando em conta o bombardeio incessante a Utrecht, o Conselho achou que Coyett tinha perdido a razão. Mas o governador acreditava haver ainda uma chance, embora pequena, de que Coxinga tivesse gasto a maior parte de sua pólvora, no ataque à torre. Mais de dois mil tiros de canhão demandavam um uso enorme de pólvora, e os holandeses sabiam que o estoque de munições de Coxinga estava baixo. Não poderia ser esse o momento ideal de agir, já que, embora Coxinga aparentasse estar levando a melhor, com falta de munição, como iria repelir um contra-ataque?

Dos 29 homens presentes, somente quatro votaram a favor do plano de Coyett. Foram convocados a expor suas razões. Dois mudaram de idéia quando colocados na berlinda. Um dos dois comerciantes que restaram, Daniel Sicx, disse acreditar que os holandeses não tinham nada a perder e, portanto, deviam seguir resistindo. O outro, Paul de Vick, disse que sabia pouco de guerra, mas se lembrou ter lido na Bíblia que Deus havia zelado por Gideão quando ele enfrentara desafios aparentemente insuportáveis e que se os holandeses acreditavam que iam lutar com a graça de Deus, então um milagre certamente aconteceria.[338] Com tal "suporte", o plano de

---

337. Idem, p. 452
338. Idem, p. 453.

Coyett foi rejeitado. Isso deixou os holandeses com apenas duas opções: lutar até o fim e não esperar por piedade ou render-se agora e conseguir as melhores condições para a rendição.

Os holandeses enviaram uma mensagem para Coxinga dizendo estarem dispostos a conversar, e após uma semana de deliberações os dois lados concordaram com um termo de rendição de 18 pontos.[339] Muitas das negociações deixaram de lado a honra holandesa. Aos europeus foi dada a permissão de sair com suas bandeiras hasteadas, espoletas queimadas, rifles carregados e tambores, marchando assim para o embarque sob o comando do governador. Como se a vitória a eles pertencesse, e não aos chineses, os holandeses marcharam orgulhosos a partir de Zeelandia e se espremeram em um punhado de navios, com provisões suficientes para levá-los até a Batavia.

O artigo nove do documento de rendição garantia o retorno de todos os funcionários da companhia que estavam aprisionados pelos chineses em Formosa. Mas como a maioria dos compatriotas tinha sido massacrada depois da última tentativa de Hambroek, essa lista continha basicamente as mulheres que foram divididas entre os generais de Coxinga. Quando devolvidas ao cuidado dos holandeses, algumas já estavam grávidas. Contaram ter sido "consideravelmente bem tratadas" pelos seus senhores, fascinados pelo exótico apelo erótico das européias. Coyett escreveu que elas "não reclamaram muito... e não tinham sofrido, embora carregassem um meio-chinês em seus ventres". Tal foi a experiência das mulheres cujos senhores não eram casados. As mulheres holandesas que caíram nas mãos de chineses casados relataram uma experiência totalmente diferente "dizendo que as esposas chinesas estão tomadas pelo demônio do ciúme". Essas mulheres européias passaram meses trabalhando duro como escravas na cozinha e verbalizavam seu ódio aos chineses, que as forçaram a cortar lenha, colher arroz e carregar água no calor taiwanês.

Coyett registrou ainda uma terceira categoria entre as mulheres holandesas que voltaram, pois parecia que nem todas haviam tido a mesma sina. "As que se mantiveram honestas pela feiúra de seus rostos, essas eram as que mais reclamavam e que acusavam as companheiras de se prostituir ou se entregar aos chineses."[340]

Nem todos os europeus viajaram com a frota. Desertores como Etienne, Radis e Dupuis nunca seriam aceitos de volta na sociedade européia e sentenciaram a si próprios a viver entre o clã Zheng, que os desprezava por terem traído seus antigos aliados. Valentyn e vinte e tantos outros foram

---

339. Coyett inclui o documento de rendição em *Neglected Formosa*, em *FUD*, pp. 455-6. Seus 16 artigos versam sobre a troca de reféns até aquela data, enquanto os acertos eram feitos, destacando que um dos homens colocados com os holandeses das forças de Coxinga era o "capitão Moor Ongkun", possivelmente um oficial da Guarda Negra.
340. Beauclair, *Neglected Formosa*, p. 93

mantidos como reféns e embora o acordo supostamente garantisse seu retorno, muitos nunca mais viram sua terra natal. Aproximadamente 900 europeus embarcaram em Taiwan deixando para trás 1.600 mortos.

Quando os navios holandeses saíram do porto, em 1º de fevereiro de 1662, os homens de Coxinga tomaram posse do Forte Zeelandia e hastearam a bandeira Zheng onde antes estava a bandeira cor de sangue. Os holandeses levaram consigo tudo o que puderam carregar, mas ainda assim deixaram grandes quantidades de ouro, âmbar e corais valiosos. Havia comida também, que ainda faltava no exército de Coxinga — os sitiantes estavam mais famintos do que os sitiados e caíram em cima das provisões antes que as velas holandesas se perdessem de vista no horizonte.

Coxinga anunciou que dali em diante a cidade ficaria conhecida como a capital leste da gloriosa dinastia Ming. Tomou posse de Taiwan em nome do imperador das Eternas Experiências, aquele dirigente distante no exílio, cujo rosto ele jamais viu, e do qual não tinha recebido nenhuma comunicação havia meses. Mandou dizer às forças do continente que a vitória era sua e decidiu que enquanto o Forte Zeelandia precisasse ser ocupado por contingente militar, o Forte Provintia, menor, na vila de Sakkam, daria uma excelente residência para o Herdeiro do Nome Imperial.

Sakkam, entretanto, não era um nome chinês. Era uma forma de pronunciar Zhikan, ou Despenhadeiros Vermelhos, nome da tribo que certa vez vivera na região. Em algum momento alguém contou a Coxinga sobre isso e acrescentou que os habitantes locais a chamavam por um outro nome. Com seu bizarro e estranho trabalho em pedra e os materiais estrangeiros usados na construção de Forte Provintia, a área era popularmente conhecida como *Zhuanzi Cheng* — a Cidade dos Tijolos.

"Como é difícil", comentou Coxinga pesaroso, "escapar do destino".[341]

---

341. Croizier, *Koxinga and Chinese Nationalism*, p. 39.

CAPÍTULO 12

A Morte aos Pedaços

No entender dos holandeses, "Taiwan retrocedeu à sua condição original de paganismo e idolatria chineses". Os colonos chineses tinham uma visão diferente, e receberam Coxinga como herói. Os nativos taiwaneses ficaram menos satisfeitos, por sua ilha estar apenas sendo barganhada entre um grupo de conquistadores e outro. Quando a notícia se espalhou para além da baía Tai, entretanto, as proezas e a nobreza de Coxinga foram exaltadas.

Logo várias histórias circularam entre as tribos sobre um rei sábio de uma terra distante, que era o favorito da deusa dos mares. Coxinga, diziam, tinha poderes sobre o oceano, graças a um bracelete de jade que lhe tinha sido dado por um imortal. Viera a Taiwan em busca de três artefatos sobrenaturais com os quais esperava restaurar o poder do imperador do Brilho. O bracelete de jade faria dele o Senhor dos Mares, uma bandeira negra faria com que as tribos selvagens das montanhas jurassem fidelidade a ele e um pote de grãos sem fundo alimentaria para sempre o seu exército.[342] Todos concordavam que o pote mágico de grãos ainda estava à solta — muitos soldados de Coxinga foram enviados para locais distantes, para cultivar seu próprio alimento. De volta a Quemoy, Zheng Tai se mantinha quieto e não respondia a nenhuma mensagem.

O vitorioso Coxinga supostamente excursionou por toda a ilha dando origem a várias histórias sobre sua influência mágica na geografia local. Na verdade, ele fez apenas uma breve inspeção nas vilas próximas ao Forte Zeelandia, acompanhado por 900 soldados, mas muitas das lendas contemporâneas não se escoram na memória residual dos oficiais de Coxinga, que só se lembram de uma desesperada busca por provisões. Vários poços e nascentes brotaram em toda Taiwan, dizem, porque o sedento Coxinga chegava e cravava sua espada na pedra. Uma delas parece ser assombrada pelos espíritos de seus soldados, que se reúnem ali na forma de pássaros.

---

342. Croizier, *Koxinga and Chinese Nationalism*, p. 37.

Em outra, surgem imagens fantasmagóricas da espada de Coxinga, que se transforma em um dragão em tempos de crise.³⁴³

Dizem que Coxinga, certa vez, tirou um canhão mágico de dentro da água, perto de Amoy, que só ele podia usar. Ele trouxe dignidade a seu exército e foi chamado de General sem Boca — talvez uma referência ao uso da artilharia no cerco ao Forte Zeelandia e ao fato de que, dentre todos os itens usados pelo exército, a pólvora aparentemente não se esgotou. O General sem Boca era também um instrumento mágico usado por Coxinga para anular as emanações de uma fonte de água sulfurosa que ficava perto de onde é hoje a moderna Taipé. O conquistador dos holandeses também supostamente matou uma gigantesca tartaruga que expelia fumaça tóxica pela boca contra seus soldados. O monstro assassino se transformou em uma ilha na costa leste de Taiwan — como na maioria dessas histórias fantasiosas, até a localização é falsa, já que nem Coxinga nem seu exército chegaram até o extremo sudoeste de Taiwan.

Outras lendas sobre Coxinga têm raízes no seu desejo de usar Taiwan como base de abastecimento para um contra-ataque à China. O folclore diz que ele veio a Taiwan procurando algo, mas discorda quanto ao que seria exatamente, provavelmente porque as tribos locais não conseguiriam compreender as complexas exigências apresentadas pelo seu novo dirigente. Na busca de um pedaço de jade para usar como seu sinete, Coxinga, diz a lenda, escalou a montanha mais alta de Taiwan para entrar em uma gruta secreta guardada por sanguessugas gigantes. Conseguiu pegar a preciosa pedra e mandou gravar nela as palavras: "Sinete do Herdeiro do Nome Imperial, Zheng Chenggong". Entretanto, quando tentou usá-lo, os caracteres magicamente se transformaram em uma frase em louvor à deusa da misericórdia — somente um imperador podia usar jade em seu sinete, e Coxinga tinha ido longe demais.³⁴⁴

A história pode conter elementos verdadeiros, não tanto em relação ao desejo de Coxinga de se tornar imperador, mas quanto às suas atitudes e à forma de expressar seus objetivos quando chegou a Taiwan. Os homens do clã Zheng, de volta a Amoy e Quemoy, permaneciam ressabiados, achando que ele deixaria de lado tudo o que se referisse ao continente chinês e os forçaria a se relocarem em pântanos cheios de doenças. Outros registram o comportamento cada vez mais estranho do seu líder, cuja eterna insistência na sua missão divina parecia ter adquirido um novo tom. O orgulho e a vaidade de Coxinga, que já provaram ser desastrosos durante a campanha de Nanjing, ameaçavam destruí-lo uma segunda vez.

---

343. O *website* de um turista taiwanês lamenta que a espada de Coxinga não apareceu no "Kuo-Xin" desde que foi manchada por uma criança que urinou nela no século XX — uma desculpa conveniente.
344. Croizier, *Koxinga and Chinese Nationalism*, p. 39. Ver também Lin, *Zheng Chenggong*, pp. 214-18, para os locais atuais mencionados na história.

Coxinga certamente queria ficar em Taiwan por um tempo, mas pretendia, ainda, preparar outro ataque contra os manchus. Em uma reunião no final de fevereiro de 1662, ele informou aos seus generais que a primeira prioridade era estabelecer a auto-suficiência em provisões. Coxinga distribuiu aos generais trechos de terra no litoral e no interior próximos e foram instruídos a fazer os soldados trabalharem a terra, limpando-a e cultivando-a.

O plano de Coxinga era deixar os seus homens trabalhando na terra durante meio ano e no resto do tempo realizar treinamentos militares — a única exceção seria manter duas brigadas em alerta militar constante para o caso de um contra-ataque manchu ou holandês.[345]

O número de soldados também inchou com a adesão dos civis. Coxinga se aproveitou das proibições litorâneas impostas pelos manchus para fazer seus navios transportarem refugiados do continente para Taiwan. Oferecia aos agricultores sem terra uma nova vida se quisessem trabalhar como fazendeiros nas colônias militares, e muitos aceitaram sua oferta.

Coxinga manteve-se intransigente quanto à disciplina rígida, mesmo depois que o perigo militar iminente passou. Ordenou a execução de dois oficiais locais acusados de receberem suborno, para contrariedade de Maxin, que lhe pediu que fosse mais brando nesses assuntos. Coxinga, entretanto, não aceitou a idéia e revidou com tantos precedentes históricos que Maxin desistiu de argumentar.[346]

Coxinga estava cheio de problemas. Os generais Zheng no continente, ainda arredios e não dispostos a cooperar, temiam que eles e suas famílias fossem forçados a deixar seus luxuosos lares para mudar para um lugar selvagem com alta taxa de mortalidade. Os soldados estavam aborrecidos porque a vitória arduamente conquistada acabou por transformá-los em agricultores em um país estrangeiro e é bem provável que Coxinga também estivesse desgastado pelos seus objetivos de longo prazo. Fazer de Taiwan a base adequada para atacar os manchus levaria anos, talvez até mesmo uma geração inteira. Quando os legalistas Ming voltassem para o continente, encontrariam chineses que não conheciam nada além das leis manchus. Saberiam como raspar os cabelos à moda manchu e muito pouco sobre a queda da Dinastia do Brilho, a não ser o que dizia a propaganda do governo. O exército de Coxinga enfrentaria tempos difíceis para conquistar os corações e as mentes da população do continente — principalmente porque não tinham mais nenhum sinal do distante imperador das Eternas Experiências. Tantas preocupações fizeram Coxinga ficar cada vez mais irritado, principalmente após ter recebido vários alertas sobre sua própria mortalidade.

---

345. Hung, *Taiwan Under the Cheng Family 1662-1683: Sinicization after Dutch Rule*, p. 129.
346. *Idem*, p. 133.

O primeiro veio na forma de notícia sobre um acontecimento que havia sido preparado durante várias semanas pelos manchus. Em 1º de fevereiro de 1662, enquanto Coxinga assinava o acordo de rendição com Coyett, um arauto em Fuzhou fazia uma comunicação oficial à população por ordem do imperador manchu da Abundante Prosperidade. Dizia ter ficado evidente a pouca influência exercida por Nicholas Iquan sobre seu filho Coxinga. Portanto, não fazia sentido confiar no atrofiado senso de piedade filial de Coxinga para se chegar a uma solução pacífica entre os manchus e os legalistas Ming. Tendo isso em mente, parecia mais prudente seguir o antigo Conselho do desertor Huang Wu e terminar de vez com o assunto da prisão domiciliar de Nicholas Iquan.

Após as negociações fracassadas de 1657, Nicholas Iquan fora colocado em uma cela pelas autoridades manchus, temerosas de que ele escapasse e fosse se juntar ao filho, no sul. Com sua fortuna minguando cada vez mais, ele descobriu que seus únicos amigos eram agora os visitantes jesuítas ocasionais, que não podiam ignorar o apuro de um companheiro católico, e que lhe passavam algum dinheiro — provavelmente para subornar seus carcereiros em troca de pequenos favores. Iquan prometia a eles abandonar sua vida de pagão, rogando, em suas preces "que se lhe fosse dada a graça de readquirir sua antiga fortuna, ele não seria ingrato."[347]

Em novembro de 1661, os regentes do imperador da Abundante Prosperidade acharam que já era hora de cumprir a sentença de morte que pairava sobre a cabeça de Iquan há quatro anos. Sabendo que a notícia chegaria até Coxinga em Taiwan, a ordem de fevereiro especificava cuidadosamente a execução nos seus mínimos detalhes. Nicholas Iquan foi torturado até a morte pelo "método lento da dissecação" começando com a mutilação de suas extremidades e depois de seus órgãos internos, o que resultou em uma morte com milhares de cortes. Cada vez que o escalpelo cortava a carne, o ferimento era imediatamente cauterizado com um ferro em brasa, o que estancava o sangramento mas aumentava o sofrimento. Seus últimos momentos foram ainda mais tenebrosos — Iquan foi obrigado a assistir a dois de seus filhos passarem pelos mesmos martírios. Os garotos, que tinham certa vez implorado a Coxinga para se render aos manchus e salvar suas vidas, finalmente encontraram a morte, agonizantes, na cela da cadeia de Beijing.

Mesmo tendo pedido a morte de Iquan, certa vez, um perturbado Coxinga ordenou luto público. Mas a execução de Iquan não foi, de modo nenhum, a última das surpresas da primavera de 1662. A geração de Iquan podia ter dado seu último suspiro, mas havia um novo membro para o clã Zheng. Aos 39 anos de idade, Coxinga era, agora, um avô.[348]

---

347. Keene, *Battles of Coxinga*, p. 64. A fonte de Keene é a obra de Rougemont *Historia Tartaro-Sinica* de 1673. Ver também TW, p. 202.
348. Hung, *Taiwan Under the Cheng Family*, p. 141.

A notícia foi duplamente inesperada, porque poucos esperavam ver o filho de Coxinga, Jing, providenciar um novo herdeiro tão rápido. Criado pela impetuosa Cuiying, o menino teve uma vida confortável no palácio Zheng, em Anhai, até 1650, quando se mudou para Amoy. Jing fora prometido em casamento, ainda criança, para a neta de um clã aliado, mas o casal não conseguiu ter filhos. Dominado por sua mãe, Jing, aos 21 anos de idade, dispensava pouco interesse às garotas da mesma idade, mas teve vários casos amorosos com mulheres de meia-idade. Desse modo, a verdade veio aos poucos arruinando o júbilo de Coxinga.

Ao longo de nove meses, o líder dos chineses soube muito pouco sobre o que acontecia em Amoy e Quemoy — Zheng Tai era um irmão adotivo do clã, ressentido e amargurado, que não respeitava Coxinga, de modo que seu comportamento era compreensível, senão previsível. Mas Jing também se tinha mantido em silêncio, nesse mesmo período, sem tocar no assunto da gravidez com o pai. Quando pressionado para dar detalhes sobre quem era a mãe de seu filho, Jing revelou que não era a sua esposa principal, mas uma "concubina". Foi só depois de a criança nascer que o sogro de Jing, bravo, contou toda a história a Coxinga. A mãe do herdeiro Zheng não era na verdade uma concubina oficial, mas a senhora Chen, ama-de-leite em Amoy. Ficara no palácio para alimentar um dos filhos pequenos de Coxinga, em uma posição que, segundo as normas tradicionais da família chinesa, fazia dela esposa honorária de Coxinga e madrasta de Jing.[349]

Coxinga ficou furioso, acusando o clã Zheng em Amoy de conspirar para não lhe passar informações. Jing havia cometido oficialmente um ato de incesto e, em vez de lidar com o assunto como devia, Cuiying ajudara o filho a encobri-lo. Agora apresentavam o neto a Coxinga como um fato consumado, na esperança de que ele relevasse o incidente pela alegria de ser avô.

Mas Coxinga já dera mostras de sua obsessão pela disciplina em várias ocasiões anteriores. Ordenou que fosse cumprida a punição — morte, e não apenas para a criança, mas também para a senhora Chen, Jing e Cuiying. Um mensageiro foi despachado para o continente levando a sentença, o que resultou em acalorada discussão entre Zheng Tai e seus conselheiros. Tai achou que Coxinga havia passado dos limites, e ignorou a ordem.[350]

---

349. TW, pp. 204-5.
350. Hung, *Taiwan Under the Cheng Family*, p. 142 e Wills, *Pepper, Guns and Parleys*, p. 28. Ambos concordam que a ama de leite e o bebê foram executados nesse ponto e que suas cabeças foram enviadas a Coxinga na esperança de aplacar sua ira. Outras fontes dizem que mãe e bebê sobreviveram. Isso certamente explicaria a atitude futura de Coxinga em relação ao seu indesejado herdeiro Kecang, e como o favorecido Keshuang podia ser um filho mais velho. Não é impossível que Jing tenha tido outro filho entre o nascimento do bebê da ama de leite e Keshuang, mas é bem mais provável que o filho da ama-de-leite fosse mesmo Kecang.

Enquanto isso, Coxinga ouviu um boato de que um de seus almirantes que estava ao largo da costa de Amoy planejava desertar para o lado manchu. Despachou imediatamente Zhou Quanbin (sempre pronto para uma briga) com instruções de matá-lo. Logo depois, Coxinga mandou outro mensageiro atrás de Zhou com ordens adicionais: antes de voltar a Taiwan, ele deveria passar por Amoy e ver se Zheng Tai, o outro general rebelde, Jing e Cuiying tinham sido executados. A mensagem nunca chegou até Zhou, mas sim a Zheng Tai, que jogou Zhou dentro da prisão antes que ele a recebesse.

Como sempre acontece nas histórias que adquirem um tom folclórico, Coxinga estava ficando cada vez mais instável. Tinha conquistado uma "vitória" contra os holandeses e uma ilha inteira, mas a relutância de seus oficiais em acompanhá-lo era motivo de grande preocupação. Bem no fundo, ele talvez preferisse a verdade, por mais amarga que fosse, de que, como seu pai, também ele pertencia ao mar. Enquanto Coxinga ficou no oceano e no litoral, conseguiu algum sucesso, mas em terra, tinha demonstrado pouco talento para as operações militares. A derrota em Nanjing ainda o amargurava, bem como a longa espera que teria de enfrentar antes de vislumbrar a mais remota chance de tentar novamente. Nesse meio tempo, ele decidiu lutar em outra frente.

Em 21 de abril de 1662, Coxinga mandou uma carta para o governo espanhol das Filipinas exigindo reparação pelos alegados crimes espanhóis contra ele e o pagamento de tributos regulares. Sua carta foi endereçada ao governador Don Sabiniano Manrique de Lara em nome do imperador das Eternas Experiências, sugerindo que Coxinga se sentia perfeitamente absolvido da derrota em Nanjing para, pelo menos e mais uma vez, falar em nome da dinastia Ming. Revigorado pelo sucesso contra os holandeses, e determinado a expandir a dinastia Ming para uma nova direção além-mar, a carta de Coxinga insinuava que ele pretendia jogar toda a sua força para manter seu domínio sobre os mares. Notavelmente, referia-se a si próprio como príncipe — usando o título do qual havia abdicado após a derrota em Nanjing:

> *É fato conhecido, tanto na Antiguidade quanto nos tempos atuais, que príncipes esclarecidos escolhidos pelos céus devem ser reconhecidos por nações estrangeiras com o pagamento de tributos. Os estúpidos holandeses, alheios e sem compreensão do mandato celestial, conduziram-se sem medo e sem vergonha (...) Se tivessem vindo antes até mim com humildade, compreendendo e aceitando seus delitos, talvez não tivessem sofrido tantos transtornos como os que enfrentam hoje. Seu pequeno reino molestou e atacou minhas embarcações comerciais da maneira como fazem os holandeses, dando assim motivos para confrontos e discórdias (...)*

Em princípio, pensei em liderar pessoalmente a armada para punir seus atos maléficos, mas então lembrei que seu pequeno reino, embora me tenha dado motivos de aborrecimentos, deu mostras, ultimamente, de arrependimento (...) Por conseguinte, decidi, em contraste com minhas ações em relação aos holandeses (...) dar-lhes um Conselho cordial para que seu pequeno reino, ao reconhecer suas falhas e os desejos dos céus, se curve e venha até meu trono todos os anos para oferecer tributos.[351]

Considerando que as Filipinas, embora "pequena" cobria uma área maior do que aquela dominada pelos legalistas Ming em 1662, a carta arrogante foi embaraçosa. Ou Coxinga, de verdade, estava com mania de grandeza, ou a carta era apenas um blefe deliberado, esperando capitalizar a notícia da derrota holandesa que se espalhou pela Ásia.

De certa forma, funcionou. Dias após a chegada da carta de Coxinga a Manila, o governador Manrique de Lara partiu para a ação. Chamou as tropas espanholas que estavam em fortes distantes, dispondo-se a defender o lugar. Conclamou a assistência do clero, ordenando que rezassem missas pela defesa do território espanhol. Também convocou um Conselho de guerra. Segundo os espanhóis, ou Coxinga blefava, ou estava mesmo superconfiante. O que os preocupava mais era o efeito que a ameaça de Coxinga teria na população chinesa em Manila.

Épocas de desespero pedem soluções desesperadas, e a presença de tantos chineses em seu meio foi comparada a um "pernicioso capricho" que tinha de ser drenado do corpo do estado.[352] Os espanhóis estavam preocupados com a possibilidade de os chineses locais "perigosamente dividirem nossa atenção e nossas forças" na eventualidade de um ataque do clã Zheng, um temor razoável, considerando o desenrolar dos acontecimentos em Taiwan.

Relutantemente, os espanhóis concordaram que a única ação possível era expulsar todos os chineses não-cristãos. Resolveram fazê-lo de modo pacífico e permitir que todos os mercadores chineses "hibernando" em Manila levassem seus bens. Estavam conscientes, entretanto, de que a notícia a respeito dessa decisão poderia causar tumulto e concordaram em se manter em silêncio até que os soldados estivessem em suas posições para conduzir a evacuação sob leis estritamente marciais.

---

351. Carta de Coxinga para Sabiniano Manrique de Lara, 21 de abril de 1662, em Zaide *Documentary Sources of Philippine History* (Documento nº 194), vol. 4, pp. 453-7. Fiz alguns reparos à tradução. A carta foi entregue por Vittorio Ricci, um frade dominicano italiano que fizera amizade com Coxinga em Amoy nos anos 1650.
352. Os relatos da revolta chinesa de 1662 são tomados de um registro jesuíta anônimo, encontrado em Zaide, *Documentary Sources* (Documento nº 196), pp. 461-84.

A mera notícia da reunião secreta do Conselho, seguida pela chamada das tropas em toda as Filipinas, levaram a população chinesa a suspeitar de que o pior estava por vir. Alguns fizeram preparativos para fugir, gerando uma série de boatos e contraboatos que acabaram por fazer outros acreditarem que suas vidas estavam em perigo. Mesmo sem os chineses locais terem apoiado Coxinga, os mal-entendidos acabaram por transformá-los naquilo que Manrique de Lara mais temera: uma multidão revoltada. Os soldados enviados ao bairro chinês, para manter a paz, foram recebidos com resistência armada.

Vários sacerdotes católicos entraram no gueto chinês para assegurar a seus ocupantes que eles estavam a salvo, mas dois soldados já haviam morrido na briga, e a multidão também matou um frade dominicano que tentou intervir.[353] Seguiu-se um tumultuado confronto, mas os padres negociadores finalmente conseguiram chegar a uma trégua. Os chineses amotinados, que a essas alturas já montavam barricadas em vários distritos, foram persuadidos do desejo espanhol de uma solução pacífica e escoltados até os navios de evacuação. Nas áreas de Cavite e Tondo, chineses foram cercados e decapitados pela ação violenta da cavalaria enquanto outros fugiam para as montanhas, mas a maioria foi embarcada nos navios para Taiwan. Um junco, segundo consta, saiu do porto carregando 1.300 chineses, todos tão amontoados que mal conseguiam sentar, pagando, cada um, dez pesos para fugir com vida.

Enquanto isso, o governador Manrique de Lara escreveu uma carta com uma dura repreensão, ridicularizando a autoconfiança de Coxinga, sugerindo que relações amigáveis eram de interesse de ambas as nações, mas lançando um ultimato. Endereçou a carta "ao Kuesing, que domina e governa o litoral do Reino da China", deixando bem claro que não considerava Coxinga representante legal de qualquer imperador. Manrique de Lara informou Coxinga de que tinha expulsado os chineses de suas ilhas mas não se importava se eles fossem mortos. "Em vez disso," colocou astutamente, "desejo dobrar e redobrar o poder do qual você tanto se jacta, temperando meus impulsos com os meus deveres". Acrescentou ainda que os portos filipinos estariam fechados a todas as embarcações chinesas até que Coxinga se desculpasse, a menos que, obviamente, Coxinga desistisse de prosseguir com sua campanha contra as Filipinas. Só para esfregar sal na ferida, Manrique de Lara ressaltou o quão vulnerável era realmente a atual posição do líder chinês:

> *Nós, espanhóis, o encontraremos em qualquer lugar que seja definido, embora, neste caso, você tenha de contar com os tártaros, ou com aqueles colaboradores que o odeiam, ou*

---

353. Um dos freis enviado para tranqüilizar os chineses era o próprio Vittorio Ricci, embaixador de Coxinga, o que sugere que ele era um provocador extremamente relutante. Zaide, *Documentary Sources*, p. 466.

> *com os holandeses que estão esperando uma oportunidade para atacá-lo (...) Você, portanto, não pode ter tanta certeza de estar por cima.*[354]

Os espanhóis estavam prontos para lutar, e se a guerra de palavras era uma indicação disso, Coxinga tinha chegado, finalmente, onde queria. Mas o ponto alto da carta de Manrique de Lara é seu ataque pessoal a Coxinga, um ataque direto e aberto que, inadvertidamente ou não, o insultou profundamente:

> *É portanto, minha resposta, que grandes ou pequenos reinos não são feitos apenas pela sua vontade, porque sua vida e seu intelecto são estreitos e limitados. Você nasceu ontem e pode morrer amanhã sem deixar na terra nem mesmo a lembrança de seu nome.*

O embaixador de Coxinga iniciou a curta viagem de volta a Taiwan na esperança de que seu senhor não atirasse no portador de tão más notícias. Felizmente para o mensageiro, Coxinga nunca chegou a ler a carta.

Lá em Taiwan, Coxinga ainda esperava notícias da missão de Zhou Quanbin no continente, enquanto mantinha o luto pelo pai. Apresentava uma febre constante — possivelmente derivada da malária que tinha atingido tantos soldados seus ou de pneumonia. De qualquer maneira, a mesma doença atacou Maxin, o último dos seus mais confiáveis generais. Apesar de sua condição física frágil, Coxinga insistia em subir às muralhas do Forte Provintia todos os dias e olhar a baía Tai para ver sinal de algum navio que viesse trazer notícias do estrangeiro.

Maio passou para junho, houve uma tempestade na costa de Taiwan, que levou a carcaça de uma enorme baleia a encalhar na praia. Os chineses, supersticiosos, consideraram o fato mau presságio, particularmente aqueles no clã Zheng que sabiam ser a baleia o animal protetor de Coxinga, e o símbolo de sua afinidade com o mar.[355]

No final de junho, um junco chegou das Filipinas.[356] Seu capitão, Nachiu, zarpou para Taiwan ao primeiro sinal de problemas com os espanhóis e conseguiu evacuar com sucesso muitos refugiados. Chorando diante de Coxinga, Nachiu o informou que os espanhóis tinham executado todos os

---

354. Carta de Sabiniano Manrique de Lara a Coxinga, 10 de julho 1662, em idem, Documento nº 195, pp. 457-60.
355. Croizier, *Koxinga and Chinese Nationalism*, p. 38.
356. Ver Keene, *Battles of Coxinga*, pp. 69-73, para uma análise detalhada sobre os diversos relatos dos últimos dias de Coxinga. Nenhuma fonte concorda sobre a ordem da chegada da notícia a Jing, às Filipinas e ao imperador das Eternas Experiências — minha interpretação aqui é aberta ao debate. O original pode ser encontrado em Zaide, *Documentary Sources*, p. 483, embora o editor a menospreze como "nada além de uma fofoca espanhola."

chineses nas Filipinas. Isso não era bem verdade: Nachiu apenas deduziu que tinha fugido antes de um massacre acontecer.

Coxinga teve então o mais sério acesso de raiva de toda a sua vida, jurando "reduzir os espanhóis a cinzas" e anunciando que ele, pessoalmente, faria "uma guerra de sangue e fogo" contra as Filipinas. Com a febre comprometendo sua sanidade, até mesmo anunciou que declararia trégua aos manchus e os convidaria a acompanhá-lo nessa missão. Naquela noite, enquanto delirava e tremia em sua cama, seus empregados só conseguiram acalmá-lo assegurando que suas ordens estavam sendo cumpridas e que "todos [tinham sido] mortos, em particular os espanhóis".[357]

Tão fraco agora que não conseguia andar sem ajuda, Coxinga ainda insistia em ir olhar o oceano. Um relato diz que ele ficava em pé nas muralhas do Forte Provintia gritando para alguém que os criados não podiam ver. Cobrindo os olhos, com medo, e então apontando para o nada, mandava os criados removerem da sua frente aquela pilha de cadáveres, dizendo que olhavam para ele acusando-o pelas suas mortes injustas.[358]

Em um estado mental alterado, crendo-se abandonado pela deusa do mar, possivelmente sofrendo alguma doença tropical e, certamente, combalido pelos dez anos de operações de guerra, Coxinga estava morrendo. O destino desferiu nele um golpe final quando novas notícias chegaram da China. O imperador das Eternas Experiências estava morto.

Coroado em 1647, o último dos imperadores Ming tinha passado quinze anos de sua vida em fuga. Empurrado para longe do litoral, sua corte e seus colaboradores foram forçados a ir mais para o interior, na direção oeste. No início dos anos 1650, ele aproveitou a proteção de um general em Yunnan, província no extremo sudoeste da China, antes que seus guardiões discutissem e brigassem entre si.

A situação tornou-se tão desesperadora que os últimos legalistas Ming estavam dispostos a tentar qualquer coisa. Alguns dos seus mais fervorosos colaboradores eram membros da religião cristã — a ordem jesuíta, determinada a tirar o melhor proveito de ambos os lados, colocara um representante seu em cada um deles, deixando o padre Xavier Koffler com o grupo imperial. Exatamente como Adam Schall fizera antes em Beijing, Koffler tirou proveito de seus encantos estrangeiros junto às mulheres da casa imperial e chegou até mesmo a persuadir a mãe do imperador, sua madrasta e esposa a se converterem ao Cristianismo. Quando elas o fizeram, levaram consigo o recém-nascido herdeiro do imperador, que foi batizado com o nome adequadamente imperial de Constantino.

A madrasta do imperador, a Grande Imperatriz Dowager, escreveu então uma carta para o Papa Inocêncio X na distante Roma. Nela, pedia

---

357. Keene, *Battles of Coxinga*, p. 69. Para este fato, Keene usa o relato espanhol, baseado na notícia da morte de Coxinga às Filipinas quando Vittorio Ricci chegou em 1663, com uma carta apaziguadora de Jing.
358. Keene, *Battles of Coxinga*, p.71.

absolvição, caso a morte se abatesse sobre a família imperial nas mãos dos manchus. Expressava suas desculpas por não poder ajoelhar-se diante do trono papal pessoalmente para aprender mais sobre o Cristianismo. E que, se fosse possível, desejava que, na eventualidade de uma cruzada para restaurar a dinastia Ming, a China tivesse um imperador cristão.[359]

A carta da Grande Imperatriz Dowager foi colocada nas mãos do assistente de Koffler, um jesuíta polonês chamado Michael Boym, que fez a árdua viagem de volta ao outro lado do mundo. Demorou algum tempo para ele convencer o Vaticano da autenticidade de sua carta e quando, finalmente, conseguiu uma audiência papal, Inocêncio X já havia morrido e sido substituído por Alexandre VII. O novo papa então escreveu uma resposta não comprometedora, que Boym carregou consigo de volta ao Oriente. Tendo sido prevenido para não entrar na China pela região de Cantão, cruzou a fronteira chinesa por Annam, ao norte, mas morreu logo depois.

A carta do papa nunca chegou à Grande Imperatriz Dowager, que também morrera nesse intervalo. Enquanto isso, seu enteado, temendo por sua vida, saiu da China cruzando a fronteira apenas um mês antes do infeliz Boym. As mulheres do palácio venderam suas jóias, e o imperador se viu reduzido a fazer promessas vazias para ser honrado em sua reintegração ao trono. Escrevendo com o próprio sangue em um pedaço de seda que arrancou de suas vestes, chegou até a prometer metade da China ao seu mais leal general, concluindo que aquela metade do país lhe seria entregue algum dia.

O imperador das Eternas Experiências e sua corte deixaram o Império Celestial, seguindo mais para sudoeste, para uma terra bárbara. Passaram os dois anos seguintes na cidade birmanesa de Sagaing, como hóspedes do rei Bintale, que achava que a chegada dos visitantes chineses chamava uma atenção indesejada.

Bintale suspeitava que os manchus viriam procurar os legalistas Ming e os manteve em regime de prisão domiciliar enquanto deliberava sobre o que fazer. Em junho de 1661, seu irmão Pyè Min, o príncipe de Prome, tomou a decisão por ele, ao assassinar Bintale e usurpar-lhe o trono. Pyè Min foi ainda menos receptivo aos chineses e mandou que os oficiais Ming participassem de uma cerimônia no templo local para beber "uma água de talismã" junto com ele.

O pedido não foi bem recebido pelo chefe da guarda do imperador, o capitão da Guarda de Brocado. O posto tinha sido ocupado antes pelo tio de Coxinga, Bao - a Pantera, mas estava agora sob a responsabilidade de um nobre do sudoeste, duque Mu. O duque enxergou mais além da astúcia de Pyé Min, e se recusou a dar permissão para que seus protegidos deixassem a segurança relativa da mansão onde viviam. Pyè Min então resolveu a

---

359. Struve, *Voices from the Ming-Qing Cataclysm*, pp. 237-8.

questão de outro jeito, enviando cem elefantes e um batalhão de soldados para buscá-los no dia seguinte.

No ataque que se seguiu aos aposentos imperiais, o duque Mu e milhares de outros colaboradores Ming foram massacrados. Podia parecer que Pyè Min tinha dado ordens para que todos fossem mortos, mas um mensageiro chegou no último minuto anunciando uma mudança nos planos. O imperador das Eternas Experiências foi poupado, bem como sua mãe, esposa, concubina, filho e os criados eunucos.[360] Com eles restou um punhado de soldados gravemente feridos, um já em coma — foi este o fim do exército Ming.

A família imperial foi iludida. Não podiam entender por que Pyè Min não lhes tinha permitido morrer com seus seguidores. Então o imperador ouviu que o rei birmanês tinha recebido uma carta que causara essa súbita reviravolta em suas ordens. A família imperial concluiu que era a carta de um general legalista, anunciando que um exército Ming estava esperando fora da cidade, e tinha vindo para resgatar seu imperador.

A família imperial foi deixada em sua mansão ensopada de sangue por quarenta dias, sem mais nenhuma explicação, até chegar um mensageiro de Pyè Min dizendo que era hora de o imperador partir. Tropas já estavam a caminho para levá-lo.

No amanhecer do dia seguinte, cinco mil homens a cavalo chegaram à margem oposta do rio. Não portavam bandeiras nem insígnias e sua identificação era difícil a distância, no lusco-fusco.

Uma divisão de soldados, ostensivamente desarmada, aproximou-se do local e anunciou que eram legalistas e tinham vindo para levar o imperador de volta para a China. Eram liderados por um soldado que fora visto pela última vez, quatro anos atrás, entre as tropas Ming, mas o imperador ainda assim estava desconfiado. Chegara a crer que a carta que tanto tinha assustado Pyè Min não fora escrita por um legalista Ming na verdade, mas por um general que os tinha traído em 1644.

"Você foi enviado por Wu Sangui?", perguntou o imperador, e a resposta que obteve foi o silêncio.

Era a única resposta que ele necessitava e então censurou os desertores por tentarem enganá-lo. Eles abrandaram admitindo estar a serviço dos manchus, mas assegurando que receberam ordens de garantir que nenhum mal acontecesse com a pessoa do imperador.

---

360. Idem, p. 252. O "criado eunuco" era Yang Deze, que teve uma vida incrível. Deixado órfão na infância pelos rebeldes na província de Jingzhou, foi adotado pelo bandido que matou seus pais. Em 1656, quando o imperador das Eternas Experiências precisou de novos criados, o pai adotivo de Yang o entregou, relutante para que o filho fosse castrado. O garoto depois se tornou o camareiro pessoal da imperatriz, e, ao que parece, companhia para o príncipe Constantino, que tinha a mesma idade que ele. Yang sobreviveu e escreveu suas memórias sobre o tempo em que esteve com a família imperial, o que fornece o relato de uma testemunha visual dos últimos momentos da dinastia Ming.

O último dos Ming tinha pouca chance de escolha. Deixou a Birmânia com os soldados desertores e iniciou a viagem de três meses de volta para a China. Os captores o trataram com o maior respeito, mas o imperador estava dolorosamente perturbado, recusava-se a comer e tinha sérias crises de asma.

O imperador e o seu ínfimo séqüito conseguiram enfim chegar à capital da província de Yunnan. Toda a região estava agora sob o domínio de Wu Sangui, o general que pela primeira vez convidara os manchus a entrarem na China e que agora, aos 50 anos, era um velho príncipe honorário da nova dinastia que dominava a China. Wu passara toda a década de 1640 caçando os últimos remanescentes do exército rebelde de Li Zicheng por toda a China, antes de chegar ao extremo sudoeste e exterminar o que sobrara dos legalistas Ming. Agora ele era o senhor de toda aquela região, quase um rei, governando em favor dos manchus. Chen Yuanyuan, a mulher pela qual ele sacrificara seu país, estava a seu lado. Como símbolo de sua integração à linhagem imperial manchu, seu filho Yingxiong estava casado com uma princesa manchu. Mas para lembrar de sua vassalagem forçada, Yingxiong foi mantido em Beijing como refém.

A presença do imperador das Eternas Experiências causou rebuliço entre a tropa. Como acontecia com todos os outros exércitos daquele tempo, só um punhado de oficiais era na verdade manchu — o resto eram chineses e alguns sentiram reviver o já esquecido patriotismo à vista de um dirigente Ming, principalmente um como aquele, em tão lamentável estado.

Wu Sangui mandou comunicar a Beijing que tinha aprisionado o último Ming. Como agora quatro regentes linha-dura governavam em nome do imperador manchu da Abundante Prosperidade, a notícia foi recebida com a mesma brutalidade que acabara com Nicholas Iquan. Beijing respondeu com novas ordens.

Em 19 de maio de 1661, o imperador das Eternas Experiências e seu filho Zixuan Constantino foram levados à presença de Wu Sangui. Anunciando claramente que acreditava ter chegado sua hora, o imperador fez o que lhe foi mandado. Wu Sangui leu pessoalmente o edital de Beijing, ordenando a execução do reclamante ao trono Ming e de seu herdeiro de 14 anos. Antes que Wu Sangui terminasse de ler as últimas palavras da carta, seus oficiais adiantaram-se e cercaram o imperador e seu filho. Então, ali mesmo, os flecharam.[361] Ao saber do acontecido, a esposa do imperador quebrou um vaso de porcelana e com um caco cortou sua garganta antes mesmo que os guardas pudessem impedi-la.

---

361. Idem, p. 259. A mãe do imperador e a filha morreram de causas naturais em Beijing alguns anos mais tarde.

Os céus se enfureceram. Logo em seguida à execução, nuvens escuras cobriram o céu claro. Seguiram-se raios e trovões e uma tempestade de primavera caiu sobre a cidade. Muitos habitantes enlutaram-se pelo último dos Ming, levando um nervoso Wu Sangui a executar vários soldados de sua própria tropa, temendo que eles se revoltassem movidos pelo remorso. Mas os dias se passaram, a chuva cessou, o luto cheio de culpa abrandou e a China finalmente ficou sob domínio manchu. Emissários postais levaram as notícias até Beijing imediatamente e os regentes souberam, em poucos dias, que seu governo agora era inconteste. A partir de Beijing a notícia passou para outros centros urbanos com relativa rapidez, enquanto, mais vagarosamente, os rumores entre a população civil chegaram ao extremo oeste, a partir de Yunnan. Em poucas semanas, a morte do último imperador Ming já era do conhecimento de todos em Fuzhou, no litoral.

Longe, em Taiwan, Coxinga olhava para o mar do Forte Provintia, de luto pelo pai que ainda odiava, amaldiçoando o filho e a esposa que o tinham traído, aborrecido com os espanhóis que o tinham desafiado. Irritava-se também com a possibilidade de um contra-ataque holandês e pensava se algum dia conseguiria pôr de novo os pés no continente chinês, à frente de um exército conquistador.

Mesmo nas horas de vigília, era perseguido por visões da morte e de mortos; a doença tomara conta dele. Mas, apesar de seu mal avançado, insistia em ficar nas muralhas com um telescópio capturado dos holandeses nas mãos, mesmo quando as ondas se agitavam e caía outra tempestade de verão.[362]

Um navio chegou trazendo notícias do continente, mas eram as notícias da morte do imperador das Eternas Experiências, o senhor cujo rosto era desconhecido de Coxinga por quinze anos. Alquebrado, Coxinga vestiu suas roupas de cerimônia e lutou contra a tentativa dos criados para ajudá-lo. Vagarosamente, com passos trêmulos, tentou caminhar pelos corredores escuros, passou pelos vigias e foi cair na tempestade lá fora. Trazido de volta aos seus aposentos, pôs-se de pé, vacilante, em frente ao santuário de sua família onde os objetos de sua mãe e seu pai estavam colocados em local secundário em relação ao documento escrito pelo imperador que fundara a dinastia Ming.

Com as mãos trêmulas, levantou o testamento Ming com reverência e curvou sua cabeça diante dele. O esforço foi demasiado e Coxinga caiu ao chão, abraçando o documento com os braços e soluçando compulsivamente. Seus cortesãos se mantiveram a distância, sem coragem de sair, mas sabendo que ele não os queria por perto. O bravo guerreiro mortalmente abatido olhou para eles e disse: "Como posso me encontrar com meu

---

362. *TW*, p. 206.

imperador no céu, com minha missão incompleta?". [363] Coxinga então dobrou-se para a frente e cobriu com as mãos o rosto pesado de lágrimas. Com isso, o último defensor do Brilho parou de respirar. Seus colaboradores não conseguiram ressuscitá-lo e ele morreu como tinha vivido, com o espírito da dinastia Ming bem próximo do coração.

---

363. *Idem*, Davidson, *The Island of Formosa, p. 52;* é possível que Coxinga tenha ido para seu túmulo sem saber da morte do imperador das Eternas Experiências, já que a notícia não foi amplamente divulgada até o ano seguinte. Entretanto, eu me ative à versão tradicional do acontecimento. Keene, em *Battles of Coxinga*, pp. 69-73, examina vários relatos contraditórios dos momentos finais de Coxinga. Eu escolhi o de TW, já que é, sem dúvida, o mais confiável dentre as fontes disponíveis.

CAPÍTULO 13

Mil Outonos

A tempestade ficou mais violenta. De acordo com as lendas que cercam a vida de Coxinga, foi uma tempestade apenas igualada por aquela de trinta e nove anos atrás, no dia do nascimento dele. Lá em cima, nas montanhas, uma gigantesca árvore quebrou, caiu dentro do rio e desceu boiando até a baía Tai.[364]

Quando a morte de Coxinga foi anunciada na manhã seguinte, aqueles que o conheciam há mais tempo encontraram simbolismo especial na queda da "Grande Árvore" e fizeram com ela um caixão para seu senhor.

A morte do líder chinês causou uma cisão imediata na família Zheng. Em uma semana, Zheng Jing proclamou-se o herdeiro legal de Coxinga em Amoy e libertou Zhou Quanbin de sua prisão, nomeando o homem que fora enviado para matá-lo como o supremo líder dos exércitos Zheng.

Do outro lado do Estreito de Taiwan, os soldados de Coxinga perceberam que estavam sem nenhum oficial de alta patente. Seu comandante tinha perecido, Zhou Quanbin estava ausente, e Maxin também tinha sucumbido à doença. Acreditando, ou pelo menos esperando que a sentença de morte contra Jing tivesse sido executada, dois comandados proclamaram o irmão mais novo de Coxinga, Shixi, como o novo chefe das tropas da família Zheng. E o fizeram com a autoridade de quem obedecia a última vontade de Coxinga expressa em testamento, um documento altamente suspeito que favorecia o candidato escolhido por eles, em vez de qualquer um dos filhos vivos de Coxinga. Mesmo que o líder tivesse pretendido levar Jing à morte, outros cinco filhos seus estavam à frente do tio na sucessão.[365] Antes que isso acontecesse, os oficiais rebeldes, sabendo que enfrentariam problemas, adiantaram-se fazendo preparativos para um possível ataque vindo dos que apoiavam Jing.

---

364. Croizier, *Koxinga and Chinese Nationalism*, p. 40
365. Hung, *Taiwan Under the Cheng Family*, pp. 143-4.

Em Amoy, Jing começou seu governo reproduzindo o comportamento leal aos Ming de seu pai. Deixou a cargo de um nobre Ming de baixa linhagem, Zhu Shugui, o príncipe da Paz, os detalhes administrativos e os seus planos, que teria de dar conta das ações de Jing a um trono vazio. É que, preocupado com assuntos mais prementes, Jing adiou o processo de seleção do imperador das Eternas Experiências, que fora executado. Na verdade, ele se sentia confuso em relação à sua herança, sem saber se era um príncipe leal à dinastia Ming, um dirigente independente de uma nação costeira ou um comandante local pronto para fazer as pazes com os manchus.

Logo chegaram os embaixadores enviados pelos manchus. Como já tinham feito com o pai e o avô de Jing, ofereceram-lhe o perdão e um alto cargo no Império Celestial, se ele concordasse em se submeter ao imperador da Abundante Prosperidade e lhes entregasse os sinetes da dinastia Ming. Os embaixadores acrescentaram que, claro, Jing teria de raspar a parte da frente de sua cabeça à maneira manchu.

É pouco provável que Jing tenha achado a proposta atraente, mas ele já estava fazendo preparativos para atacar as forças de seu tio em Taiwan, e precisava impedir que os manchus disparassem um ataque na sua retaguarda. Mandou então uma resposta, pedindo para ser considerado rei da nação insular independente e oferecendo para agregar Taiwan à China como estado tributário, como fora feito com a Coréia. Os manchus nunca concordariam com isso. Desde a invasão inicial comandada por Dorgon, a adoção do corte de cabelo manchu tinha sido um detalhe fundamental para indicar a assimilação dos chineses. Se Jing concordasse em raspar sua cabeça, então os manchus poderiam aceitar um acordo, já que ele não seria o primeiro comandante local a se submeter aos manchus, retendo poderes reais sobre sua região. A parte mais extrema do sul da China já tinha sido dividida entre três generais desertores, que governavam como príncipes: Wu Sangui em Yunnan, no sudoeste; Shang Kexi em Cantão, ao sul; e Geng Zhimao em Fujian, na costa sudeste. Os manchus ofereceram a Jing uma posição similar como governante de Taiwan, mas Jing pleiteava uma condição mais independente — Taiwan não era parte do território chinês, mas uma terra separada, como a Coréia ou a Birmânia. Jing esperava que as discussões sobre essa situação mantivessem os manchus ocupados enquanto ele lidava com seu tio.

Em 16 de novembro de 1662, Jing zarpou para Taiwan com uma frota invasora comandada por Zhou Quanbin. Ele mandou avisar com antecedência à baía Tai que o leal filho de Coxinga estava chegando para assistir aos funerais do pai, esperando, dessa forma, dar aos comandantes locais uma chance de proclamar sua adesão a ele e evitar derramamento de sangue. Muitos aceitaram e esperaram em suas barracas as notícias de sua chegada.

Ficaram de fora apenas os dois generais que haviam falsificado o documento que supostamente expressava a vontade de Coxinga de pôr Shixi no comando. Eles enfrentaram as tropas de Jing logo que elas desembarcaram nas praias da baía Tai, na manhã de 27 de novembro. Lutando em meio a uma densa neblina, os rebeldes pareciam estar levando a melhor, até que Zhou Quanbin entrou pessoalmente em combate, empurrando para a frente os soldados que se haviam retraído e liderando-os no ataque que resultou na morte de um dos generais rebeldes. Jing desembarcou para olhar pessoalmente os rebeldes que sobreviveram.

"O comandante de suas forças está morto", proclamou seu arauto. "Vamos todos aderir ao verdadeiro filho de nosso bem-amado rei."[366]

As outras tropas então se renderam, e Jing perdoou seu tio, dizendo-lhe que ambos se haviam perdido em questões subalternas. Outros membros do clã não foram tão afortunados. No acampamento dos generais rebeldes Jing encontrou cartas que não apenas revelavam que Zheng Tai, em Amoy, instigara Shixi a brigar pelo poder, como também que Tai já estava em negociações secretas com os manchus. Na volta de Jing a Amoy, o displicente Tai foi preso durante um banquete e logo morreu na prisão em circunstâncias suspeitas.[367] Ao saber da morte do pai, o filho de Tai entregou-se aos manchus levando com ele um quarto das forças do clã Zheng.

Jing governou Taiwan por dezenove anos, mas embora usasse o calendário Ming, logo abriu mão da maior parte das suas pretensões de lealdade à dinastia extinta. Zhu Shugui, o príncipe da Paz, da própria corte de Jing, era o candidato ideal para se apresentar como o novo reclamante imperial Ming, mas Jing nunca se preocupou em oficializá-lo como tal. Pelo contrário, solicitava com cada vez menos freqüência os conselhos do príncipe, até que passou a ignorá-lo completamente, deixando-o para lamentar sua herança perdida com várias concubinas, em uma mansão em Taiwan.

Em suas últimas negociações com os manchus Jing afirmou não ser mais um legalista Ming, mas um rei, e exigiu o reconhecimento de sua situação independente. Batizou o seu reino taiwanês de *Dongning*, ou Paz Oriental, e esperou que os manchus o deixassem quieto.

Os manchus, entretanto, queriam que todos os habitantes potencialmente hostis fossem removidos de Taiwan. Sem querer fazê-lo por si próprios, pediram ajuda a aliados inesperados: os holandeses.

---

366. Davidson, *Island of Formosa*, p. 51.
367. Wills, *Pepper, Guns and Parleys*, p. 52. Na verdade, o drama final de Zheng Tai desenrolou-se por seis meses mas eu não dei espaço para ele aqui. A perda de Zheng Tai também detonou uma longa batalha legal no Japão, onde a maior parte da prata da família Zheng estava guardada. Jing foi obrigado a passar pelos tribunais japoneses para provar seu direito à prata, a que se opunha o filho desertor de Tai. O caso não foi resolvido a favor de Jing até 1675. Ver Hung, *Taiwan Under the Cheng Family*, pp. 198-203.

Depois da perda desastrosa de Taiwan, os holandeses na Batavia queriam vingança. Clenk e Caeuw, os dois indivíduos irresponsáveis que muito contribuíram para a derrota holandesa, conseguiram, de alguma forma, escapar de punição e saíram do episódio com pequenas reprimendas. Em busca de um bode expiatório, os holandeses jogaram toda a culpa no pobre Frederik Coyett, o homem que tinha lutado tanto para alertar seus superiores para os planos de Coxinga em Taiwan. Coyett foi levado ao local de execução e forçado a se ajoelhar diante do machado do carrasco em uma simbólica sentença de morte mais tarde comutada para a vida de prisioneiro em uma ilha remota. Coyett voltou para casa em 1674, depois de uma prolongada campanha em seu favor feita por amigos e parentes.[368]

A Companhia Holandesa das Índias Ocidentais na Batavia não podia permitir que sua reputação fosse arranhada, e despachou uma nova frota, no dia em que Coxinga morreu. Enquanto Jing se preocupava com a crise sucessória, a frota holandesa de revanche atacou várias propriedades Zheng ao longo da costa chinesa. Os navios tinham, na tripulação, muitos veteranos do cerco ao Forte Zeelandia e não demonstraram misericórdia pelos seguidores de seus arquiinimigos, assassinando homens, mulheres e crianças.[369] Os ataques holandeses foram deflagrados com amplo consentimento do governador de Fujian, que lhes havia prometido privilégios comerciais se eles o livrassem do clã Zheng. Estava mentindo, claro.

Por várias estações, numerosas frotas holandesas incursionaram pela costa da China pilhando qualquer navio que encontrassem, com base no princípio de que os manchus tinham considerado a viagem oceânica ilegal e que qualquer embarcação abordada passava, a partir dali, a pertencer ao inimigo. Enquanto isso, uma curiosa negociação tripartite começou, com cada um dos oponentes do conflito tentando conseguir o que queria. Embaixadores dos manchus continuaram a visitar Zheng Tai (até sua prisão e morte) e Jing, oferecendo-lhes o perdão e cargos nobres se se submetessem ao imperador da Abundante Prosperidade. Enquanto isso, negociadores holandeses tentavam detalhar as reais intenções das promessas manchus feitas a eles, apresentando-lhes zelosamente cartas e mapas e indicando alguns locais onde poderiam construir sua base permanente. Os manchus, ao que parece, ficaram felizes com os holandeses por terem atacado os navios de Zheng, mas não a ponto de permitir que os estrangeiros bárbaros negociassem com eles de igual para igual. O que os manchus realmente queriam era que alguém varresse o clã Zheng da face da terra, enquanto os holandeses adorariam ter o apoio manchu para retomar Taiwan. De Beijing, o velho Adam Schall escreveu aos colegas jesuítas informando-lhes que os

---

368. Coyett morreu em 1689.
369. Assim está relatado nos registros holandeses citados em Wills, *Pepper, Guns and Parleys*, p. 46.

manchus não tinham intenção de negociar com os holandeses. Planejavam tratá-los com cortesia enquanto tivessem um inimigo comum, e então cortariam o relacionamento com os holandeses com uma série de adiamentos e evasivas após eles terem servido a seus propósitos.[370]

Os holandeses, entretanto, já suspeitavam disso. Uma terceira linha de comunicação tinha sido aberta entre eles e o próprio Zheng Jing, quem lhes contou abertamente sobre o engano manchu. Jing exaltou os holandeses a esquecer inimizades passadas e retornar a Taiwan como amigos.

Esse estranho contexto triangular continuou por vários meses e teve sua quota de deserções. Alguns membros das forças manchus passaram para o lado dos Zheng — presumivelmente como último recurso dos transgressores para não enfrentar a pena de morte. Enquanto isso, muitos mais do clã Zheng desertaram para o lado manchu, incluindo o filho de Zheng Tai e o irmão perdoado de Coxinga, Shixi.

Em novembro de 1663, as negociações pararam quando uma frota armada holandesa-manchu atacou Amoy e Quemoy. As últimas comunicações recebidas foram do comandante da frota de Jing, Zhou Quanbin, avisando os holandeses de que seus novos aliados podiam não ser confiáveis.[371] Zhou estava apelando para medidas desesperadas porque sabia que, desta vez, seus oponentes manchus não eram os antigos cavaleiros do ano passado, que enjoavam no mar. Finalmente, cedendo às evidências esmagadoras, os manchus tinham feito a coisa mais acertada e colocado antigos homens do clã Zheng no comando de seus navios. A esquadra manchu que caiu sobre Amoy e Quemoy era chefiada por Huang Wu e Shi Lang, os dois desertores cujas partidas tantos danos tinham causado a Coxinga em 1650.

Embora o clã Zheng resistisse bravamente, Amoy e Quemoy logo foram dominadas. Os holandeses destruíram os ídolos pagãos nos templos e comemoraram o que esperavam ser a primeira etapa de sua campanha para retomar Taiwan. Esperavam ajuda manchu imediata na reconquista de Taiwan, mas ela, de repente, diminuiu, após a tomada das duas maiores fortalezas do clã Zheng no litoral.

Assim, a frota holandesa zarpou para Taiwan sozinha. Seu comandante, Balthasar Bort, teve uma rixa passageira com representantes do clã Zheng e então seguiu para a Batavia, sem recuperar os reféns deixados desde a queda de Zeelandia, nem iniciar um ataque. Os chineses acreditaram que o navio dele foi afundado, quando estava a caminho, pela deusa dos mares:

De repente, céu e terra ficaram escuros, relâmpagos coriscavam e brilhavam, um tufão trouxe trovões e chuvas, os

---

370. Wills, *Pepper, Guns and Parleys*, p. 85.
371. Idem, p. 72. Ver também Kessler, *Maritime Laws*, pp. 100-5.

vagalhões rugiam e, no mar, lótus de ferro rompiam-se em pedaços à vista de todos, e afundaram os navios dos holandeses — morreram todos, até o último homem.[372]

Os holandeses, que não foram molestados por nenhum lótus de ferro na vida real, tentaram voltar depois de terem limpado com escovão a presença Zheng no continente — mas duas de suas fortalezas costeiras ainda permaneceram. Jing, entretanto, deslocou a última de suas tropas para bem longe do litoral, abandonando toda a pretensão de ficar no continente.

Para alguns, era o sinal de que o fim estava próximo. Um bom número de comandantes do clã Zheng desertou para o lado dos manchus, incluindo o servidor de longa data, Zhou Quanbin. Quando ele se submeteu aos seus novos senhores, foi acompanhado por um europeu anônimo, presumivelmente um dos desertores que abandonara o serviço de Coyett no Forte Zeelandia. Fosse esse homem quem fosse, ele teria vivido uma experiência única, de lutar em todos os três lados desse prolongado conflito.[373] Fiel às suas origens mercantis, muitos membros do clã Zheng trouxeram consigo grandes cargas de produtos, avaliando que, já que serviriam aos manchus, poderiam perder o direito de importar produtos do exterior, mas não de vender o que carregassem com eles.

Os holandeses, entretanto, atolavam-se mais e mais nas negociações com os manchus. Sentindo que os alertas de Jing podiam estar corretos, contemporizaram com futuros ataques a Taiwan até terem certeza de que não era melhor engolir o orgulho e negociar com os Zheng. A trégua que se seguiu durou mais do que uma década, e o comércio holandês com os manchus continuou irregular, para dizer o melhor.

Os holandeses foram derrotados pela invasão de Coxinga, pela negociação manchu e, de alguma forma, pelos seus inimigos poderosos. O principal dentre eles era o jesuíta Adam Schall, decidido a se opor a qualquer presença anticatólica na Ásia. Schall, entretanto, tinha seus próprios problemas. Em 20 de abril de 1664, na venerável idade de 72 anos, o padre jesuíta sofreu um derrame que o deixou incapaz de caminhar sem ajuda, e com considerável dificuldade para falar e escrever. Seus inimigos de longa data na corte decidiram que era hora de atacar e prepararam uma lista de acusações contra ele. Schall e seus colegas jesuítas, alegaram, tinham traiçoeiramente pregado uma falsa religião e destruído as antigas tradições da astrologia chinesa com sua ciência estranha. Ainda mais seriamente, Schall foi acusado de empregar deliberadamente sua arcana magia católica contra a família imperial manchu. Como o homem basicamente responsável pelo local e hora do enterro do bebê do último imperador da Lei Inquebrantável,

---

372. Idema, *Cannons, Clocks and Clever Monkeys: Europeana, Europeans and Europe in Some Early Ch'ing Novels* p. 473 (citado em Jiang, *Taiwan Waizhi*).
373. Wills, *Pepper, Guns and Parleys*, p. 97.

Schall teria empregado premeditadamente um *feng shui* negativo para atingir seus propósitos. Os arranjos funerais não auspiciosos, disseram, contribuíram diretamente para a morte da mãe da criança e mais tarde, do pai, o próprio imperador.[374]

A essas alturas, o incapacitado Schall nem conseguia falar em sua própria defesa e tinha de murmurar frases para se comunicar por meio de um intermediário. Suas respostas no seu julgamento demonstram apenas um pequeno vestígio de sua antiga agudeza de espírito, mas são claramente as palavras de um homem penalizado. O julgamento transcorreu por vários meses, e a cada estágio finalizava com um veredicto de culpa para Schall e seus companheiros de clero. Pouco a pouco, Schall foi despido de seus títulos de nobreza e honra, e então levado a uma cela, acorrentado.

Os regentes do imperador da Abundante Prosperidade, entretanto, estavam relutantes em assinar o veredicto final, não porque não quisessem a morte de Schall, mas porque ele possuía amigos importantes. A avó do imperador, Borjigid, era muito afeiçoada a Schall, não apenas pela ajuda médica que ele lhe ofereceu quando necessitou, mas também pela longa e duradoura amizade que manteve com seu filho. Embora só tivesse na ocasião um pequeno poder, Borjigid conseguia fazer sentir a sua influência — os regentes foram obrigados a prolongar o julgamento e jogar a decisão final para o Grande Conselho dos Príncipes manchus.

As deliberações continuaram por muitos meses ainda, com o acusado Schall agora tão enfermo que terminou por sucumbir no tribunal. Ao final do longo processo, o Conselho chegou ao seu veredicto. Schall foi considerado culpado de traição e bruxaria e sentenciado à decapitação. Com a responsabilidade do veredicto distribuída com segurança entre um grande número de nobres, os inimigos de Schall aproveitaram a oportunidade para acrescentar uma última alfinetada, alterando a punição, de decapitação para a morte por dissecamento.

Para a sentença ser executada, era necessária a aprovação do imperador da Abundante Prosperidade. Esperava-se que o garoto de 11 anos lesse as recomendações dos seus regentes e então aplicasse nelas o seu sinete para torná-las um documento legal. Entretanto, em 13 de abril, um cometa apareceu no céu de Beijing, visto como uma ironia pelos oponentes do antigo dirigente do Instituto de Astronomia. Três dias depois, a cidade foi abalada por um terremoto que destruiu muitas casas, além das paredes da prisão onde estava Schall. Os supersticiosos da corte interpretaram o fenômeno como de intensa desaprovação, tanto do céu quanto da terra. Tudo isso, mais os contínuos protestos de Borjigid foram suficientes para salvar a vida de Schall. Embora continuasse a ser caçado

---

374. Attwater, *Adam Schall*, p. 146.

por seus inimigos em Beijing, foi libertado, e morreu pacificamente durante o sono no ano seguinte.[375]

O tempo passou e o Império Celestial finalmente ficou em paz. Todo o continente da China estava agora unido sob o domínio manchu e a geração que ainda se lembrava da vida sob a dinastia Ming tinha desaparecido. Zheng Jing governava Taiwan como um rei, mas o território nunca se agregou à China e não representava muito perigo. Ele não instituiu o príncipe da Paz como o novo "imperador Ming", mas insistiu em tratar com os manchus como rei de um estado independente. Os embaixadores discutiram sobre um ou outro ponto, buscando definições mais precisas; mas, avaliando bem, nenhum dos lados tinha mais recursos para agir militarmente. Por alguns anos, pelo menos, o clã Zheng estava a salvo em Taiwan. O sonho de Coxinga de restaurar a dinastia Ming morreu com ele.

Jing tinha perdido seu domínio sobre o continente mas, igual a seu avô, Nicholas Iquan, insistia em algumas operações de pirataria ocasionais. Uma das mais estranhas mercadorias das novas operações criminais passou a ser mulheres, que eram supostamente raptadas às dezenas na costa de Fujian e enviadas para serem noivas e concubinas do clã Zheng que restou em Taiwan.[376] Um comércio mais convencional expandiu-se depois de 1668, quando as proibições costeiras começaram a relaxar e o clã Zheng encontrou mais facilidade para negociar com fazendeiros chineses bem à vista dos oficiais corruptos. Embora os holandeses tivessem desistido temporariamente da idéia de negociar com a China ou Taiwan, outros europeus voltaram a Taiwan, como a Companhia Inglesa das Índias Ocidentais, que assinou um tratado comercial com Jing em 1670.[377]

O golpe final no clã Zheng veio na forma de uma inesperada aliança com os maiores inimigos da dinastia Ming. Como a China passava por um período de paz com o imperador da Abundante Prosperidade, as regiões mais distantes eram dominadas pelos poderosos generais desertores — príncipes que perceberam que não teriam mais nenhuma utilidade se a China estivesse verdadeiramente pacificada.

Wu Sangui, por exemplo, só fora designado general de Yunnan no distante sudoeste por causa de sua proximidade com o imperador Ming exilado em Burma. Agora que o último reclamante do trono Ming tinha morrido, estrangulado diante dos olhos de Wu, não havia necessidade de ele ter tantos poderes e nem um exército montado. Chegando agora aos 60 anos, o homem que deixara os manchus entrarem no país pela primeira vez era agora um velho soldado beirando a aposentadoria. Para tornar seu cargo necessário no sudoeste, Wu iniciou uma série de campanhas militares

---

375. Idem, p. 155.
376. Davidson, *Island of Formosa*, p. 58.
377. *FUD*, pp. 501-2.

desnecessárias contra aborígines "rebelados" na esperança de ser deixado em seus domínios e não ser convocado para uma vida de inatividade na capital, ou para sobreviver, fora de seu juízo, nos severos invernos de sua nativa Liaodong. Esse faz-de-conta estendeu-se até 1667, quando ele demonstrou uma leve intenção de se aposentar, ao pedir, oficialmente, para ser dispensado de suas obrigações por conta de um problema visual. Beijing mordeu a isca e pediu a Wu que se mantivesse no seu posto — pensando que havia ainda a ameaça de rebelião entre os aborígenes.[378]

Em Fujian, no sudeste, o príncipe Geng Zhimao podia sempre alegar que Taiwan continuava a ser uma ameaça, embora distante. Em Cantão, no extremo sul, seu colega desertor, Shang Kexi, tentou uma manobra semelhante. Falsificando relatórios a respeito de escaramuças declaradas pelos povo da região, os tanka, conseguiu fazer Beijing acreditar que estava envolvido em uma guerra demorada de pirataria na sua região, esperando, desse modo, manter-se no poder por mais um pouco. Beijing aprovou a manutenção dos exércitos no sul por algum tempo, mas as despesas eram grandes. Os exércitos dos "Três Feudatários" custavam ao estado mais de 11 milhões de *taels* ao ano — quase metade de todos os impostos coletados pelo Império Celestial. Claro que logo alguém poderia questionar a necessidade de manter tantos soldados em alerta total no que se supunha fossem tempos de paz.[379] Havia também um óbvio perigo a considerar: o de deixar metade do país sob o controle de três generais que se haviam disposto a trair seus antigos senhores, cada um com um exército enorme, capaz de deflagrar uma guerra contra os manchus. Esse fato não escapou ao filho de Coxinga, Jing, em 1670, quando ele mandou um emissário através do território manchu para Wu Sangui, em Yunnan. A mensagem era tentadora: se Wu se julgasse preparado para se sublevar contra os manchus, o clã Zheng em Taiwan estava pronto para apoiá-lo, com dez mil navios e um exército de cem mil homens.[380]

A tensão explodiu em 1673, quando Shang Kexi chegou à conclusão de que estava realmente cansado da vida militar. Decidiu não mais voltar a Liaodong e sim aposentar-se, assinou sua renúncia, enviou-a a Beijing e pediu ao filho Zhixin que assumisse em lugar dele. Beijing aceitou, mas disse não haver necessidade de Zhixin assumir o comando, porque não havia mais conflitos a pacificar.

A decisão funcionou como uma descarga elétrica que percorreu toda a China. Os manchus tinham como certo, embora equivocadamente, que o Império Celestial estava pacificado. A etiqueta exigia que Wu Sangui e Geng Zhimao aceitassem suas renúncias e eles o fizeram, com extrema relutância.

---

378. Tsao, *The Rebellion of the Three Feudatories*, p. 63.
379. Idem., p. 67.
380. Hung, *Taiwan Under the Cheng Family*, p. 242.

Todos sabiam das implicações e do que poderia acontecer depois disso. O imperador da Abundante Prosperidade, com apenas 19 anos, convocou reuniões de emergência em Beijing. Contrariando os conselhos de seus assessores para deixar os cachorros dormindo quietos, enviou um emissário até Wu aceitando sua renúncia. Era um risco que tinha de assumir, mas o tiro saiu pela culatra.

Em 28 de dezembro de 1673, Wu Sangui assassinou o governador de Yunnan, aprisionou os mensageiros do imperador e proclamou que a dinastia Ming ainda vivia. Os rumores que partiram de Yunnan diziam que Wu Sangui tinha finalmente despertado para seus reais deveres de lealdade e decidido apoiar a causa do "príncipe de Zhou" contra os manchus. Poucos sabiam quem exatamente era esse príncipe de Zhou, embora muitos suspeitassem, corretamente, que era o próprio Wu. Em algumas partes da China, a revolta de Wu foi encarada como um ressurgimento da dinastia Ming, enquanto em outras foi vista como uma tentativa de Wu de estabelecer uma nova dinastia como alternativa chinesa aos manchus. Após ter testemunhado as mortes do imperador dos Elevados Presságios em 1644, e do imperador das Eternas Experiências, em 1662, Wu queria agora o trono para si próprio.

O governo de Beijing tirou todos os canhões de Adam Schall das naftalinas e enviou um exército de dez mil homens para abafar a rebelião de Wu.[381] Mas quando o inverno virou primavera, ficou claro que uma tropa tão pequena não seria suficiente. Em abril de 1674, Wu e seus aliados declararam ter reconquistado um terço do território chinês em nome da perdida dinastia Ming (ou da nova dinastia Zhou, dependendo para quem se perguntasse). As províncias do sul e do oeste, Yunnan, Guizhou, Hunan, Sichuan e Guangxi estavam em mãos chinesas. Em 21 de abril de 1674, o governador de Fujian oficialmente aderiu à revolta. Geng Jing-zhong, filho e herdeiro do homem que tinha guerreado com Coxinga por duas décadas, proclamou que os manchus eram seus inimigos. Como o inimigo do inimigo não podia ser seu amigo, ele enviou um embaixador a Taiwan com uma proposta para o clã Zheng.

Geng ofereceu a Jing duas prefeituras em Fujian, e mais Amoy e Quemoy, se o clã Zheng concordasse em montar operações navais no sul da China. Enviados de ambos os lados ainda concordaram em um último objetivo: um ataque conjunto a Nanjing, chance de vingar a derrota de Coxinga uma geração atrás.

Só que as relações entre os dois improváveis aliados azedaram depressa. Reportando-se a Geng após sua visita a Taiwan, os enviados chineses disseram que o clã Zheng não era tudo o que dizia ser. Contrariamente às afirmações de Jing, o embaixador de Geng contou que Taiwan tinha

---

381. Tsao, *The Rebellion of the Three Feudatories*, p. 86.

pouco mais de cem navios e talvez dez mil homens. Embora seja provável que Jing tivesse apenas tentado desviar a atenção do embaixador, o relatório dele era altamente suspeito. As forças Zheng poderiam, claro, estar espalhadas em fazendas militares ao longo de todo o litoral e a frota não ficaria perfilada em um único lugar para simples apreciação do embaixador.[382]

Jing, enquanto isso, começou a duvidar da adesão dos rebeldes. Anunciou que os Zhengs lutavam pela dinastia Ming, não por algum novo império que Wu Sangui tivesse urdido. Se era embuste ou genuíno patriotismo é difícil dizer — Jing pouco tinha feito pela causa Ming durante uma década, embora seja possível que estivesse mentindo enquanto remontava mais uma vez os exércitos de seu pai. Quando ouviu que Geng quebrara oficialmente a promessa de dar partes do território de Fujian ao clã Zheng, decidiu tomá-las por si mesmo. A frota Zheng há muito tempo ausente das águas costeiras reapareceu em Amoy e capturou várias cidades chinesas. Os Zhengs estavam bem guarnecidos com armas estrangeiras, fornecidas pelos comerciantes ingleses em Taiwan, os quais fizeram um ótimo negócio na venda de pólvora, balas, artilharia e morteiros.

Embora Wu Sangui enviasse mediadores para tentar resolver a disputa, Geng e Jing não se entenderam. As forças Zheng conquistaram com sucesso grande parte de Fujian e duas prefeituras em Cantão. Em 1676, quando o clã Zheng parecia ter atingido de novo seu ápice, o prejuízo causado pela rivalidade entre os rebeldes cobrou seu preço. Geng rendeu-se aos manchus que o atacaram vindos do norte, enquanto no litoral seu aliado de outros tempos, Jing, esperava com uma força militar de 200 mil — quase que o ínfimo número de soldados que os embaixadores de Geng tinham indicado. A maior perda na rebelião não foi de homens ou materiais, mas de oportunidade, já que Jing demonstrara ter tropas suficientes para fazer um ataque a Nanjing. Se Geng tivesse colaborado com ele, as coisas poderiam ser bem diferentes.

A derrota de Geng permitiu aos manchus, no leste, concentrar-se nos seus ataques a Jing. Eles começaram a empurrar o clã Zheng para trás, não apenas em terra, mas no mar, onde a frota manchu conseguiu várias vitórias.

Enquanto isso, o pouco provável aliado de Jing, Wu Sangui, finalmente deixou claras as suas intenções. Sofrendo reveses parecidos no interior, proclamou-se dirigente de uma nova dinastia, em 1678. A partir de então, Wu Sangui quis ser chamado de *Zhaowu*, o imperador da Brilhante Guerra. Cinco meses e meio depois, Wu Sangui morreu, derrotado não pelos manchus, mas pela disenteria. Seu filho foi morto em Beijing pelos seus captores manchus, mas o neto de Wu tentou manter a dinastia, usando o nome otimista de *Honghua* — imperador do Crescente. Mas seus poderes minguaram e

---

382. Hung, *Taiwan Under the Cheng Family*, p. 244.

ele se suicidou para escapar da prisão em 1681. A concubina de Wu, Chen Yuanyuan, por quem ele sacrificara seu país, sobreviveu a seu amante e se tornou monja budista.

Em Beijing, o imperador da Abundante Prosperidade decidiu que tinha chegado a hora de negociar com Taiwan de uma vez por todas. Pensou em sondar um provável candidato em Beijing, convocando uma reunião com o antigo comandante naval de Coxinga, Shi Lang, agora um velho de 60 anos. O imperador da Abundante Prosperidade deu-lhe a missão de construir e treinar uma frota de navios de guerra com um objetivo definido: a conquista de Taiwan.

Em Taiwan, Jing tinha desistido. Trouxe suas tropas de volta do continente e ocupou-se com concubinas e vinho. Taiwan continuou a ser administrada pelo regente que substituíra Jing durante sua longa ausência no continente: seu filho mais velho, Kecang.

As semelhanças familiares no clã Zheng parecem ter pulado uma geração. Se o comportamento licencioso de Jing era a imagem do avô, Nicholas Iquan, o intenso e sério Kecang era Coxinga revivido.[383] Jing tinha apostado no garoto na juventude e o deixou, com toda a confiança, a postos em Taiwan enquanto esteve fora. Outros membros do clã Zheng não admiravam Kecang tanto assim, particularmente depois que a saúde de Jing piorou. A viúva de Coxinga, Cuiying, desprezava o neto mais velho pela baixa posição social de sua mãe, suas origens ilegítimas, e talvez pela semelhança com o seu último marido.

Em 17 de março de 1681, Jing chamou seus principais generais, Feng Xifan e Liu Guoxuan, aos seus aposentos. O rei de Taiwan estava morrendo, aos 39 anos, como seu pai Coxinga. Jing estava preocupado com a sucessão, principalmente depois da recente morte do poderoso sogro de Kecang. Exigiu que os generais jurassem fidelidade a ele e prometessem fielmente servir Kecang como o novo dirigente de Taiwan. Os generais asseguraram a seu líder que o fariam.

Antes que o corpo de Jing esfriasse, Feng Xifan estava planejando um golpe. Após ganhar o apoio dos quatro outros filhos de Coxinga, os conspiradores foram até Cuiying. Cuiying concordou em apoiá-los na alegação de que Kecang não era o filho verdadeiro de Jing, e sim a descendência clandestina de um pai desconhecido, que se havia passado pelo próprio Jing.[384]

Em 19 de março, Kecang foi chamado aos aposentos de sua avó, onde ficou surpreso ao ver seus quatro tios esperando por ele. Ali Kecang

---
383. Davidson, *Island of Formosa*, p. 60.
384. TW, p. 371; Hung, *Taiwan Under the Cheng Family*, p. 265; Davidson, *Island of Formosa*, p. 60. Os quatro tios eram o segundo filho de Coxinga, Cong, o quinto filho, Zhi, o sétimo Yu e o oitavo, Wen. Ver Chang, *The English Factory in Taiwan*, p. 726.

foi "estrangulado barbaramente pelos escravos negros" e um herdeiro mais adequado o substituiu. [385] O filho mais velho depois de Jing era um garoto de 11 anos chamado Keshuang, e todos concordaram que ele seria ideal. Como era muito jovem e inexperiente, foi necessário encontrar um regente para governar em seu lugar, e o candidato que estava bem à mão era seu tio mais velho, o menino Zheng Cong. Cong tornou-se o dirigente nominal de Taiwan, embora o verdadeiro poder ficasse nas mãos de sua mãe, Cuiying, e do sogro de Keshuang, que por coincidência era Feng Xifan.

Várias mortes depois, por coincidência ou não, ajudaram Feng Xifan a se firmar no poder. O regente Zheng Cong foi morto no fim do mês e a viúva Cuiying morreu naquele agosto, de causas supostamente naturais[386] Com Keshuang ainda menor de idade, Feng Xifan virou o dirigente de Taiwan pelo menos nominalmente, mas não se deu bem. O regente, seu sogro, ordenou várias execuções no palácio depois de descobrir um complô para derrubá-lo em dezembro de 1681.[387] Os aborígines do norte rebelaram-se contra a política de recrutamento da família Zheng em 1682, forçando Feng a cancelar a medida impopular. No início de 1683, Taiwan foi atingida pela fome.

Enquanto isso, Shi Lang estava reunindo sua armada no outro lado do estreito. Ele se bateu com os políticos locais e insistiu no controle total de todas as operações militares. A arrogância que o tinha levado a conflitos com Coxinga no passado também foi causa de atrito com os oficiais fujianeses, mas no fim ele conseguiu o que queria: o selo imperial de aprovação. Em nome do imperador, Shi Lang assumiu o controle total da operação, e no verão de 1683, tinha sob seu comando um exército de 20 mil homens e uma frota de 300 navios de guerra.

Como antes dele fizeram Coxinga e os holandeses, a primeira parada de Shi Lang foi em Pescadores. Ali os Zheng o aguardavam, com pesadas fortificações, canhões montados em plataformas e uma tropa de 20 mil soldados. Um esquadrão Zheng perseguiu os navios de reconhecimento de Shi Lang e quando o almirante voltou com o grosso de sua frota, enfrentou grande resistência. Depositando extrema confiança na sua superioridade numérica, Shi Lang levou seus navios de encontro à principal linha de defesa Zheng, em um caótico vale-tudo. Os marinheiros inexperientes de Shi Lang provaram ser guerreiros relutantes e muitos fugiram do combate. Os homens do clã Zheng lutaram até a morte e levaram com eles muitos atacantes. Vinte e dois navios Zheng se transformaram em navios suicidas, carregados de pólvora, explodindo quando cercados pelos navios manchus.

---

385. Idem, p. 457. Possivelmente, o assassinato de Kecang foi o último ato notável na longa carreira da Guarda Negra.
386. TW, p. 377.
387. Chang, *The English Factory in Taiwan*, p.459.

Shi Lang, ferido na batalha, perdeu o olho direito por causa de um estilhaço. Voltou ao comando seis dias depois para um novo confronto e seguiu o Conselho de um antigo membro do clã Zheng para usar a sua superioridade numérica mais efetivamente. Vários navios manchus cercaram cada uma das embarcações Zheng, impedindo qualquer tentativa de fuga e lutando até que as tripulações se rendessem. Poucos na verdade o fizeram — as contas de Shi Lang em relação à batalha lista apenas cinco mil prisioneiros. Também registra um estranho incidente com seu olho recém-perdido: diz ter "visto" uma mulher de pé a seu lado por uns instantes, com as vestes ensopadas da cintura para baixo. Quando ele olhou, ela desapareceu.

Com as forças Zheng derrotadas, Shi Lang desembarcou na praia de Pescadores para o culto de agradecimento em um templo local. Após ver a imagem de Matsu, deusa dos mares, contou aos seus homens tê-la reconhecido naquela mulher da visão e afirmou que a frota manchu tinha uma nova e inesperada aliada. Como conta um registro imperial, "o mar manifestou Sua divina justiça". [388] A deusa dos mares abandonou o clã Zheng.

Na praia, em Taiwan, os últimos Zheng discutiam sobre o que fazer. Alguns queriam pegar os navios e fugir para as Filipinas, esperando estabelecer uma nova base ali. Mas era uma medida extrema e ninguém a levou a sério — uma expedição como essa requeria planejamento de longo prazo, não a súbita arremetida em uma batalha. Além disso, com Pescadores agora sob controle inimigo, a frota de Shi Lang podia facilmente bloquear Taiwan e impedir que qualquer navio Zheng escapasse.

Emissários do rei-menino Keshuang chegaram a Pescadores para falar com Shi Lang. Com eles, trouxeram uma carta de rendição incondicional. Shi Lang ponderou por algumas semanas, disposto a não permitir que Keshuang se rendesse sozinho no estilo Nicholas Iquan, mas com todos os seus regentes, soldados e povo. Shi Lang deixou absolutamente claro que esse não era o momento para meias-medidas. Taiwan não seria reconhecida como um estado independente, e os Zheng não teriam mais permissão de permanecer perto do mar. Todos os envolvidos tinham de jurar fidelidade ao imperador da Abundante Prosperidade, para desautorizar a extinta dinastia Ming e raspar a cabeça à maneira manchu.

Nem todos do clã Zheng estavam dispostos a concordar. Em sua casa, nas cercanias da cidade, o príncipe Ming da Paz cometeu suicídio, precedido pelas suas cinco concubinas. Outros 17 nobres Ming menores de idade mantiveram suas vidas, mas perderam seus cabelos. Quando ficou claro que os Zheng estavam prontos para se entregar, Shi Lang fez a viagem final até a baía Tai no início de setembro de 1683. [389]

---

388. Keliher, *Out of China*, p. 50; Chen et al., *Historical Sites of the First Rank in Taiwan and Kinmen*, p. 180.
389. Huang, *Taiwan Under the Cheng Family*, p.273.

Desembarcou para encontrar o jovem Keshuang e seu regente com suas cabeças raspadas e o odiado rabicho manchu. Então, Shi Lang foi até a casa onde o príncipe da Paz morreu para agradecer sua nova protetora. A antiga mansão é hoje um templo da deusa do mar.[390] Keshuang foi levado a Beijing para uma audiência com o imperador da Abundante Prosperidade. Lá, o último membro do clã Zheng, abandonado pela sua deusa protetora, disse:

Ao ajoelhar aos pés de Sua Majestade, considero a grandeza da China, que existiu com brilho inesgotável durante anos, e não posso fazer outra coisa senão aceitar essa que é a vontade dos Céus, a de lhe investir do supremo poder.[391]

Os Zheng estavam derrotados, e o sonho de restaurar os Ming, oficialmente encerrado. Por ter dado fim à resistência ao render-se, Keshuang foi nomeado Duque que Domina os Mares. Tornou-se um nobre de menor patente na aristocracia manchu e permaneceu no norte da China, onde foi incorporado como membro da Bandeira Amarela da Fronteira. Shi Láng, o homem que o derrotou, recebeu honrarias maiores ainda e alguns anos após sua morte, seu nome foi oficialmente colocado para veneração no Templo dos Eminentes Homens de Estado.[392]

Seguindo as recomendações de Shi Lang, Taiwan foi incorporada ao Império Celestial, para impedir que quaisquer outros estrangeiros tentassem usá-la como base, como fizeram os holandeses. Os soldados sobreviventes do clã Zheng, ainda em número de 40 mil, foram transferidos para locais distantes do mar para evitar qualquer mudança de orientação. Muitos foram servir nos conflitos entre a China e a Rússia e as populações das estepes na fronteira norte. Alguns, entretanto, escaparam de volta para o mar e seus descendentes distantes retornariam para atormentar as costas do sul da China mais de um século depois.[393] Os últimos vestígios dos Ming foram preservados no sul pelo legalista chinês Duong Ngan Dich, que escapou em uma pequena frota de refugiados meses antes do ataque de Shi Lang e se estabeleceu no sudeste da Ásia, na região do delta do Mekong.[394]

---

390. Chang et al. *Historical Sites of the First Rank in Taiwan and Kinmen*, p. 180.
391. Davidson, *Isle of Formosa*, p. 61.
392. Hummel, *Eminent Chinese*, p. 653.
393. O principal entre eles era Zheng Yi, descendente de um dos soldados de Coxinga, e sua esposa Xianggu Zheng Yisao, a "Rainha Pirata", que floresceu nos primeiros anos do século XIX.
394. Chang, *English Factory em Taiwan*, p. 467. Houve um último impulso para os simpatizantes dos Ming em 1707, quando um velho na província de Jiangsu foi descoberto como sendo o príncipe Cihuan, o último filho vivo do imperador dos Elevados Presságios. Uma série de breves levantes aconteceram, mas Cihuan foi executado pelos manchus. Depois disso, os oposicionistas anti-manchus se preservaram em sociedades secretas e organizações criminais e tinham pouco a ver com os Ming. Ver Struve, *Southern Ming*, p. 256.

Ali, a história dos Zheng deveria terminar, mas as biografias chinesas sempre as estendem para o pós-vida. Coxinga, o mais famoso filho Zeng, não era exceção.

Os túmulos violados dos Zheng foram restaurados em 1700, como o primeiro dos vários passos dados pelos conquistadores manchus para homenagear o inimigo que tantos problemas lhes causou. Coxinga permaneceu como um herói para os chineses e até mesmo para os manchus que não conseguiam deixar de admirar sua obstinada recusa em trair sua adorada Dinastia do Brilho. O estado manchu, fundado em grande parte em razão da disposição dos desertores chineses de mudarem de lado, mais tarde reconheceu Coxinga como um Parâmetro de Lealdade em 1787. Foi lembrado para as gerações futuras como um herói a ser admirado.

A consagração de Coxinga aconteceu em 1875, mais de dois séculos após sua morte, em uma China ameaçada por poderes estrangeiros. Em reconhecimento ao primeiro guerreiro chinês a infligir uma importante derrota aos bárbaros de além-mar, Coxinga foi elevado a uma posição de divindade com um templo dedicado a ele. Na verdade, estátuas e pinturas de Coxinga já eram encontradas há muito tempo em altares por toda Taiwan, com a população local pedindo sua ajuda. Para os chineses de Taiwan, ele era o "leal e puro" príncipe de Yanping, ou o Rei Sábio que Abriu nossas Montanhas.

Em 1898, quando Taiwan foi passada para os japoneses como espólio de guerra, o novo governador japonês foi imediatamente prestar sua homenagem a Coxinga, o conquistador "japonês" que tinha defendido a ilha contra os invasores estrangeiros. Coxinga foi honrado pelos novos senhores da ilha com sua incorporação ao panteão da religião Xintó, dos nativos japoneses, conseguindo, assim, a rara distinção de se tornar um deus por duas vezes.[395]

O aliado de Coxinga de outras épocas, o partidário Zhang Huang-yan, uma vez escreveu que "por mil outonos, os homens falarão sobre isso". Pouco mais de um terço desse tempo passou desde a morte de Coxinga, e o herói já é assunto em peças de teatros, livros e filmes[396].

No século XX, sua memória tornou-se um ponto de referência para os republicanos chineses determinados a desalojar agressores estrangeiros. Coxinga foi considerado um predestinado e santificado por Chiang Kai-shek,

---

395. Para uma apreciação mais profunda das honras e costumes póstumos de Coxinga, ver Corizier, *Koxinga and Chinese Nationalism*, pp. 50-62
396. Ver Keene, *Battles of Coxinga*, capítulos III e IV; Croizier, *Koxinga and Chinese Nationalism*, capítulo V, e a extensa lista de lendas japonesas sobre Terao, *Tei Seikô*, pp. 241-4. Alguns dos pontos mais importantes das aventuras apócrifas de Coxinga incluem as incríveis temeridades do dramaturgo japonês Chikamatu de *Battles of Coxinga* (1715); o déspota oriental da peça holandesa de Joahannes Nomsz, *Anthonius Hambroek* (1775), e a propaganda colonialista japonesa de Kashima Oto em *The Last Day of Coxinga* (1915). Os relatos mais recentes de sua vida parecem determinados a injetar ainda mais aventura em uma vida já incrível. A série da televisão taiwanesa, *Recapturing Zhikan* (1965) inseriu um

em seu governo no exílio, mas também se tornou herói para os comunistas — era tanto o homem que baniu os imperialistas ocidentais como também o conquistador que ajudou a incorporar Taiwan à China. Ninguém sabe dizer com certeza se ele era um pirata ou um rei, um legalista ou um louco. Mas em algumas partes de Taiwan, as pessoas ainda rezam para ele pedindo chuva.

---

romance entre Coxinga e a filha meio-chinesa de Feederik Coyett, não citada antes, como reforço para o enredo. O filme *Sino-Dutch War* (2001) insiste em dar a Coxinga ainda um outro interesse amoroso, na forma da irmã adotiva Xueliang, uma linda musicista e praticante de artes marciais, que foi encontrada pela senhorita Tagawa agarrada a um resto de um navio afundado no Estreito de Taiwan. A mais recente "encarnação" a mencionar, a série de TV chinesa *Great Hero Zheng Chenggong* (2002), apresenta a obstinada irmã de Frederik Coyett, Linda, de caráter duvidoso, como uma ruiva envolta em um vestido de baile rosa-choque, que é quase estuprada pelo embriagado Feng - a Fênix, mas se apaixona por Coxinga e se disfarça de garoto para tirar um rebelde aborígene da cadeia para depois morrer em circunstâncias trágicas.

APÊNDICE I

Sobre os Nomes

O eterno problema das narrativas das histórias chinesas recai sobre a confusão a respeito dos caracteres dos nomes. O chinês tem muito poucas sílabas, diferenciadas por um sistema tonal que é difícil de transferir para o inglês e de pouco uso para a leitura. O assunto ainda fica mais confuso por conta do hábito chinês de utilizar nomes públicos e privados, também há o hábito dos marinheiros de usar nomes de guerra e há a inconsistência da catolicização empregada pelos escritores europeus. Em muitos casos eu simplesmente escolhi uma interpretação rapidamente reconhecível para cada sinal de escrita e o mantive ao longo de todo o livro, mesmo em anacronismos ocasionais — Coxinga, por exemplo, não tinha esse nome até os 20 anos. Alguns desses caracteres são identificados pelos nomes que usavam com os estrangeiros, outros pelo seu sobrenome, e mais alguns ainda pelo seu primeiro nome. No cipoal de irmãos de Iquan, acrescentei uma semi-tradução inglesa para tornar o reconhecimento mais fácil. Isso funciona em uma narrativa popular mas não se adequa ao caso de uma pesquisa, porque logo se descobre que outras fontes apresentam nomes diferentes para as mesmas figuras históricas. Este apêndice lista os nomes variáveis das principais figuras deste livro.

Alguns poderão reclamar por eu ter usado o sistema católico Pinyin para os nomes chineses, já que ele só foi inventado por volta de 1950, mas isso parece ser supérfluo no caso de nos atermos ao confuso sistema *Wade-Glies*, que o precedeu em menos de um século. Pinyin é livre dos sons guturais apócrifos de *Wade-Giles*, e dá ao som das palavras chinesas na página um sentido mais realista — o Pequim de *Wade-Giles*, em tese, dever ser pronunciado "Beijing" e eu não vejo razão em não poder soletrá-lo como no Pinyin, que é, claro, Beijing.

Outro problema é a fenda de modernidade que separa o último reduto da República da China (i.e. Taiwan) da República Popular da China. Muitas fontes da história de Taiwan se apóiam no sistema catolicizado do

Wade-Giles, como se fosse politicamente inadequado adotar o sistema Pinyin inventado pelos seus rivais comunistas. Cabe ao pesquisador inglês saber, por exemplo, que Fujian, Fukien e Hokkien de diferentes autores se referem ao mesmo local. Em muitos casos, é menos difícil aprender chinês.

Aberhai — Também Abahai. Sem qualquer prova de seu verdadeiro nome manchu, grandes conhecedores da língua manchu preferem quase sempre chamá-lo de Hung Taiji, como ele era conhecido na China. Isso parece ser uma corruptela de *qung-tayiji*, (também *khungtaiji* e *kontaisha* nas mesmas fontes), um título manchu para um líder guerreiro.

Augustin — Seu nome verdadeiro era Li Da-she; ele adotou Augustin como nome de batismo cristão. Como o filho mais velho do Capitão China, também era chamado de "Iquan" (ver Nicholas Iquan, adiante, para mais detalhes), levando em muitas ocasiões as fontes estrangeiras a confundi-lo com o seu maior rival.

Bao - a Pantera — Zheng Zhibao (Cheng Chi-pao). Também Zheng Mang'er.

Borjigid — O nome todo é Borjigid-shi, ou "Senhora Borjigid", já que Borjigid era o nome de seu clã, não seu nome próprio. Ficou conhecida mais tarde como Xiaozhuang Wen, quando sua família se tornou dirigente da China.

Capitão China — Seu nome chinês era Li Dan (Li Tan). Os holandeses e ingleses em Hirado também se referiam a ele como Andrea(s) Dittis — possivelmente um "nome cristão" adotado por ser mais fácil para os estrangeiros bárbaros lembrarem.

Coxinga — Sua mãe o chamava de Fukumatsu, combinando os caracteres de *Fu* de Fujian, com *Matsu*, que significa árvore do pinheiro e ainda é o *Matsu* de Matsuura, a família que dominava a região de Hirado. Seu pai o chamava de Sen, que significa Floresta e ele ganhou o nome público de Da Um (Ta Mu), ou "Grande Árvore". Quando adulto, recebeu o nome de Zheng Chenggong (Cheng Ch'eng-Kung; Japonês: Tei Seikö). O Imperador também lhe deu permissão de usar o sobrenome imperial Ming de Zhu (Chu), o que levou ao nome de Guo Xing Ye (Kuo Hsing Ye), o Herdeiro do Nome Imperial ou Cavaleiro do Nome Nacional. No dialeto local de Amoy, isso passou para Kok Seng Ya e foi tomado pelos holandeses, portugueses e ingleses como Koxinga, Cocksinja e Coxinga, ou Kokusenya no japonês. O nome foi latinizado nos documentos jesuítas como Quaesingus. Outras variantes incluem Cogseng, Con-seng, Kuesim, Quoesing, Coxiny, Quesim, Quesin e Cocxima. Também foi chamado de Maroto (presumivelmente "O Saqueador") e Pompoan ou Pun Poin, ambos como corruptelas européias de Benfan ("Nosso Líder"), pelo qual Coxinga é indicado nos registros de seu secretário. Também recebeu muitos títulos honrosos dos Ming sulistas, os quais tinham pouco mais do que palavras para recompensar seus homenageados: Conde da Lealdade e da Piedade Filial (1646), Marquês de Weiyuan (1646), Duque de Zhangguo (1647), Príncipe de Yanping (1653), Príncipe de Chão (1655). "Príncipe" traduz melhor o sentido do que a letra chinesa para Wang, que literalmente significa Rei. Os invasores manchus fizeram dele, brevemente, o Duque de Haicheng *in absentia*, mas Coxinga rejeitou suas tentativas de comprá-lo com um título.

Coyett, Frederik — Seu nome é dado como Príncipe Kuiyi em fontes chinesas.

Cuiying (Ts'ui-ying) — Seu nome completo era Deng Guotai (Tung Kuo-t'ai); Cuiying era o nome pessoal que ela usava com os membros da família. Cartas da Companhia Inglesa das Índias Ocidentais, escritas durante o período do governo de Jing em Taiwan, referem-se a ela como Rainha Mãe.

Feng - a Fênix — Zheng Zhifeng (Cheng Chi-feng), também algumas vezes chamado simplesmente de "Terceiro Tio".

Fujian (Fukien) — No dialeto local, pronuncia-se Hokkien, nome pelo qual o próprio dialeto é conhecido fora da China.

Geng Zhimao (Keng Chi-mao) — Citado em fontes holandesas como Simlagong ou Simtagong.

Imperador Hongguang (O Imperador Hung-Kuang) — Seu nome era Zhu Yousong (Chu Yu-sung), também conhecido como Príncipe de Dechang (Te-chang) e Príncipe de Fu depois da morte de seu pai pelas mãos de Li Zicheng.

Hu - o Tigre — Zheng Zhihu, chamado Sisia pelas fontes holandesas.

Iquan — Seu nome era Zheng Zhilong (Cheng Chih-lung, japonês: Tei Shiryú). Nicholas é seu nome de batismo em Macau e nome de seu rico patrão europeu. Iquan era a corruptela portuguesa para Yi-Guan, que significava "Primeiro Filho". Registros europeus modernos o chamam de Nicholas Iquan, Nicolas Icoan ou algumas vezes de Gaspard ou Jaspar. Foi-lhe dado o título de Orelha de Nan'na pelo Imperador do Grande Esplendor (1645). No sentido estreito, usando o critério de tradução seguido pelos seus irmãos em seu livro, podemos também chamá-lo de Long, o Dragão.

Jing — Como indicação clara das grandes esperanças familiares para com a próxima geração, seu nome de infância era Jin-She — "Brilhante Esperança para a Casa"; o nome que lhe foi dado foi Zheng Shifan —

"Modelo para o Mundo". Como da mesma forma o nome de família de Caesar acabou se confundindo com o termo usado para indicar o imperador romano, algumas fontes erradamente referem-se a Jing como Coxinga, e também Pompoan (veja Coxinga, anteriormente). Também é chamado de Kimpsia ou Sepoan nos registros holandeses.

Imperador Kangxi (O Imperador K'ang-hsi) — Seu nome de nascença era Xuanye (Hsuan-ye).

Imperador Yongli (O Imperador Yung-le). Seu nome de nascença era Zhou Youlang (Chu Yu-lang), também conhecido como Príncipe de Yong-Ming.

Kecang (K'o-tsang) — Citado nas cartas da Companhia Inglesa das Índias Ocidentais como Camcock.

Li Kuiqi (Lee Kuei-chi) — Chamado de Quitsick nas fontes holandesas.

Li Shuaitai (Li Shuai-t'ai) — Citado como Taising Lipovi pelas fontes holandesas.

Imperador Longwu (O Imperador Lung-wu) — Seu nome era Zhu Yujian (Chu Yü-chien), também conhecido como o Príncipe de Tang (T'ang).

Matsu, a deusa dos mares — A-Ma-Gong, ou melhor, Mazu.

Maxin (Ma-Hsin) — *Neglected Formosa*, obra de Coyett menciona que o Oficial-Chefe de Coxinga era Bepontok, um desertor tártaro. Isso confundiu os historiadores mais tarde, já que Coxinga não tinha nenhum manchu em suas tropas. Há algumas histórias, entretanto, que dizem que Maxin era um chinês originalmente leal aos manchus, que tinha desertado para o lado de Coxinga nos anos 1650 após o tratamento de sua esposa doente nas mãos de um oficial manchu. Como comandante adjunto de Zhou Quanbin nas forças de ataque de Coxinga em Taiwan, Maxin parece ser o candidato mais provável para o misterioso Bepontok.

Nurgaci — Também conhecido como Nurhachi. Antigos documentos se referem a ele como Qing Taizu (O Ancestral Qing) ou pelo seu nome póstumo: Wu Huangdi (Imperador em Guerra).

Pincqua — Este nome é usado pelas fontes holandesas. Fontes chinesas o chamam de He Ting-Bin ou He Bin (Ho Pin).

Suetsugu Heizo — Aparece nos registros holandeses como Fesodonno ou Phosodonne.

Sakkam — Também Saccam e Sakam, e na forma de um dialeto local, como Zhikan (Chi-k'na) ou " Penhascos Vermelhos".

Senhora Ren (Lady Jen)

Shi Lang (Shih Lang) — Também chamado de Sego nas cartas da Companhia Inglesa das Índias Ocidentais.

Taiwan — Chamado de Ilha Formosa e Ilha Bonita, pelos portugueses e holandeses quando chegaram, também era conhecida como Daí Liuqiu ("A Grande Ilha Ryukyu") para diferenciá-la das Ilhas Ruykyu Menores que se estendem até o Japão. De modo confuso, alguns mapas chineses referem-se a ela como o Pequeno Reino de Ryukyu (Xiao Liuqiu Guo). Essas últimas denominações caíram em desuso, porque implicam domínio japonês sobre a ilha. Durante o período do governo de Zheng Jing, mesmo os documentos manchus a citam como Dongning, ou "Paz Oriental".

Imigrantes do século XV citam a ilha pantanosa e cheia de malária de seu exílio como Maiyuan — o "Local do Funeral Injusto" — que se pronunciava Daiwan no dialeto de Fujian. Ao pé da letra, o original "Tayouan" era o nome de um pequeno banco de areia onde os holandeses construíram sua base. Após a construção do Forte Zeelandia, tanto os chineses como os holandeses passaram a se referir à ilha pelos nomes de seu porto mais conhecido — Dawan (A Grande Baía), Tywan, ou Taiwan (a Baía Curva). Após a conquista manchu, toda a ilha ficou conhecida como Taiwan daí em diante. Uma, ou alguma, ou todas essas explicações contribuíram para o nome que damos à ilha hoje.

Theyma — Apresentada só como Senhora Huang (seu sobrenome) nas fontes chinesas. Theyma aparece nos documentos holandeses e é bem provável que seja uma corruptela de Zheng Ma, ou Mãe Zheng.

Xinsu — Seu nome completo era Xu Xinsu (Hsu Hsinsu), que poderia corresponder a um Xu em uma narrativa histórica que usa o sobrenome das pessoas. Fiquei com Xinsu para evitar confusão entre Xu (Xinsu) e Hu (o irmão de Iquan). Registros holandeses do período o chamam de Simsou.

Yizuo — Seu nome completo era Zhu Yizuo (Chu I-tso) mas eu usei seu nome de nascença em vez de seu sobrenome para evitar confusão no texto.

Zeelandia — Forte Zeelandia era originalmente chamado de Forte Orange, mas foi rebatizado em 1634.

Zheng Tai — Também chamado de Zheng Gongchuan no *Veritable Record* de Yang (p.151).

Zhou Quanbin (Chou Chüan-pin).

APÊNDICE II

Cargos e Designações

Imperadores da China

1567 Ming número 14, Wanli, Imperador das Dez Mil Experiências
1620 Ming número 15, Taichang, Imperador da Tranqüila Prosperidade
1621 Ming número 16, Tianqi, Imperador da Sabedoria Celestial
1628 Ming número 17, Chongzhen, Imperador dos Elevados Presságios
1644 Qing (Manchu) número 1, Shunzhi, Imperador da Lei Inquebrantável
1661 Qing número 2, Kangxi, Imperador da Abundante Prosperidade (d. 1722)

Os reclamantes sulistas ao trono Ming

1644 Ming número 18, Hongguang, Imperador do Grande Esplendor
1646 Ming número 19, Longwu, Imperador da Intensa Guerra
1647 Ming número 20, Shaowu, Imperador da Beligerância Conduzida
1647 Ming número 21, Yongli, Imperador das Eternas Experiências (d. 1662)

Os Pretendentes ao trono Zhou

1678 Zhou número 1, Zhaowu, Imperador da Brilhante Guerra
1679, Zhou número 2, Honghua, Imperador do Crescimento

Governadores-Gerais da Companhia Holandesa das Índias Ocidentais (em Batavia, a partir de 1622)

1619 Laurens Reael
1619 Jan Pieterszoon Coen
1623 Pieter de Carpentier
1627 Jan Pieterszoon Coen

1629 Jacques Specx
1632 Hendrick Brouwer
1636 Anthony van Diemen
1645 Cornelis van der Lijn
1650 Carel Reynierszoon
1653 Johan Maetsuyker
1678 Rijklof van Goens
1681 Cornelis Speelman
1684 Joannes Camphuys

Governadores da Colônia Holandesa em Formosa

(1622) Cornelis Reijersen (Chefe da Expedição)
1624 Martinus Sonk
1625 Gerrit de Witt
1627 Pieter Nuijts
1629 Hans Putmans
1636 Johan van der Burg
1641 Paulus Traudenius
1643 Maximilian le Maire
1644 François Caron
1646 Pieter Antoniszoon Over't Water
1650 Nicolas Verburg
1653 Cornelis Caesar
1656 Frederik Coyett

Imperadores do Japão

1611 Imperador Go-Mi-no-O
1629 Imperatriz Meisho
1633 Imperador Go-Komyo
1656 Imperador Go-Sai
1663 Imperador Reigen
1687 Imperador Higashiyama

Shoguns do Japão

1603 Ieyasu (d. 1616)
1605 Hidetada (d. 1632)
1623 Iemitsu (d. 1651)
1651 Ietsuna
1680 Tsunayoshi

APÊNDICE III

A Ascensão dos Manchus

O governador chinês da estreita faixa de terra de Liaodong, no final do século XVI, era Li Chengliang, um coreano achinesado.[397] O folclore manchu diz que Li aceitou o cargo de governador de Liaodong incumbido da missão secreta de procurar até encontrar e matar o último príncipe das tribos manchus. Ele adotou um menino órfão do lugar, chamado Nurgaci e o criou como se fosse seu próprio filho. Supostamente o menino notou duas marcas de nascimento nos pés de Li quando os dois se banhavam e perguntou-lhe o que eram. Li respondeu que aquelas marcas indicavam que o seu dono tinha atributos para ser um governante, ao que o garoto levantou os seus pés e orgulhosamente mostrou ao seu pai adotivo que ele não tinha duas, mas sete marcas.

Li percebeu que o futuro líder manchu estava, na verdade, vivendo sob seu teto e planejou matar o menino, mas Nurgaci foi avisado pela sua mãe adotiva e fugiu da casa de Li em companhia de um cachorro e de um cavalo negro. O colérico Li Chengliang matou a esposa pela sua insubordinação e ateou fogo na floresta onde pensou que Nurgaci estava escondido. O cachorro do garoto morreu no incêndio, mas Nurgaci escapou dos olhos dos soldados no lombo do cavalo, em meio à algazarra promovida por um bando de gralhas. O cavalo o levou a um lugar seguro antes de morrer por exaustão e o garoto jurou vingança — para honrar postumamente a sua mãe adotiva e os animais que o ajudaram. A gralha ele adotou como seu espírito guardião, o cachorro foi para sempre excluído dos sacrifícios manchus e a palavra chinesa pará a sela de montaria deve seu nome ao da dinastia que depois conquistaria a China — *Qing*.[398] Pelo menos, é assim que diz a história.

---

397. Crossley, *The manchus*, p. 48ff.
398. Evidências não são necessárias para desaprovar uma história claramente apócrifa, mas Nurgaci nunca usou a palavra Qing para descrever sua dinastia. Ele preferia Jin, ou "Dourado", numa tentativa de estabelecer uma linha de continuidade com a Dinastia Jin anterior, que governou a China no século XII. A dinastia Qing foi proclamada pelo seu filho, Aberhai.

A realidade histórica é ainda mais inacreditável. Li Chengliang nunca foi o pai adotivo de Nurgaci, mas um parceiro comercial que certa vez negociou com os manchus. Dava mostras de um comportamento bipolar e, às vezes, tinha atitudes hostis e estranhamente parecida com aquela que os holandeses adotariam uma geração depois no sudeste da China. Li Chengliang ora negociava pacificamente com os manchus, ora lutava contra eles em uma série de disputas por território e jurisdição. Nurgaci chegou à idade adulta durante o período de comércio pacífico com Li Chengliang, quando os manchus conseguiram muito lucro, principalmente, com o seu estoque da raiz mágica do *ginseng* que, literalmente, valia seu peso em prata.

Os registros são muito vagos na explicação de como aconteceu o racha entre manchus e chineses. Sabe-se que o pai e os avós de Nurgaci morreram em uma batalha na remota fortaleza do Monte Gure, mas não fica claro de que lado eles lutavam. Os registros manchus mais recentes afirmam que os fracos chineses atacaram o avô de Nurgaci, Atai, e que os outros parentes pereceram quando correram em seu socorro levando reforços. É possível, também, que Atai tenha caído em desgraça com os outros manchus e que o outro avô de Nurgaci, Giocangga, aliou-se a Li Chengliang para acabar com ele. Seja qual for a verdade, alguma coisa deu errado no Monte Gure e os dois avós morreram durante a luta, junto ao pai de Nurgaci, Taksi.

Nomeado então chefe da sua tribo, aos 23 anos, Nurgaci exigiu que seus antigos aliados consertassem o desastre, mas o governo chinês se recusou a pagar por qualquer reparação ou devolver o corpo de Taksi a seu povo. Nurgaci achou melhor deixar o assunto pendente, mas iniciou uma série de campanhas contra outras tribos no interior, unindo muitos dos rijos guerreiros da Manchúria em uma nova confederação. Nos primeiros anos do século XVII, foram os manchus que começaram a invadir a terra dos chineses, cruzando as "inexpugnáveis" fronteiras que tinham antes concordado em respeitar por um tratado assinado com Li Chengliang, tomando várias cidades chinesas. Em 1616, no primeiro dia do Ano-Novo Chinês, Nurgaci nomeou-se mais do que um mero senhor entre líderes tribais. Proclamou-se *Khan*, governador de uma região e comandante supremo dos outros chefes de clã. Em uma elaborada cerimônia na sua capital, embaixadores das outras tribos vieram lhe hipotecar fidelidade, da Mongólia, do Tibete e da Coréia. Era um desafio direto à dinastia Ming que comandava a China e um sinal de que Nurgaci se considerava um rival dos mandatários do Império Celestial. Ele foi encorajado por muitos de seus novos recrutas-desertores chineses que estavam cansados da corrupção do regime Ming, e pelos astrólogos que apontavam as conjunções indicando que algo terrível esperava pela dinastia Ming nos próximos anos. Como parte das alterações climáticas que causaram secas e invernos gelados, a época também presenciou o fenômeno das auroras boreais — e Nurgaci acreditou que as luzes no céu eram mensagens para ele.[399]

Por alguns anos, enquanto ele consolidava seu poderio ao norte da Grande Muralha, Nurgaci teve de lidar com assuntos de estado de caráter muito peculiar. O sistema político Manchu foi forçado a enfrentar uma situação inusitada na qual a classe dirigente tinha sido numericamente sobrepujada pelos vassalos chineses. O povo da península de Liaodong foi incluído no governo manchu, e generais e oficiais desertores se agregavam ao estado manchu pelo casamento ou outros compromissos. Nurgaci estava à frente de uma nação que era, aos olhos dos chineses, pouco mais do que um adventício bárbaro, mas já estava organizando um sistema de conquistas e inclusão que seus descendentes acabariam por instituir na própria China. Ele também criou um sistema militar que depois conquistaria o Império Celestial, dividindo seu povo em legiões indicadas por "Bandeiras", cada uma delas liderada por um Príncipe. As primeiras, Amarela, Branca e Vermelha, foram mais tarde ampliadas para Bandeiras de Moldura Amarela, Moldura Branca, Moldura Azul e Moldura Vermelha. Inicialmente, os aliados estrangeiros lutavam sob a sua própria bandeira, a Negra. Mais à frente, Nurgaci os incorporou às suas legiões principais. Os dirigentes das vilas conquistadas eram nomeados capitães de bandeiras específicas, para, dessa forma, envolvê-los junto com seus conterrâneos e com o resto dos povoados, em suas próximas conquistas. Na época em que os manchus invadiram a China, as "Oito Bandeiras" na verdade compreendiam vinte e quatro exércitos separados, os oito iniciais agora acrescidos das legiões de mongóis e chineses. O sistema de bandeiras, que astuciosamente se sobrepôs às antigas alianças dos clãs em favor de um sistema militar único, parte de um grande todo, tornou-se tão importante para a identidade manchu que até entrou para a língua chinesa — os descendentes dos manchus ainda se referem a si próprios como *qiren*, Povo das Bandeiras.

O crescimento do poder de Nurgaci joga luz sobre a situação na distante Fujian. Em 1626, quando os oficiais chineses se dispuseram a pagar para se livrar de criminosos como Nicholas Iquan, seus colegas de armas no norte do Império enfrentaram uma terrível visão. Os manchus aproximavam-se cada vez mais da Grande Muralha e uma das últimas cidades no caminho deles era a muito bem fortificada Ningyuan Nurgaci. Ele sofreu um dos únicos reveses de sua campanha quando falhou em conquistar a cidade, mas essa seria também a sua última batalha. Ferido no confronto-nurgaci morreu em setembro, por causa de complicações no quadro clínico.

O oficial militar responsável pela defesa de Ningyuan relatou orgulhosamente a Beijing que tinha contido a expansão manchu — uma afirmativa que iria se voltar contra ele apenas dois meses depois, quando o filho de

---

399. Wakeman, *Great Entreprise*, p. 57

Nurgaci, Aberhai, liderou um segundo ataque. Aberhai também foi rechaçado, mas não por muito tempo.

O contínuo avanço militar dos manchus escondia uma luta por poder nos bastidores, porque os filhos de Nurgaci debatiam a sucessão. Nurgaci tinha três esposas e muitas concubinas, o que criava rivalidade entre seus filhos homens. Quando morreu, o governo era controlado por quatro príncipes idosos. Daisan era o filho de sua primeira esposa; Manggultai, o da segunda; Amin era seu sobrinho e Aberhai, o filho de uma concubina. Alguns acreditavam que Nurgaci pretendia manter a rotatividade mensal de dirigentes após sua morte, enquanto outros argumentavam que ele queria apenas instituir um sistema pelo qual avaliaria como cada irmão se se sairia no desempenho de suas tarefas. Quando Nurgaci viu que estava para morrer, mandou que os príncipes juniores Ajige, Dorgon e Dodôo, os três filhos que teve com a terceira esposa, comandassem, cada um, uma legião manchu. Embora eles estivessem entre os filhos mais novos, o comando dessas tropas lhes daria considerável poder entre os outros príncipes, e o fato de virem de uma mesma mãe poderia uni-los ainda mais. De acordo com o relato de um observador coreano,[400] era desejo de Nurgaci que Dorgon, no futuro, viesse a se tornar o líder, com Daisan como regente até que o adolescente atingisse a maioridade.

Daisan não confirma. Homem severo, aos 50 anos de idade, afirma que apenas duas legiões foram dadas aos três irmãos. O mais velho, Ajige, teve de se virar com uns poucos batalhões emprestados dos outros dois. Daisan também convenceu seus parentes de que a melhor opção para o comandante supremo seria Aberhai, o mais jovem dos príncipes seniores e, conseqüentemente, o mais fácil de controlar.

Aberhai, entretanto, era ferozmente ambicioso, tanto que o próprio Nurgaci repreendeu-o várias vezes por suas atitudes. Mais tarde, ele conseguiu dissuadir os outros príncipes seniores para dividirem o trono com ele — na melhor das hipóteses, dizia, para sobrepujar o governo chinês, o qual estavam se preparando para conquistar. Em 1630, o primo Amin foi acusado de covardia após bater em retirada em uma contra-ofensiva Ming. Morreu na prisão e a sua Legião da Bandeira com Margem Azul foi enviada para dar suporte a Aberhai.

A próxima vítima de Aberhai foi Manggultai, um príncipe cuja linha de descendência foi gradualmente caindo em desgraça. Fora obrigado a matar a própria mãe em 1620, quando acusada de colecionar jóias e flertar com Daisan.[401] Em 1631, Manggultai desembainhou sua espada em uma discussão com Aberhai durante uma desavença sobre o cerco a uma cidade chinesa.[402] Embora tenha sido contido por outros parentes, foi posteriormente

---

400. Hummel, *Eminent Chinese*, p. 303.
401. Idem., p. 598.
402. Essa era Dalinghe, defendida pelo tio de Wu Sangui pelo casamento, Zu Dashou.

censurado pelo Conselho de príncipes e perdeu uma graduação. Manggultai e seu irmão foram mortos em 1635, mas a campanha contra eles continuou por mais tempo. Em 1636, descobriram que Manggultai estava preparando sinetes para se proclamar imperador. Era a desculpa que Aberhai precisava para executar os filhos de Manggultai e aniquilá-lo dos registros familiares.[403]

Alguns meses depois de ter afastado seu mais sério rival, Aberhai proclamou-se o dirigente imperial dos manchus. Deixou os chineses Ming de lado por um tempo, criando, por uns poucos anos, um período de paz relativa — convém notar que o afrouxo da pressão manchu no norte gerou prosperidade em outros lugares e esse foi o período em que Coxinga foi trazido do Japão para Anhai. Enquanto isso, Aberhai enviou exércitos para lutarem contra os Mongóis Chakhar, últimos descendentes de Khublai Khan, que governara toda a China. Após uma campanha militar prolongada, os generais de Aberhai conseguiram a rendição de Chakhar e também conquistaram o grande sinete mongol dos Khan. Como seu proprietário, ele agora se dizia sucessor de Genghis Khan e o seu poder aumentou nas estepes da Ásia. Esse foi apenas um dentre os muitos acontecimentos que mostravam que os manchus estavam treinando para a conquista da China. Nesse período, Aberhai também adotou várias políticas, leis e práticas da China Ming — os bárbaros ao norte da Grande Muralha estavam agora lançando sombra sobre o sistema Ming, à espera do momento de dominá-lo.

Embora autoproclamado imperador da Futura Dinastia Qing, e preparando-se para atacar a China, Aberhai nunca veria Beijing. O idoso guerreiro, já na faixa dos 60 anos, morreu em 1643, quando os seus exércitos se preparavam para marchar sobre a China.

Os manchus tinham de escolher um novo dirigente entre seus irmãos e filhos. Havia um grande número de candidatos, embora os mais fortes deles fossem o filho mais velho de Aberhai, Haoge, e seu irmão mais novo, Dorgon.

Compreendendo as enormes responsabilidades do império, Haoge abriu mão do oferecimento. É possível também que ele o tenha feito para não se envolver em brigas familiares pelo poder político. Embora Haoge fosse a escolha mais óbvia para herdeiro de Aberhai, ele era o senhor de uma única legião. Dorgon, Dodô e Ajige eram ainda muito próximos como irmãos, e não mais as crianças da época da morte de Nurgaci.

Dorgon, entretanto, também se recusou a aceitar o império argumentando que seria desrespeitoso para com o homem que o tinha criado desde a morte do seu pai. Nos anos que se sucederam à sucessão de Aberhai, Dorgon e seus irmãos tinham sido servidores leais do usurpador. A partir dos 14 anos, Dorgon comandou a sua legião em todas as campanhas militares empreendidas pelos manchus em mais de uma década. Aos 16 anos, já

---

403. Hummel, *Eminent Chinese*, p. 562.

tinha feito jus ao título de "sábio guerreiro" durante a campanha contra os mongóis Chakkar, e liderou um dos dois exércitos que fez incursões contra a China em 1638. Aberhai pode ter desejado que seu meio irmão encontrasse o seu fim em alguma dessas centenas de batalhas, mas Dorgon voltava de todas elas. Na época da morte de Aberhai, Dorgon, com 31 anos, era um dos maiores e mais respeitados generais manchus, e um príncipe de primeiro escalão. Era a escolha perfeita para unir os manchus e prepará-los para atacar a China. Mas Dorgon não era conhecido como "sábio guerreiro" à toa — ele sugeriu outro candidato. Recomendou o filho mais novo de Aberhai, Fulin, que tinha apenas 5 anos.

Antes da época de Aberhai, esposas e concubinas de um dirigente falecido eram forçadas a cometer suicídio por causa da morte de seu senhor. Aberhai reformou essa prática, restringindo-a apenas às esposas principais, que deveriam seguir o marido para além do túmulo. Uma das últimas nobres a tirar sua própria vida desse modo foi a mãe de Dorgon, em uma tentativa fracassada de reduzir a união e as conexões entre Dorgon e seus outros dois irmãos. Após a morte de Aberhai, duas de suas esposas principais se mataram, afastando-se assim de qualquer debate sucessório, e possivelmente reduzindo o apoio aos seus filhos. Mas a esposa mais jovem de Aberhai, Borjigid, não foi conclamada a cometer suicídio por força de sua condição inferior. Ela era uma linda mulher de 30 anos, descendente direta do famoso Genghis Khan e mãe do pequeno Fulin. Nos anos seguintes, rumores correram pelo palácio sugerindo que a jovem princesa era uma amante secreta de Dorgon — seu marido imperial era um homem velho, mas o belo e jovem general tinha apenas um ano a mais que ela.
Alguns insinuaram que Fulin podia nem ser filho de Aberhai, mas de Dorgon.

A escolha de Fulin agradou todas as partes, ou, ao menos, desgostou-as de forma equânime. Dorgon tornou -se co-regente com seu primo Jirgalang, embora alguns membros da família real tivessem preferido que Dorgon fosse o dirigente absoluto. Discutir essas idéias após a ascensão de um novo líder poderia ser facilmente considerada traição — quando o Príncipe Daisan descobriu que seu próprio filho e neto estavam conspirando para pôr Dorgon no trono, ele comunicou o incidente imediatamente e os dois nobres foram executados.

Os descendentes de Nurgaci estavam finalmente de volta ao controle de seus domínios. Meros seis meses após terem coroado seu imperador-criança, chegaram as notícias de problemas na China. Os seus inimigos de longa data, a dinastia Ming, que os manchus tinham tentado destronar, fora destronada por outra pessoa. Os nobres manchus ouviram, atônitos, os mensageiros descreverem as loucuras do Imperador dos Elevados Presságios, seu ataque aos membros de sua própria família e seu suicídio. Agora Beijing estava controlada por Li Zicheng "o arrojado general" que se autoproclamou dirigente de uma nova dinastia. Era a hora de os manchus atacarem.

Apêndice III

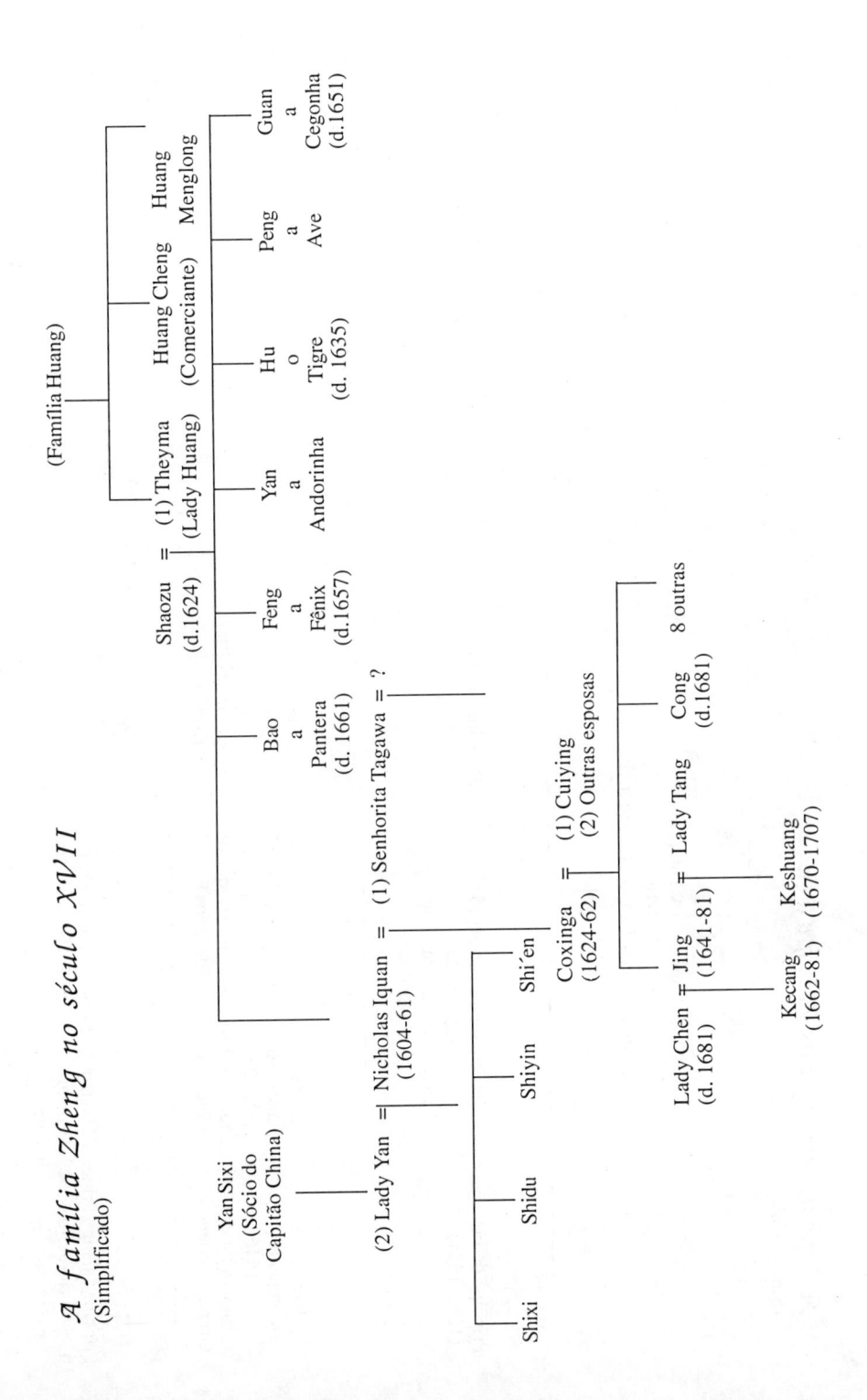

A família Zheng no século XVII
(Simplificado)

(Família Huang)

Shaozu (d.1624) = (1) Theyma (Lady Huang) — Huang Cheng (Comerciante) — Huang Menglong

Filhos de Shaozu e Theyma:
- Bao a Pantera (d. 1661)
- Feng a Fênix (d.1657)
- Yan a Andorinha
- Hu o Tigre (d. 1635)
- Peng a Ave
- Guan a Cegonha (d.1651)

Yan Sixi (Sócio do Capitão China)

Nicholas Iquan (1604-61) = (1) Senhorita Tagawa = ?

(2) Lady Yan

Filhos de Nicholas Iquan:
- Shixi
- Shidu
- Shiyin
- Shi'en
- Coxinga (1624-62)

Coxinga = (1) Cuiying / (2) Outras esposas

Filhos de Coxinga:
- Jing (1641-81) = Lady Tang
- Cong (d.1681)
- 8 outras

Jing = Lady Chen (d. 1681)

Filhos:
- Kecang (1662-81)
- Keshuang (1670-1707)

A Dinastia Ming e os Ming do Sul
(Simplificado)

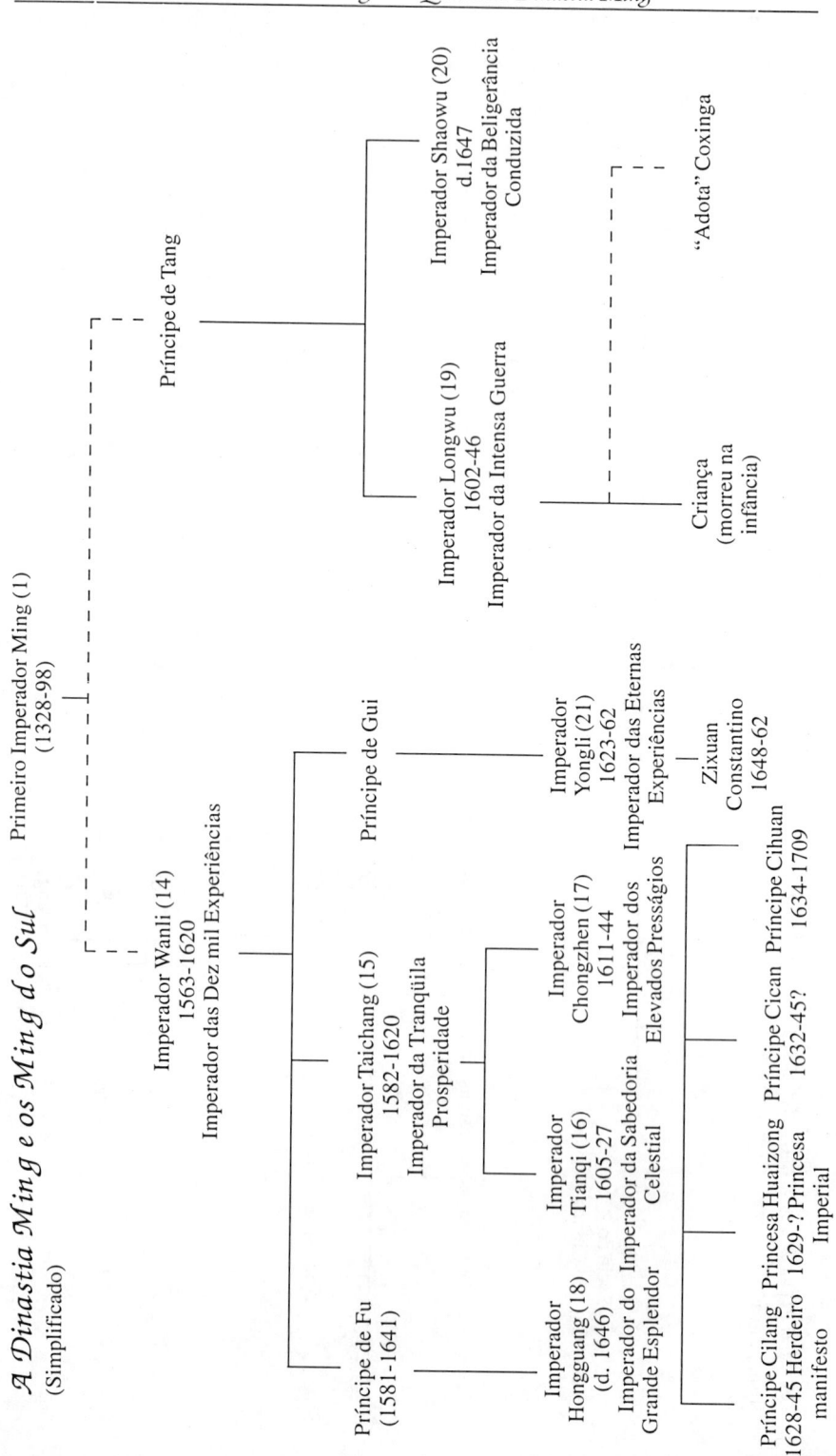

Primeiro Imperador Ming (1)
(1328-98)

Imperador Wanli (14)
1563-1620
Imperador das Dez mil Experiências

Príncipe de Tang

Príncipe de Fu
(1581-1641)

Imperador Taichang (15)
1582-1620
Imperador da Tranqüila Prosperidade

Príncipe de Gui

Imperador Longwu (19)
1602-46
Imperador da Intensa Guerra

Imperador Shaowu (20)
d.1647
Imperador da Beligerância Conduzida

Imperador Hongguang (18)
(d. 1646)
Imperador do Grande Esplendor

Imperador Tianqi (16)
1605-27
Imperador da Sabedoria Celestial

Imperador Chongzhen (17)
1611-44
Imperador dos Elevados Presságios

Imperador Yongli (21)
1623-62
Imperador das Eternas Experiências

Criança
(morreu na infância)

"Adota" Coxinga

Príncipe Cilang
1628-45 Herdeiro manifesto

Princesa Huaizong
1629-? Princesa Imperial

Príncipe Cican
1632-45?

Príncipe Cihuan
1634-1709

Zixuan Constantino
1648-62

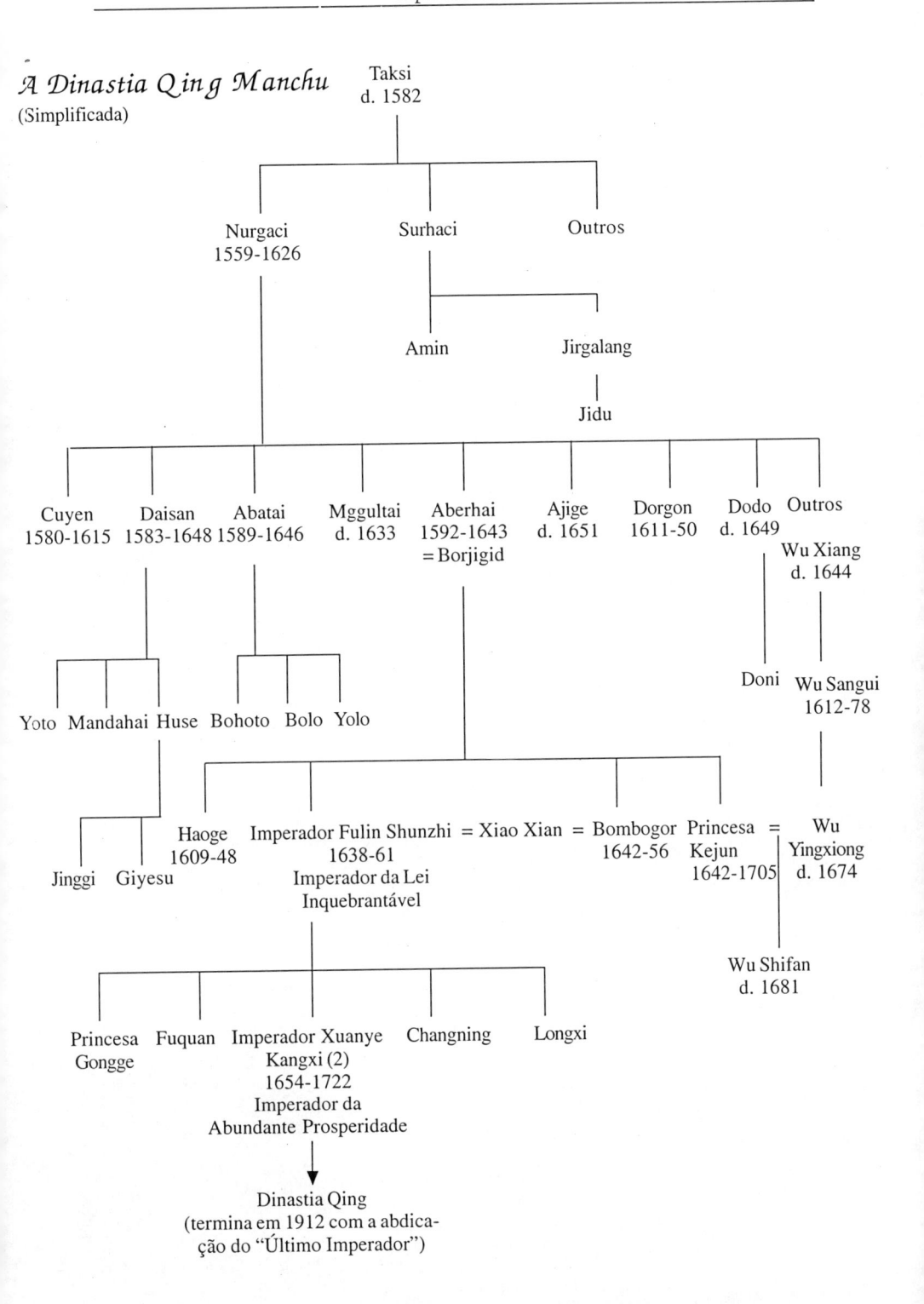

A Dinastia Qing Manchu
(Simplificada)

Taksi d. 1582

- **Nurgaci** 1559-1626
- **Surhaci**
  - Amin
  - Jirgalang
    - Jidu
- Outros

Filhos de Nurgaci:
- **Cuyen** 1580-1615
- **Daisan** 1583-1648
- **Abatai** 1589-1646
- **Mggultai** d. 1633
- **Aberhai** 1592-1643 = Borjigid
- **Ajige** d. 1651
- **Dorgon** 1611-50
- **Dodo** d. 1649
- Outros
  - **Wu Xiang** d. 1644
    - **Wu Sangui** 1612-78

Filhos de Daisan: Yoto, Mandahai, Huse
Filhos de Abatai: Bohoto, Bolo, Yolo

Filhos de Aberhai:
- Haoge 1609-48
  - Jinggi, Giyesu
- **Imperador Fulin Shunzhi** 1638-61 — Imperador da Lei Inquebrantável = Xiao Xian = Bombogor 1642-56
- Princesa Kejun 1642-1705 = Wu Yingxiong d. 1674

Doni (filho de Dodo)

Wu Shifan d. 1681

Filhos de Shunzhi:
- Princesa Gongge
- Fuquan
- **Imperador Xuanye Kangxi (2)** 1654-1722 — Imperador da Abundante Prosperidade
- Changning
- Longxi

→ Dinastia Qing (termina em 1912 com a abdicação do "Último Imperador")

Índice Remissivo

A

Aberhai 272, 279, 282, 283, 284, 287
África 19, 26, 27, 88
Adams Joseph 92
Adams Will 30, 32, 92
Ajige 113, 282, 283, 287
Amakusa 94
Amakusa Shiro 94
Amarelo, Rio 18, 102, 118, 129, 176
Amin 282, 287
Amoyb 14, 18, 19, 40, 49, 56, 60, 61, 67, 72, 77, 85, 86, 87, 90, 93, 95, 139, 148, 150, 151, 159, 160, 163, 164, 166, 172, 173, 174, 182, 200, 201, 207, 215, 218, 219, 222, 243, 247, 265, 269, 272
Analects 100
Anhai 9, 40, 75, 79, 80, 81, 82, 85, 87, 89, 96, 97, 98, 99, 131, 132, 139, 211, 241, 283
Annam 18, 24, 28, 31, 247
Anping 138, 139, 147
Atai 280
Augustin (filho do Capitão China) 31, 35, 37, 63, 86, 87, 272

B

Bao, a Pantera 60, 61, 65, 87, 139, 149, 167, 181, 185, 269, 272
Bárbaros anões 29
Batavia 18, 41, 43, 51, 61, 62, 63, 64, 66, 70, 76, 77, 80, 83, 84, 86, 87, 92, 100, 104, 151, 165, 178, 180, 181, 210, 216, 218, 219, 221, 223, 232, 240, 249, 250, 253, 259, 260, 262, 264, 269, 277, 303, 308
Battles of Coxinga 6, 37, 139, 215, 223, 228, 232, 240, 245, 246, 251, 268, 306
Bear 42, 43, 47
Bennis 223
Bepontok 274
Biao, o Filhote de Tigre 60, 87
Bombogor 156, 191, 287

C

Caeuw, Jacob 216, 223, 225, 226, 227, 228, 230, 231, 232, 256
Candidius, George 90, 91
Cantão 18, 22, 24, 33, 40, 41, 87, 118, 135, 141, 142, 143, 145, 148, 149, 166, 167, 190, 262, 269

Capitão China 28, 30, 31, 32, 33, 34, 35, 37, 43, 47, 52, 53, 54, 56, 57, 59, 60, 61, 62, 63, 64, 65, 66, 67, 71, 82, 83, 84, 89, 93, 94, 105, 114, 150, 272, 284
Cavalinho, Antonio Rodrigues 44, 45
Cavite 244
Changzhou 150
Chen Xun 61
Chen Yuanyuan 109, 110, 111, 249, 264
Chen Zhenlong 25
Chiang Kai-shek 268

D

Daisan 282, 284, 287
Dasu 187, 188
Datu 225
De Vick, Paul 234
De Witt, Gerrit 62, 64, 67, 69, 70, 71, 74, 165, 278
Deng 101, 273
Deusa da Misericórdia 238
Dodô 283
Dongning 255, 275
Dorgon 12, 14, 106, 107, 112, 113, 115, 116, 117, 120, 122, 123, 124, 128, 130, 135, 154, 155, 156, 159, 160, 161, 165, 197, 259, 282, 283, 284, 287, 306
Duong Ngan Dich 267
Dupuis, Abraham 228, 231, 232, 235
Duque, Um 107, 131, 133, 135, 157, 158, 159, 160, 188, 247, 248, 267, 273

E

Edo (Tóquio) 69
Elizabeth (irmã do Capitão China) 31, 33, 97
Enchuyzen 42

Erasmus 39, 50, 83, 87
Espanha 29, 92
Etienne 206, 232, 236

F

Falso Herdeiro 122, 123, 128, 129, 130
Feng, a Fênix 20
Feng Xifan 264, 265
Filipinas 18, 24, 25, 28, 29, 41, 92, 144, 223, 242, 245, 246, 256, 257, 258, 269
Fiyanggu 156
Forte Provintia 199, 203, 206, 210, 213, 222, 224, 225, 237, 246, 247
Forte Zeelandia (Taiwan) 18, 40, 55, 70, 72, 86, 88, 91, 105, 114, 191, 207, 212, 213, 215, 217, 218, 219, 220, 221, 222, 223, 224, 225, 226, 228, 229, 230, 231, 232, 233, 234, 236, 237, 238, 256, 258, 275
Fosso Negro 23
Fulin 107, 154, 155, 156, 159, 160, 161, 284, 287
Fuzhou 18, 40, 118, 130, 131, 133, 136, 137, 138, 159, 170, 229, 240, 250

G

Gan Hui 169, 175, 179, 182, 184, 186, 187, 188, 189
Gao Jie 120, 126
Gao Qing 61
General sem Boca 238
Geng Jing-zhong 262
Geng Zhimao 229, 254, 261, 273
Giocangga 280
Goa 45
Grande Canal 12, 123, 126, 175, 176, 177, 180

Grande Muralha 12, 14, 18, 89, 104, 112, 114, 115, 122, 182, 281, 283
Gravenlande 203, 204, 205, 227
Groeningen 42, 43, 45

H

Haan 43
Haicheng 150, 157, 159, 160, 170, 188, 273
Hamada Yahei 69, 70, 72, 81
Hambroek 214, 226, 227, 228, 246, 268
Hangzhou 40, 118, 119, 135
Haoge 156, 283, 287
He Qiaoyuan 66
Hector 203, 204, 211, 223
Historical Novel of Taiwan 20
History of the Conquest of China 27, 64, 65, 66, 82, 88, 96, 138, 142, 143, 307
Homens de Ferro 178, 179, 183, 205, 210, 218
Honorável consorte 122
Hoogelande 221
Hoop (Hope) 43
Hu, o Cisne 20
Hu, o Tigre 20, 60
Huaizong 122, 286
Huang Cheng 22, 284
Huang Degong 128

I

Ilha Dourada 126
Imperador da Abundante Prosperidade 196, 240, 262, 265, 268, 269, 277
Imperador da Brilhante Guerra 263, 277
Imperador da Lei Inquebrantável 154, 156, 159, 187, 188, 189, 190, 191, 192, 193, 258, 277
Imperador da Retomada da Beligerância 141, 142, 143
Imperador da Sabedoria Celestial 108, 277, 286
Imperador das Dez Mil Experiências 119, 141, 277, 286
Imperador das Eternas Experiências 142, 143, 144, 145, 155, 163, 169, 185, 210, 217, 245, 248, 251, 259, 262, 265, 269, 277
Imperador de Intensa Guerra 130, 131, 132, 133, 134, 135, 136, 137, 138, 139, 140, 141, 142, 144, 157, 170
Imperador do Crescente 263
Imperador do Grande Esplendor 119, 120, 121, 122, 123, 124, 126, 128, 129, 130, 131, 273, 277, 286
Imperador dos Elevados Presságios 11, 13, 67, 82, 112, 113, 114, 120, 122, 125, 132, 136, 142, 165, 267, 269, 277, 284
Imperador Guangwu 162
Índia 34, 41, 44, 46, 197
Instrumento Divino 124

J

Jacarta 39
Japão 18, 25, 28, 29, 30, 31, 32, 34, 35, 36, 37, 39, 45, 47, 49, 51, 52, 56, 61, 64, 66, 68, 70, 71, 72, 73, 74, 75, 77, 81, 82, 83, 84, 89, 91, 92, 94, 95, 96, 99, 100, 135, 138, 141, 143, 144, 148, 150, 155, 162, 168, 179, 183, 204, 216, 222, 226, 227, 228, 255, 275, 278, 286
Java 34, 168

Jesuítas 27, 42, 45, 46, 96, 102, 103, 114, 153, 154, 166, 240, 265, 269, 272
Jiao o filhote de dragão 61
Jiaoshan, Ilha 174
Jidu 156, 163, 168, 169, 170, 287
Jing 97, 101, 201, 216, 241, 242, 245, 246, 253, 254, 255, 256, 257, 258, 260, 261, 262, 263, 264, 265, 273, 274, 275, 284
Jirgalang 156, 157, 284, 287
Junius, Robertus 90

K

Kamikaze 29
Kecang 19, 241, 264, 265, 274, 284
Keshuang 19, 241, 265, 266, 267, 284
Khublai Khan 29, 283
Kinshojo 97
Koffler, Xavier 246, 247
Koukerken 226

L

Lady Chen 284
Lady Fei 109
Lady Huang 284
Lady Yan 284
Li Chengliang 279, 280
Li Dan 28, 37, 54, 272
Li Kuiqi 75, 84, 85, 154, 274
Li Ming 61
Li Shuaitai 229, 230, 274
Liang Huafeng 187
Liao-luo 86, 201
Lin Mou 183
Liu Guoxuan 264

M

Macau 18, 21, 22, 27, 28, 33, 35, 38, 39, 40, 41, 42, 43, 44, 45, 46, 47, 48, 49, 52, 60, 62, 80, 93, 99, 102, 110, 111, 115, 117, 147, 180, 196, 211, 212, 213, 215, 235, 244, 273, 304
Málaga 167
Malásia 21, 31
Manggultai 282, 283
Manrique de Lara 242, 243, 244, 245
Mauritius 39
Maxin 169, 175, 176, 201, 239, 246, 254, 274
Mino 93
Miyamoto Musashi 88

N

Nachiu 245, 246
Nagasaki 18, 24, 25, 29, 30, 39, 56, 84, 99, 105, 106, 124, 128, 131, 204
Nan Juyi 51, 54
Nan-An 40

O

Oceano Índico 17
Orange 39, 212, 275
Oudt Delft 42

P

Palafox 27, 64, 65, 66, 82, 88, 96, 97, 138, 142, 143, 307
Palicatta 42, 47

Papa Inocêncio X 246
Pincqua 195, 199, 200, 202, 203, 274
Portão da Paz 183
Portão do Aspecto da Fênix 183, 184
Príncipe de Fu 12, 119, 273, 286
Pyè Min 247, 248

Q

Qi, a Girafa 61
Qian Qianyi 81, 99, 118, 120, 121, 122, 126, 131, 132, 184
Quanzhou 23, 40, 160
Quemoy 18, 40, 86, 159, 164, 167, 168, 185, 186, 213, 229, 264, 265, 268, 269

R

Radis, Hans Jurgen 223, 232, 233, 235
Reijersen, Cornelis 43, 44, 45, 47, 48, 49, 50, 51, 52, 53, 64, 68, 79, 196, 226
Rio Fervente do Dragão 9, 153, 173, 174, 175
Robbertz, Hendrick 225
Rodrigues, Antonio 44, 97

S

Sagaing 118, 247
Sakkam 164, 196, 203, 207, 210, 216, 237, 274
Sakoku 29, 68, 92
Santa Cruz 43, 47
São Francisco, Citadela de (macau) 43

T

Taira no Shigemori 36
Taiwan 69, 238, 275
Taiwan Waizhi 20, 258, 306
Taksi 280, 287
Tayouan Ilha 55, 56, 275
Tian Sheng 61
Tianbing 183
Tigre 20, 22, 56, 60, 61, 65, 74, 75, 82, 87, 273, 284

U

Urk 225
Utrecht 56, 232, 234, 235, 236

V

Valentyn, Jacob 68, 69, 164, 203, 213, 214, 215, 216, 225, 235
Van der Laan, Jan 196, 197, 199, 200, 203
Van Nijenroode, Cornelis 43, 69, 70, 79
Van Warwick, Wybrand 39
Varíola 12, 90, 102, 111, 198, 199
Vento Divino 29
Verburg, Nicolas 151, 164, 168, 278
Veritable Record 157, 158, 159, 160, 161, 162, 163, 169, 171, 173, 175, 179, 181, 183, 184, 187, 200, 203, 212, 214, 219, 225, 227, 232, 275
Victoria 43
Vink 203, 204, 227

W

Wang Zhiming 122
Wanli 146, 169, 277, 286
Weng Yihuang 36
Wenzhou 40, 170
Willow Palisade 104
Wu Sangui 9, 12, 14, 99, 106, 107, 109, 110, 111, 112, 113, 115, 117, 120, 123, 248, 249, 250, 254, 260, 261, 262, 263, 282, 287

X

Xiangshan 40, 172
Xianxia 136
Xiao Xian 156, 191, 206, 213, 214, 287
Xie, a Quimera 61

Y

Yan Sixi 37, 56, 63, 72, 83, 284
Yang Ying 148, 163, 179, 214, 219, 227
Yang Zu 225
Yangshan Ilha 40, 170
Yangshan 40, 170

Z

Zeelandia 18, 40, 51, 55, 56, 70, 71, 72, 74, 89, 90, 167, 196, 200, 201, 202, 203, 204, 207, 210, 211, 213, 214, 215, 217, 218, 219, 220, 222, 223, 224, 225, 226, 228, 229, 230, 231, 232, 233, 234, 235, 236, 237, 238, 239, 241, 242, 243, 261, 264, 265, 275, 304
Zen (Chan) Budismo 191
Zhang Hong 60
Zhang Huang-yan 7, 170, 174, 175, 178, 180, 186, 202, 268
Zheng He 17, 23
Zheng Lian 141
Zheng Shaozu 19
Zhou Quanbin 175, 176, 178, 181, 185, 187, 201, 217, 219, 242, 245, 253, 254, 255, 257, 258, 274, 275
Zhoushan 40, 169, 170, 171
Zhu Shugui 254, 255
Zierikzee 42
Zixuan Constantino 249

Bibliografia e Sugestões de Leitura

ANTONY, R. *Like Froth Floating on the Sea: The World of Pirates and Seafarers in Late Imperial South China*. Berkeley, CA: University of California Center for Chinese Studies, Pesquisa Monográfica da China 56, 1963.

ATTWATER, R. *Adam Schall: A Jesuit at the Court of China 1592-1666*. Milwaukee: Bruce Publishing, 1963.

BACKHOUSE, E. and Bland, J. *Annals and Memoirs of the Court of Peking (From the 16th to the 20th Century)*. London: William Heinemann. A edição consultada é uma reimpressão taiwanesa, Ch'eng Wen Publishing, 1914.

BEAUCLAIR, I. (ed.) *Neglected Formosa: A Translation from the Dutch of Frederic Coyett's 't Verwaerloosde Formosa*. San Francisco: Centro de Materiais Chineses, 1975.

BLUSSÉ, L. 'The VOC as Sorcerer's Apprentice: Stereotypes and Social Engineering on the South China Coast', in W. Idema (ed.), *Leyden Studies in Sinology*. Leiden: E.J. Brill, pp. 87-105, 1981.

_____. *Strange Company: Chinese Settlers, Mestizo Women and the Dutch in VOC Batavia*. Dordrecht: Foris Publications, 1986.

_____. 'Minnan-Jen or Cosmopolitan? The Rise of Cheng Chih-Lung Alias Nicolas Iquan', in Vermeer, *Development and Decline of Fukien Province*, pp. 245-64, 1990.

_____. and NATALIE Everts *The Formosan Encounter — Notes on Formosa's Aboriginal Society: A Selection of Documents from Dutch Archival Sources*. 2 vols. Taipei: Museu Shung Ye de Aborígenes de Formosa, 1997-2000.

BOWRA, E.C. 'The Manchu Conquest of Canton', in *China Review* I, 86-96, 1872.

BOXER, C.R. *The Christian Century in Japan 1549-1650*. London: University of California Press, 1974.

_____. *The Dutch Seaborne Empire 1600-1800*. Harmondsworth: Penguin, 1965.

_____. 'Notes on Early European Military Influence in Japan (1543-1853)', in *Transactions of the Asiatic Society of Japan*, second series, pp. VIII, 67-93, 1931.

_____. 'The Rise and Fall of Nicholas Iquan', *T'ien-Hsia Monthly*, XI 401-439, 1941.

_____. 'The Siege of Fort Zeelandia and the Capture of Formosa from the Dutch 1661-1662', in *Transactions and Proceedings of the Japan Society, London XXIV* (1926-7), 1647.

_____. *Dutch Merchants and Mariners in Asia*, 1602-1795. London: Variorum Reprints, 1988.

_____. 'Capitães Gerais e Governadores de Macau', in *Estudos Para A História de Macau: Séculos XVI a XVIII (Obra Completa I)*. Lisboa: Fundação Oriente, pp. 193-282, 1991a.

_____. 'Portuguese Military Expeditions in Aid of the Mings Against the Manchus, 1621-1647', in *Estudos Para A História de Macau: Séculos XVI a XVIII (Obra Completa I)*. Lisboa: Fundação Oriente, pp. 105-11, 1991b.

_____. 'The 24th of June 1622 - A Portuguese Feat of Arms', in *Estudos Para A História de Macau: Séculos XVI a XVIII (Obra Completa I)*. Lisboa: Fundação Oriente, pp. 43-102, 1991c.

CAMPBELL. W. *Formosa Under the Dutch: Described from Contemporary Records*. Taipei: Ch'eng-Wen Publishing, 1967 repr.

CARIOTI, P. 'The Zhengs' Maritime Power in the International Context of the Seventeenth-Century Far East Seas: The Rise of a "Centralised

Piratical Organization" and its Gradual Development into an Informal "state", in *Ming-Qing Yanjiu*, pp. 29-69, 1996.

CASTRO, P. *Misioneros agustinos en el Extremo Oriente*. Madrid: Instituto Santo Toribo de Mogrovejo, 1954.

CHANG, H. et al. (eds) *The English Factory in Taiwan 1670-1685*. Taipei: Universidade Nacional de Taiwan, 1995.

CHANG, T. *Sino-Portuguese Trade from 1514 to 1644: A Synthesis of Portugese and Chinese Sources*. New York: AMS Press, 1973.

CHEN, C. et al. (eds) *Historical Sites of the First Rank in Taiwan and Kinmen*. Taipei: Concelho para Planejamento e Desenvolvimento Culturais, 1987.

CHEN, M. 'Three Contemporary Western Sources on the History of Late Ming and the Manchu Conquest of China'. Tese de Doutorado, University of Chicago, 1971.

CHEN, S. (ed.) *Zheng Chenggong Quanzhuan* [*O Compêndio de Coxinga*]. Taipei: Taiwan Shiji Yanjiu Zhongxin, 1979.

CHENG, K. 'Cheng Ch'eng-Kung's Maritime Expansion and Early Ch'ing Coastal Prohibition', in Vermeer, Development and Decline of Fukien Province in the 17th and 18th Centuries, pp. 217-44, 1990.

CHIKAMATSU, Monzaemon. *Chikamatsu Monzaemon Zenshu* [*Obras Completas de Chikamatsu*], ed. Tatsuyuki Takano and Kanzo Kuroki. Tokyo: Shunyodo, 1922.

CHIN, S. *Tei Seikô: Hayate ni Hirogeyo* [*Zheng Chenggong: Fala ao Turbilhão*]. Tokyo: Chuo Koron, 1999.

COCKS, R. (1615-1623) *Diary Kept by the Head of the English Factory in Japan*. Tokyo: Tokyo University Press. 3 vols,1978 reimpressão.

COLLIS, M. *The Great Within*. London: Faber and Faber, 1941.

COYETT, F. *Neglected Formosa* (uma tradução parcial do texto também publicada na forma e livro como Beauclair [ed.], anteriormente), in Campbell, *Formosa Under the Dutch*, pp. 383-492, 1675.

CROZIER, R. *Koxinga and Chinese Nationalism: History, Myth and the Hero*. Cambridge, MA: Monografias do Leste Asiático de Harvard, 1977.

CROSSLEY, P. *The Manchus*. Oxford: Basil Blackwell, 1997.

DARDESS, J. *Blood and History in China: The Donglin Faction and Its Repression 1620-1627*. Honolulu: University of Hawai'i Press, 2002.

DASH, M. *Batavia's Graveyard: The True Story of the Mad Heretic Who Led History's Bloodiest Mutiny*. London: Weidenfeld and Nicolson, 2002.

DAVIDSON, J. *The Island of Formosa*. Yokohama: [O nome do editor não é citado na cópia da biblioteca SOAS, a qual, competentemente, é uma edição taiwanesa pirata], 1903.

DUNNE, G. *Generation of Giants: The Story of the Jesuits in China in the Last Days of the Ming dynasty*. Notre Dame, IN: Notre Dame University Press, 1962.

FARRINGTON, A. *The English Factory in Japan 1613-1623*. London: British Library. 2 vols, 1991.

FOCCARDI, G. *The Last Warrior: The Life of Cheng Ch'eng-kung, the Lord of the 'Terrace Bay': A study on the T'ai-wan wai-chih by Chiang Jih-sheng (1704)*. Wiesbaden: O. Harrassowitz, 1986.

FOSTER, W. *Letters Received by the East India Company from Its Servants in the East*. Vol. 2, p. 99. London: Sampson, Low, Marston & Co, 1900.

GERNET, J. *A History of Chinese Civilization*. Cambridge: Cambridge University Press, 1982.

GODDARD, W. *The Makers of Taiwan*. Taipei: China Publishing, 1964.

HUANG, R. *1587: A Year of No Significance: The Ming dynasty in Decline*. New Haven, CT: Yale University Press, 1981.

HUBER, J. 'Chinese Settlers Against the Dutch East India Company: The Rebellion Led by Kuo Huai-I on Taiwan in 1652', in Vermeer, *Development and Decline o f Fukien Province*, pp. 265-96, 1990.

HUNG, C. 'Taiwan Under the Cheng Family 1662-1683: Sinicization After Dutch Rule'. Tese de Doutorado, Georgetown University, 1981.

HUMMEL, A. (ed.) *Eminent Chinese of the Ch'ing Period (1644-1912)*. Washington: US Government Printing Office, 1943.

IDEMA, W 'Cannons, Clocks and Clever Monkeys: Europeana, Europeans and Europe in Some Early Ch'ing Novels,' in Vermeer, *Development and Decline of Fukien Province*, pp. 459-88, 1990.

IWAO, S. "Li Tan, Chief of the Chinese Residents ar Hirado, Japan, in the Last Days of the Ming dynasty', in *Memoirs o f the Research Department of the Toyo Bunko 17*, pp. 27-83, 1958.

JIANG, R. (c. 1692) *Taiwan Waizhi [O Romance Histórico de Taiwan]*. Shanghai Guji Chubanshe, 1986 reimpressão.

KEAY, J. *The Honourable Company: A History of the English East India Company*. London: Harper Collins, 1991.

KEENE, D. *The Battles of Coxinga: Chikamatsu's Puppet Play Its Background and Importance*. London: Taylor's Foreign Press, 1951.

KELIHER, M. *Out of China, or Yu Yonghe's Tales of Formosa*. Taipei: SMC Publishing, 2003.

KESSLER, L. 'The Maritime Laws and Their Effect on Sino-Western Relations During the Early Ch'ing Period: 1656-1684', Tese de Mestrado, University of Chicago, 1962.

LEDYARD, G. *The Dutch Come to Korea*. Seul: Sociedade Real Asiática, Filial coreana em conjunto com a Taewon Publishing, 1971.

LIN, R. 'Fukien's Private Sea Trade in the 16th and 17th Centuries,' in Vermeer, *Development and Decline of Fukien Province*, pp. 163-216, 1990.

LIN, S. (ND) *Zhongguo Mingren Zhuanji: Zheng Chenggong [Biografias de um Chinês Famoso: Zheng Chenggong]*. Taipei: Guangtian Publishing.

LUI, A. *Two Rulers in One Reign: Dorgon and Shun-chih 1644-1660*. Canberra: Universidade Nacional Australiana, Faculdade de Estudos Asiáticos, Monografia nº 13, 1989.

MARTINI, M. *De Bello Tartarico Historia [Concernente à Guerra Tártara]*. London: John Crook, 1654.

MATSUURA, A. *Chûgoku no Kaizoku [Piratas da China]*. Tokyo: Tôhô (Oriental Press), 1995.

MELIKHOV, G. 'The Northern Border of the Patrimonial Estates of Manchu (Ch'ing) Feudal Lords During the Conquest of China (1640s to 1680s)', in S.L. Tikhvinsky (ed.), *Chapters from the History o f Russo-Chinese Relations: 17th-19th Centuries*, Moscow: Progress Publishers, pp. 13-47, 1982.

MICHENER, J. and GROVE DAY, A. (1957) *Rascals in Paradise*. London: Mandarin, 1993 reimpressão..

MILTON, G. *Samurai William: The Adventurer Who Unlocked Japan.* London: Hodder & Stoughton, 2002.

MING, H. and Zheng, Y. *Zheng Chenggong Gushi Chuanshuo [Histórias Contadas a Respeito de Zheng Chenggong].* Taipei: Publicações Culturais Nanxin, 1996.

MIYAMOTO, K. *Vikings of the Far East.* New York: Vantage, 1975.

MOLEWIJK, G. (ed.) *'t Verwaerloosde Formosa.* Zutphen: Walburg Pers, 1991.

MULDER, W (ND) *Hollanders in Hirado.* Haarlem: Fibula, 1597-1641.

NIEUHOFF, J. *An Embassy from the East-India Company of the United Provinces, to the Grand Tartar Cham Emperor of China, Deliver'd by the Excellencies Peter de Goyer and Jacob de Keyzer, at His Imperial City of Peking.* Trad. [do alemão] John Ogilby. London: John Crook, 1673.

OXNAM, R. *Ruling From Horseback: Manchu Politics in the Oboi Regency 1661-1669,* 1975.

Chicago: University of Chicago Press.

PALAFOX, J. (1649) *History of the Conquest of China.* [*História da Conquista da China pelos Tártaros*]. New Delhi: Deep & Deep Publications, 1978 reimpressão.

PALUDAN, A. *Chronicle of the Chinese Emperors: The Reign-by-Reign Record of the Rulers of Imperial China.* London: Thames & Hudson, 1998.

PARSONS, J. (1970) *Peasant Rebellions of the Late Ming Dynasty.* Ann Arbor, MI: Associação para Estudos Asiáticos, 1993 reimpressão.

PASKE-SMITH, M. *Japanese Traditions of Christianity: Being Some Old Translations from the Japanese with British Consular Reports of the Persecutions of 1868-1872.* Kobe: J.L. Thompson, 1930.

PEERS, C. *Late Imperial Chinese Armies 1520-1840.* London: Osprey, 1997.

POSONBY-FANE, R. 'Koxinga: Chronicles of the Tei Family, Loyal Servants of the Ming', in *Sovereign and Subject.* Kyoto: The Ponsonby-Fane Memorial Society (1962 repr.), pp. 269-330, 1937.

QIN, J. *Zheng Chenggong: Taiwan zhi Fu* [*Zheng Chenggong: Pai de Taiwan*]. Taipei: Shixue, 2002.

ROSS, J. *The Manchus, or, The Reigning Dynasty of China: Their Rise and Progress*. London: Elliot Stock, 1891.

SHANG, X. *Tales of Empresses and Imperial Consorts in China*. Hong Kong: Hai Feng, 1994.

SO, K. *Japanese Piracy in Ming China during the Sixteenth Century*. East Lansing: Michigan State University Press, 1975.

SOULLIÈRE, E. 'Palace Women in the Ming dynasty: 1368-1644'. Tese de Doutorado, Princeton University, 1987.

SPENCE, J. *The China Helpers: Western Advisers in China 1620-1960*. London: Bodley Head. pp. 13-16, 1969.

SPENCE, J. and WILLS, John E. (eds) *From Ming to Ch'ing: Conquest, Region and Continuity in Seventeenth-Century China*. New Haven, CT: Yale University Press, 1979.

STRUVE, L. *The Southern Ming: 1644-1662*. New Haven, CT: Yale University Press, 1984.

_____. *Voices from the Ming-Qing Cataclysm: China in Tiger's Jaws*. New Haven, CT: Yale University Press, 1993.

SUNG, Y (1637) *Chinese Technology in the Seventeenth Century: T'ien Kung K'ai Wu*. New York: Dover, 1997 reimpressão.

TAKAHASHI, W *Shûhan: Tei Seikô Seiun-roku* [*Velas Vermelhas: A Determinação de Zheng Chenggong*]. Tokyo: Shogakukan, 1999.

_____. *Dohan: Tei Seikô Byôfú-roku* [*Velas de Fúria: A Loucura de Zheng Chenggong*]. Tokyo: Shogakukan, 1999.

TAYLOR, J. *The Social World of Batavia: European and Eurasian in Dutch Asia*. Madison: University of Wisconsin Press, 1983.

TERAO, Y *Meimatsu no Fû'unkyo: Tei Seikô* [*Zheng Chenggong: Herói da Queda da Dinastia Ming*]. Tokyo: Tôhô (Oriental Press), 1986.

TSAO, K. 'The Rebellion of the Three Feudatories Against the Manchu Throne in China 1673-1681: Its Setting and Significance'. Tese de Doutorado, Columbia University, 1965.

TURNBULL, S. *Samurai Invasion: Japan's Korean War 1592-98*. London: Cassell, 2002.

VERMEER, E. (ed.) *Development and Decline of Fukien Province in the 17th and 18th Centuries*. Leiden: E.J. Brill, 1990.

VIXSEBOXE, J. 'A XVIIth Century Record of a Dutch Family in Taiwan', in W.Idema (ed.), *Leyden Studies in Sinology*. Leiden: E.J. Brill, pp. 1067, 1981.

WAKEMAN, E 'The Shun Interregnum of 1644', in Wills and Spence, *From Ming to Ch'ing*, pp. 41-87, 1979.

_____. *The Great Enterprise: The Manchu Reconstruction of Imperial Order in Seventeenth-Century China*. Berkeley: University of California Press, 1985.

WILLS, J. *Pepper, Guns and Parleys: The Dutch East India Company and China 1662-1681*. Cambridge, MA: Harvard University Press, 1974.

WILLS, J. 'Maritime China from Wang Chih to Shi Lang: Themes in Peripheral History,' in Spence and Wills, *From Ming to Ch'ing*, 1979.

_____. and SPENCE, Jonathan (eds) *From Ming to Ch'ing: Conquest, Region and Continuity in Seventeenth-Century China*. New Haven, CT: Yale University Press, 1979.

YAMAWAKI, T. 'The Great Trading Merchants, Cocksinja and His Son', in *Acta Asiatica* 30, 106-16, 1976.

YANG, Y. (c. 1661) *Xian Wang Shilu Jiaozhu* [*Registro Verdadeiro do Antigo Príncipe*]. Fujian: Fujian Renmin Chubanshe,1981 reimpressão.

ZAIDE, G. (ed.) *Documentary Sources of Philippine History*, vol. 4. Manila: Livraria Nacional, 1990.

MADRAS® Editora — CADASTRO/MALA DIRETA

Envie este cadastro preenchido e passará a receber informações dos nossos lançamentos, nas áreas que determinar.

Nome _____
RG _____ CPF _____
Endereço Residencial _____
Bairro _____ Cidade _____ Estado ___
CEP _____ Fone _____
E-mail _____
Sexo ❑ Fem. ❑ Masc.   Nascimento _____
Profissão _____ Escolaridade (Nível/Curso) _____

Onde você compra livros:
❑ livrarias   ❑ feiras   ❑ telefone   ❑ Sedex livro (reembolso postal mais rápido)
❑ outros: _____

Quais os tipos de literatura que você lê:
❑ Jurídicos   ❑ Pedagogia   ❑ Business   ❑ Romances/espíritas
❑ Esoterismo   ❑ Psicologia   ❑ Saúde   ❑ Espíritas/doutrinas
❑ Bruxaria   ❑ Auto-ajuda   ❑ Maçonaria   ❑ Outros:

Qual a sua opinião a respeito desta obra? _____
_____

Indique amigos que gostariam de receber MALA DIRETA:
Nome _____
Endereço Residencial _____
Bairro _____ Cidade _____ CEP _____

Nome do livro adquirido: ***Rei Pirata – Coxinga e a Queda da Dinastia Ming***

Para receber catálogos, lista de preços e outras informações, escreva para:

MADRAS EDITORA LTDA.
Rua Paulo Gonçalves, 88 — Santana — 02403-020 — São Paulo/SP
Caixa Postal 12299 — CEP: 02013-970 — SP
Tel.: (11) 6959-1127 — Fax: (11) 6959-3090
www.madras.com.br

Este livro foi composto em Times New Roman, corpo 11/12.
Papel Offset 75g – Chambril
Impressão e Acabamento
Prol Editora Gráfica Ltda – Unidade Tamboré
Al. Araguaia, 1901– Barueri – São Paulo/SP
Tel.: (0_ _11) 41951805 – Fax 41951384